Gerhard Wehr

Das Lexikon der Spiritualität

Gerhard Wehr

Das Lexikon
der Spiritualität

Anaconda

Die Deutsche Bibliothek verzeichnet diese Publikation in der
Deutschen Nationalbibliographie; detaillierte bibliographische
Daten sind im Internet unter http://dnb.ddb.de abrufbar.

© 2006 Anaconda Verlag GmbH, Köln
Alle Rechte vorbehalten.
Umschlaggestaltung: dyadesign, Düsseldorf, www.dya.de
Satz und Layout: GEM mbH, Ratingen
Printed in Czech Republic 2006
ISBN-13: 978-3-86647-040-8
ISBN-10: 3-86647-040-1
info@anaconda-verlag.de

Spiritualität und Esoterik heute

Eine Vorbemerkung

»Neben der Religion des Glaubens an einen transzendenten Gott tritt heute die auf Erfahrung des Göttlichen begründete, im Exercitium zu entwickelnde und in einer befreienden Verwandlung gipfelnde *Religiosität des inneren Weges*. Neben den Glauben an eine Erlösung, die wir niemals selbst bewirken können, tritt das Wissen um die Möglichkeit eines Erwachens zu einem uns innewohnenden, ja im Kern selbst ausmachenden göttlichen Sein ... Diese Religiosität ist nichts anderes als das Ausschreiten des in unserem Wesen eingeborenen Weges zur Person, der ... uns aus der Nacht des natürlichen Bewußtseins hinführt zum Erwachen im Licht eines höheren Bewußtseins.«

Diese Gedanken schrieb Karlfried Graf Dürckheim in den sechziger Jahren nieder, also lange bevor die einerseits beachtenswerte, andererseits die fragwürdige »Esoterik-Welle« die westliche Welt überrollte. Augenscheinlich mehren sich die Fälle, in denen heute suchende Menschen durch individuelle Schicksalsführung auf einen inneren Weg geführt werden, auf einen Weg, der zum »inneren Meister«, nicht zuletzt zum inneren Christus hin geleitet. Es fällt auf, daß dergleichen in dem Maße geschieht, in dem die Auswanderung aus den Kirchen zugenommen hat, und zwar nicht allein durch die standesamtlich beurkundeten sog. »Kirchenaustritte«. Kein Sachkundiger wird indes behaupten wollen, daß das (neutestamentlich verstandene) »In-Christus-Sein« durch eine äußere Kirchenmitgliedschaft und durch entsprechende soziale Aktivitäten ersetzt werden könnte. Für Verkündigung und Seelsorge ist diese Beobachtung aufregend genug!

Nun hängt es freilich entscheidend davon ab, was unter Esoterik verstanden wird, ob etwa damit jenes undifferenzierte Sammelsurium von sensationellen Erscheinungen (etwa im parapsychologischen Bereich) oder die unterschiedlichsten okkultistischen Praktiken gemeint sind. Oder ob – wie es hier versucht wird – ein Weg der Persönlichkeitsreifung, der Wesenswandlung und der Öffnung zum Spirituellen hin in den Blick kommt. Wo immer die Begegnung mit der Welt der Esoterik zustande kommt, werden naturgemäß viele Fragen aufgeworfen. Sie zu beantworten ist nicht immer leicht, einmal, weil es zum Wesen esoterischer Erfahrung gehört, daß sie sich exakter Definition widersetzt; zum andern, weil die einzelnen Begriffe in einem größeren, nicht immer leicht überschaubaren Kontext stehen. So sind nicht allein einzelne Bezeichnungen zu klären, die gerade die öffentliche Diskussion beherrschen, etwa die Termini »New Age«, »Wassermann-Zeitalter«, »Transformation« und dergleichen. Es zeigt sich, daß die einzelnen Begriffe in einem großen historischen Zusammenhang stehen. Aus diesem Grund sind in diesem kleinen Wörterbuch auch eine Reihe von solchen Stichworten aufgenommen, ohne deren Kenntnis aktuelle Erscheinungen nicht recht verstanden werden können. Die mit dem Zeichen → markierten Begriffe und Querverweise unterstreichen einmal mehr, wie stark Esoterisches miteinander »vernetzt« ist. Darüber hinaus werden Literaturhinweise geboten, die eine weitere Vertiefung erleichtern. Integriert in das vorliegende Buch ist der aktualisierte Text von »Wörterbuch der Esoterik« (Freiburg 1988).

Schwarzenbruck bei Nürnberg
Sommer 2006

Gerhard Wehr

A

AAORRAC »Antiquus Arcanus Ordo Rosae rubeae aureae Crucis« (Alter geheimer Orden vom Kreuz und der roten und goldenen Rose), gegründet von dem österreichischen, mit okkultistischen Kreisen in Verbindung stehenden Dichter Eduard Munninger (1901–1965) mit dem Ordensnamen »Bruder Medardus«, ist die Selbstbezeichnung einer rosenkreuzerischen Verbindung, deren Mitglieder sich als »der Stammorden der Rosenkreuzer« verstehen. Hervorgegangen aus dem vorherigen »hermetischen Rosenkreuzerorden AORC«, erfolgte die Begründung 1952 auf Burg Krämpelstein/Oberösterreich. Der A. ist hinsichtlich Zielsetzung und Ordensarbeit mit dem → AMORC verwandt, wobei es der Mitgliedschaft um mystisch-spirituelle Selbstveredelung geht, in der verschiedene Elemente von Lehre und Ritus zur Anwendung kommen.

Lit.: F. W. Haack: Geheimreligion der Wissenden. Stuttgart 1966; H. Lamprecht: Neue Rosenkreuzer. Ein Handbuch. Göttingen 2004, S. 162 ff.

Abd-ru-shin Religiöser Titel (arab. »Sohn des Lichts«) des aus Bischofswerda/Sachsen stammenden, weit gereisten Kaufmanns und Schriftstellers Oskar Ernst Bernhardt (1875–1941), der auf der Basis gnostisch-esoterischer und mittelalterlicher Symbolzusammenhänge die Gralsbewegung begründete. In ihr beanspruchte er etwa seit 1923, der Repräsentant des »fleischgewordenen Heiligen Geistes« zu sein. Die im Laufe der zwanziger Jahre vom Vomperberg bei Schwaz/Tirol aus agierende »Gralsgemeinschaft« versteht sich als eigenständige, vom kirchlichen Christentum unabhängige Vereinigung mit hierarchisch gegliederter, an der Familie Bernhardt orientierter Leitung, deren Glaubensvorstellungen in einem umfassenden Bild von Gott, Welt und Menschheit ihren Niederschlag gefunden haben. Zu den teils von Bernhardt, teils von seinen Anhängern publizierten Lehren gehört an erster Stelle Abd-ru-shins »Im Lichte der Wahrheit. Gralsbotschaft I–III«.

Abulavia, Abraham (Saragossa 1240 – nach 1291) Als spiritueller Meister und Lehrer (z. B. des Josef → Gikatilla) gehört er zu den geheimnisumwitterten Gestalten der → Kabbala des 13. Jahrhunderts. Etwa zwanzigjährig bereiste er Spanien, Griechenland und den Orient, auch Italien, wo er sich als Wanderlehrer betätigte, ehe er um 1270 für weitere Jahre nach Spanien zurückkehrte. Aus seiner Begegnung mit der römischen Kirche entwickelte er eine ausgesprochene Gegnerschaft.

A. hebt sich insofern von den stärker theosophisch ausgerichteten Kabbalisten seiner Zeit ab, als er sich nicht allein mit der kabbalistischen Überlieferung beschäftigte, z. B. mit dem Buch → Jezira. Ihm kam es auf das religiöse Erlebnis und auf die mystisch-ekstatische Verinnerlichung an; letztlich ging es ihm um eine Art der → Unio mystica, sofern eine solch intensive Gottesbegegnung für einen Juden überhaupt vertretbar ist. Er wurde vom prophetischen Geist ergriffen. Visionen suchten ihn heim, und das Bedürfnis, ein meditatives Leben zu führen, bestimmte seine Tätigkeit als Lehrer und als Autor zahlreicher Schriften. Wichtig wurde ihm die Beschäftigung mit dem hebräischen Alphabet und mit den Gottesnamen. Niedergelegt hat er seine Einsichten u. a. in »Sefer ha-Ot« (Buch der Zeichen bzw. Buchstaben). Durch die Versenkung in das Wesen der Buchstaben suchte er seinen Schülern Anleitung zu geben, um eine Veränderung des Bewußtseins herbeizuführen, und zwar in Vorbereitung des Aufschwungs zu Gott. »Das Begreifen des heiligen → Namens geschieht mittels des Namens, und zwar im gründlichen Erforschen der → Kontemplation des Namens mit Hilfe der 22 Buchstaben der Tora, nachdem man sich eine gründliche Kenntnis der zehn Sefiroth erworben hat ...«

Nicht auszuschließen ist, daß er auf seiner Orientreise mit Sufimystikern zusammengetroffen ist, von denen er Anregung für seine eigene Spiritualität und Meditationstechnik erhalten haben mag.

Lit.: M. Idel: Abraham Abulafia und die mystische Erfahrung. Frankfurt 1994; K. E. Grözinger: Jüdisches Denken, Bd. II. Darmstadt 2005, S. 335–394.

Adam Kadmon In Unterscheidung zum Adam der →Bibel (Adam ha-Rishon) symbolisiert er in der → Kabbala den Urmenschen, der in Gott ruht, bzw. Gott, der sich selbst als Urmensch zu erkennen gibt, sofern er aus der Verborgenheit (→ En sof) heraustritt. Somit stellt er die anthropologische Entsprechung zum Baum der → Sefiroth dar. Die Zehnheit ihrer Attribute steht für den mystischen Menschen. Danach läßt sich die Welt der Gottesoffenbarung auch durch eine anatomische Symbolik ausdrücken. Das will besagen, daß sich im menschlichen Geschehen tieferliegende, normalerweise verborgene Tatbestände und Vorgänge erkennen lassen. Der wirkliche Mensch (Mikrokosmos) findet somit sein Urbild im lebendigen Gott als dem Makroanthropos. Die menschlichen Glieder sind in den »heiligen Formen Gottes« geistig vorgebildet. »Die Urwelt des Menschen, sowohl des kreatürlichen als des ungeschaffenen, nur eben im A. K. entfalteten, ist der Bereich, auf den sich, wie der → Sohar immer wiederholt, alle seine esoterische Rede bezieht. Denn jene geheime Welt des im → Symbol des Menschen erscheinenden Gottes ist beides zugleich: sie ist die Welt des ›inneren‹ Menschen, aber auch der Bezirk, der sich nur dem gläubigen Sinn in der → Kontemplation eröffnet und den der Sohar als ›Geheimnis des Glaubens‹ vorstellt« (G. → Scholem: Zur Kabbala und ihrer Symbolik, S. 139).

Lit.: G. Scholem: Die jüdische Mystik in ihren Hauptströmungen. Frankfurt 1957; ders.: Zur Kabbala und ihrer Symbolik. Zürich 1960.

Adept Bezeichnung des durch einen spirituellen Meister oder durch göttliche Schicksalsführung Eingeweihten, der auf einem inneren Entwicklungsweg zu eigenen Einsichten und Reifegraden, insbesondere als Alchymist, gelangt ist. Als A. bezeichnete man im 15./16. Jahrhundert Sucher, die nach eigenem oder allgemeinem Befinden das Ziel der Naturphilosophie erreicht haben; Männer von der Art des → Agrippa von Nettesheim, des → Trithemius oder des → Paracelsus.

Lit.: A. von Bernus: Das Geheimnis der Adepten. Aufschlüsse über das Magisterium der Alchymie. Sersheim 1956.

Adoptionslogen In den Zusammenhängen der → Freimaurerei, die ursprünglich die → Frau als Mitglied prinzipiell ausschloß, Konventikel für Frauen mit eigenen freimaurerischen Graden und Ritualen. Die Bildung von A. wurde insbesondere in Frankreich etwa ab 1745 stark gefördert, anfänglich um das maurerische Brauchtum der exklusiven Männergesellschaften zu verspotten, dann aber und in der Hauptsache, um auch der Frau die Möglichkeit zu einer geistig-ethischen Vervollkommnung zu eröffnen. Abgesehen von ausgesprochenen Frauenlogen bildeten sich androgyne (→ Androgynität) oder gemischte Logen, insbesondere solche mit mystisch-okkulter Zielsetzung, in denen Mann und Frau gleichberechtigt als die Repräsentanten der polaren Prinzipien am »großen Werk« arbeiten. Die Nähe der anglo-indischen → Theosophie zu den androgyn organisierten freimaurerischen Hochgradverbindungen führte zur Bildung des heute noch in Frankreich existierenden »Le → Droit Humain« (gegründet 1893). In diesem Logenzusammenhang fanden u. a. führende Theosoph(inn)en Eingang, unter ihnen die Nachfolgerin von Helena P. → Blavatsky: Annie → Besant (1902). »In → Adyar verband sie Theosophie und Droit Humain-Maurerei zu einer funktionellen Einheit. Allerdings blieb diese Form der Maurerei innerhalb der Theosophie eine echte Geheimgesellschaft, eine Art innerer Kreis« (K. R. H. Frick). Selbst Rudolf → Steiner knüpfte an Formen der A. an, als er in der Anfangszeit der → Anthroposophie den Mitgliedern seines esoterischen Kreises die von ihm initiierte Erkenntnisarbeit durch kultisch-symbolische Handlungen veranschaulichte.

Lit.: E. Lennhoff, O. Posner (Hrsg.): Internationales Freimaurerlexikon. Wien 1932; K. R. H. Frick: Die Erleuchteten. Graz 1973; ders.: Licht und Finsternis II. Graz 1978; ders. in: Kursbuch der Weltanschauungen. Berlin 1981.

Adyar Ort am Adyar-Fluß bei Madras/Südindien, seit den Tagen von H. P. → Blavatsky (1882) Sitz des Hauptquartiers der Theosophischen Gesellschaft. Die A.-Society ist neben anderen theosophischen Zweiggesellschaften auch die Bezeichnung derjenigen, die heute − etwa im Unterschied zu den von den USA aus dirigierten Vereinigungen − von A. aus geleitet wird (→ Anglo-indische Theosophie). Bereits 1895 erfolgte eine Spaltung durch Gründung der »Theosophical Society International« (TSI) in Point Loma/California unter Leitung von Katherine A. Tingley (1847–1929).

Agrippa von Nettesheim Henricus Cornelius A. v. N.
(Köln 1486 – Grenoble 1535) ist einer der vielgenannten
und einflußreichen Okkultisten der frühen Neuzeit, der
als Arzt, Philosoph, spiritueller Lehrer und Autor magi-
scher Schriften gilt, ein »echter → Faust und rastloser
Abenteurer des Geistes« (Michael Kuper). Von Jugend an
mit hermetisch-alchymistischem, mit astrologischem und
kabbalistischem Schrifttum vertraut, führte ihn sein bewegtes Leben in unterschiedlicher Mission durch Europa.
Wegen seiner die Scholastik ironisierenden und kirchenkritischen Äußerungen bisweilen dem Häresieverdacht
ausgesetzt, begegnete er dem Interesse und dem Gedankenaustausch mit geistesverwandten Zeitgenossen,
etwa → Reuchlin, → Pico della Mirandola oder → Trithemius, als dessen Schüler sich A. verstand. In dem
Bestreben, in die Mysterien des Seins einzudringen und
die sog. Geheimwissenschaften mit dem Christentum in
Einklang zu bringen, verfaßte er sein vom Geist des Neuplatonismus und Humanismus geprägtes, bis in die
Gegenwart mehrfach aufgelegtes Werk »De occulta philosophia« (Magische Werke). Zu deren Abfassung hatte ihn
1510 der in Würzburg tätige Abt Trithemius angeregt.
Die in heutigen Ausgaben bisweilen in 5 Bänden niedergelegten Lehrmitteilungen stellen ein materialreiches
Kompendium dessen dar, was man im 16. Jahrhundert unter den geheimen Wissenschaften verstand. → Paracelsus
ist durch A. möglicherweise beeinflußt, Sebastian →
Franck hat ihn gelesen, ebenso → Goethe. Bemerkenswert sind vor dem Zeithintergrund nicht zuletzt seine
positiven Äußerungen über den geistig-gesellschaftlichen
Rang der Frau. Seinem Hauptwerk stand er durchaus
selbstkritisch gegenüber. Das zeigt sein Buch über die
Unsicherheit und Nichtigkeit der Wissenschaften und

Künste (»De incertitudine et vanitate scientiararum et artium …«, 1530). Dies läuft geradezu auf einen Widerruf seiner okkultistischen Bestrebungen hinaus. In seine Kirchenkritik schließt er darin auch die Reformatoren mit ein.

Lit.: C. Kiesewetter: Geschichte des neueren Occultismus. Leipzig 1891; Schwarzenberg 1977; W.-E. Peuckert: Pansophie. Stuttgart 1956; Berlin 1976; ders.: Gabalia. Berlin 1967; E. Metzke: Coincidentia oppositorum. Witten 1961; K. Goldammer in: Theologische Realenzyklopädie. Berlin 1993, Bd. 2, S. 118–123; M. Kuper: Agrippa von Nettesheim. Berlin 1994.

Ägypten Inbegriff einer großen geistig-religiösen Menschheitstradition, wie sie einerseits in den Pyramiden und den rätselhaften monumentalen Sphinxen, andererseits durch die zahlreichen Keilinschriften sowie durch Papyri zum Ausdruck kommt. Seit der Antike gibt es viele Beispiele dafür, welche Faszination Ä. insbesondere auf spirituell suchende Menschen ausgeübt hat. Das heißt aber nicht, daß die mit dem Land am Nil, samt ihrer reichen Tempel- und Mysterienkultur assoziierten Vorstellungen stets mit der ursprünglichen ägyptischen Geistigkeit übereinstimmt. Man denke nur an die sog. ägyptische Freimaurerei eines → Cagliostro, an die in Mozarts → »Zauberflöte« enthaltenen mythischen Vorstellungen, an so manche mit Isis und Osiris verknüpfte Ideen. Unbestritten ist: »Bereits in der Antike wurde eine Meinung begründet, die das Land am Nil als Quelle aller Weisheit und als Hort hermetischen Wissens begreift. Damit begann eine Tradition, die bis heute reicht … Erst durch die Entzifferung der Hieroglyphen – 1822 durch Champolion – entstand die Wissenschaft der Ägyptologie« (E. Hornung). In exemplarischer Weise wurde durch den »dreimal großen Hermes« (Hermes

Trismegistos) und die → Hermetik Ä. als eine Brunnen-
stube alter und – bis zu einem gewissen Grade – auch der
neuzeitlichen Esoterik angesehen.

Lit.: E. Bindel: Die ägyptischen Pyramiden als Zeugen vergangener
Mysterienweisheit. Stuttgart 1932; 1957; Das Ägyptische Totenbuch.
Übers. und kommentiert von G. Kolpaktchy. Weilheim 1970;
E. Horstmann: Beiträge zur Bewußtseinsgeschichte des alten Ägyp-
ten. Stuttgart 1970; M. Lurker: Götter und Symbole der alten Ägyp-
ter. Bern–München 1974; A. Champdor: Das ägyptische Totenbuch
in Bild und Deutung. Bern–München 1977; F. Teichmann: Der
Mensch und sein Tempel – Ägypten. Stuttgart 1978; E. Hornung:
Das esoterische Ägypten. Das geheime Wissen der Ägypter und sein
Einfluß auf das Abendland. München 1999.

Akasha-Chronik (sanskrit »akasha«, das Alldurchdrin-
gende, der Raum) In der → Anthroposophie die Vorstellung einer Dokumentation, durch die alles Geschehen in
nicht materieller Weise »aufgezeichnet« sei. Wer über die
adäquate geistige Schau verfüge, sei in der Lage, längst
Vergangenes – ohne Zuziehung etwaiger schriftlichen
Zeugnisse – aufzurufen und zu »lesen«. Zugrunde liegt die
Vorstellung: »Auch über die bloß geschichtliche Erfor-
schung der Dokumente des Geisteslebens muß ein also
Forschender hinausschreiten ... Und im Geistesleben
wird man sich an den Geist und nicht an seine äußeren
Dokumente zu halten haben« (Rudolf → Steiner: Das
Christentum als mystische Tatsache. Dornach 1959,
S. 16 f.)

Lit.: R. Steiner: Aus der Akasha-Chronik (1904–1908). Dornach
1986 (GA 11).

Aktive Imagination (→ Imagination) ist eine diagno-
stisch-therapeutische Methode, die C. G. → Jung nach
seiner Trennung von S. Freud (um 1916) entwickelt hat

und die im Rahmen der → Analytischen Psychologie in dafür angezeigten Fällen angewendet wird. Mit Hilfe der A. I. können Inhalte des → Unbewußten aufgerufen und bewußt gemacht werden. Das geschieht in der Art, in der der Imaginierende sich mit den Hervorbringungen seines Unbewußten, d. h. mit den in seinen Phantasien auftauchenden Figuren so auseinandersetzt, z. B. mit ihnen spricht, als handle es sich um reale Personen oder auch Tiere. Es können Situationen entstehen, die vom Praktiker der A. I. Entscheidungen verlangen, die für die besondere geistig-seelische Ausgangslage des Betreffenden wichtig sein können. »Der Imaginierende muß lernen, daß letztlich der Quell der schöpferischen → Meditation in seiner eigenen → Seele liegt. Dort befindet sich der → Meister der wahren Imagination« (A. N. Ammann). Von anderen Formen der Meditation bzw. des → inneren Wegs hebt sich die A. I. dadurch ab, daß man sich zwar in klarer Bewußtheit dem stellt, was sich gestalt- und ereignishaft zeigt, daß man aber frei von irgendwelchen Vorhaben oder Zielen in den Prozeß der A. I. eintritt. Es ist das Unbewußte selbst, das die Bilder und Ereignisse vorgibt. Man wird nicht deren bzw. dessen Opfer, weil der Imaginierende – dem Helden im Mythos oder Märchen vergleichbar – sich als Partner »aktiv« stellt.

Lit.: C. G. Jung: Die transzendente Funktion (1916), in: Ges. Werke 8; A. N. Ammann: Aktive Imagination. Darstellung einer Methode. Olten–Freiburg 1978; M. L. von Franz: Die Aktive Imagination in der Psychologie C. G. Jungs, in: W. Bitter (Hrsg.): Meditation in Religion und Psychotherapie. Stuttgart 1957.

Albigenser Nach der südfranzösischen Stadt Albi die Bezeichnung der in dieser Region agierenden → Katharer des 13. Jahrhunderts.

Alchymie, Alchemie Das Wort soll aus dem arabischen
»al-kimiya« bzw. aus dem altägyptischen »keme«,
schwarze Erde, abgeleitet sein (T. Burckhardt), doch ist
auch das griech. »chemeia«, Chemie mit vorgestellten ara-
bischem Artikel »al« denkbar. Zusammen mit der
→ Astrologie gehört sie zum Grundbestand der → Hermetik. Sie gilt ursprünglich als die Kunst der Veredelung
von Stoffen, zum anderen im übertragenen Sinn als die
Umwandlung des Menschen zu dessen voller spiritueller
Reife. Beide Male wird das Ziel des alchemistischen
Werks (opus alchymicum) mit symbolischen Ausdrücken
angegeben, etwa als die Herstellung des geheimen Goldes,
was mit angeblicher Goldmacherei nichts zu tun hat, oder
mit der Herstellung des »Steins der Weisen« (→ Lapis
philosophorum) oder eines Elixiers der Unsterblichkeit.

Ähnlich wie die Astrologie gehen die Praktiken der A.
in früh- und prähistorische Zeiten zurück, als es darum
ging, in die Geheimnisse der stofflichen Welt einzudringen, im Bereich der Schmiedekunst, mit Feuer und Erzen
umzugehen und dabei sich selbst einem Prozeß »chymischer« Veredelung auszusetzen. So gesehen ist A. weltweit verbreitet. Als eine → Mysterien-Wissenschaft
bediente sie sich einer verhüllenden Sprache und Metaphorik (→ Arkandisziplin), um innerlich Unvorbereitete
oder Neugierige fernzuhalten, aber auch um technische
Betriebsgeheimnisse vor Mißbrauch durch Unbefugte zu
schützen.

Eine frühe Blüte erlebte die abendländische A. in Alexandrien, in der die Disziplinen der Hermetik, der → Gnosis u. a. in den ersten nachchristlichen Jahrhunderten
gepflegt wurden. Der Parallelismus, der zwischen der
materiellen und der spirituellen Dimension der Wirklichkeit besteht, verlangt, daß der Praktiker der A. gleichsam

in beiden Räumen tätig wird: im Laboratorium seines chemischen Tuns und im Oratorium, d. h. im Raum des Gebetes und der meditativen Betrachtung. Es ist daher nicht gleichgültig, in welcher seelisch-geistigen Verfassung er die einzelnen Stadien des Werks einleitet und miterlebend durchschreitet. Die einzelnen Phasen sind von farbigen Imaginationen begleitet. Sie drücken ein materiell-geistig-psychisches Wandlungsgeschehen aus, an dessen Ende der geheimnisvolle → Lapis philosophorum (Stein der Weisen) stehen und der Alchemist die → Chymische Hochzeit erleben soll. Am Anfang steht der Zustand der Schwärzung (nigredo). Mit ihm wird das Werk eingeleitet. Es folgt der Tod (mortificatio, putrefactio usw.). Dadurch wird die eigentliche Schwärzung verursacht. Darauf deutet in den Darstellungen des alchemistischen Werks z. B. das Bild eines schwarzen Raben. Die mystische Erfahrung kennt die Durchgangsphase des mystischen Todes (→ Mystik). C. G. → Jung, der die Aussagekraft und Bedeutsamkeit der alchemistischen Bildwelt für die moderne Tiefenpsychologie erkannt und in einigen seiner Hauptwerke eingehend beschrieben hat, schildert den weiteren Fortgang so:

»Aus der ›nigredo‹ führt die Abwaschung (ablutio, baptisma) entweder direkt zur Weißung, oder die beim Tod entwichene Seele (anima) wird dem toten Körper wieder vereinigt, zur Belebung desselben, oder es leiten die vielen Farben (omnes colores; cauda pavonis) zur einen, weißen Farbe, die alle Farben enthält, über. Damit ist das erste Hauptziel des Prozesses, nämlich die ›albedo‹, ›tinctura alba‹, ›terra alba foliata‹ ›lapis albus‹ usw. erreicht, welche von vielen schon so hoch gepriesen wird, als ob das Ziel überhaupt erreicht wäre. Es ist der Silber- oder Mondzustand, welcher aber noch bis zum Sonnenzustand

Alphabet

gesteigert werden soll. Die ›albedo‹ ist gewissermaßen die Dämmerung; aber erst die ›rubedo‹ ist der Sonnenaufgang. Den Übergang zur ›rubedo‹ bildet die Gelbung (citrinitas), welche … später in Wegfall kommt. Dann geht die ›rubedo‹ direkt aus der ›albedo‹ hervor durch Steigerung des Feuers auf den höchsten Grad. Das Weiße und das Rote sind Königin und König, die auch in dieser Phase ihre ›nuptiae chymicae‹ (chymische Hochzeit) feiern können.«

In der wechselvollen Geschichte der A., in der ernsthafte Sucher und abergläubische »Sudelköche«, nicht selten betrogene Betrüger, einander Gesellschaft bieten, wurde der christliche Bezug immer wieder zu Ehren gebracht, etwa im Zusammenhang der → Rosenkreuzer oder bei Jakob → Böhme. Auch er bediente sich bisweilen des alchemistischen Wortschatzes, um die spirituelle Reifung des erneuerten Menschen einzuleiten, wenn er schreibt: »Und lasset euch das, ihr Sucher der metallischen Tinktur offenbar sein: Wollt ihr den Lapidem philosophorum (Stein der Weisen) finden, so schicket euch zur neuen → Wiedergeburt in Christo.« Und → Angelus Silesius reimt im »Cherubinischen Wandersmann«: »Dein Stein, Chymist, ist nichts; der Eckstein, den ich mein' / Ist meine Goldtinktur, ist aller Weisen Stein.«

Lit.: A. von Bernus: Alchymie und Heilkunst. Nürnberg 1948; T. Burckhardt: Alchemie, Sinn und Weltbild. Olten 1960; M. Eliade: Schmiede und Alchemisten. Stuttgart 1960; C. G. Jung: Psychologie und Alchemie. Zürich 1944; St. Klossowski de Rola: Alchemie, die geheime Kunst. München 1974.

Alphabet In magischen und mystischen Zusammenhängen die Möglichkeit, durch die Schrift innere → Erfahrung festzuhalten bzw. mittels Kenntnis und Anwendung bestimmter Buchstabenkombination (Zauberformeln u. dgl.)

beschwörende Wirkungen auszuüben. Auf diese Weise das
A. zu benützen, geht auf das Erstaunen und Erschaudern
des frühen Menschen angesichts der »mächtigen Zeichen«
(→ Symbol) zurück. Die → Hermetik verdankt Schrift und
Zahl ihrem Inspirator Thot-Hermes (Hermes Trismegistos). »Die ersten Anfänge mystischer Erfahrung haben wir
da vor uns, wo einem Menschen plötzlich die tiefere Bedeutung eines bekannten Wortes oder Satzes aufgeht«
(W. James). So birgt das A. einen unerschöpflichen Reichtum an Gestaltungs- und Erlebnismöglichkeiten, die über
die bloße Sachmitteilung weit hinausgehen. Auch die »heilige Schrift« in Judentum, Christentum und Islam erlangt
letztlich durch die numinose Bedeutung des A. ihren besonderen Rang. Die → Kabbala entwickelte spezielle Um-
gangsformen mit dem A., etwa beim Gebrauch geheimer
Gottesnamen (→ Namen) sowie in der mystischen Bibel-
exegese (→ Bibel).

Lit.: F. Dornseiff: Das A. in Mystik und Magie (1925). Wiesbaden
1985; G. Scholem: Der Name Gottes und die Sprachtheorie der Kabbala, in: Ders.: Judaica 3. Frankfurt 1973; F. Weinreb: Buchstaben
des Lebens. Freiburg 1979; ders.: Zahl, Zeichen, Wort. Das symbolische Universum der Bibelsprache. Reinbek 1978.

Alte Pflichten In der → Freimaurerei das von dem pres-
byterianischen Pfarrer James Anderson formulierte, im
Jahr 1723 in London erstmals herausgegebene, prinzipiell
mit den Elementen der christlichen Ethik übereinstimmende Grundgesetz der Freimaurerei, das zugleich Wesen
und Bestimmung eines in den Freimaurerbund Auf-
genommenen definiert. »Der Maurer (Mason) ist als Maurer verpflichtet, dem Sittengesetz (Moral Law) zu gehorchen … Obwohl die Bruderschaft in Treue zum Gesetz
seine Empörung ablehnen soll und muß und der beste-

henden Regierung keinen Anlaß und Grund zu politischer Verdächtigung geben darf, kann sie ihn, wenn er keines anderen Verbrechens überführt ist, nicht aus der Loge ausschließen; seine Bindung an sie bleibt unauflöslich« (Die Alten Pflichten von 1723. Frankfurt 1966, S. 10 f.).

Lit.: J. K. Lagutt: Grundstein der Freimaurerei. Zürich 1963.

Alter und Angenommener Schottischer Ritus Im Rahmen des sog. Schottischen Ritus der → Freimaurerei ein mit 33 Graden ausgestattetes Hochgradsystem. In heutiger Gestalt wurde es zu Beginn es 19. Jahrhunderts in den USA begründet. Die weltweite Verbreitung drückt den Erfolg dieser Logenvereinigung aus.

Lit.: A. Mellor: Logen, Rituale, Hochgrade. Graz 1985.

Alumbrados Illuminati, sog. Erleuchtete aus dem Kleriker- wie aus dem Laienstand, die in der spanischen Mystik des 16./17. Jahrhunderts wegen ihrer kirchenkritischen Einstellung, sowie auf private religiöse Erfahrung des inneren Gebets gegründete, jedoch äußere Formen relativierende, mit dem → Quietismus bisweilen gleichgesetzte Frömmigkeitshaltung, die der Häresie verdächtigt wurde. Auch später von der römischen Kirche anerkannte oder gar heilig gesprochene Persönlichkeiten wie → Ignatius von Loyola waren bisweilen von diesem Verruf, »falsche Mystiker« zu sein, betroffen.

Lit.: R. A. Knox: Christliches Schwärmertum. Köln 1957.

AMORC (»Antiquus Mysticus Ordo Rosae Crucis«, auch: »Ancient Mystical Order of the Rosy Cross«, Alter mystischer Orden vom Rosenkreuz), eine neuzeitliche Ausformung der → Rosenkreuzer, die sich ähnlich wie das → Lectorium Rosicrucianum als eine → Mysterien-schule versteht, in der es nicht allein um die wissens-mäßige Aneignung des jeweiligen Lehrgutes geht, sondern das auf dem Weg einer Initiation oder → Einwei-hung empfangen und weitergegeben werden muß. Die Begründung erfolgte laut Datierung des Gründungskon-klaves vom 8. Februar 1915 durch Harvey Spencer Lewis (1883–1936) in New York. Gemäß dem Ordensmythos (der nicht mit historischen Fakten verwechselt werden darf) leitet sich der A. von einer alten, bereits im alten → Ägypten veranlagten Mysterienschule ab. In Anleh-nung an die Hochgrad-→ Freimaurerei bzw. das Grad-system der → Gold- und Rosenkreuzer des 17. Jahrhun-derts werden mehrere Grade bearbeitet, wobei die Neophytgrade der Einführung in das Wesen des Rosen-kreuzertums entsprechen. Die darauf aufbauenden Tem-pelgrade 6 bis 16 sind mit besonderen Erkennungszeichen versehen; die dazugehörigen Lehrinhalte machen mit Gestalten der Theosophiegeschichte sowie Fakten und Bereichen des geistigen Lebens bekannt. Nach eigener Charakteristik hat die Oberste Großloge, der zahlreiche Einzellogen in aller Welt zugeordnet sind, ihren Sitz in San José/Ca. Die deutsche Zentrale ist seit 1964 in Ba-den-Baden, Lessingstr. 1.

Lit.: R. Edighoffer: Die Rosenkreuzer. München 1995; H. Lamp-recht: Neue Rosenkreuzer. Ein Handbuch. Göttingen 2004; H.-J. Ruppert: Rosenkreuzer. Kreuzlingen–München 2004.

Analytische Psychologie Nicht zu verwechseln mit der klassischen Psychoanalyse S. Freuds, ist die von C. G. → Jung entwickelte Forschungs- und Therapierichtung (auch Komplexe Psychologie genannt): Sie knüpft inso-fern an die elementaren Erkenntnisse Freuds an, insofern

auch sie die Wichtigkeit des → Unbewußten anerkennt.
Jedoch hat Jung erkannt, daß es nicht nur ein persönliches
Unbewußtes gibt, in das Vergessenes bzw. Verdrängtes
»absinkt« und von dorther die seelische Gesundheit beein-
trächtigen kann. Hinzutritt in der A. P. das die Persönlichkeit des individuellen Menschen übersteigende kollektive
Unbewußte als die schöpferische, in → Symbolen sich
artikulierende Quelle des Bewußtseins. Für die Einschätzung esoterischer Tatbestände wichtig sind die im kollektiven Unbewußten veranlagten → Archetypen, durch die
der einzelne Mensch an die Welt der → Seele und des
Geistes angeschlossen ist, die ihn grundsätzlich mit der
Gattung Mensch in Zusammenhang bringt und wodurch
seine → Erfahrung richtungweisenden Inhalt und Tiefe
empfängt. C. G. Jung fand u. a. heraus, daß die spirituellen Traditionen der Menschheit (Religion, → Mythos,
→ Mystik, Märchen u. dgl.) herangezogen werden können, um gegebenenfalls Hervorbringungen des Unbewußten (große Träume) im Blick auf die → Selbst-Werdung
des Menschen zu verstehen und diesen Prozeß als solchen,
die → Individuation voranzubringen. In zweifacher Hinsicht ist C. G. Jung für den esoterischen Themenkreis
wichtig geworden: Zum einen stellen in seinem umfangreichen literarischen Werk Bereiche der → Gnosis, der
westlichen wie der östlichen Mystik, sodann der → Alchymie wesentliche Materialien zur Veranschaulichung
innerer Erfahrung und Reifung dar. Zum anderen zeigt
seine Biographie, daß er selbst einen Prozeß durchlaufen
hat, der ihn für seine Deutungen und Therapieweisen
legitimierte.

So gesehen stellt die A. P. im größeren Rahmen der →
Transpersonalen Psychologie einen wichtigen Beitrag dar,
Esoterik nicht nur als eine Außenseiterbeschäftigung und

→ New Age nicht nur als eine kurzlebige Modeerscheinung abzutun. Im Blick auf die Interpretation fernöstlicher Spiritualität wie angesichts der Aufgabe, die → Bibel auf Situation und Reifung des Menschen hin auszulegen, stellt die A. P. wesentliche Erkenntnishilfen bereit.

Lit.: Grundlegend sind im Rahmen einer Gesamtausgabe die Werke von C. G. Jung; ders.: Erinnerungen, Träume, Gedanken. Hrsg. A. Jaffé. Zürich 1962 ff. H. Dieckmann: Methoden der Analytischen Psychologie. Olten–Freiburg 1979; J. Jacobi, Die Psychologie von C. G. Jung. Zürich 1959; A. Jaffé: Aus Leben und Werkstatt von C. G. Jung. Zürich 1968; C. A. Meier: Lehrbuch der Komplexen Psychologie, I/IV. Zürich 1968 ff.; G. Wehr: C. G. Jung und R. Steiner. Stuttgart 1972; Frankfurt 1982; ders.: C. G. Jung. Leben, Werk, Wirkung. München 1985.

Andreae, Johann Valentin (1684–1754), evangelischer Theologe, der in jungen Jahren mit zwei ihn geistig prägenden Persönlichkeiten, dem paracelsischen Arzt Tobias Hess und dem Juristen Christoph Besold, in Berührung kam. Sie bildeten zusammen das Tübinger Dreigestirn, in dem die Idee einer ideellen Bruderschaft entstand. Ausgehend von der Tatsache, daß die in der lutherischen Tradition verwurzelte württembergische Pfarrer-Familie Andreae in ihrem Wappen ein Andreaskreuz mit vier (Luther-)Rosen trug, nannte man die geistige Leitfigur der angeblich bereits bestehenden rosenkreuzerischen Fraternität Bruder (Frater) Christian Rosenkreuz (CRC). Die drei Grundschriften der → Rosenkreuzer sind mit dem Namen A.s verbunden. Da der junge Mann darauf bedacht sein mußte, seine Pastorenkarriere nicht zu gefährden, gibt es von ihm Äußerungen, in denen er seine Autorschaft teils relativierte, teils abstritt, ohne jedoch die Idee der rosenkreuzerischen Bruderschaft prinzipiell zu verleugnen: »Wie ich die Gesellschaft der (rosenkreuzerischen) Bruderschaft zwar fahren lasse, so doch niemals die wahre christliche Brüderschaft, welche unter dem Kreuz nach Rosen duftet« (Turris Babel, 1619). Als geachteter, seelsorgerlich und sozial aktiver Theologe geschätzt, war er lebenslang bestrebt, einen christlichen Humanismus zu begründen. »A. erweist sich als eine vom deutschen Späthumanismus, von der lutherischen Reformorthodoxie und dem spiritualistischen Schwärmertum geprägte Schlüsselfigur der deutschen Geistes- und Sozialgeschichte des 17. Jahrhunderts« (R. van Dülmen). Der fruchtbare Schriftsteller bekleidete zuletzt das Amt eines Generalsuperintendenten seiner württembergischen Landeskirche und war Abt des württembergischen Klosters Adelberg.

Lit.: R. van Dülmen: Die Utopie einer christlichen Gesellschaft. J. V. Andreae. Teil 1. Stuttgart–Bad Cannstatt 1978; F. Bran (Hrsg.): J. V. Andreä. Vorträge bei den Gedenkwochen aus Anlaß seines 400. Geburtstags in Calw, Herrnberg und Vaihingen an der Enz. Bad Liebenzell 1986; Das Erbe des Christian Rosenkreuz. Vorträge gehalten anläßlich des Amsterdamer Symposiums 1986. Hrsg. Bibliotheca Philosophica Hermetica Amsterdam 1986; M. Brecht: J. V. Andreae und die Generalreformation, in: Geschichte des Pietismus. Hrsg. M. Brecht. Göttingen 1993, Bd. I, S. 151–166; Rosenkreuz als europäisches Phänomen im 17. Jahrhundert. Hrsg. Bibliotheca Philosophica Hermetica. Amsterdam 2002.

Androgyn (griech. »anér«, Mann; »gyne«, Frau) Als Ausdruck männlich-weiblicher Ganzheit taucht A. in vielen mythischen und religiösen Überlieferungen auf. Götter sind mit ihrer weiblichen Wesensseite (sanskrit »Shakti«) verbunden, oder sie verharren wie in ewiger Kohabitation (tibetisch »Yab-yum«-Vereinigung des männlichen und des weiblichen Prinzips). Abgesehen davon ist es vor allem der erste Mensch, genauer der vor seiner vollen irdischen Verkörperung seiende Urmensch (→ Adam Kadmon), in dem ebenfalls Männliches und Weibliches eine Einheit darstellen (chin. → »Yang-Yin«), ehe die Aufspaltung in die beiden Geschlechter erfolgte, sei es durch eine Tat der Götter, sei es durch menschliches Verschulden (Sündenfall). Die esoterische → Bibel-Auslegung im Judentum kannte ebenso wie christliche Mystiker (J. → Böhme, F. C. → Oetinger, J. G. → Gichtel, F. von → Baader u. a.) die A. Adams, ehe Eva aus seiner »Seite« geschaffen wurde. Der aus dem Griechentum sich herleitende Überlieferungsstrang geht auf Platons Symposion-Dialog zurück. Die neueren esoterischen und theosophischen Lehrsysteme kennen ähnlich wie die → Anthroposophie die A.-Vorstellung. Danach ging der Mensch aus der androgynen Urgestalt hervor. Um seiner Entwicklung und Reifung willen zu einem selbstbewußten Ich bedurfte es der Geschlechtertrennung. Der Mensch der Zukunft steht wiederum im Zeichen der A. – F. von Baader spricht von dem Prozeß der »Reintegration«, die er von der Menschwerdung Christi und von der Christwerdung des Menschen ableitet. Eine Entsprechung kennt die Tiefenpsychologie C. G. → Jungs, in dessen Prozeß der Selbstwerdung (→ Individuation) einerseits die Begegnung mit dem »Schatten«, andererseits die Integration des »Seelenbildes« (Animus bzw. Anima) kommen soll.

Lit.: E. Benz: Adam – der. Mythus vom Urmenschen. München 1955; J. Singer: Nur Frau, nur Mann? München 1981; G. Wehr: Der Urmensch und der Mensch der Zukunft. Freiburg 1964.

Angelus Silesius (Breslau 1624 – Breslau 1677), d. i. Johannes Scheffler, von Beruf Arzt, vor allem Autor des berühmten »Cherubinischen Wandersmann« (1657), einer aus Zwei- und Vierzeilern (Epigrammen) bestehenden Versdichtung, aus denen die Vielfalt und Innigkeit, keine

Paradoxie scheuende Aussage gemäß mystischer Tradition spricht, z. B. → Dionysius Areopagita, die mittelalterliche Minnemystik, → Eckhart und seine Schule. Durch Abraham von → Franckenberg lernte er u. a. das Schrifttum → Böhmes kennen. Weitere Schriften, nicht zuletzt eine große Anzahl kontroverstheologische, infolge emotionaler Hypertrophie von zweifelhaftem Wert, machen sein literarisches Lebenswerk aus. Zum Problem wurde dem gebürtigen Lutheraner seine eigene Konfession, weshalb er zum Katholizismus konvertierte. Durch seine Liedtexte (»Ich will dich lieben, meine Stärke«, »Mir nach, spricht Christus, unser Held ...«), die bis heute sowohl in evangelischen wie katholischen Gesangbüchern Aufnahme gefunden haben, übte er nachhaltige Wirkung auf andere Liederdichter, unter ihnen → Tersteegen und Graf Zinzendorf, aus.

Werke: Sämtliche poetische Werke I/III. Hrsg. H. L. Held. München 1924; Cherubinischer Wandersmann. Hrsg. W.-E. Peuckert. Leipzig o. J.; Cherubinischer Wandersmann. Hrsg. L. Gnädinger. Stuttgart 1984. − *Lit.:* E. Spörri: Der Cherubinische Wandersmann als Kunstwerk. Zürich 1947; A. M. Haas: Christus ist alles. Die Christusmystik des Angelus Silesius, in: Ders.: Gott leiden, Gott lieben. Frankfurt 1989, S. 295 ff.

Anglo-indische Theosophie Um dem naturwissenschaftlichen Materialismus und Positivismus in der zweiten Hälfte des 19. Jahrhunderts mit einer spirituell (im Ansatz auch spiritistisch-spiritualistisch) orientierten Bewegung entgegenzutreten, begründete H. P. → Blavatsky zusammen mit dem amerikanischen Oberst Henry St. Olcott 1875 in den USA die Theosophical Society (Theosophische Gesellschaft). Nicht allein die Verlegung des Hauptquartiers nach Madras/Indien rechtfertigt die Bezeichnung »anglo-indisch«. In dem Bestreben, die eine Wahrheit in allen Religionen und Weltanschauungen zu erforschen sowie eine weltweite Verbrüderung der geistig suchenden Menschen herzustellen, wurden orientalisierende Tendenzen in der A.-i. T. offenkundig. Daß die Gründung dieser inzwischen in zahlreiche abgespaltene Gruppierungen einem Bedürfnis entsprach, zeigte die rasche, beinahe weltweite Verbreitung. Organisatorisch gesehen, entwickelte sich im Rahmen des deutschen Zweigs der Theosophischen Gesellschaft unter Führung von Rudolf → Steiner die Anthroposophische Gesellschaft mit ihren zahlreichen esoterischen und auch exoterischen Aktivitäten (→ Anthroposophie; → Theosophie). Die Theosophen betrachten alles Seiende als eine große Einheit, dargestellt in einem harmonisch geordneten geistig-physischen Kosmos. Diese Einheit »wird von einem überbewußten und überpersönlichen innerweltlichen göttlichen Prinzip gelenkt ... Gott ist die Welt und die Welt ist Gott. Gott steht nicht über oder außerhalb der Welt, sondern alles Seiende, alle Welten im Universum, alle Menschen, Tiere, Pflanzen, Mineralien bis zum kleinsten Atom sind selbst göttlicher Natur. Gottes Immanenz ist als ein wesentliches Innewohnen Gottes in den Dingen, als eine vollständige Identifizierung mit den Dingen zu verstehen. Die T. will über allen Religionen stehen und den Menschen zu einer höheren Stufe führen, nämlich zur Erkenntnis (→ Gnosis) der wahren Dinge. Der Weg zu dieser Erkenntnis ist die theosophische Geheimlehre« (K. R. H. Frick). Ihre Elemente sind in dem gleichnamigen Hauptwerk von H. P. → Blavatsky (Secret Doctrine) niedergelegt. Zum Basisschrifttum gehören ferner die Arbeiten von A. → Besant, Leadbeater, F. Hartmann und anderen.

Lit.: K. R. H. Frick: Weltanschauungen des modernen Illuminismus, in: Kursbuch der Weltanschauungen. Frankfurt–Berlin 1981;

H. Reller, M. Müßig (Hrsg.): Theosophie, in: Handbuch Religiöse Gemeinschaften. Gütersloh ³1985; F. K. Steinberg: Esoteriker des Westens. Lorch 1953; weitere Lit. in Esoterik-Almanach Ausgabe 88/89. München 1988; G. Wehr: H. P. Blavatsky. Die moderne Sphinx. Dornach/Schweiz 2005.

Anthroposophie Der von Rudolf → Steiner begründete Erkenntnisweg, »der das Geistige im Menschenwesen zum Geistigen im Weltall führen möchte ... A. vermittelt Erkenntnisse, die auf geistige Art gewonnen werden« (R. Steiner: Anthroposophische Leitsätze 1). Methodisch gesehen besteht der → innere Weg der A. insbesondere in Übungen der Konzentration, Meditation und Kontemplation, bei denen Denken, Fühlen und Wollen so geschult werden, daß eine Verstärkung der Seelenkräfte und damit verbunden eine qualitative Erweiterung des → Bewußtseins über den Zustand des gewöhnlichen Tagesbewußtseins hinaus bewirkt wird. Hierin, d. h. in der individuell verantworteten geistigen Arbeit liegt der eigentliche esoterische Charakter der A., und nicht etwa in der Fülle der Mitteilungen, die Steiner als Okkultist und »Geistesforscher« gemacht hat. Denn auch diese, auf viele Lebens- und Erkenntnisgebiete bezogenen Schilderungen, Unterweisungen und Ratschläge sind nicht etwa als blind zu befolgende oder autoritativ zu übernehmende Lehren zu betrachten. Steiner erwartete vielmehr eine unvoreingenommene denkerische Prüfung und gegebenenfalls praktische Erprobung, um im vornherein ein Höchstmaß an geistiger Freiheit und individueller Eigenständigkeit zu gewährleisten. Unter A. verstand Steiner eine Erforschung der geistigen Welt, welche die Einseitigkeiten einer bloßen Natur-Erkenntnis ebenso durchschaut wie die einer weltabgewandten Innerlichkeit. Demnach gelte es, um in die übersinnliche Welt einzudringen, »in der erkennenden Seele erst die im gewöhnlichen Bewußtsein und in der gewöhnlichen Wissenschaft noch nicht tätigen Kräfte (zu entwickeln), welche ein solches Eindringen ermöglichen.« Als Steiner zu Beginn dieses Jahrhunderts damit begann, hatte er sich bereits auf anderen Gebieten wichtige Erkenntnisgrundlagen erarbeitet, so als Herausgeber der naturwissenschaftlichen Schriften → Goethes, indem er »Grundlinien einer Erkenntnistheorie der Goetheschen Weltanschauung« (1886) entwarf und seine »Philosophie der Freiheit« (1894) entwickelte.

Es folgten die für den esoterischen Weg wichtigen Schriften, insbesondere: »Theosophie« (1904), grundlegend für die anthroposophische Menschenkunde und eine erste Hinführung zum »Pfad der Erkenntnis«. Dieser ist weiter ausgeführt und mit zahlreichen Übungsanregungen versehen unter dem Titel »Wie erlangt man Erkenntnisse der höheren Welten?« (1904). Zu den grundsätzlichen Erwägungen gehört, was zugleich den Steinerschen Ansatz deutlich werden läßt:

»Jede Erkenntnis, die du suchst, nur um dein Wissen zu bereichern, nur um Schätze in dir anzuhäufen, führt dich ab von deinem Wege; jede Erkenntnis aber, die du suchst, um reifer zu werden auf dem Wege der Menschenveredelung und der Weltenentwicklung, die bringt dich einen Schritt vorwärts. Dieses Gesetz fordert unerbittlich seine Beobachtung ... Man kann diese Wahrheit der geistigen Schulung in den kurzen Satz zusammenfassen: Jede Idee, die dir nicht zum Ideal wird, ertötet in deiner Seele eine Kraft; jede Idee, die aber zum Ideal wird, erschafft in dir Lebenskräfte.«

In »Die Geheimwissenschaft im Umriß« (1909) ergänzt Steiner den so charakterisierten und unter neuen Gesichtspunkten beschriebenen Schulungsweg durch Schilderungen des Entwicklungsgangs von Welt und

Anthroposophie

Mensch, wie sie sich seiner Schau ergeben hat. In weiteren Büchern, vor allem aber in einer Vielzahl öffentlicher und interner Vorträge, die größtenteils im Rahmen der mehr als 300 Titel umfassenden R. Steiner-Gesamtausgabe (GA) greifbar sind, hat ihr Autor die »anthroposophisch orientierte Geisteswissenschaft« entfaltet. Der Auf- und Ausbau der A. erfolgte bis 1912/13 im organisatorischen Rahmen der anglo-indischen Theosophischen Gesellschaft (Theosophical Society), als deren Generalsekretär für Deutschland Steiner tätig war. Aus dem schriftstellerischen wie aus dem Vortragswerk war von Anfang an deutlich, daß das Herzstück der A. Christus und eine eigenständige Christologie darstellt. Als der als »Weltenlehrer« ausgerufene Hinduknabe J. → Krishnamurti von seinen Erziehern (A. → Besant, C. W. Leadbeater) immer mehr zur Hauptperson gemacht wurde, war die Trennung unvermeidlich geworden. Sie geschah insbesondere, um die christozentrische Ortsbestimmung der A. zu bestätigen.

Die Steinersche Christologie basiert zunächst auf der historischen Tatsache der Christuserscheinung in dem Menschen Jesus von Nazareth. In einer Schrift aus der Anfangszeit hat Steiner sodann »Das Christentum als mystische Tatsache« (1902) herausgestellt und mit den → Mysterien des Altertums in Zusammenhang gebracht. Wie man in seinen daran anschließenden Vortragszyklen zu den Evangelien und zur neutestamentlichen Verkündigung beobachten kann, wurde ihm der »Christusimpuls« in Verbindung mit dem »Mysterium von Golgatha« immer wichtiger. Er verstand darunter die irdischkosmische Tatsache des Christentums, m. a. W.: Indem sich der Christus mit dem historischen Jesus verband, indem er sein Leben opferte, empfing der Organismus Erde einen

Anthroposophie

spirituellen Kraftimpuls: »Er ist seit dieser Zeit der Herr der Himmelskräfte auf Erden ...«

Von daher ergibt sich für Steiner die Einsicht, die sich in praktische Ethik umsetzte, d. h. man kann als Wissenschaftler, als kulturell Tätiger nicht länger so handeln, als habe sich die historische, die mystische, schließlich die kosmisch-irdische Christustatsache gar nicht ereignet. Von daher ergibt sich zweifellos die eminente Herausforderung der A. für das kirchliche Christentum. Denn aus eben dieser christlichen Esoterik heraus, die die geistige Kontinuität zum Mysterium des → Grals und zum → Rosenkreuzertum bejaht, hat Steiner das esoterisch Erarbeitete exoterisch fruchtbar gemacht. Das geschah mit unterschiedlichem, z. T. aber mit beträchtlichem Erfolg, auf den Feldern der Pädagogik und Heilerziehung (Waldorfschulen), der Medizin und Heilmittelherstellung, der biologisch-dynamischen Landwirtschaft, auf zahlreichen künstlerischen und gesellschaftlichen Betätigungsfeldern, schließlich auch im Sinne einer »Bewegung für religiöse Erneuerung« (Christengemeinschaft). Hier handelt es sich um eine eigenständige Kirche mit einem ausgebildeten, die sieben traditionellen Sakramente umfassenden Kultus. Das Bekenntnisgebet (Credo) und alle kultischen Texte empfingen die Priester der 1922 begründeten Christengemeinschaft von Rudolf Steiner.

Träger der A. ist die nahezu weltweit verbreitete Anthroposophische Gesellschaft mit Sitz in Dornach bei Basel, die die geistige und künstlerische Hinterlassenschaft Steiners verwaltet und der Allgemeinheit zugänglich macht. Faktisch ist darüber hinaus eine anthroposophische Bewegung entstanden, die die Esoterik wie die Kulturimpulse der A. auf vielfältige Weise zur Geltung bringt.

Lit.: Das literarische, künstlerische und Vortragswerk Steiners betreut der Rudolf Steiner Verlag Dornach/Schweiz, vgl. hierzu die Bibliographische Übersicht. Dornach 1984. – Ferner: J. Hemleben: R. Steiner in Selbstzeugnissen und Bilddokumenten. Reinbek 1963; W. Kugler: R. Steiner und die Anthroposophie. Köln 1978; G. Wehr: Der innere Weg. Anthroposophische Erkenntnis und meditative Praxis. Reinbek 1983; ders.: Rudolf Steiner. Leben, Erkenntnis, Kulturimpuls. München 1987; Chr. Lindenberg: R. Steiner. Eine Biographie I/II. Stuttgart 1997; B. von Plato (Hrsg.): Anthroposophie im 20. Jahrhundert. Ein Kulturimpuls in Biographischen Porträts. Dornach/Schweiz 2003.

Apokalypse Offenbarung; in der Regel Bezeichnung von Schriften, die als Niederschlag göttlicher Inspiration angesehen werden, z. B. die Johannes-Offenbarung im Neuen Testament. Offenbarungscharakter beanspruchen, neben biblischen oder apokryphen, d. h. dem heutigen Bibelkanon nicht einbezogenen Büchern, auch solche Schriften, die als prophetische Enthüllungen künftiger Ereignisse oder als Schilderungen der geistigen Welt angesehen werden. Für diesen Aspekt können beispielhaft die Offenbarungen des nordischen »Geistersehers« → Swedenborg angesehen werden. Hier spricht man von Vertretern einer → Neuoffenbarung.

Apollonius von Tyana Nichtchristlicher, aus Tyana in Kappadokien/Kleinasien stammender, u. a. in Tarsus ausgebildeter und im Geist des → Pythagoras wirkender Weisheitslehrer, der als unmittelbarer Zeitgenosse Jesu angesehen wird. Nach der biographischen Schilderung des Philostratus agierte er als Prophet, Wundertäter und Reformator. Diskutiert werden Parallelität und Gegensätzlichkeit zu Jesus. »A. war der große Magier und Eingeweihter. Als solcher hatte er die gewaltigsten Erfolge, sowohl durch seine Lehren und wunderbaren Heilungen, als auch durch die Rolle, die er in der großen Weltpolitik spielte« (E. Bock).

Lit.: F. Chr. Baur: Apollonius von Tyana und Christus. Ein Beitrag zur Religionsgeschichte der ersten Jahrhunderte nach Christus. Leipzig 1876; Hildesheim 1966; E. Bock: Die drei Jahre. Beiträge zur Geistesgeschichte der Menschheit. Stuttgart 1949, S. 9–33.

Arcanum, Arcana (lat. »Geheimnis«), das vor den Profanen zu Hütende (→ Arkandisziplin). In den verschiedenen Bereichen der → Esoterik kann die Bedeutung von A. differieren. So findet der Begriff bei → Paracelsus Anwendung. Unter einem A. ist hier eine eigens zubereitete, (»geheime«) Arznei zu verstehen. Im → Tarot unterscheidet man die »Großen« und die »Kleinen A.« »Die Großen A. des Tarot sind echte Symbole. Sie verbergen und enthüllen gleichzeitig ihren Sinn, je nach der Tiefe der Sammlung des Meditierenden ... Ein A. ist ein ›Ferment‹ oder ein ›Enzym‹, dessen Anwesenheit das geistige und seelische Leben des Menschen anregt. Und → Symbole sind die Träger dieser Fermente oder Enzyme, die sie vermitteln, wenn der Empfangende geistig und moralisch dazu fähig ist, d. h. wenn er sich als ›Bettler um Geist‹ fühlt und nicht an der ernstesten geistigen Krankheit leidet: der Selbstzufriedenheit« (V. → Tomberg).
Lit.: Der Anonymus d'outre-Tombe (d. i. V. Tomberg): Die Großen Arcana des Tarot I/IV. Basel 1983.

Archetypen, der Archetypus Leitbegriff in der Tiefenpsychologie C. G. → Jungs (→ Analytische Psychologie), der u. a. bereits im Corpus Hermeticum (→ Hermetik) vorkommt. Der A. bezeichnet nicht allein ein »Urbild«, sondern stellt vor allem eine energiegeladene, dynamisch-prozeßhafte Potenz dar, die in vielfältiger Weise zur Erscheinung drängt. Letztlich beruhen alle Lebensäußerungen, insofern sie allgemein-menschlicher und typischer Natur sind, auf einer archetypischen Grundlage. In Mythen, Märchen und Symbolen, in spirituellen Lehren und religiösen Dogmen kommt der allgemeingültige, als »Urbild« unanschaulich bleibende A. als »archetypisches Bild« in Erscheinung. So kann sich die Menschheitserfahrung in immer neuen Formen manifestieren und artikulieren. Einem archetypischen »Muster« liegen insbesondere esoterische Elemente und Tatbestände zugrunde, etwa die des Wegs, der großen → Erfahrung, der → Selbst-Werdung u. a. »Die Summe der A. bedeutet also für Jung die Summe aller latenten Möglichkeiten der menschlichen Psyche: ein ungeheures, unerschöpfliches Material an uraltem Wissen um die tiefsten Zusammenhänge zwischen Gott, Mensch und Kosmos. Dieses Material in der eigenen Psyche zu erschließen, es zu neuem Leben zu erwecken und dem → Bewußtsein zu integrieren, heißt darum nichts weniger, als die Einsamkeit des Individuums aufzuheben und es einzugliedern in den Ablauf ewigen Geschehens … Der A. als Urquelle der gesamtmenschlichen Erfahrung liegt im → Unbewußten, von wo aus er machtvoll in unser Leben eingreift. Seine Projektionen aufzulösen, seine Inhalte ins Bewußtsein zu heben, wird zur Aufgabe und Pflicht … Nicht umsonst haben die archetypischen Bilder und Erlebnisse seit jeher zum Inhalt und zum wertvollsten Gut sämtlicher Religionen unserer Erde gehört« (J. Jacobi). So steht der universelle, zur Manifestation drängende Charakter der A. außer Frage.

Lit.: C. G. Jung: Über die Archetypen des kollektiven Unbewußten, in: Von den Wurzeln des Bewußtseins. Zürich 1954; J. Jacobi: Die Psychologie von C. G. Jung. Zürich 1959; G. Wehr: C. G. Jung. Leben, Werk, Wirkung. München 1985.

A. R. I. E. S. Abkürzung des in der Regel dreisprachigen Journals (französisch, englisch, deutsch) der Association pour la Recherche et l'Information sur l'Ésotérisme, die ursprünglich unter der Leitung von Antoine Faivre, Pierre Deghaye und Roland Eddighoffer in Paris von 1983 in 22 Folgen bis 1999 herausgegeben wurde. Die Herausgabe, die heute die Lehrstuhlinhaber der Fakultät »History of Hermetic Philosophy und Related Currents« der Universität Amsterdam sowie des Lehrstuhls »Courants Ésotériques et Mystiques dans l'Europe Moderne et Contemporaine« der Sorbonne in Paris übernehmen, wurde als »Journal for the Study of Western Esotericism« (Leiden 2001 ff.) fortgeführt.

Ariosophie   Sammelbezeichnung für ideologische, einem Neuheidentum verpflichtete Bestrebungen, in denen es darum geht, teils wissenschaftlich, teils vor allem esoterisch-pseudowissenschaftlich erhobene Mitteilungen über das angebliche Wesen des Germanentums bzw. der »arischen Tradition« zu einer eigenständigen Lehre zu formieren, um schließlich daraus entsprechende sozial-ethische Folgerungen zu ziehen, deren illusionärer Charakter schwerlich bestritten werden kann. Es handelt sich u. a. um die Lehren eines Jörg Lanz von Liebenfels (1874–1954), Rudolf John Gorsleben (1883–1930) sowie des Österreichers Guido von → List, der u. a. als Begründer einer modernen Runenkunde gilt. Ferner handelt es sich um Gemeinschaftsbildungen wie der des Armanenordens, der Guido-von-List-Gesellschaft und um gleichgerichtete Bestrebungen (Germanische Glaubensgemeinschaft, Deutschristen, Gylfilite-Gilde). Die hier und in verwandtem Umfeld gehegten Absichten laufen auf einen unverhüllten Rassismus und offenen Antisemitismus hinaus. In manchen Gruppierungen gilt es, den altgermanischen Götterglauben u. a. mit zeitgenössischen Bewegungen spiritueller als auch ökologischer Zielsetzung anzureichern und auf diese Weise zu »erneuern«. Derlei Aktivitäten sind bisweilen geeignet, traditionelle theosophische Strömungen wie auch ökologische Initiativen in Mißkredit zu bringen, zumal Vertreter der A. bei allerlei Okkultismen Anleihen machen.

Lit.: W. Daim: Der Mann, der Hitler die Ideen gab. Wien 1985; N. Goddrick-Clarke: The Occult Roots of Nazism. Wellingborough 1985; Christoph Lindenberg: Technik des Bösen. Stuttgart 1985; S. von Schnurbein: Göttertrost in Wendezeiten. Neugermanisches Heidentum zwischen New Age und Rechtsradikalismus. München 1993; H. Baer: Arischer Rassenglaube gestern und heute. Das Weltbild der esoterischen Ariosophen, in: Information 129 der Evangelischen Zentralstelle für Weltanschauungsfragen. Stuttgart EZW. Stuttgart–Berlin 1995; K. Bellmund, K. Siniveer: Kulte, Führer, Lichtgestalten. Esoterik als Mittel rechtsradikaler Propaganda. München 1997; H. T. Hakl: Nationalsozialismus und Okkultismus, in: ARIES 21 (1998), S. 63–97.

Arkandisziplin (→ Arcanum), betrifft Maßnahmen der Geheimhaltung spiritueller Zusammenhänge. Das → Mysterium ist gegenüber Uneingeweihten, Unwürdigen, insbesondere vor Unvorbereiteten zu schützen. Das geschah und geschieht z. B. dadurch, daß esoterisch arbeitende Gemeinschaften nur Mitglieder zulassen, die bestimmte Stufen der → Einweihung durchlaufen und die für das Miterleben erforderlichen Voraussetzungen erlangt haben. Im frühen esoterischen → Christentum durften nur Getaufte der Abendmahls- bzw. Meßfeier beiwohnen. Gnostische Mysterienvereine, die → Freimaurerei u. a. benutz(t)en geheime Paßworte. Auch die symbolische Redeweise beim Vollzug der Riten bzw. bei der Weitergabe des internen Lehrgutes diente dazu, das zu schützende Geheimnis vor Unverständigen zu verbergen. Der tiefere Grund ist freilich der, daß sich das Eigentliche nicht aussagen läßt. In der Antike bestrafte man streng, wer die Mysterien »austanzte«, d. h. wer die rituellen Handlungen, Gesten usw. profanisierte, indem er sie nachahmte oder gar lächerlich machte. Auch wenn es erfahrungsgemäß nur selten gelingt, die A. durchzusetzen, so gilt allgemein: Echte Geheimnisse, die an ein bestimmtes Erlebnis gebunden sind oder an eine zu erringende Erkenntnis, schützen sich selbst. Sie werden nicht allein schon dadurch profanisiert, daß man sich Zugang zu den Wortlauten verschafft, – sei es ein philosophischer Text, eine komplizierte technische Zeichnung oder ein Ritualtext. Entscheidend ist, daß man die dafür nötige Ausbildung durchläuft, oder – in der Esoterik – den jeweils angemessenen → inneren Weg geht.

Lit.: Theologische Realenzyklopädie Bd. 4.

Arndt, Johann (1555–1621), evangelischer Theologe und fruchtbarer Schriftsteller, der als Hauptvertreter der lutherischen → Mystik gilt. Er war bestrebt, als Prediger und Seelsorger u. a. in Mansfeld, Quedlinburg und Braunschweig für eine Erneuerung der individuellen Frömmigkeit einzutreten und so das Luthertum des 16. und 17. Jahrhunderts geistlich zu befruchten. Zu seinen theologischen und theosophisch-mystischen Interessen gehörte auch die Beschäftigung mit → Alchymie und Medizin in der Nachfolge des → Paracelsus. Insofern regt er zum Vergleich mit der Naturtheologie → Oetingers an. Nachhaltig wirkte er durch sein vierteiliges Erbauungsbuch »Vom wahren Christentum«, das in zahlreichen Auflagen und Teilausgaben bis ins 20. Jahrhundert Verbreitung fand. »Wenn man den Zentralwert der Geschichte der Frömmigkeit erkannt hat, dann allein vermag man überhaupt Johann A. als dem Anfänger einer neuen und andersartigen Gläubigkeit im Luthertum in seiner ganzen Bedeutung gerecht zu werden« (W. Koepp). Nachhaltig ist seine Wirkung im Bereich des deutschsprachigen → Pietismus; sie strahlte insbesondere aber auch nach Schweden aus.

Lit.: W. Koepp: J. Arndt. Eine Untersuchung über die Mystik im Luthertum. Berlin 1912; Aalen 1973; M. Schmidt in: Theologische Realenzyklopädie. Berlin 1973, Band 4, S. 121–129.

Arnold, Gottfried (1666–1714), evangelischer Theologe, einflußreicher Kirchenhistoriker und religiöser Dichter, dem es darauf ankam, in seinem Hauptwerk »Unparteiische Kirchen- und Ketzer-Historie« (Frankfurt 1699/1700) die von der jeweils herrschenden und als orthodox angenommenen Glaubenshaltung abweichenden Vertreter des Christentums nicht länger als sog. Ketzer abzuurteilen, sondern von ihrem Selbstverständnis her zu charakterisieren und einzuschätzen. Er selbst stand der mystischen Frömmigkeit nahe. Dies ergab sich aus seiner Nähe zur Theosophie Jakob → Böhmes und zu seiner zeitweiligen Beziehung zu → Gichtel. Wichtige Schriften, die diese Geisteshaltung begründen und erläutern sind »Das Geheimnis der göttlichen Sophia« (Leipzig 1700; Neudruck mit einer Einführung von Walter Nigg. Stuttgart 1963) und »Historie und Beschreibung der mystischen Theologie« (Frankfurt 1703; Stuttgart 1969). A. war sich bewußt, daß zu einem tieferen Erfassen des Christentums nicht in erster Linie theologisches Wissen gehört, sondern die unverzichtbare spirituelle Erfahrung.

Lit.: W. Nigg: Heimliche Weisheit. Mystisches Leben in der evangelischen Christenheit. Zürich 1959. S. 320–344; G. Arnold. Hrsg. D. Blaufuß, F. Niewöhner (Wolfenbütteler Forschungen 61). Wiesbaden 1995.

Ashmole, Elias (1617–1692), führend in freimaurerischen Zusammenhängen tätiger englischer Gelehrter, Mitglied der Royal Society. Als einflußreicher Vertreter der alchymistischen sowie der rosenkreuzerischen Bewegung in England hat er u. a. in seinem Werk »Theatrum Chemicum Britannicum« (1652) wichtige Texte dieser Spiritualität zusammengetragen.

Lit.: F. A. Yates: Aufklärung im Zeichen des Rosenkreuzes. Stuttgart 1975 (Edition Alpha).

Astrale Welt, Ätherische Welt Bezeichnungen für unphysische Ebenen der Wirklichkeit oder Bereiche, die – auf den Menschen bezogen – im ersten Fall auf seelische Qualitäten, im zweiten Fall auf die vitale Dimension bezogen sind. R. → Steiner benutzt in seiner Menschenkunde hierfür auch die Bezeichnung »Bildekräfteleib«.

Lit.: R. Steiner: Theosophie. Einführung in übersinnliche Welterkenntnis und Menschenbestimmung (1904), im Rahmen der R. Steiner Gesamtausgabe (GA 9) zahlreiche aktuelle Ausgaben.

Astrologie Zusammen mit der → Alchymie gehört die A. zu den speziellen »Wissenschaften« der → Hermetik. Ähnlich wie sie bedient sie sich eines mythisch-symbolischen Denkens, um in tiefere Schichten bzw. Dimensionen der Wirklichkeit einzudringen, die dem quantifizierenden und kausal-naturwissenschaftlichen Denken verschlossen bleiben. Das Geschehen am gestirnten Himmel läßt sich als eine im Goetheschen Sinne »offenbargeheime« Schrift ansehen, deren Bedeutung entziffert werden kann. Zugrunde liegt vielfach die Vorstellung von der Existenz überirdischer Wesenheiten und geistigkosmischer Faktoren, die in der Vorzeit als astrale Götter kultisch verehrt wurden, weil sie angeblich mit den Him-

Astrologie

melserscheinungen auch die Geschicke der Einzelmenschen und ganzer Völker bestimmen.

Zu den ältesten Zeugnissen der frühen A. gehören solche, die bereits ein hohes Maß an astronomischen Kenntnissen verraten, insofern sie Methoden darstellen, mit denen Zeitbestimmungen möglich wurden. Die pythagoreische Philosophenschule erblickte in den Himmelskörpern Organismen, die in einem lebendigen Austausch miteinander stehen und die daher für den Menschen nicht gleichgültig sein können. So bemerkt später der hellenistisch-jüdische Philosoph Philo von Alexandrien, ein Zeitgenosse Jesu: »Es gibt eine physikalische Sympathie, die die irdischen Dinge abhängig macht von den himmlischen.« Im Abendland wirkten sich insbesondere die jüdisch-christlichen sowie die arabisch-moslemischen Anschauungen vom Kosmos und seinen spezifischen Kräften aus. Das Wissen der Astrologen beeinflußte das politische wie das kulturelle Leben bis in die Neuzeit hinein. In dem Maße aber, in dem die zugrundeliegende spirituelle Sicht einer rationalen und naturwissenschaftlich-quantitativen Wirklichkeitsbestimmung und Weltveränderung weichen mußte, geriet die A. in allgemeinen Mißkredit und verkam zur berüchtigten Jahrmarkts-A., die sich die Suggestibilität und Geneigtheit zahlreicher »moderner« Zeitgenossen abergläubischen Praktiken gegenüber in marktschreierischer Weise zunutze macht.

Von ihr distanziert sich die seriöse A., die es ablehnt, von direkter Beeinflussung durch Gestirne zu sprechen, sondern die auf die Beziehungsfelder hinweist, die zwischen Mikrokosmos und Makrokosmos, d. h. zwischen dem Menschen und den Planetenkonstellationen, bestehen. Diese sucht man im Horoskop zu erfassen und mit Hilfe von Erfahrungswerten zu deuten. Je nach den astrologischen Schulen differieren die Deutungsansätze. Zu den Elementen der Horoskopie (wörtlich: »Stunden-schau«) benötigt der Astrologe das Geburtsdatum, die möglichst genaue Zeit und den genauen Ort der Geburt. Diverses Tabellenmaterial ist hierzu erforderlich: Die Ephemeriden; sie drücken den täglichen Gestirnsstand nach Graden der gemeinsamen Umlaufebene (Ekliptik) aus. Zur Ortsbestimmung dienen Städtetabellen, mit den nach Breiten- und Längengrad errechneten geographischen Positionen. Schließlich sind den Häusertabellen die Beziehungen zu entnehmen, die sich aus der geographischen Lage zum Himmelsglobus ergeben. In der Horizontalen liegen Aszendent und Deszendent, in der Vertikalen Medium coeli und Imum coeli. Zu den in den astrologischen Elementarbüchern erläuterten Schritten der Horoskopberechnung bemerkt Th. Ring: »Auf solche Weise wird gleichsam die Himmelsmechanik im … Raum-Zeit-Punkte angehalten. Die A. behauptet, daß diesem astronomischen Tatbestand eine Bedeutung für den Menschen zukommt, und sucht es mit Hilfe ihrer Deutungsmethoden zu belegen.«

Unter den verschiedenen Weisen, A. ernst zu nehmen, nimmt die der archetypischen Psychologie C. G. → Jungs eine besondere Stellung ein. Jung wies daraufhin, daß es viele Fälle frappanter Analogien zwischen der astrologischen Konstellation und dem psychischen Erlebnis bzw. zwischen dem Horoskop und der charakterlichen Disposition gebe: »Man kann mit einem ziemlich hohen Grad von Wahrscheinlichkeit erwarten, daß eine gut umschriebene psychologische Situation von einer analogen astrologischen Konstellation begleitet ist« (C. G. Jung). Als Erklärung diente ihm die Feststellung, die er im Dialog mit dem Physiker Wolfgang Pauli traf, wonach es neben dem bekannten Prinzip der Kausalität das der »Synchronizität« gebe, das aus der relativen Gleichzeitigkeit zweier Ereignisse resultiert, die zum einen in der materiellen Welt, zum anderen in der menschlichen Psyche vorhanden sind. Beide seien zwar nicht kausal miteinander verbunden, doch weisen sie auf einen bewußtseinstranszendenten (unbewußten) Aspekt der Ganzheit hin. Demnach gehe es nicht an, in der A. lediglich Projektionen zu sehen, die der Mensch an den »Himmel« seiner Vorstellungen wirft, um sie von dort wieder als eine Deutung seines Schicksals zu beziehen. Vereinfacht ausgedrückt kann man aber sagen: Die auf astrologischem Weg erfahrbaren Zusammenhänge zwischen seelischer Gegebenheit und kosmischer Konstellation sind nach Jung mittels des Prinzips der Synchronizität zu verstehen. Eine aus seiner Sicht gleichsam abschließende Äußerung Jungs zum umstrittenen Thema lautet: »Jedenfalls ist die Stellung der A. unter den intuitiven Methoden einzigartig und von besonderer Art. Daher hat man das Recht, sowohl an einer Kausaltheorie einerseits, als auch andererseits an der ausschließlichen Gültigkeit der synchronistischen Hypothese zu zweifeln.« Daraus spricht das Bemühen, den unvermeidlichen Fehlerquellen einer einseitigen Interpretation und Bewertung der A. zu entgehen. Abgesehen von der astronomischen Kritik an der A. haben sich auch Judentum und christliche Kirche von je her ablehnend verhalten. So sah z. B. Paulus darauf, daß der durch Christus befreite Mensch nicht von neuem unter das »knechtische Joch« sog. Gestirnsmächte (stoicheía toú kósmou) geraten dürfe. Damit ist das Freiheitsproblem angesprochen, weshalb schon Thomas von Aquin behauptete: Die Sterne zwingen nicht; sie machen nur »geneigt«. Oder mit den Worten des Benediktiners G. Voss: »Abergläubisch, fatalistisch sowie als Heilslehre gehandhabte A. ist mit christlichem Glauben unvereinbar. Christlich verantwortbar ist A. nur, wenn sie die Herrschaft Gottes sowie die universale Bedeutung des Kreuzes Christi wahrt. Indem sie die kosmischen Bedingtheiten und den Weg-Charakter menschlicher Freiheit zu beachten sucht, verweist sie auch auf die anthropologische Bedeutung der kosmischen Zusammenhänge biblischer Urbilder und liturgischer Riten.«

Lit.: S. Strauß-Kloebe: Kosmische Bedingtheit der Psyche. Weilheim 1968; A. Schult: Astrosophie als kosmische Signaturenlehre des Menschenbildes. Bietigheim 1971; G. Voss: Astrologie – christlich. Regensburg 1980; U. Becker: Lexikon der Astrologie. Freiburg 1981; A. Rosenberg: Zeichen am Himmel. Das Weltbild der Astrologie (1949). München 1984.

Atlantis Platon berichtet in seinen Dialogen »Timaios« und »Kritias« von einem im Umkreis des nordafrikanischen Atlasgebirges (abgeleitet von Atlas, dem Titanensohn, der auf seinen Schultern den Himmel trägt) und dem Atlantik untergegangenen Erdteil, auf dem eine vorausgegangene Menschheitskultur entstanden sei. Im Okkultismus, speziell in der → anglo-indischen Theosophie sind über A. vielfältige, oft divergierende Angaben gemacht worden. Darüber hinaus spekulierte man über die evtl. Ortsbestimmung eines solchen Kontinents. R. → Steiner sprach im Zusammenhang seiner Schilderungen aus der → Akasha-Chronik von »unseren atlantischen Vorfahren«.

Lit.: W. Scott-Elliot: The Story of Atlantis. New York 1882; S. von Gleich: Der Mensch der Eiszeit und Atlantis. Stuttgart 1969; G. Wachsmuth: Werdegang der Menschheit. Dornach 1973.

Aura Bezeichnung für die dem physischen Auge nicht sichtbare Ausstrahlung eines Gegenstandes, speziell des

Menschen, die in der religiösen Ikonographie durch den sog. Heiligenschein oder durch die den ganzen Körper mandelförmig umgebenden Mandorla zur Darstellung kommt. → Anglo-indische Theosophie und → Anthroposophie machen darüber entsprechende Angaben, weil sich die menschliche A. im Laufe der spirituellen Entwicklung »farblich« verändere.

Lit.: C. W. Leadbeater: Der sichtbare und der unsichtbare Mensch. Freiburg 1964; R. Steiner: Wie erlangt man Erkenntnisse der höheren Welten? (1904); zahlreiche Neuausgaben im Rahmen der R. Steiner Gesamtausgabe (GA 10).

Aurobino Ghose, Sri (1872–1950), indischer Philosoph und spiritueller Lehrer, der nach einer politisch-revolutionären Aktivität in seiner Jugend eine innere → Erleuchtung und Bekehrung erlangte, nach der er sein Leben einer tiefgreifenden Wandlung unterzog. Mit und für seine heute weltweit verbreitete Anhängerschaft begründete er in Pondicherry/Südindien einen Ashram, in dem er den Integralen Yoga lehrte und beispielhaft praktizierte. Darunter verstand er die Notwendigkeit, auch Möglichkeit, die Tradition des indischen Yoga mit westlichem Denken zu einer ganzheitlichen Spiritualität zu verbinden, nämlich auf dem Weg zu einem Geist und Materie, Ost und West miteinander harmonisierendem Streben. »Der Weg, den er beschreitet, weicht von den westlichen Erkenntniswegen erheblich ab. Es ist kein Weg rationaler wissenschaftlicher Reflexion, sondern existentieller Verwirklichung und Selbsterfahrung« (Otto Wolff). Gemeint ist ein evolutionärer Prozeß für Mensch und Kosmos, in dem letztlich jede schöpferische Tätigkeit und Fähigkeit zu ihrem Recht kommt. Wie er selbst immer wieder hervorgehoben hat, liegt der Weg des Menschen zu einem »spirituellen Übermenschentum« offen, das mit egomaner Hybris (→ Ich und Selbst) nicht zu verwechseln ist.

Aus einer von Grund auf die Weltwirklichkeit bejahenden Geisteshaltung heraus betont er: Diese Evolution »ist Gottes Plan mit der Menschheit. Wer im Yoga der Evolution dient, dient Gott. Nicht nach unserer eigenen Manifestation haben wir zu streben, der Manifestation des individuellen Ego, befreit von allen Schranken und Banden, sondern nach der Manifestation Gottes. Unsere eigene spirituelle Befreiung, Vollendung und Fülle wird Frucht und Teil jener sein, aber nicht in irgendeinem ichhaften Sinne« (Licht auf Yoga). In zahlreichen, ursprünglich auf Englisch abgefaßten Schriften hat A. sein Gedankengut dargelegt.

Nach seinem Tod führte seine langjährige Lebensgefährtin, die Französin Mira Richard, von der Anhängerschaft genannt »die Mutter«, das begonnene Werk in Pondicherry fort. Das nahe gelegene Auroville, dessen Aufbau zum Teil unter erheblichen internen Spannungen erfolgte, gilt als »Stadt der Zukunft« einer nach den Impulsen A.s im Werden begriffenen Menschheit. Da es A. prinzipiell um die Erwartung der »Herabkunft« des göttlichen Geistes ging, hat er, abgesehen von der Hochachtung, die ihm seine Landsleute erwiesen, die Aufmerksamkeit christlicher Denker gefunden, insofern A.s Konzept zu einer Zusammenschau mit dem eines Teilhard de Chardin einlädt. Im Werk von Jean Gebser (»Ursprung und Gegenwart«) lassen sich Parallelen zu dem im Werden begriffenen → Integralen Bewußtsein bemerken.

Hauptwerke: Zyklus der menschlichen Entwicklung (The Human Cycle). München–Planegg 1955; Die Synthese des Yoga (On Yoga) Belnhausen 1972; Das Göttliche Leben I–III (The Life Divine). Gladenbach 1974; 1991; Das Ideal einer geeinten Menschheit (The Ideal

Aurora oder Morgenröte im Aufgang

of Human Unity). Gladenbach 1982; Briefe über den Yoga I–IV. Pondicherry 1977 ff. – *Lit.*: O. Wolff: Sri Aurobindo in Selbstzeugnissen und Bilddokumenten. Reinbek 1967; R. Hummel: Gurus in Ost und West. Stuttgart 1984; Satprem: Auf dem Wege zum Übermenschen. Weilheim 1973; D. K. Roy: Sri Aurobindo kam zu mir. Erinnerungen. Frankfurt 1978; M. Klostermann: Auroville, Stadt des Zukunftsmenschen. Frankfurt 1976; G. Wehr: Jean Gebser. Individuelle Transformation vor dem Horizont eines neuen Bewußtseins. Petersberg 1996.

Aurora oder Morgenröte im Aufgang (1612) Die Erstlingsschrift Jakob → Böhmes (1575–1624). Das Buch ist der Niederschlag seiner großen im Jahr 1600 erlangten geistigen Schau, durch die der in Görlitz/Neiße arbeitende Schuhmacher als nachreformatorischer Mystiker und als Hauptvertreter der christlichen → Theosophie bekannt wurde. Böhme erweist sich in diesem Buch als ein anschauender Denker, für den der ganze Kosmos, die Natur in ihrer Totalität transparent wird für die Anwesenheit Gottes. Diese Wesenheit tritt aus ihrer Verborgenheit heraus und enthüllt sich so, daß Gottes Gegenwart und Nähe in allen Dingen als ein lebendiges »Quallen« oder Quellen-Qualität bestimmend – erfahrbar wird. Besondere Aufmerksamkeit lenkt der Autor auf die Gegensatzstruktur (Gut und Böse, Licht und Finsternis), die allen natürlichen Gestalten innewohnt. Seine Schilderungen zeigen im 19. Kapitel, wie sehr er von der Dialektik des Gegensätzlichen selbst ergriffen war und was für ein Durchbruchserlebnis ihn schließlich zum Seher werden ließ. In der Natur schaut er etwas von der Dynamik, die ihn selbst durchpulst. Bis in die Diktion hinein wird das deutlich. → Novalis war nicht der einzige, der vom Schrifttum des schlichten schlesischen Theosophen zutiefst angerührt war, als er sagte: »Man sieht durchaus in ihm den gewaltigen Frühling mit seinen quellenden, treibenden, bildenden und mischenden Kräften, die von innen heraus die Welt gebären … einen wahren, auseinandergehenden Mikrokosmos.« Der Titel A. verweist sodann auf die von ihm erhoffte Zeitenwende, auf den Anbruch einer weltweiten Reformation, die – wenige Jahre vor dem Aufflammen des Dreißigjährigen Kriegs – nicht allein auf das religiöse Leben (etwa im Sinne Martin Luthers) beschränkt bleiben dürfe. So gesehen ist der Autor der A. von ähnlichen Sehnsüchten erfüllt wie der nur wenige Jahre jüngere Autor der → Rosenkreuzer-Schriften, die mancherlei geistige Verwandtschaft erkennen lassen. Böhmes A. wirkte wie jene als ein weithin sichtbares geistiges Fanal und ist in ihrer geistesgeschichtlichen Bedeutung im europäischen Horizont, in Philosophie, Dichtung und Religion kaum zu überschätzen, auch wenn das Schrifttum Jakob Böhmes erst noch einer Neuerschließung bedarf.

Werk: J. Böhme: Aurora oder Morgenröte im Aufgang, in: Sämtliche Schriften (Ausgabe von 1730), Bd. 1. Stuttgart 1955; ders.: Aurora oder Morgenröte im Aufgang. Hrsg. G. Wehr. Freiburg 1977; ders.: Die Morgenröte bricht an. Hrsg. G. Wehr. Köln 2006. – *Lit.:* G. Wehr: Jakob Böhme in Selbstzeugnissen und Bilddokumenten. Reinbek 1971 u. ö.

Avalon, Arthur (Sir John George·Woodroffe) (1865–1936), im Dienst der englischen Regierung Indiens angestellter Jurist, der sich als Indologe betätigt hat. Seine speziellen Studien, deren Ergebnisse er in einer Reihe immer noch bedeutsamer Werke niederlegte, sind vor allem dem Kundalini-Yoga, der spirituellen Energie der sog. »Schlangenkraft«, gewidmet. Der Indologe Heinrich Zimmer (1890–1943) urteilt über A. und sein Werk: »Die Schätze der Hindu-Überlieferung wurden mir durch das gewaltige Lebenswerk von Arthur A. erschlossen, einem bahnbrechenden und klassischen Autor auf dem Gebiet der Indologie, der in seiner Art unerreicht ist.«

Lit.: Die Schlangenkraft. Weilheim 1961; 1972; Skakti und Shakta. Weilheim 1962; Die Girlanden der Buchstaben. Weilheim 1968.

B

Baader, Franz Xaver von (1765–1841), maßgeblicher Vertreter der sog. Münchener Romantik, in der »ein letztes Mal« der Versuch gemacht wurde, im Zeitalter → Goethes Natur und Geist, Religion, Wissenschaft und Kunst als eine Einheit zu begreifen und von daher Anstöße auch für das kulturelle wie für das politisch-gesellschaftliche Leben zu empfangen. Dabei hatte B. ein sich nach und nach konstellierendes christliches Europa im Sinn. Der Münchner Kollege und zeitwei-lige Freund Schellings fand die Beachtung des → Nova-lis und zahlreicher Denker (Naturphilosophen) seiner Zeit mit ähnlichen Zielsetzungen. Grundlage für seine Anschauungen ist die »Ehrfurcht vor der Gegenwart eines über ihm Existierenden«. Sie entfaltete sich bei ihm auf der Basis einer medizinischen und naturwissen-schaftlichen Ausbildung, eine geologische empfing er zwischen 1792 und 1794 in England und Schottland. Er erweiterte seine philosophischen Studien, indem er sich eine solide Kenntnis sozialer und politischer Zusam-menhänge angesichts der einsetzenden industriellen Revolution aneignete. Doch prinzipiell anders als Karl Marx, als dessen Vordenker er in mancher Hinsicht betrachtet werden kann, hat er die Notwendigkeit einer spirituellen Grundlegung der anstehenden Erneuerung nie in Zweifel gezogen. Bestätigt wurde er darin – als »Böhme redivivus«, wiedererstandener → Böhme – durch seine eingehenden Studien der Theosophie Jakob Böhmes, über dessen Werk er einige Essays und Interpretationen schrieb.

Unter der Maxime »Religion und Liebe (→ Eros), wie sie unter sich eng verwandt sind, sind unleugbar die höchsten Gaben des Lebens«, formulierte er »Sätze aus einer erotischen Philosophie«. Die → Androgyn-Spekulation hat in B. einen ihrer wichtigsten Vertreter im 19. Jahrhundert gefunden. In den Tagen des Wiener Kongresses (1814/15) setzte er sich unter dem Leitbild eines im Geist des Christentums zu vereinigenden Europa für eine interreligiöse Allianz zwischen dem katholischen Österreich, dem orthodoxen Rußland und dem protestantischen Preußen ein. Er scheiterte. Hinterlassen hat B. ein hauptsächlich aus kleineren Essays bestehendes umfängliches Œvre. Mitbedingt durch die sprachliche Schwerfälligkeit seiner Diktion war ihm ein geistiger Durchbruch ebenso wenig gelungen wie die Bildung einer eigenen philosophischen Schule, in der die Vielfalt seiner Gedanken zur Reife gebracht worden wäre.

Werke: Sämtliche Werke. Hrsg. F. Hoffmann, 16 Bände. Leipzig 1851–1860; Aalen 1960; Schriften. Hrsg. M. Pulver. Leipzig 1921; Über Liebe, Ehe und Kunst. Aus den Schriften, Briefen und Tagebüchern. Hrsg. H. Grassl. München 1953; Gesellschaftslehre. Hrsg. H. Grassl. München 1957; Sätze aus der Erotischen Philosophie und andere Schriften. Hrsg. G.-K. Kaltenbrunner. Frankfurt 1991. – *Lit.:* J. Sánchez de Murillo: Der Geist der deutschen Romantik. München 1986, S. 187–337; P. Koslowski (Hrsg.): Die Philosophie, Theologie und Gnosis F. von Baaders. Wien 1993; P. Koslowski: Philosophien der Offenbarung. Antiker Gnostizismus, F. von Baader, Schelling. Paderborn 2001; W. Schmidt-Biggemann: Politische Theologie der Gegenaufklärung. Berlin 2004, S. 109–141; G. Wehr: Christlich-abendländische Theosophie in Tradition und Gegenwart (Arbeitstitel; in Vorbereitung).

Baal-Schem-Tow (1700–1760), wörtlich »Meister des heiligen Gottesnamens« (abgekürzt: »Bescht«), zugleich Würdebezeichnung für Israel ben Elieser, des im Bereich von Podolien bzw. im Moldaugebiet lebenden Begründers des → Chassidismus. Er gilt als ein Mystiker bzw. Charismatiker, der die sog. praktische → Kabbala mit ihren magischen Verrichtungen seiner Frömmigkeit einzuverleiben wußte. Aufgrund der verzweigten Legendenliteratur waren manche Forscher geneigt, ihn selbst in den Bereich der Volksphantasie verweisen zu sollen. Eine der Erzählquellen ist das Büchlein »Schivche ha Bescht« (Legende vom B.). Doch als nach der Wende, der Perestroika im Osten, Archive zugänglich wurden, ließ sich anhand der Grundsteuererlisten seines Wohnorts Miedzborz nachweisen, daß B. wegen seiner Funktion ein steuerfreies Haus bewohnte. – »Die Persönlichkeit des Rabbi Israel B. scheint geradezu erschaffen worden zu sein, um den neueren Theoretikern der → Mystik Schwierigkeiten zu machen. Steht doch hier ein Mystiker vor uns, dessen authentische Aussprüche keinerlei Zweifel an dem mystischen Charakter seiner Erfahrung zulassen und dessen Schüler und Schülers-Schüler ihm auf dem mystischen Pfade gefolgt sind« (G. → Scholem). Damit ist durch den prominenten Erforscher der jüdischen Mystik zum Ausdruck gebracht, daß der B. und die von ihm gestiftete bzw. impulsierte Bewegung durchaus kontrovers dargestellt und gedeutet wird, insbesondere was die gleichwohl unverzichtbaren Darlegungen Martin → Bubers anlangt.

Lit.: M. Buber: Baal Schem Tow. Unterweisung im Umgang mit Gott (1927). Heidelberg 1980; S. Dubnow: Geschichte des Chassidismus I/II (1931). Königstein 1982; G. Scholem: Die jüdische

Mystik in ihren Hauptströmungen. Frankfurt 1957; ders: Judaika I. Frankfurt 1963, S. 165 ff: M. Bubers Deutung des Chassidismus; K. E. Grözinger: Jüdisches Denken. Bd. II. Darmstadt 2005, S. 709–807.

Bahir Der Sefer ha-B. (Buch der Helle) ist laut → Scholem ein aus dem Mittelalter stammendes Schriftdenkmal, der Frühzeit der → Kabbala zuzurechnen, dessen geringer Umfang die Form eines Midrasch, d. h. einer Sammlung von Aussprüchen hat, auch von knappen Texten, die an Bibelverse anknüpfen. Seine Bezeichnung ist vermutlich aus dem Hiob-Buch (Kap. 37, 21) abgeleitet: »Jetzt sieht man das Licht nicht, das am Himmel hell leuchtet …« Eine wichtige Stellung nehmen in ihm mystische Gleichnisse ein, die bisweilen bizarr erscheinen oder paradoxe Züge tragen. Auf eine einheitliche Gliederung ist verzichtet. »Geistesgeschichtlich stellt das Buch B. einen vielleicht bewußten, im Sachlichen jedenfalls eindeutig feststehenden Rückgriff auf archaische Symbolik dar … Mit der Veröffentlichung des Buches B. tritt eine jüdische Form mythischen Denkens in Konkurrenz und unabweisbare Auseinandersetzung mit den rabbinischen und philosophischen Ausprägungen des mittelalterlichen Judentums« (G. → Scholem: Ursprung und Anfänge der Kabbala, S. 174).
Werke: Das Buch Bahir. Hrsg. G. Scholem. Leipzig 1923; Darmstadt 1970. − *Lit.:* Ursprung und Anfänge der Kabbala. Berlin 1962, S. 34–174; K. E. Grözinger: Jüdisches Denken, Bd. II. Darmstadt 2005, S. 89–154.

Bailey, Alice Ann (1880–1949), die aus England stammende Theosophin empfing nach einer konservativ-christlichen Erziehung ihre ersten Impulse durch die Schriften von Madame → Blavatsky, speziell aus deren

»Secret Doctrine« (Geheimlehre), sowie aus dem Schrifttum von Annie → Besant. Doch lebensentscheidend sollte für sie 1919 die Begegnung mit ihrem → Meister werden, der als »der Tibeter« ihr eigenes Schaffen bestimmte. A. A. B., wie ihr Name von der Anhängerschaft abgekürzt wird, hatte um die Lebensmitte allerlei leidvolle und bedrückende Erfahrungen zu bestehen, die dem Prozeß einer Initiation (→ Einweihung) entsprechen, ehe sie dem Empfang besonderer spiritueller Einsprachen gewachsen war. Sie berichtet in ihrer unvollendeten Autobiographie: »Es wurde mir Wort für Wort gegeben, und zwar so, daß ich sagen könnte, ich hörte deutlich eine Stimme. Man könnte also sagen, daß ich am Anfang eine hellhörende Technik benutzte.« Auf diesem mediumistischen Weg empfing sie ihre Bücher, die ihr theosophisches Welt- und Menschenbild beschreiben und die den ihr gewiesenen Entwicklungsgang charakterisieren.

Anders als bei H. P. Blavatsky spielt für sie Christus eine vorrangige Rolle, doch so, daß sie sein Wiedererscheinen in physischer Gestalt erwartete: »May Christ return to earth!« Unter Hinweis darauf, daß ein Zukunftswissen in den Weltreligionen vorhanden sei, stellte sie Christi Wiederkunft in naher Zukunft in Aussicht. Sie wurde zu einer Wegbereiterin eines »neuen Zeitalters« (New Age). Die 1923 begründete Arkanschule sowie weitere Institutionen und Initiativen, die sie ins Werk gesetzt hat, sind dazu bestimmt, der Schülerschaft entsprechende Anweisungen zu geben und das »neue Zeitalter« vorzubereiten. Foster B., ihr Mann (gest. 1977), setzte das Werk nach ihrem Tod fort. Für die Verbreitung ihrer Bücher sorgen die Lucis Verlagsgesellschaften in New York, London und Genf.

Werke: Die unvollendete Autobiographie (1951). Genf–Bietigheim 1975; Initiation. Menschliche und solare Einweihung. Lorch 1952. – *Lit.:* O. A. Isbert: Yoga und der Weg des Westens. Stuttgart 1955; Chr. Bochinger: New Age und moderne Religion. Gütersloh 1994; G. Wehr: Spirituelle Meister des Westens. Leben und Lehre. München 1995, S. 109–128; J. A. Santuccy: A. A. B., in: Dictionary of Gnosis and Western Esotericism. Hrsg. W. Hanegraaff. Leiden 2005, S. 158 ff.

Beginen An der Wende vom 12. zum 13. Jahrhundert entwickelte sich in Nordfrankreich, in den Niederlanden, im Rheingebiet sowie in Teilen Süddeutschlands eine geistliche Lebensform für → Frauen, die außerhalb der traditionellen Klöster und ohne deren Gelübde, jedoch in Anlehnung an diese praktiziert wurde. B. hatten vielfach Teil an der Frömmigkeitsströmung der → Mystik, wie das Beispiel der aus Antwerpen stammenden Schwester Hadewijch (gest. um 1260), Mechthilds von Magdeburg (gest. 1283) oder Margarete Poretes (gest. 1310) zeigt. Nicht selten waren sie, wie die Letztgenannte, der → Ketzerei verdächtig und wurden verfolgt.

Lit.: H. Grundmann: Religiöse Bewegungen im Mittelalter. Darmstadt 1961; P. Dinzelbacher, D. R. Bauer: Frauenmystik im Mittelalter. Ostfildern 1985; K. Ruh: Geschichte der abendländischen Mystik. Bd. II: Frauenmystik. München 1993; G. Wehr: Die deutsche Mystik. Leben und Inspiration gottentflammter Menschen in Mittelalter und Neuzeit. Köln 2006.

Bereschit (hebr. »Am Anfang«), erstes Wort der Hebräischen Bibel, d. h. des Schöpfungsberichts im Buch Genesis: »Am Anfang schuf Gott ...« Wie aus der eigentümlichen Auslegungsweise der → Kabbala ersichtlich, ist das B als Buchstabe wie als qualitativ zu begreifende Zahl mit Blick auf die Schöpfung durch das Wort von großer Bedeutung. Entsprechend viele Interpretationen sind daran geknüpft.

Bernus, Alexander von

Lit.: Sefer Jezira. Das Buch der Schöpfung. Hrsg. L. Goldschmidt (1894). Darmstadt 1969; G. Scholem: Die jüdische Mystik in ihren Hauptströmungen. Frankfurt 1957; F. Weinreb: Der göttliche Bauplan der Welt. Der Sinn der Bibel nach der ältesten Überlieferung. Zürich 1971; A. Kilcher: Die Sprachtheorie als ästhetisches Paradigma. Stuttgart 1998.

Bernus, Alexander von (1880–1965) Abgesehen von seiner fruchtbaren Tätigkeit als Dichter und Übersetzer englischer Lyrik hat sich B. als praktizierender Alchymist und als Pharmazeut homöopathischer Heilmittel einen Namen gemacht. Er hatte 1912–1914 in München Medizin, Chemie und Physik studiert, vertiefte sich aber speziell in die traditionelle Arbeitsweise der → Alchymie. So verstand er sich als Jatrochemiker in der Nachfolge des → Paracelsus und der mittelalterlichen → Adepten. Auf seinem Anwesen Stift Neuburg an der Donau richtete er sein Laboratorum »Soluna« ein und stellte Arzneien her. Bereits 1910 begegnete er Rudolf → Steiner, mit dem er in einem regen Briefwechsel stand und dem er in seiner literarisch-philosophischen Zeitschrift »Das Reich« (1916–1921) ein Forum bot, in dem auch andere anthroposophische Autoren zu Wort kamen. Hier erschien u. a. Steiners Essay über die Chymische Hochzeit Christiani Rosenkreuz. Etwa zur gleichen Zeit, als in Dornach das → Goetheanum entstand, bot B. Steiner im Bereich seiner Besitzung einen dafür geeigneten Bauplatz an; doch da war die Entscheidung für Dornach bereits getroffen.

Werke: Das Geheimnis der Adepten. Sersheim 1956; Alchymie und Heilkunst (erw. Ausgabe). Nürnberg 1969. – *Lit.:* Worte der Freundschaft für A. Bernus. Nürnberg 1949; A. Schmitt: A. von Bernus. Dichter und Alchymist. Nürnberg 1971; M. Sladek, M. Schütze: A. von Bernus. Nürnberg 1981.

Besant, Annie (1847–1931), geb. Wood. Nach einer etwa sechsjährigen Ehe mit dem anglikanischen Theologen Frank B., mit dem sie 2 Kinder hatte, war sie aus einer freidenkerischen Gesinnung heraus sozial tätig. Lebensbestimmend wurde für sie 1889 die Begegnung mit Madame → Blavatsky, deren Vertraute sie wurde und in deren Nachfolge als Leiterin der Theosophical Society (T. S.) sie trat; formal geschah dies nach dem Tod von Henry Steel Olcott (gest. 1907), dem Mitbegründer dieser → Adyar-Gesellschaft. Ihre vielseitigen Aktivitäten für Ausbau und Verbreitung der → anglo-indischen Theosophie dehnte sie auch auf Indien aus. Ihr lag daran, den damals noch von England regierten Subkontinent politisch, sowie durch pädagogische Maßnahmen voranzubringen und den Hindus zu einem größeren Selbstbewußtsein zu verhelfen, was deren spirituelle Überlieferung anlangt, u. a. durch die Übersetzung der → Bhagavadgita aus dem Sanskrit ins Englische.

Nachhaltig unterstützte B. die Bildung einer deutschen Sektion der T. S., indem sie 1902 ihre Zustimmung gab, R. → Steiner als Generalsekretär an die Spitze der deutschen Theosophen zu rufen, obwohl ihr bewußt war, daß er seinen Auftrag darin sah, der abendländisch-christlichen → Theosophie den Boden zu bereiten. Gegen Ende ihres Lebens nahm sie sich der Erziehung des Hinduknaben Jiddu → Krishnamurti an, nachdem dieser nach Auffassung des Theosophen Leadbeater als kommender Weltlehrer (World Teacher) »erkannt« worden war, d. h. als Christus in menschlicher Wiederverkörperung. Das führte zum Bruch und zur Trennung mit Steiner. Tragischerweise mußte B. wenige Jahre vor ihrem Tod erleben, wie der vermeintliche Weltlehrer von der ihm zugedachten Rolle öffentlich zurücktrat.

Lit.: Th. Besterman: Mrs. A. Besant. A Modern Prophet. London 1934; F. K. Steinberger: Esoteriker des Westens. Lorch 1953; A. Taylor: A. Besant. Oxford–New York 1992; J. A. Santucci: A. Besant, in: Dictionary of Gnosis and Western Esotericism. Leiden 2005, S. 170 ff.

Bewußtsein Als zentraler Begriff der Psychologie auch in esoterischen Zusammenhängen von großer Bedeutung. Gemeint ist insbesondere die Weise, in der der Mensch seiner selbst (Innenwelt) und seiner Umwelt gewahr ist, sodann wie er von diesem B. geleitet wird, lebt und handelt. Psychologisch gesehen lassen sich eine Reihe von B.-Zuständen unterscheiden. Geht man vom »normalen« Tages-B. aus, dann liegen die Zustände des Schlafens oder des Träumens hinsichtlich der B.-Helligkeit unterhalb dieses Zustandes im → Unbewußten. Dieser läßt sich erfahrungsgemäß nicht nur dämpfen, etwa infolge von Ermüdung oder sonstiger Betäubung (Narkotisierung, Alkoholisierung, Hypnose), sondern auch steigern bzw. in qualitativer Weise »erweitern«. Sieht man einmal von sog. bewußtseinserweiternden Drogen ab, dann ist hier insbesondere an geistige Schulungswege (→ innerer Weg) zu denken. Das Ziel ist die → Erleuchtung, in der → Mystik der Zustand der »unio mystica«.

Historisch betrachtet gibt es verschiedene Stadien der menschheitlichen B.-Geschichte. Beiträge hierzu lieferten u. a. R. → Steiner aus der Sicht der → Anthroposophie, C. G. → Jung und E. Neumann auf der Basis der archetypischen Psychologie und J. Gebser als Kulturphilosoph. Gebser geht von einem »archaischen B.« aus, das der denkbar frühesten Stufe entspricht. Es folgen das »magische«, dann das »mythische B.«, in denen die spätere Wachheit und Ich-Reife vorbereitet wird, wie sie – seit

Beginn der Neuzeit (um 1500) – allgemein in Erscheinung getreten ist. Das seitdem herrschende »mentale B.« hat die rationale Erfassung und die technische Weltbewältigung ermöglicht. Gleichzeitig gingen aber die einstigen Fähigkeiten, etwa geistiger Schau und Hellsicht, weitgehend verloren. Nach Gebser verändert sich heute das mentale B. Es mehren sich die Anzeichen für die Heraufkunft einer »aperspektivischen« (d. h. die Perspektive erweiternden) und einer »integralen« Welterfassung. Das geschehe aber nicht etwa im Sinne einer bloßen Addition der einzelnen B.-Möglichkeiten, sondern so, daß die neue Dimension im Sinne einer Transparenzerfahrung gewahrt werden könne. Gebser spricht von »Diaphanität« (griech. »diaphainein«, durchscheinen). Die »Transparenz für Transzendenz« (K. Graf → Dürckheim) werde nach und nach bei immer mehr Menschen zur → Erfahrung. Insofern könne von einem neuen B. und von einer Zeit der B. Wende (→ New Age) gesprochen werden. Es liegt im Wesen esoterischer Bemühung, einerseits einen angemessenen → inneren Weg zu gehen, andererseits eine der heutigen B.-Situation gemäße Ethik universeller Weltverantwortung (ökologisches bzw. planetarisches B.) zu praktizieren. Ihr entspricht eine Radikalisierung der urchristlichen Forderung nach Sinneswandlung (metánoia) und Umkehr (Mk 1, 15).

Lit.: E. Neumann: Ursprungsgeschichte des Bewußtseins. Zürich 1949; H. E. Lauer: Geschichte als Stufengang der Menschwerdung I/III. Freiburg 1956 ff.; J. Gebser: Ursprung und Gegenwart, in: Gesamtausgabe II/IV. Schaffhausen 1978 f.; H. M. Enomiya-Lassalle: Leben im neuen Bewußtsein. München 1986; G. Wehr: C. G. Jung und Rudolf Steiner. Stuttgart 1972; Berlin 1982; S. Krämer (Hrsg.): Bewußtsein. Philosophische Beiträge. Frankfurt 1996; Bewußtsein, in: L. und A. Müller (Hrsg.): Wörterbuch der Analytischen Psychologie. Düsseldorf 2003, S. 45–59.

Bhagavadgita

Bhagavadgita (sanskrit »Gesang des Erhabenen«), zum Grundbestand der heiligen Schriften des Hinduismus gehörende spirituelle Dichtung. Um 200 v. Chr. entstanden, steht sie im Kontext des monumentalen Mahabharata-Epos. Im Mittelpunkt agiert Krishna, der den im Kampf befindlichen Arjuna ermutigend belehrt. Der Krieger, der merkt, daß auf der Gegenseite Angehörige seiner eigenen Verwandtschaft stehen, die durch seine Pfeile getroffen werden könnten und der deshalb zurückschreckt, erfährt vom doppelten Ursprung des Menschen. Die physische Erscheinung sei demnach noch nicht Inbegriff des Menschenwesens. Aufgetragen ist dem Menschen, in jeder Situation die Verwirklichung des Yoga durch Gotteshingabe und Tat zu vollziehen. Dies fängt bereits bei einem disziplinierten Denken an:

»Wo immer das umherspringende Denken / unstet hin und her wandert, / da bringe man es von dort zurück, / damit es unter den Willen des Selbst gelangt. // Denn höchstes Glück überkommt den Yogi / dessen Denken zur Ruhe gebracht ist. / Seine Leidenschaft ist befriedet. / Er ist eins mit Brahman, makellos.« (6, 26 f.)

»Die Gita ist einer der wenigen Texte des Hinduismus, die nicht an eine spezifische kultische Tradition gebunden sind. Somit konnte die Gita den gesamten Hinduismus erfassen und durchdringen. Sie wird von den frommen Hindus täglich rezitiert ... Shivaiten, Vishnuiten, Menschen aus hohen oder niederen Kasten – für sie alle ist die Gita Quelle tiefster Inspiration« (M. von Brück).

1785 wurde die B. ins Englische, 1823 durch August Wilhelm Schlegel ins Deutsche übersetzt. Heute zählt man mehr als 2000 Übertragungen in ca. 70 Sprachen.

Werke: Die Bhagavadgita. Sanskrittext mit Einleitung und Kommentar von S. Radhakrishnan. Ins Deutsche übersetzt von S. Lienhard.

Baden-Baden 1958; Bhagavadgita. Des Erhabenen Sang. Übersetzt von L. von Schroeder. Jena 1922 (zahlr. Neuausgaben); Die Bhagavadgita in der Übertragung von S. Aurobindo. Freiburg 1992; Bhagavadgita. Mit einem spirituellen Kommentar von B. Griffiths. Aus dem Sanskrit übersetzt von M. von Brück. München 1993. – *Lit.:* U. Tworuschka (Hrsg.): Heilige Schriften. Darmstadt 2000.

Bibel Die weltweite Verbreitung, sodann die (zweifellos nötige) Popularisierung und Aktualisierung der B. ließ vergessen, daß es sich um ein vom Ursprung her esoterisches Buch handelt, dessen spiritueller Reichtum unerschöpflich ist. Mit dem Wandel des menschlichen → Bewußtseins veränderte sich auch die Weise des Umgangs mit der B. Vor der Erfindung des Buchdrucks und vor Luthers B.-Verdeutschung samt ihren weitreichenden Wirkungen blieb das Buch weitgehend dem gottesdienstlichen Gebrauch vorbehalten. Es hatte seinen legitimen Ort am Altar. Es war noch nicht »privatisiert«. Daneben wußte man den sog. »mehrfachen Schriftsinn« (→ Interpretation) bei der B.-Lektüre anzuwenden, d. h. man unterschied (vereinfacht ausgedrückt) den historischen, an der Buchstäblichkeit haften bleibenden Sinn eines B.-Wortes von dem pneumatischen (geistlichen) bzw. spirituellen Sinn, der ein tieferes, meditatives Eindringen in die Mitte eines Textes erlaubt. Die historisch-kritische Forschung machte wohl mit der äußeren Struktur der B. bekannt; sie leistete ihrer Exoterisierung in der Theologie und Verkündigung Vorschub. Was die »Schrift« jedoch zur »viva vox Evangelii«, zur lebendigen Stimme des Evangeliums macht, das verlangt eine adäquate Einstellung dessen, der die Schrift liest und der auf das Wort hört: »Gut ist es daher, etwas nicht zu verstehen nach dem äußeren Buchstaben, der vergeht, damit der geistige Sinn (intellectus spiritualis), der lebt und lebendig macht, aufgerichtet werde« (→ Joachim von

Fiore). Was der → Inspiration entstammt, das setzt die ihr gemäße Aufnahmebereitschaft voraus. So wie M. → Buber vom »bibelstiftenden Bewußtsein« der B. sprach, um die Ganzheit der göttlichen Anrede im Alten Testament zur Geltung zu bringen, so machte R. → Steiner und die ihm folgende Evangelienauslegung (→ Johannesevangelium) auf Struktur- und Kompositionsgeheimnisse aufmerksam.

Lit.: H. de Lubac: Geist aus der Geschichte. Einsiedeln 1968; E. Bock: Das Evangelium. Stuttgart 1984.

Bibliotheca Philosophica Hermetica (BPH) Spezielle, der Sammlung hermetischer und spirituell-esoterischer Literatur gewidmete Privatbibliothek in Amsterdam, Bloemstraat 13–19. Sie wurde 1957 von J. R. Ritman begründet. Laufende Ausstellungen z. B. zu den Bereichen der → Gnosis, → Hermetik, → Rosenkreuz, → Alchymie, → Renaissancephilosophie, → Paracelsus, Jakob → Böhme u. a. Angeschlossen ist zu Forschungszwecken das Ritman Institut sowie das Verlagshaus In de Pelikaan. Die BPH arbeitet auf internationaler Ebene mit anderen speziellen Bibliotheken und Forschungskreisen zusammen.

Blake, William (London 1757 – London 1827) Der aus einer englischen Handwerkerfamilie stammende B. erhielt zwar die Taufe der Anglikanischen Kirche, nach deren Ritus er auch bestattet wurde. Aber frühzeitig entfernte er sich von ihr, zumal ihm alle Frömmigkeit verdächtig schien, in der Macht ausgeübt und eine rigide Moral gefordert wurde. Ähnlich stark war seine Ablehnung der noch vorherrschenden rationalistisch-materialistischen Weltanschauung. Durch sein künstlerisches Schaffen als Graphiker und Maler und seine Dichtung gestaltete er eine Spiritualität eigener Ordnung, insbesondere weil er über eine visionäre Begabung verfügte, die ihn Blicke in eine geistig-seelische Welt tun und ein kommendes neues Zeitalter (new age) im Sinne des Tausendjährigen Reiches biblischer Verheißung erwarten ließ. Groß war daher sein Interesse an solchen Mitteilungen über die »andere Welt«, die mit seiner eigenen Schau zu korrespondieren schien.

Sein älterer Zeitgenosse war der schwedische Geisterseher → Swedenborg, der noch in London lebte, als B. seine zahlreichen illuminierten Schriften zu gestalten begann. Dessen Schriften regten B. an, ähnlich thematisierte und farbig illustrierte Bücher zu verfassen, z. B. »Die Vermählung von Himmel und Hölle« (The Marriage of Heaven and Hell). Das hielt ihn jedoch nicht ab, nach wenigen Jahren zu Swedenborg auf Distanz zu gehen, nachdem er zusammen mit seiner Frau Catherine Mitglied der Swedenborgschen »Neuen Kirche« gewesen war. Aufgeschlossen für die kabbalistische Tradition wandte er sich dem Schrifttum des → Paracelsus und dem Jakob → Böhmes zu. Auch deren theosophisch-alchymistisches Gedankengut machte er sich in seinen Werken, z. B. in den theosophischen Traktaten und prophetischen Büchern, zu eigen, in denen er sich den herrschenden politisch-konservativen, philosophischen und orthodox-kirchlichen Normen widersetzte und für ein Reich der geistig-religiösen und moralischen Freiheit eintrat. Als Vorläufer des New Age und als Wegbereiters einer universellen Bruderschaft ist B. gegen Ende des 20. Jahrhunderts von neuem aktuell geworden.

Werke: Die Vermählung von Himmel und Hölle. München 1975; Lieder der Unschuld und Erfahrung. Frankfurt 1982; Zwischen Feuer und Feuer. Poetische Werke, zweisprachig. München 1996. – *Lit.:* P. Ackroyd: W. Blake. Dichter, Maler, Visionär. München 1995; S. QA. Spector in: Dictionary of Gnosis and Western Esotericism. Leiden 2005, S. 173–177.

Blavatsky, Helena Petrovna (1831–1891), die teils aus deutschem Adel stammende, teils mit russischem Hochadel verwandte, medial außerordentlich begabte maßgebliche Begründerin der Theosophical Society (T. S.) und Autorin von Grundwerken dieser Gesellschaft. Seit 1849/50 unternahm sie wiederholt ausgedehnte Weltreisen, die sie durch Europa, nach Nord- und Südamerika, schließlich nach Asien führten. Dabei muß aufgrund ihrer besonderen psychischen Situation offen bleiben, ob sie u. a. auch nach Kaschmir und Tibet gelangt ist, wo sie mit Repräsentanten östlicher Spiritualität zusammengetroffen sein will, oder ob es sich nicht mehrfach um sog. Seelenreisen gehandelt hat. Eindeutige Angaben lassen sich nicht immer machen. Vieles bleibt in der Schwebe. Zum Teil hat sie nach eigenem Geständnis ihre Spuren bewußt verwischt, um ihr jahrelang ungebundenes Unterwegssein vor ihrer russischen Verwandtschaft zu verheimlichen.

Ihr Leben und Schaffen im Dienst der T. S. stand gemäß ihren Angaben stets unter der Leitung ihres bzw. ihrer okkulten → »Meister«, die ihre literarische Produktion, ihren jeweiligen Aufenthaltsort, schließlich ihr ganzes Schicksal bestimmten. Auch die Begründung der T. S. am 17. November 1875 in New York in Verbindung mit Henry Steel Olcott und einem Kreis Geistesverwandter führte sie auf eine derartige Weisung zurück. Bemerkenswert sind Äußerungen von der Art einer Eintragung in ihr Tagebuch von 1875:

»Ich habe mein Wort gegeben, den Menschen zur Wahrheit zu verhelfen, solange ich lebe – und ich werde mein Wort halten.«

So schillernd ihre Persönlichkeit bereits für Zeitgenossen war, da es ihr ein Leichtes zu sein schien, parapsychische Phänomene zu produzieren, und gelegentlich Betrugsvorwürfe erhoben wurden, so steht doch die Nachhaltigkeit ihrer Wirkung für die Entfaltung des Okkultismus bzw. der Spiritualität in der westlichen Welt des 19. und 20. Jahrhunderts außer Frage. Ungezählte standen bis zu einem gewissem Grade unter ihrem Einfluß, u. a. R. → Steiner in der Frühzeit der → Anthroposophie, selbst Künstler, denen es wie W. Kandinsky um die Vergegenwärtigung des »Geistigen in der Kunst« ging.

Werke: Isis Unveiled – Die entschleierte Isis (1877); The Secret Doctrine – Die Geheimlehre (1888); The Key to Theosophy – Der Schlüssel zur Theosophie (1889); The Voice of the Silence – Die Stimme der Stille (1889); jeweils zahlreiche Übersetzungen. – *Lit.:* S. Cranston: HPB. The Extraordinary Life and Influence of Helena Blavatsky. Founder of the Modern Theosophical Movement. New York 1993; G. Wehr: Spirituelle Meister des Westens. Leben und Lehre. München 1995; G. Wehr: Helena Petrovna Blavatsky. Eine moderne Sphinx. Dornach/Schweiz 2005.

Böhme, Jakob (1575–1624), protestantischer Mystiker und Theosoph, gelernter Schuster, später Garnhändler, der als Autor zahlreicher Schriften auf das geistig-religiöse Leben der Neuzeit im internationalen Rahmen nachhaltig gewirkt hat.

In dem Dorf Altseidenberg (heute: Stary Zawidów, Polen), nahe der böhmischen Grenze, wurde er als Sohn angesehener Bauersleute geboren. In Görlitz erwarb er das Bürgerrecht, wo er sein Handwerk ausgeübt und als Familienvater gelebt hat. Hier empfing er fünfundzwanzigjährig um 1600 eine geistige Schau, von der er bekennt, daß er gleichsam durch die gegenständliche Welt habe hindurchsehen können.

Auslöser dieses für ihn erschütternden Durchbruchserlebnisses war das Ringen mit der Frage nach der Herkunft des Bösen und des Gegensätzlichen in der Welt. Einerseits war er ein mit der Bibel vertrauter lutherischer Christ, andererseits hatte er sich über das Wesen der kopernikanischen Wende kundig gemacht. Ihn beunruhigte die andere Frage: Wo ist dann der Himmel, wenn es nach Kopernikus stimmt, daß die Erde um die Sonne bewegt wird – eine mit dem biblischen Weltbild nicht zu vereinbarende Lehre! In seinem Erstlingswerk »Aurora oder Morgenröte im Aufgang« (1612) gesteht er (Kap. 19):

»Als sich aber in solcher Trübsal mein Geist … ernstlich in Gott erhob, als mit einem großen Sturme und mein ganz Herz und Gemüte samt allen andern Gedanken und Willen sich alles dareinschloß … so brach der Geist durch.«

Auf das noch unabgeschlossene Buchmanuskript und dessen angeblich ketzerischen Inhalt wurde der Görlitzer Oberpfarrer Gregor Richter aufmerksam. Er kanzelte sein Gemeindeglied öffentlich ab. Der Bürgermeister zog nach kurzer Inhaftierung des Autors das Buch ein. Einige Jahre hielt sich B. an das Schreibverbot des Pastors, folgte aber dann der Ermutigung interessierter Freunde und verfaßte zwischen 1619 und seinem Todesjahr 1624 zahlreiche Werke ähnlichen Inhalts, darunter »Mysterium magnum«, einen umfangreichen Genesis-Kommentar, sodann die an → Paracelsus und die → Alchymie erinnernde »De signatura rerum«, »Von der Gnadenwahl«, in der er die Willensfreiheit vertritt, und zahlreiche »Theosophische Sendbriefe« an Geistesverwandte, darunter Landedelleute, Ärzte und Zolleinnehmer. Es sind Texte, die der Erläuterung seines Werks und der spirituellen Unterweisung gewidmet sind, ferner geben sie Auskunft über seine wirtschaftlich beengten Lebensverhältnisse. Das einzige Büchlein, das zu B.s Lebzeiten gedruckt wurde, trägt den Titel »Weg zu Christo« (Christosophia). Es will – unter Leitung der göttlichen → Sophia – auf dem inneren Weg behilflich sein. Ein besonderes, im Gesamtwerk artikuliertes Anliegen ist ihm, daß es zur spirituellen Wiedergeburt des Menschen im Sinne von Joh 3 kommt. Denn nur der durch den Geist Gottes wiedergeborene Mensch kann die Wahrheit erkennen und ins Reich Gottes eingehen.

In seiner »Philosophie der Offenbarung« (7. Rede) rühmt Schelling B. als eine »Wundererscheinung in der Geschichte des deutschen Geistes«. Seine Bücher sind heute in nahezu alle Kultursprachen übersetzt. Dies ist auf die Radikalität seines Denkens zurückzuführen, mit dem der Görlitzer Meister die Dynamik beschreibt, die aus dem »Ungrund« des Seins machtvoll ins Werden strebt. Bewundert wird, wie B. es vermochte, trotz der Widerständigkeit vieler Texte, bis heute auf ungezählte Denker und Dichter unterschiedlicher Couleur faszinierend zu wirken: »Dergleichen ward seid Heraklit nicht mehr gehört«, betont Ernst Bloch.

Das Interesse an B. hat in der zweiten Hälfte des 20. Jahrhunderts zugenommen, angeregt u. a. durch die Wiederkehr seines 350. Todestags (1974) und seines 400. Geburtsjahrs (1975). 2000 kam es im Zusammenhang einer internationalen Böhme-Tagung zur Gründung eines »Internationalen Jacob Böhme Instituts« mit Sitz in Görlitz, das sich die Forschung und die Vorbereitung einer historisch-kritischen Gesamtedition der Werke zur Aufgabe gemacht hat. Eine weitere Pflegestätte des Werks ist die → »Bibliotheca Philosophica Hermetica« in Amsterdam.

Werke: Sämtliche Schriften 1–11 (1730). Hrsg. W.-E. Peuckert. Stuttgart–Bad Cannstatt 1955 ff.; Werke. Hrsg. F. van Ingen. Frankfurt 1997; Im Zeichen der Lilie. Hrsg. G. Wehr. München 1991; Aurora oder Morgenröte im Aufgang. Hrsg. und kommentiert von G. Wehr. Frankfurt 1992; Die Morgenröte bricht an. Hrsg. G. Wehr. Köln 2006. – *Lit.:* H. Grunsky: J. Böhme. Stuttgart–Bad Cannstatt

1956; G. Wehr: J. Böhme in Selbstzeugnissen und Bilddokumenten. Reinbek 1971; Erkenntnis und Wissenschaft. Internationales Jacob-Böhme-Symposium Görlitz 2000. Görlitz–Zittau 2001.

Bo Yin Ra (Joseph Anton Schneiderfranken) (1876–1943), auf die religiöse Uroffenbarung sich berufender Schriftsteller, der als Lebenslehrer angesprochen werden wollte. In Aschaffenburg am Main geboren und in Frankfurt aufgewachsen, nach verschiedenen Reisen zuletzt in Massagno bei Lugano, betätigte er sich, ausgebildet an verschiedenen Kunstakademien, u. a. als Maler. Er schuf ein »geistiges Lehrwerk«, dem er die traditionelle Bezeichnung »hortus conclusus« (verschlossener Garten) gab, um den esoterischen Charakter seiner Texte zu unterstreichen. Bestrebt war B., »suchenden Menschen die Struktur des ewigen geistigen Leben aufzuzeigen. Zu ihrem Verstehen ist keine wissenschaftliche Vorbildung nötig, jeder kann von ihnen Nutzen ziehen, sofern er diese Sprache ressentimentfrei in sich aufzunehmen weiß …« (W. Nastali).

Werke: Das Buch der königlichen Kunst. 1913; Das Buch vom lebendigen Gott. 1919; Das Mysterium von Golgatha. 1922; Auferstehung. 1926; Ewige Wirklichkeit. 1934; Hortus conclusus. 1936; jeweils Bern ab 1928. – *Lit.:* R. Schott: Bo Yin Ra. Leben und Werk. Basel 1954; W. Nastali: Ursein, Urlicht, Urwort. Münster 1999.

Brüder und Schwestern vom freien Geiste Tauchen im 13. und 14. Jahrhundert u. a. im Rheingebiet, in Mittel- und Süddeutschland (Ries) auf. Unter der Berufung, am göttlichen Geist teilzuhaben, deshalb äußerer kirchlicher Autoritäten und deren moralischer Leitlinien nicht mehr zu bedürfen, suchen sie die Enge der herkömmlichen Normen zu überwinden. Ihnen treten namhafte Theologen, unter ihnen Albertus Magnus, nicht zuletzt deshalb entgegen, weil sie in ihren esoterischen Lehren (in secreto docere) für die »Freiheit des Geistes« zu werben suchen, und zwar in der Volkssprache. Vertreter der deutschen → Mystik gerieten immer wieder in den Verdacht, den Freigeistern nahe zu stehen. Daher die Abgrenzung durch Mystiker (J. van Ruusbroec) und in deren Schriften (→ »Theologia Deutsch«).

Lit.: M. Lambert: Ketzerei im Mittelalter. München 1981; H. Grundmann: Ketzergeschichte des Mittelalters. Göttingen 1963; G. Wehr: Esoterisches Christentum. Stuttgart 1975.

Brüder vom gemeinsamen Leben Eine Laienbruderschaft, die sich, ausgehend von Deventer und Zwolle, im 15. Jahrhundert auf der Basis der → Devotio moderna entwickelte, um Christusnachfolge (Imitatio Christi) aus dem Geist der → Mystik zu praktizieren.

Lit.: Vgl. → Devotio moderna.

Buber, Martin (Wien 1878 – Jerusalem 1965) Zwar in Wien geboren, doch in Galizien (Lemberg) aufgewachsen und mit Vertretern des → Chassidismus in Berührung gekommen, wandte er sich in jungen Jahren im Zusammenhang seiner philosophisch-religionswissenschaftlichen Studien zunächst mystischen Bestrebungen zu, wie sie der Zeitgeist um die Jahrhundertwende anbot. In seiner Sammlung »Ekstatische Konfessionen« (1909) mit hauptsächlich nichtjüdischen Texten kommen diese Neigungen zur Sprache. Gegen 1920 erlebte er eine »Bekehrung« im Sinne einer totalen Neuorientierung seines Denkens. Zwar behielten seine schon zuvor mit großem Erfolg begonnenen Darstellungen chassidischer Erzählungen für sein späteres Schaffen weiterhin Bedeutung. Er selbst

Buber, Martin

wurde insbesondere durch sie bekannt und berühmt.
Doch wandte er sich mit seiner philosophischen Grundschrift »Ich und Du« (1923) dem dialogischen Denken zu.
B.s Chassidismus-Deutung stieß auf prinzipielle Kritik seines Schülers Gershom → Scholem, der im Sinne der
religionswissenschaftlichen Arbeitsweise historisch-kritische Maßstäbe anlegte.

Die Dimension des personalen Gegenüberseins und
der Verantwortung wurde für B. immer wichtiger. Das
Interesse an dem ekstatischen Herausgehobensein trat bei
ihm in den Hintergrund: »Der Mensch wird am Du zum
Ich.«, »Liebe ist Verantwortung eines Ich für ein
Du.« ...Von daher fiel für ihn auch ein erhellendes Licht
auf sein Gottesbild und auf die Gottesbeziehung als solche, nachdem alles Irdische für ihn »Durchblick zum ewigen Du« wurde. Aus dieser Gesinnung heraus schrieb er
einige Monographien zur biblischen Theologie. Vor
allem ging er auf die Anregung seines Verlegers Lambert
Schneider ein und schuf in langjähriger Arbeit eine neuar-
tige Verdeutschung der hebräischen Bibel, anfangs
unterstützt – bis zu dessen Tod – von Franz Rosenzweig
(1886–1929).

Noch zu Lebzeiten von Theodor Herzl (1860–1904)
verband sich B. mit der jungen zionistischen Bewegung.
Auch diese seine Einstellung machte naturgemäß einen
Gestaltwandel durch, nachdem er im Frühjahr 1938 nach
Palästina emigrierte, wo er an der hebräischen Universität eine Professur für Soziologie übernahm. Ein wesentlicher Teil seines publizistischen Schaffens ist dem
Judentum gewidmet. Es ging ihm in seinen politischen,
auf Aussöhnung zwischen Palästinensern und Israelis ausgerichteten Aktivitäten vornehmlich um die ethische
wie die kulturelle Erneuerung seines Volkes, und zwar

möglichst in Zusammenarbeit mit den eingeborenen Arabern innerhalb eines gemeinsamen Staatswesens. Erfolge auf diesem Feld blieben ihm versagt. Seine internationale Berühmtheit wurde in Israel vergleichsweise kaum beachtet.

Seit Februar 2000 existiert die Martin-Buber-Gesellschaft mit Sitz in Heidelberg. Sie gibt die Halbjahresschrift »Im Gespräch« heraus.

Werke: Werke I/III. Heidelberg–München 1962 ff.; Hinweise. Gesammelte Essays. Zürich 1953; Der Jude und sein Judentum. Köln 1963; Nachlese. Heidelberg 1965; Briefwechsel aus sieben Jahrzehnten I/III. Hrsg. G. Schaeder. Heidelberg 1972 ff.; Ein Land und zwei Völker. Zur jüdisch-arabischen Frage. Hrsg. P. Mendes-Flohr. Frankfurt 1983; Werkausgabe (1–21). Gütersloh 2001 ff. – *Lit.:* H. Kohn: Martin Buber. Sein Werk und seine Zeit (1930). Köln 1961; G. Schaeder: M. Buber. Hebräischer Humanismus. Göttingen 1966; G. Wehr: M. Buber in Selbstzeugnissen und Bilddokumenten. Reinbek 1968 (Neuauflagen); ders.: M. Buber. Leben, Werk, Wirkung. Zürich 1961.

C

Cagliostro, Alexandro (Guiseppe Balsamo) (Palermo 1743 – nahe Urbino 1795) Es ist problematisch, den aus ärmlichen Verhältnissen stammenden, legendenumrahmten sizilianischen Abenteurer G. Balsamo, der sich als Graf C. ausgab, mit jeweils verläßlichen Daten in die westliche Esoterik einzuordnen. Unter Berufung auf Initiationen in die tiefsten Mysterien geheimer Weisheit und mit dem Anspruch, über außerordentliche Kräfte als Alchymist und Heiler zu verfügen, vermochte er seine Zeitgenossen oft folgenreich hinters Licht zu führen. Erstaunlich ist in jedem Fall die Faszination, die er auf seine jeweilige, oft wechselnde Umgebung auszuüben vermochte. Selbst Männer wie Johann Kaspar Lavater ließen sich durch seine gelegentlichen Heilerfolge blenden. Es gelang ihm, Eingang in Adelskreise zu finden und immer wieder Frauen zu betören. Doch sobald seine Betrügereien bekannt wurden, suchte er jeweils das Weite. Das waren in der Regel die Gründe, weshalb er, von der Polizei verfolgt, schon in jungen Jahren seine Heimat verlassen mußte, u. a. in London, Straßburg, Paris, Petersburg und Warschau mit wechselndem Erfolg aktiv wurde, bald als Praktiker der sog. Magia naturalis, als Alchymist oder als Arzt. Fast ein Jahr wurde er in der Bastille inhaftiert. Die Baltin Elisabeth von der Recke (1756–1833) schildert, wie C. zu Werk ging, um Leichtgläubige für sich einzunehmen.

Er gab an, 1777 in die Londoner Emigrantenloge »L'Esperance« eingeweiht und Freimaurer geworden zu sein. Er selbst begründete das sog. Magische System der ägyptischen Maurerei, in der er selbst als »Großkophta« agierte. Im Gegensatz zu der traditionellen → Freimaurerei fanden auch Frauen Aufnahme (→ Adoptionslogen), eine Praxis, die z. T. schon bestand und später fortgeführt wurde.

C. galt als Prototyp einer schillernden, vom Ruch des Geheimnisvollen umgebenen Persönlichkeit. Das zeigen mehrfache Anspielungen in der Literatur, vgl. Schillers Romanfragment »Der Geisterseher« (1788), → Goethes Lustspiel »Der Großkophta« (1791). Schließlich endete sein Leben im Gefängnis der römischen Inquisition, nachdem er zuvor wegen Ketzerei und Betruges zum Tode verurteilt worden war.

Lit.: K. R. H. Frick: Licht und Finsternis. Gnostisch-theosophische und freimaurerisch-okkulte Geheimgesellschaften. Teil 2. Graz 1978,

S. 157 ff.; K. H. Kiefer (Hrsg.): Cagliostro. Dokumente zu Aufklärung und Okkultismus. München 1991; E. Hornung: Das esoterische Ägypten. München 1999, S. 125 ff.; I. McDalman: Der letzte Alchemist. Die Geschichte des Grafen Cagliostro. Frankfurt 2004.

Chakra(s) (sanskrit »Rad«), bezeichnet Zentren einer feinstofflichen Energie (Kundalini bzw. Prana) im → Astralleib des Menschen. Nach der Lehre verschiedener esoterischer Schulsysteme des Ostens handelt es sich um sieben Stufen des Bewußtseins. Dem Hellsichtigen erscheinen sie als radähnliche, verschieden»farbig« strahlende Energiewirbel, auch »Lotusblumen« genannt, von denen sechs im Bereich des physischen Körpers entlang der Wirbelsäule, das oberste C. (Sahasrara) über dem Scheitelpunkt des Kopfes lokalisiert werden. Das unterste (Muladhara) oder Basis-C. liegt an der Wurzel im Bereich des Kreuzbeines. Hier wird die »Schlangenkraft« (Kundalini) in ruhender Form verharrend vorgestellt, solange sie unerweckt ist. Es gilt, auf einem → inneren Weg und unter Anwendung bestimmter meditativer Übungen die Kundalini-Schlange zu erwecken und zum Emporsteigen anzuregen, was mit bestimmten Erfahrungen (auch Gefahren!) verbunden ist. Die Tiefenpsychologie kennt sie in der Gestalt der »Inflation«, bei der das (normale) Bewußtsein durch Inhalte des Unbewußten geradezu überschwemmt wird. Daher verlangt die Entwicklung der C., die auch auf dem Erkenntnisweg der → Anthroposophie (vgl. R. Steiner: Wie erlangt man Erkenntnisse der höheren Welten?) eine wichtige Rolle spielt, einen verantwortlichen Umgang mit der Kundalini-Kraft, gegebenenfalls das Geleit eines Erfahrenen. Von daher gesehen ist große Sorgfalt auf das Beschreiten eines jeden spirituellen Wegs zu legen. Dazu gehört die goldene Regel jeglicher okkulter Entwicklung: »Wenn du einen Schritt vorwärts zu machen versuchst in der Erkenntnis geheimer Wahrheiten, so mache zugleich *drei* vorwärts in der Vervollkommnung deines Charakters zum Guten« (R. Steiner).

Lit.: A. Avalon: Die Schlangenkraft. Weilheim 1961; W. Bohm: Chakras. Weilheim ²1966; Gopi Krishna: Kundalini. Weilheim 1968; H. U. Rieker: Die 12 Tempel des Geistes. Zürich 1955; D. V. Tansley: Energiekörper. München 1985; C. F. von Weizsäcker, G. Krishna: Biologische Basis religiöser Erfahrung. Weilheim 1978.

Chassidismus (hebr. »chassid«, der Fromme), spirituell-mystische Erneuerungsbewegung im einstigen Ostjudentum, nicht zu verwechseln mit dem deutschen C. im Mittelalter. Der östliche C. geht auf Israel ben Elieser (1700–1760), den → Baal-Schem-Tow (Meister des guten Namens) zurück. Dieser, trotz Zerschlagung des Ostjudentums noch lebendige, insbesondere durch das reiche Traditionsgut der chassidischen Erzählungen (M. → Buber) weltbekannte C. läßt sich als einen Versuch verstehen, die an sich esoterische → Kabbala zu popularisieren und im alltäglichen Leben fruchtbar zu machen. M. Buber, der die »chassidische Botschaft« auf seine eigentümliche Weise der westlichen Welt vermittelt hat – nicht ohne Widerspruch von Seiten der textkritisch arbeitenden Forschung! – spricht von einer »Ethos gewordenen Kabbala«. An die Stelle einer orthodoxen Gesetzlichkeit ist der Wille und die Begeisterungskraft getreten, in allen Dingen Gott zu ergreifen und vor allem freudig, lebensbejahend den Alltag als den Ort der Gottesoffenbarung zu erleben. »Die Originalität des C. kam dadurch zustande, daß Mystiker, die den mystischen Weg in sich verwirklicht hatten, ... vor einfache Leute traten und, anstatt den persönlichsten aller Wege nur für sich selbst zu gehen, ihn alle

Menschen guten Willens zu lehren unternahmen«
(G. → Scholem). Von daher gesehen ist der C. eine der
großen Glaubensbewegungen der Menschheit, auch
wenn dessen Feuer nicht beliebig konservierbar, auch
wenn dessen Botschaft unterschiedlicher Deutung zugänglich war und ist.

Lit.: M. Buber: Die Erzählungen der Chassidim. Zürich 1949; ders.:
Schriften zum Chassidismus (Werke III). München–Heidelberg
1963; S. Dubnow: Geschichte des Chassidismus (1931). Königstein
1982; G. Scholem: Die jüdische Mystik in ihren Hauptströmungen.
Frankfurt 1957; G. Wehr: Der Chassidismus – Mysterium und spirituelle Lebenspraxis. Freiburg 1978; K. E. Grötzinger: Jüdisches
Denken, Bd. 2. Darmstadt 2005, S. 683–910.

Christengemeinschaft Nach ihrem eigenen Verständnis
eine »Bewegung für religiöse Erneuerung«. Sie wurde im
September 1922 in Dornach bei Basel unter maßgeblicher
Mitwirkung von Rudolf → Steiner begründet. Ihr erster
Leiter war der evangelische Theologe Friedrich Rittelmeyer (1872–1938). Die Chr. pflegt ein reiches Kultus-
leben, in dessen Mittelpunkt die an die alte Tradition
anknüpfende, jedoch dem heutigen Bewußtsein entsprechende Meßfeier (»Menschenweihehandlung«) steht. Das
auch der → Frau zugängliche Priestertum ist an keine bestimmte Dogmatik gebunden, sieht man einmal davon ab,
daß die Christus-Anschauung Steiners, wie sie in der
→ Anthroposophie vorliegt, die erforderlichen Leitlinien
bietet. Von daher erfährt die esoterische Dimension des
Christentums eine hohe Einschätzung. Die → Bibel wird
spirituell interpretiert. Auch hier kommen Einsichten
R. Steiners zur Geltung, z. B. indem man auf Kompositionsgeheimnisse der Heiligen Schrift achtet und
berücksichtigt, aus welcher Bewußtseinslage heraus die
biblischen Schilderungen zu verstehen sind (→ Imagina-

tion, → Inspiration, → Intuition). Im selben Zusammenhang steht die → Meditation. In der gleichnamigen Einführung hat F. Rittelmeyer anhand des → Johannesevangeliums Möglichkeiten einer imaginierenden Vergegenwärtigung aufgezeigt. Das geistig und religiös gehaltvolle Schrifttum der Chr. wirkt seit ihrem Bestehen weit über den Kreis der eigentlichen Mitgliedschaft hinaus. Die kirchliche Apologetik behandelt die Chr. als »Sekte«, ohne ihr jedoch (in den seriösen Darstellungen) den gebührenden Respekt zu versagen.

Lit.: E. Bock: Das Evangelium. Stuttgart 1984; ders.: Was will die Christengemeinschaft? Stuttgart 1960; F. Rittelmeyer: Meditation (1928). Stuttgart 1948 ff.; K. von Wistinghausen: Der neue Gottesdienst. Stuttgart 1960; ders.: Das neue Bekenntnis. Stuttgart 1963; K. Hutten: Seher, Grübler, Enthusiasten. Stuttgart [12]1982; G. Wehr: Friedrich Rittelmeyer. Religiöse Erneuerung als geistiger Brückenschlag zwischen den Zeiten. Wies 1985; G. Wehr: Friedrich Rittelmeyer. Sein Leben. Religiöse Erneuerung. Stuttgart 1998.

Christliche Kabbala Die jüdisch-christliche → Mystik (→ Kabbala) stellt nicht nur einen wesentlichen Bestandteil der westlichen → Esoterik dar. Sie bildete vor allem zur Zeit der → Renaissance und des Barock einen wichtigen Anknüpfungspunkt für das Gespräch zwischen Judentum und Christentum. Die Vertreter der c. K. meinten in der Esoterik der Juden Mysterien des christlichen Glaubens ausgesprochen zu sehen. Man dachte, das esoterische Judentum sei mit der Christusbotschaft im Kern identisch. Das geschah verständlicherweise im Widerspruch zur orthodoxen Auffassung in beiden Religionen. Zu den wichtigsten Vertretern gehören → Pico de la Mirandola, der sich in seinen berühmten 900 Thesen (1486) mit der Kabbala beschäftigte, J. → Reuchlin entwarf in »De Verbo Mirifico« (1494, Wundertätiges Wort) und

»De arte Cabbalistica« (1517) sein Bild einer c. K.
→ Agrippa von Nettesheim beschäftigte sich als Christ
mit den → Sefiroth (»De occulta philosophia«). Der
schwäbische Theosoph F. Chr. → Oetinger und Christian → Knorr von Rosenroth zählen zu den Häuptern
dieser Bewegung, letzterer als Übersetzer und Kommen-
tator des → Sohar (»Cabbala denudata«). Eine Vorstellung von der Zusammenschau christlicher und kabbalistischer Symbolik kann man sich anhand der berühmten
»Lehrtafel der Prinzessin Antonia« in der Kirche von Bad
Teinach/Schwarzwald machen.

Lit.: E. Benz: Die christliche Kabbala. Zürich 1958; E. Harnisch-
feger: Mystik im Barock. Das Weltbild der Teinacher Lehrtafel.
Stuttgart 1980; W. Schmidt-Biggemann (Hrsg.): Christliche Kabbala.
Ostfildern 2003; vgl. → Kabbala.

Christosophia (lat. »Christus-Weisheit«), eine aus kleinen meditativ gehaltenen Texten bestehende Sammlung
von Schriften Jakob → Böhmes, der durch die Handschrift
seines ersten Werkes → »Aurora oder Morgenröte im
Aufgang« (1612) bekannt und berühmt geworden ist. Die
Chr. ist das einzige Buch, das zu Lebzeiten des fruchtbaren
mystisch-theosophischen Autors 1624 in Görlitz im
Druck erschienen ist. Ursprünglich war es »Weg zu Christo« betitelt und umfaßte die Büchlein »Von wahrer
Buße«, »Von wahrer Gelassenheit« und »Vom übersinnlichen Leben«. Neben »Aurora« gehört Chr. bis heute zu
den am meisten verbreiteten Büchern Böhmes. Es geht
ihm darum, seinen Lesern einen → inneren Weg zu zeigen. Er besteht einerseits in der → Meditation des Lebens
Jesu als eines spirituellen Prozesses; er reicht von seiner
Menschwerdung, seiner Passion bis zu Christi Auferstehung
und Himmelfahrt. Andererseits ist sich Böhme bewußt, daß

Chymische Hochzeit

sich von daher die Konsequenzen einer ernsten Christus-Nachfolge ergeben. Meditation und die Praxis der Nachfolge finden ihren mystischen Ausdruck in der Vermählung mit der göttlichen → Sophia. Die → Heilige Hochzeit mit ihr hat für Böhme auch Folgen für die Vollendung des Menschen. Er geht von der männlich-weiblichen Ganzheit (→ Androgynität) des ursprünglichen Menschen aus. Nachdem die Ganzheit Adams durch den (Sünden-)Fall zerbrochen ist, indem er der Sophia verlustig ging, besteht die Aufgabe der Reintegration dieses entschwundenen (weiblich vorgestellten) Wesensanteils. Die im Buchtitel apostrophierte Chr. beschränkt sich somit nicht nur auf ein christologisches oder menschenkundliches Wissen, sondern sie zielt auf den Prozeß des Heilwerdens in der Christusnachfolge. Aus diesem Grund läßt sich das Buch als ein christlicher Einweihungsweg kennzeichnen.

Lit.: J. Böhme: Christosophia oder Der Weg zu Christo (1730), in: Sämtliche Schriften, Bd. 4. Stuttgart 1955 ff.; ders.: Christosophia. Hrsg. G. Wehr. Freiburg 1975 u. ö.; ders.: Die Morgenröte bricht an. Hrsg. G. Wehr. Köln 2006; ders.: Vom übersinnlichen Leben. Hrsg. G. Wehr. Stuttgart 1986.

Chymische Hochzeit Analog zur → Heiligen Hochzeit im religiös-mystischen Zusammenhang stellte die C. H. in der → Alchemie die Vereinigung der polaren Gegensätze dar, um eine neue Qualität zu schaffen. Männliches und Weibliches, Sonnenhaftes und Mondhaftes ist − im Zeichen des → Androgyns − zu vermählen. Die zuerst verfaßte, jedoch zuletzt (1616) erschienene Grundschrift der → Rosenkreuzer → C. H. Christiani Rosenkreutz Anno 1459« widmet sich diesem Thema. Dabei wird deutlich, daß der Held dieses Mysterienromans selbst einen Prozeß durchläuft, der dieser C. H. entspricht; äußeres Werk und innere Entwicklung greifen ineinander. Dieser geistig-

seelische Prozeß des »Mysteriums Coniunctionis«, d. h.
der Gegensatz-Vereinigung als Ausdruck der Selbstwerdung des Menschen (→ Selbst), steht im Zentrum des
Werks von C. G. → Jung, der nicht nur unter diesem Titel
sein Spätwerk publiziert hat, sondern der sich lebenslang
mit der zugrundeliegenden Symbolik beschäftigte, wie
auch sein Briefwechsel zeigt.

Lit.: »Chymische Hochzeit Christiani Rosenkreutz«, in: Die Bruderschaft der Rosenkreuzer. Esoterische Schriften. Hrsg. G. Wehr. Köln
1984; C. G. Jung: Psychologie und Alchemie, in: Ges. Werke 12;
ders.: Mysterium Coniunctionis, in: Ges. Werke 14, I/II. Das Erbe
des Christian Rosenkreuz. Hrsg. Bibliotheca Philosophica
Hermetica. Amsterdam 1988.

Chymische Hochzeit Christiani Rosenkreutz – Anno 1459
Gehört neben → »Fama Fraternitatis« (1614) und »Confessio Fraternitatis« (1615) zu den Grundschriften des historischen → Rosenkreuzertums. Die im Jahr 1616 in Straßburg anonym erschienene Schrift geht auf den jungen
schwäbischen Theologen und Polyhistor Johann Valentin
→ Andreae (1586–1654) zurück. Während »Fama« und
»Confessio« von der Existenz und Zielsetzung eines noch
verborgenen Ordens berichten, der zum Zeitpunkt der
Veröffentlichung an die Öffentlichkeit zu treten gedenkt,
stellt die C. H. das Dokument einer spirituellen Erfahrung
dar. Christian Rosenkreuz selbst tritt als das Urbild eines
Geistsuchers an der Schwelle zur Neuzeit auf den Plan. In
einer Folge von Schilderungen, die auf »sieben Tage« ver-
teilt sind, berichtet der Ich-Erzähler von seinen Erlebnissen
auf dem Weg zur geheimnisvollen Hochzeit von König
und Königin (→ Heilige Hochzeit). Es ist ein von Traum-
bildern, Allegorien und Symbolen durchsetzter Text, der
viele alchemistische Anspielungen enthält. Bei der Herstellung des Steins der Weisen(→ Lapis philosophorum) geht

es hier weniger um ein »außen« zu vollziehendes Werk als um eine → Transformation, die den auf dem → inneren Weg befindlichen Menschen selbst betrifft.

Lit.: Die Bruderschaft der Rosenkreuzer (enthält die drei rosenkreuzerischen Texte vollständig). Hrsg. G. Wehr. Köln 1984; R. Steiner: Die Chymische Hochzeit des Christian Rosenkreuz, in: R. Steiner: Philosophie und Anthroposophie. Gesammelte Aufsätze 1904–1918. Dornach 1965.

Collins, Mabel (Mrs. Kenningdal Cook) (1851–1927), englische theosophische Schriftstellerin, die zeitweise als unmittelbare Mitarbeiterin von H. P. → Blavatsky galt, der sie in London ihr Haus als Wohnung zur Verfügung gestellt hatte. Doch fiel sie in Ungnade, als Anlaß bestand, sie wegen Geheimnisverrat aus der Esoterischen Schule, dem inneren Kreis der Theosophical Society, auszuschließen. C. war in der Szene eine viel gelesene Autorin. Auch R. → Steiner, mit dem sie persönlich bekannt war, schätzte sie in der Anfangszeit seiner Tätigkeit als Generalsekretär der deutschen Sektion der T. S. Er verfaßte eine Exegese aus ihrem Standardbuch »Licht auf dem Weg«, das er (1903) in seine Anweisungen einbezog.

Lit.: R. Steiner: Anweisungen für eine esoterische Schulung. Dornach 1968 (GA 42).

Comenius, Jan Amos (Komensky) (Nivnice/Nivnitz Mähren 1592 – Amsterdam 1670), evangelischer Theologe, letzter Bischof der Böhmischen Brüderunität, einer protestantischen Glaubensgemeinschaft, die aus der vorreformatorischen Strömung der hussitischen Bewegung (Jan Hus, gest. 1415) hervorgegangen ist, und der als Humanist, insbesondere als Begründer einer neuzeitlichen Reformpädagogik Bedeutung erlangt hat. Die von ihm geleitete Exilkirche war, wie er selbst, lebenslang staatlicher Verfolgung ausgesetzt. Das hinderte ihn nicht, selbst unter größten Opfern zu ökumenischem Lernen anzuleiten, Grundlagen einer Friedenspädagogik zu legen und durch ein ganzheitliches Denken (→ Pansophie) Zukunftsimpulse zu vermitteln.

Lit.: R. Riemeck: Der andere Comenius. Frankfurt 1970; K. Goßmann, H. Schröer (Hrsg.): Auf den Spuren des Comenius. Texte zu Leben, Werk und Wirkung. Göttingen 1992.

Consolamentum Geistes- bzw. Feuertaufe der → Katharer, eine sakramentale Segenshandlung, durch die der Gläubige in den Stand der »perfecti« (der Vollkommenen) erhoben wird. Dadurch verpflichtet er sich in der Zeit und Umwelt einer kraftlos gewordenen kirchlichen Scheinfrömmigkeit zu einem Leben in Gebet, Askese und entschiedener Christusnachfolge. Die herkömmliche Wassertaufe achteten Katharer gering, weil sie ihrer Meinung nach nicht durch Christus, sondern durch Johannes den Täufer gestiftet worden sei. Der durch den Ritus des C. Geistgetaufte stand in den Katharergemeinden aufgrund der übernommenen Verpflichtung auf ein reines Leben in hohem Ansehen.

Lit.: M. Lambert: Ketzerei im Mittelalter. München 1977; A. Borst: Die Katharer. Freiburg 1991; M. Lambert: Geschichte der Katharer. Darmstadt 2001.

Corpus Hermeticum Eine Sammlung griechisch abgefaßter Offenbarungsschriften aus dem weiteren Umkreis der → Gnosis, die auf den Hermes Trismegistos, den ägyptischen Weisheitsgott und Ahnherrn der antiken → Hermetik, zurückgeführt werden. Die unter sich nicht zusammenhängenden 17 bzw. 18 Traktate, an ihrer Spitze der lange Zeit titelgebende »Poimandres«, lassen

Corpus Hermeticum

sich nicht exakt datieren, werden aber ins 2. und 3. Jahrhundert zurückgeführt. Viele von ihnen sind astrologischen und magischen Inhalts. Andererseits handelt es sich um Einweihungsschriften. Der nach Gnosis verlangende Schüler stellt Fragen, die von Hermes bzw. von Poimandres, dem »Geist der höchsten Macht«, beantwortet werden. So lernt der Fragesteller sich selbst, seine Herkunft und seine Bestimmung kennen. Nun kann er sich entscheiden, den Weg zum Geist zu gehen, in Herzenshingabe dem Gott zu dienen und die vergängliche Welt gering zu achten. Das C. H. gilt als »ein typisches Produkt des griechisch-orientalischen → Synkretismus« (K. Rudolph) der römischen Kaiserzeit. Als solches sei es Niederschlag okkulter Offenbarungsweisheit, die dem Streben nach Gottesschau, → Wiedergeburt und Befreiung bzw. Erlösung der menschlichen Seele dienen will. Der bzw. die Autoren des Schriftwerks waren offensichtlich überzeugt, daß ihnen eine heilbringende Botschaft ähnlich dem Evangelium der Christenheit anvertraut ist, das sie der Menschheit zugänglich machen sollen, damit diese dem künftigen Gericht entgeht und in ihren Urstand, vor dem Fall in die Materie, zurückzukehren vermag. – Das C. H., bzw. Teile davon, wurden erstmals zur Zeit der italienischen → Renaissance wiederentdeckt und ins Lateinische übersetzt. Übersendungen erfolgten durch D. Tiedemann (1781), Colpe, Holzhausen und Miller.

Lit.: C. K. Barrett: Die Umwelt des Neuen Testaments. Ausgewählte Quellen. Tübingen 1959; R. Reitzenstein: Poimandres (1904). Darmstadt 1966; K. Rudolph: Die Gnosis. Wesen und Geschichte einer spätantiken Religion. Leipzig 1977; Göttingen 1978; Das Corpus Hermeticum Deutsch I/II. Hrsg. C. Colpe, J. Holzhausen. Stuttgart–Bad Cannstatt 1997; Die Traktate des Corpus Hermeticum. Übersetzt und kommentiert von M. M. Miller. Schaffhausen 2004.

Crowley, Aleister (Taufname: Edward Alexander)
(Leamington 1875 – Hastings 1947) Als »Meister The-
rion«, welches das Tier bezeichnet, das unter der Zahl
666 in der Offenbarung des Johannes (Kap. 13, 18) als
Inbegriff des Widergöttlichen erscheint, nimmt C. im
westlichen Okkultismus eine führende, wenngleich in
hohem Maße übel beleumdete Rolle ein. Nach einer religiösen Erziehung, einschließlich Studium am Trinity
College in Cambridge bereiste er Asien, später u. a. auch
→ Ägypten, Mexiko und die USA. Er machte eine vielseitige magische Entwicklung durch und trat in die okkulte Verbindung des »Golden Dawn« (G. D.), den Hermetischen Orden der Goldenen Dämmerung, ein, der
über magisches Ritualwissen verfügte, das C. angeblich
widerrechtlich veröffentlichte. Eine eigene Ordensgrün-
dung ist »Astrum Argenteum«, Silver Star oder Silber-
stern, deren Mitglieder sich durch den »heiligen Schutz-
geist« Aiwass, eine »außermenschliche Existenz« inspi-
riert fühlten. Anleihen machte er bei alten Zauberbü-
chern (Grimoires), darunter bei dem des Juden Abraham
von Worms (15. Jh.), genannt »Abramelin«, das als eines
der wichtigen Werke jüdisch-christlicher Magie bezeichnet wird (Jürg von Ins, 1988). Um 1920 begründete
er auf Sizilien die »Abtei Thelema«, die ihm eine Kulisse
für sein exzentrisches Leben bot. C.s Biographen und
Schüler wissen von »heiligen Orgien«, d. h. grotesken
und widerlichen sexualmagischen bzw. schwarzmagi-
schen Praktiken unter Drogeneinwirkung zu berichten.
Auf die magische Szene mit ihren vielseitigen Verflech-
tungen übte er eine große Faszination aus. Auch einige
namhafte Schriftsteller, unter ihnen W. B. Yeats oder
W. S. Maugham (»Der Magier«, Bern 1958), wußte er zu
fesseln.

Lit.: H. Birven: Lebenskunst in Yoga und Magie. Zürich 1953;
J. Symonds: A. Crowley. Das Tier 666. Leben und Magick. Basel
1989; R. Vermeer: A. Crowley. Amsterdam 2005; M. Pasi:
A. Crowley, in: Dictionary of Gnosis and Western Esotericism. Leiden 2005, S. 281–287.

D

Dante Alighieri (Florenz 1265 – Ravenna 1321) »Die
Weltliteratur kennt kein Werk, das in gleichem Maße
die gesamte vorangegangene Weltgeschichte zum Gegenstand hätte wie die ›Divina Commedia‹« (W. von
Wartburg). Kaum überschaubar ist die würdigende, in-
terpretierende Literatur, die diesem Hauptwerk D.s auf
internationaler Ebene gewidmet worden ist. Doch abgesehen von der dramatischen Schilderung seines bald
durch Vergil, bald durch Beatrice geführten Gangs durch
Himmel und Hölle birgt die überaus komplexe Dichtung ein Geheimnis, dessen Vorhandensein er zumindest
andeutet, um seine Leserschaft selbst auf einen → inneren Weg zu führen. Daher nicht umsonst beschwörende
Verse wie die: »O ihr, die ihr gesunden Sinnes seid, / beachtet, welche Lehre sich verbirgt / im Schleier dieser
rätselhaften Verse …« (Inferno 9, 61 ff.) Kein Wunder,
daß immer wieder Versuche unternommen worden sind,
den Geheimnisgrund des Esoterikers D. aufzulichten,
insbesondere was die Verbindung der → Fedele d'Amore
betrifft, der man auch in »Vita nova« (neues Leben)
begegnet. Zu nennen sind die Studien, die René → Guénon und Julius → Evola dieser Thematik gewidmet
haben, auch Arthur Schults Darstellung, die er in Zusammenhang mit der → Templer-Esoterik bringt. Mit

Romano Guardini muß man sich der Tatsache erinnern, daß sich alle diese Schilderungen in der Sphäre der Vision, also in den Bereichen der geistigen Welt – und das heißt auch: in seinem Innern – abspielen.

Werke: Die göttliche Komödie. Kommentiert von W. von Wartburg. Zürich o. J.; Das neue Leben. Vita nova. Zürich 1987. – *Lit.:* K. Leonhard: Dante Alighieri in Selbstzeugnissen und Bilddokumenten. Reinbek 1970; J. Evola: Metaphysik des Sexus. Stuttgart 1962, S. 330 ff.; ders.: Das Mysterium des Grals. Sinzheim 1995, S. 199–218; A. Schult: Dantes Divina Commedia als Zeugnis der Tempelritter-Esoterik. Bietigheim 1979; A. Altomonte: Dante. Eine Biographie. Reinbek 1994; B. Pinchard in: Dictionary of Gnosis and Western Esotericism. Leiden 2005, S. 196 ff.

Dee, John (1526–1608) Der vielseitige englische → Renaissance-Philosoph, Mathematiker und Okkultist unter Königin Elisabeth I. machte sich als Lehrer an diversen Hochschulen, in gelehrten Zirkeln sowie infolge seiner politischen Ambitionen an Fürstenhöfen Europas einen Namen. Als synthetischer, die materiellen und spirituellen Dimensionen der Wirklichkeit zusammenschauender Denker suchte er z. B. → Astrologie und → Alchymie miteinander in Verbindung zu bringen. Das geschah beispielhaft in seiner »Monas hieroglyphica« (Antwerpen 1564), mit der er hierfür eine Formel gefunden zu haben meinte. Dem alchymistischen Prozeß entsprechend versuchte er die Grundstruktur des Kosmos symbolisch darzustellen. D. verstand sich als Bildungs-Europäer, wie dies seine zahlreichen Reisen aufs Festland zu Forschungs- und Demonstrationszwecken beweisen. In der Natur seines Wesens liegt es, daß die Reaktionen auf sein Tun sehr unterschiedlich ausfielen. In London 1555 als Zauberer angeklagt und zeitweise inhaftiert, fand er am Hof des Esoterikerkaisers → Rudolf II. in Prag freundschaftliche Aufnahme. Ein-

Devotio moderna

druck machte seine Arbeit mit dem als spiritistisches Medium benutzten Edward Kelly. Aus dem Jahr 1583 existiert das vermutlich älteste Protokoll einer spiritistischen Sitzung, das der Okkultismus-Forscher Carl → Kiesewetter in seiner D.-Monographie wiedergegeben hat.

Die an D. zu beobachtenden → faustischen Züge haben die Dichtung wiederholt angeregt, z. B. in Shakespeares »The Tempest«, Der Sturm, vor allem aber Gustav → Meyrink im Roman »Der Engel vom westlichen Fenster«.

Werke: Die Monas-Hieroglyphe. Hrsg. A. Klein. Interlaken 1982. – *Lit.:* C. Kiesewetter: J. Dee, ein Spiritist des 16. Jahrhunderts. Schwarzenburg 1977; F. A. Yates: Aufklärung im Zeichen des Rosenkreuzes. Stuttgart 1975; dies.: Die okkulte Philosophie im Elisabethanischen Zeitalter. Amsterdam 1979; C. Kiesewetter: J. Dee und der Engel vom westlichen Fenster. Hrsg. M. Kuper. Berlin 1993.

Devotio moderna »Neue Frömmigkeit«, die auf Geert Groote (Gerhardus magnus) zurückgehende Bewegung tätiger Christus-Nachfolge »mitten in der Welt«, wobei die Schriften der mittelalterlichen Mystik, der → Viktoriner, wie der Eckhartschule und des Jan van Ruusbroec einen prägenden Einfluß ausübten. Es entstand die → Brüderschaft vom gemeinsamen Leben, andererseits die Windesheimer Kongregation der Fraterherren (gegründet 1387) sowie die Gemeinschaft der Schwestern vom gemeinsamen Leben. Große Verbreitung erlangte das in dem Umkreis der D. m. entstandene, unter dem Namen des Thomas von Kempen (Thomas a Kempis) am Niederrhein verbreitete Buch von der »Nachfolge Christi« (De imitatione Christi). Es beginnt mit der Aufforderung: »Es sei unser höchstes Studium, uns in Jesu Leben zu versenken ... Wer aber Christi Worte völlig verstehen und in sich aufnehmen will, der muß danach trachten, sein ganzes Leben ihm nachzubilden.« Es entstand eine weitaus-

greifende Meditations- und Schulbewegung, deren Fernwirkungen einerseits Martin Luther, andererseits → Ignatius von Loyola erreichten. Beide wurden durch das
berühmte »Rosétum« des Jan van Mombaer (Mauburnus)
mit der geistlichen Übung der D. m. bekannt.

Lit.: H. N. Janowski (Hrsg.): G. Groote, Th. von Kempen und die
Devotio moderna. Olten–Freiburg 1978; J. Sudbrack: Personale
Meditation – Die vier Bücher von der Nachfolge Christi. Düsseldorf
1973; K. Ruh (Hrsg.): Altdeutsche und altniederländische Mystik.
Darmstadt 1974; K. Ruh: Geschichte der abendländischen Mystik.
Bd. IV. München 1999; G. Wehr: Die deutsche Mystik. Leben und
Inspiration gottentflammter Menschen in Mittelalter und Neuzeit.
Köln 2006.

Devotion (lat. »Verehrung«), die für das Beschreiten
eines → inneren Wegs wichtige Voraussetzung, eine
Grundgestimmtheit der Seele, die Verehrung gegenüber
Wahrheit und Erkenntnis. »Wenn wir nicht das tiefgrün-
dige Gefühl in uns entwickeln, daß es etwas Höheres gibt,
als wir sind, werden wir auch nicht in uns die Kraft finden,
uns zu einem Höheren hinaufzuentwickeln. Der Eingeweihte hat sich nur dadurch die Kraft errungen, sein
Haupt zu den Höhen der Erkenntnis zu erheben, daß er
sein Herz in die Tiefen der Ehrfurcht, der D. geführt hat.
Höhe des Geistes kann nur erklommen werden, wenn
durch das Tor der Demut geschritten wird … Und ebenso
weiß man … daß jedes in der Seele entwickelte Gefühl
von wahrer D. eine Kraft entwickelt, die in der Erkenntnis früher oder später weiter führen kann« (R. → Steiner).

Lit.: R. Steiner: Wie erlangt man Erkenntnisse der höheren Welten?
Dornach [23]1982; G. Wehr: Der innere Weg. Reinbek 1983.

Dionysius Areopagita Der in Apostelgeschichte 17, 34
beiläufig erwähnte D., von dem gesagt ist, daß er der Pre-

digt des Apostels Paulus zustimmend zugehört habe, wurde auf einen namentlich unbekannten mystischen Theologen übertragen, von dem 4 Abhandlungen und 10 Briefe, das »Corpus Dionysiacum«, stammen sollen, daher auch Pseudo-D. genannt. Die – nicht in allen Punkten konforme – Forschung zeigte, daß der Jahrhunderte lang als Zeitgenosse des Paulus angenommene Anonymus frühestens gegen Ende des 5. oder zu Beginn des 6. Jahrhunderts in Syrien gelebt haben wird und dessen Gedankenwelt eine Verwandtschaft zum Neuplatonismus (→ Plotin) aufweist. Schon deshalb kann er nicht in der Mitte des 1. Jahrhunderts geschrieben haben. Der Beweis für diesen Sachverhalt wurde erst 1895 erbracht.

Charakteristisch ist die Weise seiner Lehre von Gott, der in einer totalen Transzendenz existiert (sofern überhaupt von Sein oder Existenz gesprochen werden kann) und damit dem menschlichen Zugriff in keiner Weise, also auch nicht durch theologische Begriffe erreichbar ist. D. sprach vom Unausgesprochenen, Unaussprechbaren (griech. »áreton«). Das wird insbesondere in der »Mystischen Theologie« (Peri mystikes theologias, De mystica theologia) entfaltet. Sie besagt, daß es keine bejahende und keine verneinende Aussage über Gott geben kann, da er weder licht noch dunkel, weder wahr noch unwahr ist, weil er sich jenseits des Weltganzen befindet. – In »Himmlische Hierarchie« (Peri tes ouranias hierarchias, De caelesti hierarchia) betont D., ähnlich wie in seiner »Kirchlichen Hierarchie«, daß die göttliche wie die irdische Welt hierarchisch, d. h. von oben nach unten geordnet sei. Die himmlische Hierarchie kennt neun Rangstufen, die sich aus je drei Triaden von geistigen Wesenheiten zusammensetzen. Dabei verwendet er Benennungen, die großenteils in den paulinischen Briefen vorkommen. Die oberste Stufe bilden die Seraphim, Cherubim und Throne, gefolgt von Herrschaften, Kräften und Mächten. Auf der unteren Stufe stehen Prinzipien, Erzengel und Engel. Nach D. begegnet man diesen Gliederungen in der geistlichen Literatur und Kunst während des ganzen Mittelalters. Das trifft speziell für die kosmische Schau → Dantes zu. Widergespiegelt findet man diese drei Hierarchien in den Beschreibungen solcher Wesenheiten bei Rudolf → Steiner. Bezüglich der Erkennbarkeit oder Nichterkennbarkeit Gottes kommt D. zu dem Ergebnis, daß prinzipiell nur negative (apophatische) und analogische, also nur indirekte, abbildhafte Aussagen möglich sind. Dennoch ist angesichts dieser negativen Theologie eine Gottesbegegnung, gar die Vereinigung (communio) mit Gott denkbar, und zwar in reiner Passivität des Menschen.

Aus der abendländischen Theologie- und Geistesgeschichte, insbesondere aus der → Mystik ist das Corpus Dionysianum (Texte und Kommentare), das um 1250 an der Pariser Universität zusammengestellt wurde, nicht wegzudenken. Schon im frühen 9. Jahrhundert waren die einzelnen Schriften als Geschenk des oströmischen Kaisers in den Westen gelangt und einige Male übersetzt, insbesondere von Johannes Scotus Eriugena. Aus der Theosophie des D. stammen letztlich jene kühnen, von Paradoxien durchsetzten Schilderungen, wie sie etwa bei → Eckhart oder in großer Zahl bei → Angelus Silesius (Cherubinischer Wandersmann) und vielen anderen begegnen. Dazu kommen noch Fernwirkungen zur idealistischen Philosophie (Fichte, Hegel, Schelling).

Werke: Die Hierarchien der Engel und der Kirche. Hrsg. W. Tritsch. München–Planegg 1955; Mystische Theologie und andere Schriften. Hrsg. W. Tritsch. München–Planegg 1956. – *Lit.:* H. Ball: Byzantinisches Christentum. Einsiedeln–Zürich 1958, S. 65–211; E. Grether: Geistige Hierarchien. Der Mensch und die übersinnliche Welt in der Darstellung großer Seher des Abendlandes. Freiburg 1962; G. O'Daly in: Theologische Realenzyklopädie 1981, Bd. 8, S. 772–780; G.-K. Kaltenbrunner: Dionysius vom Areopag. Das Unergründliche der Engel und das Eine. Zug/Schweiz 1996; J. Sudbrack: Trunken vom Hell-lichten Dunkel des Absoluten. Dionysios der Areopagite und die Poesie der Gotteserfahrung. Einsiedeln–Freiburg 2001; Chr. Harrauer in: Metzler Lexikon christlicher Denker. Stuttgart 2000, S. 204 ff.

Dreizeiten-Lehre Am Morgen eines Pfingsttages um das Jahr 1190 empfing der kalabresische Abt → Joachim von Fiore eine → Erleuchtung, in der sich ihm anhand der Johannes-Offenbarung der Gang der Menschheitsgeschichte enthüllte. Er selbst spricht von der »symmetrischen inneren Bezogenheit (concordia) des Alten und des Neuen Testaments«. Als trinitarisch schauender Denker schaute Joachim den Lauf der Heilsgeschichte in drei großen Epochen, die den drei Personen der göttlichen Dreieinigkeit entsprechen. Daraus ergab sich die D.-L. Sie besagt: Die »Zeit des Vaters« entspricht den Geschehnissen des Alten Testaments. Die Zeit des neuen Bundes dauert seit der Erscheinung Christi noch an. Und nahe bevor stehe die »dritte Zeit« bzw. das »dritte Reich« des Heiligen Geistes. Für Joachim beginnt sie im Jahr 1260. War die erste Zeit des Vaters eine Zeit des Gesetzes, so die des Sohnes eine Zeit der Gnade; die dritte Zeit aber werde eine Zeit vollkommener Liebe sein. Weitere Entsprechungen deuten darauf hin, daß damit die »Fülle der Erkenntnis«, die »Freiheit«, die Zeit der »Freunde« anbreche, wobei die vom Geist erfüllten Menschen keine äußeren Autoritäten mehr benötigen. Und an die Stelle der bisherigen äußeren Kirche trete die »Ecclesia spiritualis«, die → Geistkirche. Mittelbar und unmittelbar hat die D.-L. über Jahrhunderte hinweg gewirkt. Im 16. Jahrhundert beriefen sich Männer wie

Thomas Müntzer auf Joachim, im 17. erreichte die D.-L. utopistische Staatsdenker (z. B. T. Campanella: Der Sonnenstaat). Im 18. Jahrhundert setzt Lessing in seiner »Erziehung des Menschengeschlechts« dem süditalienischen Seherabt einen Denkstein mit den Worten: »Sie wird kommen, sie wird gewiß kommen, die Zeit der Vollendung … Sie wird kommen, die Zeit eines neuen ewigen Evangeliums, die uns selbst in den Elementarbüchern des Neuen Bundes versprochen wird. Vielleicht daß selbst gewisse Schwärmer des dreizehnten und vierzehnten Jahrhunderts einen Strahl dieses neuen ewigen Evangeliums aufgefangen hatten, und nur darin irrten, daß sie den Ausbruch desselben so nahe verkündigten.« So unterschiedlich äußere Anlässe und die speziellen geschichtlichen Erscheinungsweisen im einzelnen sein mögen, im Hintergrund der unablässigen Hoffnung auf ein »neues Zeitalter« (→ New Age) steht nicht selten die D.-L. Joachims von Fiore.

Lit.: J. von Fiore: Das Reich des Heiligen Geistes. Hrsg. A. Rosenberg. München 1955; Bietigheim 1977; E. Benz: Ecclesia spiritualis (1934). Darmstadt 1964; H. Grundmann: Studien über J. von Fiore (1927). Darmstadt 1966; G. Wehr: Esoterisches Christentum. Stuttgart 1975.

Droit Humain Internationaler → Freimaurerorden, der 1893 in Paris begründet wurde und in dem neben Männern auch Frauen gleichberechtigte Logenmitglieder sein können. Zu seinen Besonderheiten gehört, daß sich die Landesverbände weltanschaulich unterscheiden. So dominiert in Frankreich traditionsgemäß die rationalistische, in England die theosophische, in Deutschland die kirchenunabhängige christliche Note.

Dürckheim, Karlfried Graf (München 1896 – Todtmoos-Rütte 1988), Meditationslehrer und Begründer der

Dürckheim, Karlfried Graf

→ Initiatischen Therapie (IT), gilt als Brückenbauer zwischen West und Ost. Nach einer akademischen Karriere hatte er zwischen 1934 und 1945 diverse kulturdiplomatische Aufträge der deutschen NS-Reichsregierung übernommen, insbesondere 1938 und 1940–1947 in Japan, wo er nach Kriegsende interniert wurde, ehe er nach Deutschland zurückkehren und zusammen mit der verwitweten Psychologin Maria Hippius, seiner späteren zweiten Frau, in Todtmoos-Rütte die »Existential-psychologische Bildungs- und Begegnungsstätte« aufbauen konnte. In Japan lernte er Zen u. a. in Gestalt des Bogenschießens kennen. Der damit verbundene innere Weg nahm durch ihn die Gestalt eines westlichen → Zen an. Seine → Initiatische Therapie basiert auf Meditation und einer tiefenpsychologischen Erkenntnis, verbunden mit einer speziellen Leibarbeit. Anthropologisch betrachtet geht es um den »doppelten Ursprung« des Menschen. So kann das »Welt-Ich« teilhaben an dem überweltlichen »Wesen« des Menschen. Acht zu geben ist auf Seinsfühlungen, schließlich auf Momente der Großen Erfahrung, die mitten in der Alltäglichkeit stattfinden können, sodaß der »Alltag als Übung« vollziehbar ist, und zwar relativ unabhängig von einem äußeren Guru. Um die Realität von Leid, Schmerz und Tod annehmen zu können, ist die »Suche nach dem inneren → Meister« anzutreten, sodaß »Transparenz für Transzendenz« erfahrbar wird.

D. hat in Wort und Schrift schulebildend gewirkt, auch wenn seiner IT, die sich u. a. an der Psychologie C. G. → Jungs orientiert, die offizielle Anerkennung versagt geblieben ist. Eigens zu nennen ist die Wirkung auf kirchliche Theologen beider Konfessionen, die er mit dem Wesen der christlichen Meditationsspiritualität vertraut machte. Selbst Angehörige katholischer Orden bezeugen dies für ihr erneuertes geistliches Leben und die durch ihn empfangenen Anregungen.

Werke: Japan und die Kultur der Stille (1949); Im Zeichen der Großen Erfahrung (1951); Überweltliches Leben in der Welt (1968); Der Ruf nach dem Meister (1972); Vom doppelten Ursprung des Menschen (1973); Der Weg, die Wahrheit, das Leben. Gespräche mit A. Goettmann (1981). – *Lit.:* R. Müller: Wandlung zur Ganzheit. Die Initiatische Therapie. Freiburg 1981; S. Ostertag: Einswerden mit sich selbst. Ein Weg der Erfahrung durch meditative Übung. München 1981; G. Wehr: K. Graf Dürckheim. Ein Leben im Zeichen der Wandlung. München 1988; Chr. Ottemann: Initiatisches Christentum. Frankfurt 1990; M. Bergler: Die Tür geht nach innen auf. Zum Welt- und Menschenbild K. Graf Dürckheims. Aachen 1995.

Dzyan H. P. → Blavatsky beruft sich in ihrer »Geheimlehre« eingangs auf das von ihr interpretierte »Buch D.«. In der einschlägigen Literatur ist es nicht nachweisbar. Somit fehlen historische Belege. Gershom → Scholem (1897–1982) wies in »Jüdische Mystik in ihren Hauptströmungen« darauf hin, daß die Autorin Anleihen bei der englischen Fassung des kabbalistischen Grundtextes Sefer ha-→ Sohar gemacht habe, speziell bei der offenbar ungenauen Übersetzung des »Sifra di-zeniutha«. Das spricht dafür, daß es sich bei D. um eine »okkultistische Hypostasierung des Titels der Sohar-Schrift« handle.

Lit.: G. Wehr: H. P. Blavatsky. Dornach/Schweiz 2005, S. 158.

E

Eckartshausen, Karl von (Schloß Haimhausen 1752 – München 1803), Archivar und kurbayerischer Hofrat, christlicher Theosoph und Mitglied des → Illuminaten-Ordens, dessen zahlreiche Schriften, unter ihnen neben mystisch-okkultistischen auch belletristische, sowohl in Kreisen der christlichen → Erweckungsbewegung des 19. Jahrhunderts als auch bei magischen Zirkeln, selbst bei A. → Crowley Aufnahme und Beachtung gefunden haben. Er gilt als »eine der Hauptstützen des christlichen Hermetismus« (A. Faivre). Im Stil der Mentalität der Spätaufklärung suchte E. nach einer Analogie, die zwischen den Erscheinungsformen der Natur und der Religion zu verbinden vermag: durch Erkenntnis des Menschen, der Natur und schließlich durch Gotteserkenntnis. Es gelte, von der Vernunft zur Unmittelbarkeit der Erfahrung zu gelangen. Seine Studien richteten sich auf die Magie als einer Möglichkeit, in die Natur einzudringen. Im Zentrum seiner Bemühungen steht das Ringen um Wiedergeburt des Menschen und darüber hinausreichend um eine Erneuerung der Natur als solcher. Im Blut Christi erblickte er so etwas wie eine Arznei, die den ganzen Erdorganismus zu erlösen vermag. »Diese Aufschließung wurde uns in der Natur schon durch Christi Tod gezeigt, da der Vorhang des Heiligtums sich in der Mitte zerriß; da die Kraft seines vergossenen Bluts das innerste der physischen Natur durchdrang ...« (Über die wichtigsten Mysterien der Religion, S. 211).

Werke: Kostis Reise von Morgen gegen Mittag. Hrsg. K. Dietzfelbinger. Andechs 1987; Über die Zauberkräfte der Natur. Über die wichtigsten Mysterien der Religion. Mit Einführung von A. Faivre. Müllheim 1997; Blicke in die Zukunft. Über Sprache und Schrift. Über Verstand und Herz in allen Wissenschaften. Müllheim 1997. – *Lit.:* A. Faivre: E. et la théosophie chrétienne. Paris 1969; H. Grassl: Aufbruch zur Romantik. Bayerns Beitrag zur deutschen Geistesgeschichte 1765–1795. München 1968; A. Faivre: Einführung zu E., in: Über die Zauberkräfte der Natur. Müllheim 1997, S. 11–77.

Eckhart (ca. 1260 – vor Ende 1328) Der aus Thüringen stammende Frater, spätere Magister (Meister) E. ist unbestritten eine der geistig-geistlichen Führergestalten seines Jahrhunderts. Nicht ganz unumstritten ist seine richtungweisende Rolle in der mittelalterlichen → Mystik, an deren Spitze stehend er in der Regel und mit guten Gründen als Leitfigur der deutschen Mystik gesehen wird.

Als Dominikaner durchlief er im Auftrag seines Ordens zunächst ein philosophisches Grundstudium (artes liberales) in Paris, es folgte das Theologiestudium in Köln. Danach weitere Paris-Aufenthalte, in deren Verlauf er zum »Meister E.« wurde. Es wechselten Aufgaben für den Orden mit Lehrtätigkeiten in Paris und Köln. Zwischen 1314 und 1322 übernahm er als Generalvikar in Straßburg und im oberdeutschen Raum die geistliche Betreuung der Dominikanerinnen-Klöster Oberdeutschlands. Vornehmlich in Paris entstand sein großes lateinisch abgefaßtes philosophisches Lehrwerk, das »Opus tripartitum«. Berühmt und einflußreich wurde er durch seine deutschsprachigen Traktate, z. B. »Reden der Unterweisung«, »Buch der göttlichen Tröstung«, vor allem durch die in Nachschriften erhaltenen deutschen Predigten.

Mißverständnis und Mißdeutung veranlaßten den Kölner Erzbischof Heinrich von Virneburg, gegen E. ein Inquisitionsverfahren einzuleiten. Die Appellation des zu Unrecht Angeklagten an den Papst scheiterte. Im März

1329 verurteilte Papst Johannes XXII. in der Bulle »In
agro dominico« 28 Thesen E.s. Ungewiß ist, wo er sich
befand, als er schon zuvor starb.

Reiche mystische Erfahrung spricht aus den uns überlieferten Texten, sofern man darunter nicht eine nur im
Gefühlsbereich sich ausbreitende Erlebnismystik meint.
Immer sind seine Gedanken geklärt, wenn er die Gottesgegenwart bezeugt, insbesondere die »Gottesgeburt im
Seelengrund«, die eine totale »Abgeschiedenheit«, d. h.
ein Leerwerden von den egoverhafteten Bildern, Vorstellungen und Strebungen voraussetzt.

Wenn, wie es immer wieder geschieht, behauptet
wird, E. solle man deshalb nicht als Mystiker bezeichnen,
weil man ihn von seinen der Scholastik zuzurechnenden
lateinisch abgefaßten Schriften als Philosophen und Theologen verstehen solle, so gibt es doch hinreichende, aus
seinen Texten belegbare Gründe, die für seine mystische
Erfahrung sprechen: »Mir genügt, daß in mir und in Gott
wahr ist, was ich spreche und schreibe.« Profilierte
E.-Kenner (Kurt Ruh, Alois M. Haas) schreiben, daß
seine Wahrheitsbeteuerungen und der Kontext, in dem
sie erfolgen, »so etwas wie ein Schlüssel zu seinem Erfah-
rungsbereich sind« (K. Ruh). Es gelte, ihren tatsächlichen
Aussagewert zur Geltung zu bringen, der nicht zuletzt
auch vor dem Hintergrund der negativen Theologie des
von E. reichlich zitierten → Dionysius Areopagita gesehen
werden muß, der Aussagen über die Gottheit prinzipiell
ablehnt.

Was seine Wirkung anlangt, so bedeutete die Indizie-
rung seiner Schriften bzw. die erwähnte Verdächtigung
auf Jahrhunderte hinaus ein Hemmnis für die Ausbreitung
seiner Texte. Um so stärker setzte im 19. Jahrhundert eine
Wiederentdeckung ein, die bis heute anhält. Auch seine

Ordensbrüder Johannes Tauler und Heinrich Seuse sind
durch E. beeinflußt. Von Mißdeutungen, z. B. durch die
NS-Ideologie (Alfred Rosenberg), ist er nicht verschont
geblieben. Großes Interesse erweckte er bei buddhistischen Denkern der Gegenwart, die die mystische Anthro-
pologie E.s und ihre Konfrontation mit der Mystik des
→ Zen-Buddhismus in ihren Arbeiten beleuchtet haben
(u. a. D. T. Suzuki; S. Ueda).

Werke: Deutsche Predigten und Traktate. Hrsg. J. Quint. München
1955 ff.; Werke I/II. Texte und Übersetzungen. Hrsg. N. Largier.
Frankfurt 1993; Mystische Traktate und Predigten. Hrsg. G. Wehr.
München 1999. – *Lit.:* S. Ueda: Die Gottesgeburt in der Seele und
der Durchbruch der Gottheit. Gütersloh 1965; A. M. Haas: Meister
Eckhart als normative Gestalt der deutschen Mystik. Einsiedeln 1979;
K. Ruh: Meister Eckhart. Theologe, Prediger, Mystiker. München
1985; G. Wehr: Meister Eckhart in Selbstzeugnissen und Bilddoku-
menten. Reinbek 1989; K. Ruh: Geschichte der abendländischen
Mystik, Bd. III. München 1996.

Einweihung Es liegt im Wesen esoterischer Erkenntnis-
bemühung, Lehrentwicklung und Gemeinschaftsbildung,
daß das durch eine strenge → Arkandisziplin geschützte
→ Mysterium auf dem Weg einer besonderen Vorbereitung und E. angegangen werden kann. Bereits die Ethno-
logie (Völkerkunde) kennt bei sog. Naturvölkern eine
Reihe von Aufnahmeriten, durch die der junge Mensch
z. B. in Verbindung mit Beschneidung bei Jungen und
Mädchen auf die neue Lebensphase des Erwachsenenalters
samt den damit verbundenen Aufgaben vorbereitet wird.
Eine besondere Rolle spielt die E. (→ Initiation) im Zusammenhang geheimer Verbindungen, schließlich auf
dem → inneren Weg, wenngleich dort nicht immer von
E. gesprochen werden muß. In seinem anthroposophischen Schulungsbuch »Wie erlangt man Erkenntnis der

höheren Welten?« unterscheidet R. → Steiner Stufen der E.: Zunächst die Vorbereitung, zu der eine bestimmte Pflege des Gefühls- und Gedankenlebens gehört; sie entspricht in mancher Hinsicht dem Stadium der Reinigung (via purgativa) in der → Mystik. Es folgt die ebenfalls aus der Mystik bekannte Stufe der Erleuchtung, dann die der E. selbst. Auch in der Analytischen Psychologie C. G. → Jungs gibt es trotz des anderen Ansatzes und trotz anderer Vorgehensweise Entsprechungen in Gestalt der → Individuation, insofern nicht allein Wissen vermittelt wird, sondern insofern ein Prozeß der Wandlung in Gang kommt. Wie schon in den Einweihungen der alten Mysterien oder im Taufritus der Christenheit handelt es sich um eine → Wiedergeburt, d. h. um eine Neuwerdung des Menschen, dem ein »neues Leben« folgen soll. So gesehen leben die traditionsgebundenen Themen der E. fort. Offensichtlich macht sich deren überzeitliche archetypische Grundstruktur (→ Archetypus) geltend.

Lit.: R. Steiner: Wie erlangt man Erkenntnisse der höheren Welten. Dornach 1960; M. Eliade: Das Mysterium der Wiedergeburt. Zürich 1961; vgl. → Initiation.

Eliade, Mircea (Bukarest 1907 – Chicago 1986), international renommierter rumänischer Religionshistoriker, der, von zahlreichen auswärtigen Lehrverpflichtungen abgesehen, jahrzehntelang in Chicago tätig war. Früh wurde er neben der Belletristik vor allem von der → Alchymie und der fernöstlichen Philosophie angezogen. Er studierte Sanskrit in Kalkutta (1928) und gewann vertiefende Einblicke in Ashrams des Himalaja-Gebiets. 1932 nach Rumänien zurückgekehrt, nahm er seine Lehrtätigkeit auf, in der er sich auf die → Interpretation des Mythos und der Symbolik konzentrierte. Während des Zweiten Weltkriegs war er in London, dann in Lissabon als Kulturattaché tätig, bevor er 1955 in die USA übersiedelte, wo er einen Lehrstuhl für vergleichende Religionswissenschaft bekleidete. Aus der Begegnung mit C. G. → Jung und den in → Eranos sowie am Jung-Institut Zürich mitwirkenden Wissenschaftlern wurden ihm die archaisch-archetypischen Materialien immer wichtiger. Ihren Niederschlag fanden seine Forschungen in einem umfangreichen literarischen Werk. Es reicht von Darstellungen zum Schamanismus, zur Alchymie und Yoga bis hin zu seiner mehrbändigen »Geschichte der religiösen Ideen«, deren Abschluß ihm freilich nicht mehr möglich war, ebenso wenig das beabsichtigte Wörterbuch zur Religionswissenschaft. Einen eigenständigen Bestandteil seines Schaffens bildet eine Reihe von Romanen.

Werke: Das Heilige und das Profane. Hamburg 1957; Yoga. Unsterblichkeit und Freiheit. Zürich 1960; Schmiede und Alchemisten. Stuttgart 1960; Kosmos und Geschichte. Der Mythos der ewigen Wiederkehr. Hamburg 1966; Die Sehnsucht nach dem Ursprung. Wien 1973; Geschichte der religiösen Ideen I/III. Freiburg 1978; Ewige Bilder und Sinnbilder. Frankfurt 1986; Die Religionen und das Heilige. Frankfurt 1986; Mephistopheles und der Androgyn. Frankfurt 1999; Das Okkulte und die moderne Welt. Der magische Flug. Sinzheim 2000. – *Lit.:* Die Mitte der Welt. Aufsätze zu M. Eliade. Hrsg. H. P. Duerr. Frankfurt 1984; U. Berner in: Klassiker der Religionswissenschaft. Hrsg. A. Michaels. München–Darmstadt 1997, S. 343 ff.

Endura Um das → Consolamentum, die Geistestaufe, bis in den Tod hinein unversehrt zu bewahren, vollzogen die → Katherer Südfrankreichs die E., d. h. sie gaben sich einer radikalen Askese hin und fasteten bis zum Eintritt des Todes, sofern das Consolamentum ohnehin nicht erst auf dem Sterbebett verabreicht wurde oder wenn in Todesnähe kein Priester erreichbar war.

Lit.: M. Lambert. Geschichte der Katharer. Darmstadt 2001, S. 255 ff.

Engel (hebr. »Maleak«; griech. »ángelos«, Bote), basiert auf der Vorstellung der Existenz von Wesen bzw. Mächten des Guten oder des Bösen, die gleichsam ›oberhalb‹ der menschlichen Sphäre in der geistigen Welt beheimatet sind, die jedoch schützend, geleitend, inspirierend – im negativen Fall: Unheil erzeugend – ins irdische Geschehen eingreifen können; sei es im individuellen Leben, im Schicksalsgang der Völker, sei es in bestimmten Zeitaltern. Schon die außerchristliche, insbesondere alttestamentlich-jüdische Welt kennt die Begegnung mit dem E. Im Christentum sind E.-Erfahrungen zu allen Zeiten in vielfältiger Weise bezeugt, und zwar schon im Zusammenhang der Erscheinung Christi, in der Urgemeinde, in der Johannes-Offenbarung und in den nachapostolischen Zeitaltern. Anknüpfend an Paulus hat der sog. (Pseudo-) → Dionysius Areopagita im 5./6. Jahrhundert eine in neun E.-Chöre gegliederte Hierarchie beschrieben, eine E.-Lehre, die die Folgezeit nachhaltig beeinflußt hat, nicht zuletzt das esoterische Christentum, zu deren Säulen der ungenannte Autor gehört. → Agrippa von Nettesheim (gest. 1535) und sein Lehrer Trithem von Sponheim schöpften aus einer älteren Tradition, u. a. aus der E.-Lehre der → Kabbala, als sie den sieben Planeten-Sphären die sieben Erzengel als »Zeitgeister« zuordneten, nämlich: Oriphiel als Erzengel des Saturn, Anael (Venus), Zachariel (Jupiter), Raphael (Merkur), Samael (Mars), Gabriel (Mond), Michael (Sonne). Die durch sie geistig bestimmten Geschichtsepochen erstrecken sich über einen Zeitraum von annähernd 400 Jahren

(→ Michaelisches Zeitalter). Während Theologie und Kirche in der Neuzeit immer mehr von verbindlichen Aussagen über die E. abrückte, während es immer schwerer fiel, naturwissenschaftliches Denken mit E.-Erfahrungen zu verbinden, schuf die → Anthroposophie Rudolf → Steiners hierfür neue Erkenntnisgrundlagen. Wohl macht die Kritik darauf aufmerksam, daß die Steinersche Schau mit ihren Aussagen über die Dynamik der E.-Hierarchien im kirchlichen Christentum mancherlei Vorbehalte erzeugt. »Andererseits stammen aus der genannten Denkrichtung Veröffentlichungen, die ihresgleichen suchen, wenn es darum geht, den Zugang zur Welt des Geistes und zur Welt der geistigen Hierarchien zu erschließen. So ist die Geistwelt für anthroposophisch erzogene Menschen oftmals eine Realität nicht minderer Bewußtheit als die der materiellen Dinge. Davon könnte das kirchliche Christentum lernen« (G. Adler). Entsprechendes gilt für den esoterischen Zusammenhang. Ein wesentlicher Teil heutiger spiritueller → Erfahrung verweist auf die Dimension, die die Tradition als E.-Erfahrung kennt.

Lit.: G. Adler: Erinnerung an die Engel. Freiburg 1986; E. Grether: Geistige Hierarchien. Freiburg 1962; A. Rosenberg (Hrsg.): Begegnung mit Engeln. München 1956; A. Rosenberg: Engel und Dämonen. München 1967; 1986; H. Schlier: Mächte und Gewalten im Neuen Testament. Freiburg 1958.

Enomiya-Lassalle, Hugo Makibi (1898–1990), aus hugenottischer Familie stammender Jesuit und Zen-Meister, der den Großen in der Geschichte des spirituellen Lebens im 20. Jahrhundert zugezählt wird. Seit 1929 lebte er in Japan und wurde japanischer Bürger. Von 1935–1949 diente er als Superior der Jesuiten-Mission in Japan. Beim Atomangriff auf Hiroshima 1945 erlitt er eine Verletzung, die ihn aber nicht abhielt, sich den strengen Exerzitien des → Zen zu unterziehen. Die intime Kenntnis fernöstlicher Mentalität befähigte ihn, als Zen-Praktiker den christlich-buddhistischen Dialog an Ort und Stelle, sowie auf mehrfachen Reisen, die ihn durch die ganze Welt führten, aufzunehmen. In zahlreichen Schriften, die aus der Praxis, für die Praxis geschrieben sind, haben seine lebenslangen Erfahrungen ihren Niederschlag gefunden. U. a. an der Kulturlehre Jean Gebsers (1905–1973) orientiert, bemühte er sich, einen Beitrag für die Entwicklung eines neuen Bewußtseins zu leisten. Er wurde zum Initiator der Weltfriedenskirche von Hiroshima, wo er beigesetzt ist. Gegen Ende seines Lebens befreundete er sich mit K. Graf → Dürckheim, mit dem er in Seminaren und Vortragsveranstaltungen zusammenarbeitete. Eine große internationale Schülerschaft lebt aus seinem eindrücklichen Beispiel als Christ und Zen-Lehrer.

Werke: Zen-Meditation für Christen. Weilheim 1969; Zen und christliche Spiritualität. München 1987; Mein Weg zum Zen. München 1988; Erleuchtung ist erst der Anfang. Freiburg 1991. – *Lit.:* U. Baatz: H. M. Enomiya-Lassalle. Ein Leben zwischen den Welten. Zürich 1998.

En-Sof (hebr. »das Unendliche«), in der → Kabbala Ausdruck des unoffenbaren, verborgenen Gottes, der jedoch aus sich heraustritt und in den zehn Darstellungsformen der → Sefiroth zur Manifestation seines Wesens drängt. Nach dem → Sohar, dem großen kabbalistischen Hauptwerk, sind somit zwei Welten zu unterscheiden: »Eine erste Welt, das verborgenste von allem, schaut keiner und kennt keiner außer ihm (Gott) selbst, der in ihr verborgen ist. Das ist die Welt des E. Eine zweite Welt ist mit jener höheren verbunden und ist die, aus der Gott erkannt wird und von der es in der Bibel heißt: ›Öffnet mir die Tore, daß ich eintrete!‹ Diese zweite Welt ist die der Attribute. Beide Welten bilden in Wahrheit eine dynamische Einheit ... Die mystischen Attribute Gottes sind solche Lichtwelten, in denen das dunkle Wesen von E. sich manifestiert« (G. → Scholem). Jakob → Böhme spricht im Rahmen seiner → Theosophie vom »Ungrund«, der seinerseits zur Selbstoffenbarung des göttlichen Wesens drängt.

Lit.: G. Scholem: Die jüdische Mystik in ihren Hauptströmungen. Frankfurt 1957; ders.: Judaica 1–4. Frankfurt 1963 ff.; ders.: Von der mystischen Gestalt der Gottheit. Frankfurt 1977.

Eranos Seit 1933 fanden in der Casa E. in Ascona unterhalb des Monte Veritá am Lago Magiore alljährliche Sommerkonferenzen namhafter internationaler Wissenschaftler, insbesondere aus den Bereichen der Mythenforschung und Religionswissenschaft, der Tiefenpsychologie, sowie spezieller Bereiche der Natur- und Kulturforschung statt. Charakteristisch für die hier vertretene Geistesart war – soweit eine Generalisierung möglich ist – »das bewußte Bemühen um einen religiös motivierten Weg nach innen, um ein Erkenne-Dich-Selbst (Dein göttliches Selbst) ... Daher auch die immer wieder bei E. feststellbare Skepsis gegen eine rein und ausschließlich rationale Haltung und das bewußte Einbeziehen analogen mythischen Denkens. Nur wer sich auch auf das Innere einläßt, vermag zwischen Kulturen, Epochen und Disziplinen zu vermitteln, wie es das erklärte Ziel von E. ist« (H. Th. Hakl). Von Anfang an kam das Bestreben einer west-östlichen Synopse zur Geltung.

Initiatorin war Olga Fröbe-Kapteyn (1881–1962), tatkräftig unterstützt und ideell gefördert durch einen wachsenden Kreis von Wissenschaftlern und geistesverwandten

Sympathisanten aus aller Welt, an ihrer Spitze C. G. → Jung. Ein Blick auf die lange Liste der Vortragenden entspricht einem Durchgang durch die Wissenschaftsgeschichte des 20. Jahrhunderts, weshalb es gewagt ist, eine minimale Auswahl aus der Zahl der Mitwirkenden zu nennen, etwa: Ernst Benz, Martin → Buber, Henry Corbin, Mircea → Eliade, Antoine Faivre, Erich Neumann, Adolf Portmann, Gershom → Scholem, Heinrich Zimmer und viele andere. Die wechselhafte Geschichte der nach Fröbe-Kapteyns Tod durch Rudolf Ritsema weitergeführten E.-Tagungen hat Hans Thomas Hakl in geistesgeschichtlicher Zusammenschau eingehend geschildert.

Lit.: H. Szeemann u. a.: Monte Verità. Berg der Wahrheit. Milano 1980; H. Th. Hakl: Eranos. Unbekannte Begegnungen von Wissenschaft und Esoterik. Bretten 2001.

Erfahrung Ursprünglich in der Bedeutung von »fahren«, sich vorwärts bewegen. Im übertragenen Sinn sind die Erlebnisse, die Kenntnisse, schließlich die daraus resultierende Erkenntnis gemeint, die »auf dem Weg« erfahren werden. Während im heutigen allgemeinen Sprachgebrauch die Erlangung von solcher E. gemeint ist, die durch Vermittlung der Sinne, durch (aktives) Erproben bzw. durch (passives) Erleiden erfolgt, lenkt die Esoterik die Aufmerksamkeit auf das, was auf dem → inneren Weg (im weitesten Sinn des Wortes) zu erfahren ist. Dazu gehören insbesondere die Erlebnisbereiche der → Mystik, die Begegnung mit einem → Mysterium, die E. eines → Symbols u. ä. Stets geht es um die Konfrontation dem zugrundeliegenden Spirituellen. Ohne solche E. ist religiöses Leben nicht zu denken. Ehe ein Dogma formuliert werden kann, ehe Ritus und Glaubenszeugnis theologisch interpretiert bzw. reflektiert werden können, bedarf es der vorausgegangenen E. der Nähe Gottes bzw. der Geistes-Gegenwart. Die Ursprungszeiten und die reformatorischen Aufbrüche in der Religions- und Kirchengeschichte basieren auf Akten bestimmter Gottes-E. In solchen Momenten ist der Mensch der Empfänger, aber niemals der »Macher« dessen, was sich von Gott bzw. von der göttlich-geistigen Welt her offenbart. In Zeiten der Veräußerlichung und der pseudo- bzw. quasireligiösen Routine, in denen die bloße Verwaltung religiöser Institution das Übergewicht bekommt, nimmt der E.-Hunger naturgemäß zu; → Esoterik ist von neuem gefragt, freilich eine solche, die die entstandenen geistig-geistlichen Leerräume mit Leben zu erfüllen vermag. Ihr ist mit bloßer Apologetik (Verteidigung der als alleingültig angesehenen eigenen Position) nicht beizukommen.

E. hat aber auch ihre Grenzen, etwa überall dort, wo sie zum Selbstzweck erhoben wird: E. um der Lust an E. willen, ohne daß die erforderlichen praktischen Konsequenzen gezogen werden. Gemeint ist die unerläßliche Umsetzung des Esoterischen auf dem Bewährungsfeld der → Exoterik. Darüber hinaus kennt die Mystik in West und Ost den Gestaltwandel von E. in die Nicht-E. hinein. So wie die → Meditation in einem vorgerückten Stadium die Bilder, Gedanken und Begriffe hinter sich lassen und auslöschen muß, so bedarf es jener Ge-Lassenheit, die selbst auf den »Genuß« (vermeintlicher) spiritueller E. zu verzichten vermag: »Gott ist größer als unser Herz!« So bedarf jede E. auch der Eingrenzung und der Korrektur – durch die Gottes- und Nächstenliebe. Da ist die jede egoistische E. ablehnende Geste der spanischen Mystiker: »Nichts, Nichts, Nichts!« Da ist andererseits im → Zen-Buddhismus die nicht minder entschiedene Abwehr des »Makyo«, d. h. diabolisch-illusionärer Phänomene während der Meditation, die Geistesschau vorgaukeln, jedoch die wahre → Erleuchtung verstellen. Johannes vom Kreuz, der die »dunkle Nacht« der Sinne und des Geistes ernst genommen sehen will, geht so weit zu sagen, »daß alle Visionen, Offenbarungen und ›übernatürliche‹ Empfindungen und was man sich sonst noch Hohes denken mag, haben viel weniger Wert als der geringste Akt der Demut«. M. a. W.: »Ihn kümmerte nur die Liebe zu Gott und die Erfüllung des ersten Gebotes; das Einbeziehen von normalerweise verborgenen mystischen Fähigkeiten war ein Nebenprodukt von geringer Bedeutung« (W. Johnston). Weitere Parallelen finden sich bei Meister → Eckhart und selbst in der → Alchymie, die das eigentliche spirituelle »Werk« (ergon) vom zweitrangigen »Parergon« (Beiwerk), etwa in Gestalt bestimmter chemischer Resultate, unterscheidet.

Lit.: W. Johnston: Der ruhende Punkt. Freiburg 1974; ders.: Klang der Stille. Mainz 1978; C. Albrecht: Psychologie des mystischen Bewußtseins (1951). Mainz 1976; ders.: Das mystische Erkennen (1958). Mainz 1982; ders.: Das mystische Wort. Hrsg. H. A. Fischer-Barnicol. Mainz 1974; K. Graf Dürckheim: Im Zeichen der Großen Erfahrung. München 1974.

Erleuchtung Ein zentraler religiös-esoterischer Begriff, der zum Ausdruck bringt, daß ein entscheidender Schritt auf dem → inneren Weg der spirituellen Entwicklung vollzogen worden ist. Er signalisiert einen Zustand des → Bewußtseins, der über den des alltäglichen gegenständlichen Sehens und Erkennens hinausreicht und der eine Orientierung im Geistigen entspricht: »ein Hinaufgerissensein auf eine höhere Ebene« (Hugo M. → Enomiya-Lassalle). Legt man die Stadien des Wegs zugrunde, die in der → Mystik bzw. in den → Mysterien Beachtung gefunden haben, dann geht der E. der vorbereitende Status der Reinigung voraus. Aber das eigentliche Ziel, die → Unio mystica steht noch bevor. Die

östliche Esoterik kennt andere Grade bzw. Unterscheidun-
gen von E., etwa »Samadhi« im Hinduismus als einen Bewußtseinszustand, der über Tiefschlaf, Träumen und Tages-
wachen hinausgeht, in dem aber auch das Denken endet,
weil ein völliges Aufgehen des Meditierenden im Objekt
bzw. Ziel seiner → Meditation erreicht worden ist. Damit
nicht identisch, doch in den Formenkreis eines erhöhten
Bewußtseins gehört → »Satori« im → Zen-Buddhismus. Es
entspricht der Erfahrung einer E. bzw. eines Erwachens als
ein unterscheidungsloses Erkennen. Es zeigt sich, daß der
Terminus E. bestenfalls geeignet ist, auf ein »aufgehelltes«
Bewußtsein aufmerksam zu machen, während es sehr verschiedene Grade oder Intensitäten des Wachseins gibt.
Ebenso unterscheiden sich von Fall zu Fall Umfang, Tiefe,
Klarheit, Genauigkeit dessen, was im Zustand einer E. in den
Horizont des menschlichen Bewußtseins tritt.

Lit.: C. Albrecht: Psychologie des mystischen Bewußtseins (1951).
Mainz 1976; R. M. Bucke: die Erfahrung des kosmischen Bewußt-
seins (1901). Freiburg 1975; H. M. Enomiya-Lassalle: Zen. Weg zur
Erleuchtung. Wien–Freiburg 1960; W. James: Die Vielfalt religiöser
Erfahrung (1901). Olten–Freiburg 1979; Lexikon der östlichen
Weisheitslehren. Bern–München 1986; G. Walther: Phänomenolo-
gie der Mystik (1955). Olten–Freiburg 1976; vgl. → Mystik.

Eros Die Tatsache, daß letztlich das menschliche Aus-
drucksvermögen im Blick auf die Bezeugung tiefer
mystischer → Erfahrung überaus begrenzt ist, ließ die
Erfahrenden immer wieder zu Bildworten und Vergleichen greifen, die die Begegnung und die leiblich-see-
lisch-geistige Vereinigung Liebender beschreiben oder
doch andeuten. Dadurch wurde der E. als solcher in ge-
bührender Weise aufgewertet. Überblickt man die lange
vernachlässigte Geschichte von »Religion und Eros«, die
stets auch in die Geschichte der → Mystik wie der

→ Esoterik hineinreicht, dann sind zwei Grundhaltungen anzutreffen, die einander polar entgegenstehen: Die eine ist eine asketisch-leibverneinende, d. h. es werden wohl die Metaphern der Liebesbegegnung, des Erglühens und des Vereinigtwerdens verwendet, um die höchste Intensität der Gotteserfahrung auszudrücken, aber die konkrete Liebeserfüllung wird entweder abgelehnt oder gar als sündig verurteilt. Verständlicherweise geschieht das durch zölibatärlebende Ordensleute, (z. B. Hugo von St. Viktor [→ Viktoriner] und Bernhard von Clairvaux in ihren Predigten und Betrachtungen zum Hohen Lied), aber auch im Protestantismus, etwa bei den sog. »Engelsbrüdern«, unter ihnen der radikale → Böhme-Schüler J. G. → Gichtel im 18. oder bei J. J. Wirz, dem Begründer der Nazarener-Gemeinde, im 19. Jahrhundert. – Daneben steht das sowohl ins frühe Judentum wie in den Hinduismus (→ Tantra) oder Taoismus weit zurückreichende Ganzheitsstreben, das die Leiblichkeit im Sinne der → Chassidismus-Deutung M. → Bubers »einheiligt« oder das F. Chr. → Oetinger als das »Ende (d. h. die Vollendung) der Wege und Werke Gottes« ansieht. Beispielhaft steht hier das Hohe Lied Salomos, das immerhin auch in der Christenheit den Rang einer kanonischen Schrift des Alten Testaments erlangt hat und dem ein Zweig der Forschung den Charakter einer Liturgie zur → Heiligen Hochzeit (Hieros Gamos) zuerkennt. Auch im Christentum konnte sich – oft am Rande der Legalität – der Minnedienst entfalten (→ Frau) und in der Gestalt der »Getreuen der Liebe« (→ Fideli d'Amore) oder der → Brüder und Schwestern des freien Geistes für geraume Zeit retten. »Der Liebhaber und die religiösen Sekten hatten ihre Geheimsprache. Die Mitglieder der kleinen esoterischen Zirkel gaben sich durch Zeichen und Symbole, durch Farben und Codewörter zu erkennen« (F. Heer bei M. → Eliade). Entscheidend ist, daß der E. nicht nur das Vokabular und die Motive für das esoterisch Erfahrbare liefert, sondern selbst Felder, Grenzen und Transzendenzpunkte des Erlebens markiert, sofern man ihn tief genug versteht und ihn nicht vorschnell – etwa aus der Sicht der selbstlosen Agape (Caritas) – abwertet.

Lit.: W. Schubart: Religion und Eros (1941). München 1966; A. und W. Leibbrand: Formen des Eros I/II. Freiburg 1972; A. Schult: Eros und Agape. Bietigheim 1969; G. Wehr: Heilige Hochzeit. München 1986.

Erweckung, Erweckungsbewegung Obwohl die Begriffe E. und EB. in erster Linie in theologischen und kirchenhistorischen Zusammenhängen zu betrachten sind, die auf den protestantischen → Pietismus zurückweisen, gibt es doch vielfältige Beziehungen zu und Berührungspunkte mit der hier zu besprechenden Esoterik und Spiritualität. Im Ansatz ist mit E. in einem wörtlichen Sinn ein Anstoß zu geistlichem Wachwerden gemeint, damit in einer Phase religiös-geistiger Ermüdung oder auch rationalistischer, wenn nicht materialistischer Erstarrung eine neue Regsamkeit, eine Verlebendigung eingeleitet und vollzogen wird. Dabei ergeben sich generell zwei Perspektiven: die individuelle, auf die Einzelperson bezogene E., die mit einer Umkehr (griech. »metánoia«) zu tun hat, psychologisch gesehen als ein Aspekt → Individuation betrachtet werden kann und auch mit dem Wesen der → Erleuchtung tangiert, insofern nach einer »Kehre« die ganze Wirklichkeit in neuer Sicht erscheint. Zum andern kann von dem, was der Einzelmensch erlebt, eine ansteckende, Gemeinschaft bildende Wirkung ausgehen, sodaß eine

EB. entsteht. Dafür lassen sich viele Beispiele aufführen. Sie lassen sich insbesondere im protestantischen Bereich West-, Mittel- und Nordeuropas nachweisen.

Im deutschen Sprachbereich gibt es im 18./19. Jahrhundert zahlreiche Beispiele dafür, daß Vertreter der EB. in vielfältiger Weise aufgeschlossen sind für Bereiche der → Mystik und → Theosophie, einschließlich der → christlichen Kabbala und verwandter Disziplinen (→ Jung-Stilling, → Schubert). Man liest die Werke Jakob → Böhmes, praktiziert alternative Heilweisen, sinnt über gesellschaftliche Reformen nach, leistet praktische Hilfen auf den Gebieten der Erziehung und bei der Behebung sozialer Not, und zwar jeweils aus einer spirituell-religiösen Motivation heraus.

Lit.: F. W. Kantzenbach: Die Erweckungsbewegung. Studien zu ihrer Geschichte. Neuendettelsau 1957; G. A. Benrath u. a. in: Theologische Realenzyklopädie (TRE), Berlin 1982. Bd. 10, S. 205–227; U. Gäbler (Hrsg.): Geschichte des Pietismus, Bd. III. Göttingen 2000.

Esoterik Das Esoterische (von griech. »eso«, innen; im Gegensatz zu »exo«, außen → Exoterik) meint zunächst das innen Erfahrene, das man nicht beliebig mitteilen kann, sodann das für einen engeren Kreis Bestimmte, weil es einer gewissen Vorbereitung oder → Einweihung (Initiation) bedarf. Schon die antike Philosophie unterschied das, was (esoterisch) den in der Erkenntnis fortgeschrittenen Schülern eines Weisheitslehrers mitgeteilt werden konnte, gegenüber dem, was man (exoterisch) der Öffentlichkeit bekanntgab. Von daher gesehen setzt E. in der Regel eine gewisse Offenheit und eine spezifische Aufnahmebereitschaft des Betreffenden voraus. Nicht selten ist das Durchlaufen eines inneren Reifungsprozesses erforderlich, den die Tradition seit den antiken → Mysterien und Einweihungstätten als Stufen der Reinigung, der Erleuchtung und der Vollendung bzw. Vereinigung kannte. Diese Stufen haben sich auch in der → Mystik erhalten.

In der Geschichte des → Christentums hat es von Anfang an eine eigenständige E. gegeben. Nur Getaufte machte man beispielsweise mit den zentralen Mysterien des christlichen Glaubens bekannt. Nur sie durften die heilige Eucharistie (Hl. Abendmahl; Messe) empfangen. Das »esoterische Christentum« hat im Laufe der Kirchengeschichte vielfältige Formen entwickelt, auch wenn die Empfängerinnen und Empfänger innerer Erfahrung nicht immer als »Esoteriker« bezeichnet wurden, etwa in der abendländischen Mystik, und → Theosophie, im Zusammenhang von spirituellen oder meditativen Schulungswegen, in geschlossenen Gesellschaften, geheimen Verbindungen oder in → Ordensgemeinschaften.

Heute ist es nicht unproblematisch, auf die esoterische Dimension der Wirklichkeit hinzuweisen, weil seit Ende der siebziger Jahre des 20. Jahrhunderts eine Pseudo-E.-Welle in der Sachliteratur und in der allgemeinen Publizistik sich ausgebreitet hat. Es wurde der irritierende Eindruck erweckt, E. sei schlechthin all das, was in den okkultistischen Formenkreis hineingehört (→ Okkultismus), selbst mit Einschluß parapsychischer Phänomene, Äußerungsformen des Orakelwesens samt der Vielfalt obskurer, insbesondere fragwürdiger Praktiken bis hin zum Satanismus u. ä. Selbst der Mißbrauch und die sexuelle Ausbeutung der → Frau sind von Fall zu Fall (nicht nur in popularisierten Formen des fernöstlichen → Tantrismus) einbezogen. Meist wendet sich die modisch bedingte Pseudo-E. an das Sensationsbedürfnis der Menschen. Hier liegt das eigentliche Mißverständnis. Denn echte E. ist schon von der ursprünglichen Wortbedeutung her das genaue Gegenteil dessen, was in äußeren Phänomenen aufgezeigt, »gemacht« und was dann marktschreierisch angeboten wird. Hingegen ist der esoterische Bereich dort betreten, wo ein Mensch im Innersten berührt, ergriffen (das → Heilige), erschüttert werden kann, so daß er als ein Gewandelter aus diesem seinem inneren Erleben heraustritt.

Das E. kann sich auf verschiedenen Ebenen ereignen und entfalten: auf der Ebene des Erkennens, des Innewerdens, aber auch im emotionalen Bereich. Entzünden kann sich das Esoterische auch an einem Natur- oder Kunsteindruck, in seelischgeistigen Gipfelerlebnissen (H. A. Maslow: peak experiences), in → Meditation und → Kontemplation, im religiösen und im erotischen Akt, wo es zu Grenzerfahrungen kommt, wie sie aus den Zeugnissen der westlichen wie der östlichen → Mystik bekannt sind. – Ihren bewußtseinsmäßig tiefsten Grund hat sie – sofern noch bezeugbar – dort, wo in der »Nacht des Geistes« (Johannes vom Kreuz) alle anderen Möglichkeiten menschlicher → Erfahrung preisgegeben werden. Es gibt somit nicht nur verschiedene Wege, sondern auch verschiedene Intensitäten und Grade esoterischer Erfahrung.

In der Gegenwart stellt E. für viele eine große Chance dar. Zum einen darf sie als ein wichtiges Korrektiv angesehen werden. Der betont extravertierte, d. h. auf die äußere Weltbewältigung festgelegte, in ihr ganz »aufgehende« Mensch bedarf eines wirksamen Gegengewichts, weil er seinen technisch und organisatorisch erlangten »Weltgewinn« nicht mit einem gefährlichen »Seelenverlust« bezahlen will. Gemeint ist die zunehmende Spaltung zwischen Bewußtem und → Unbewußtem, Rationalem und Irrationalem, die seit langem diagnostiziert wird. »Der Seelenverlust entspricht dem Losreißen eines Teils des eigenen Wesens, dem Verschwinden und der Emanzipation eines Komplexes, der dadurch zum tyrannischen Usurpator des Bewußtseins wird, das Ganze unterdrückt, ihn aus seiner Bahn wirft und zu Handlungen zwingt, deren blinde Einseitigkeit die Selbstzerstörung zur unvermeidlichen Gefolgschaft hat« (C. G. → Jung: Psychologische Typen). Die Beschäftigung mit der inneren Dimension der Wirklichkeit, die das Leitthema der E. darstellt, entspräche somit dem Verlangen nach Ganzheitlichkeit und nach Ganzwerdung. Die Wendung nach außen (Extraversion) und die nach innen (Introversion im Sinne C. G. Jungs → Analytische Psychologie) wären demnach zu harmonisieren und in ein Gleichgewicht zu bringen.

Auf der anderen Seite eröffnet E. einen inneren Freiheitsraum. Sie führt zu geistig-seelischer Unabhängigkeit von äußeren Autoritäten, Kollektivmeinungen, modischen Trends und Lehrnormen aller Art. Wer z. B. auf dem Weg der meditativen »Innerung« (F. Melzer) seines wahren → Selbst inne geworden ist, der gewinnt ein höheres Maß an Selbstvergewisserung, religiös gesprochen: an Glaubensgewißheit und Lebensmut. Im gleichen Maße, in dem dies gelingt, verringert sich der Zwang, traditionelle Anschauungen blind zu akzeptieren, der Faszination von fragwürdigen »Führer«-(bzw. Guru-)Gestalten zu verfallen oder dogmatische Aussagen lediglich »für wahr« zu halten.

Problemlos ist auch der → »innere Weg« nicht. Wer sich beispielsweise zu stark von seinen Gefühlen, von Emotionen oder von spontanen Reaktionen in der Begegnung mit dem Spirituellen bestimmen läßt, der gerät leicht in die Gefahr, pseudoesoterischen Illusionen nachzuhängen. Andererseits sollte man sich prüfen, ob die Beschäftigung mit E. nicht etwa mit einer Flucht in eine weltfremde Innerlichkeit verwechselt wird, vielleicht noch verstärkt durch eine sympathische → Meister-Persönlichkeit. Doch dessen Qualitäten wären daran zu messen, daß er sich dann überflüssig macht, wenn seine Geistesschüler selbständig genug sind, um auf dem inneren Weg voranzukommen. Somit ist ein wichtiges Kriterium echter E.: Führt die betreffende esoterische Doktrin oder Praktik zu mehr geistiger Freiheit, zu einem erweiterten Selbst- und Weltverständnis, zur Fähigkeit, diesem Verständnis gemäß zu handeln, also zu größerer menschlicher Reife und tätiger Menschenliebe, – oder muß ein Preis gezahlt werden, der den Prozeß der Menschwerdung des Menschen in irgendeiner Weise beeinträchtigt.

Lit.: Anonymus d'outre Tombe (V. Tomberg): Die großen Arcana des Tarot I/IV. Basel 1983; W. Bitter: Der Verlust der Seele. Freiburg 1969; K. Graf Dürckheim: Von der Erfahrung der Transzendenz. Freiburg 1984; H. M. Enomiya-Lassalle: Leben im neuen Bewußtsein. München 1986; G. K. Kaltenbrunner (Hrsg.): Wissende, Verschwiegene, Eingeweihte. Hinführung zur Esoterik. Freiburg 1981; H. Rombach: Welt und Gegenwelt. Die philosophische Hermetik. Basel 1983; R. Steiner: Erkenne dich im Strome der Welt. Hrsg. G. Wehr. Freiburg 1986; G. Wehr: Esoterisches Christentum. Stuttgart 1975; ders.: Der innere Weg. Reinbek 1983; ders.: Heilige Hochzeit. Symbol und Erfahrung menschlicher Reifung. München 1986.

Evola, Guilo (Julius) (Rom 1898 – Rom 1974), kulturphilosophischer Schriftsteller und ausgewiesener Kenner esoterischer Bewegungen, einschließlich ihrer magischen Provinzen. Er war dem → traditionalen Denken, wie es u. a. der ihm seelenverwandte René → Guénon praktizierte, verpflichtet, das einer »Erhebung wider die moderne Welt« entspricht, die er bereits in seinem gleichnamigen frühen Hauptwerk (1934; deutsch 1935) proklamierte. Ähnlich wie Graf → Dürckheim, der sich durch seine Ausführungen »Über das Initiatische« (1965) anregen ließ, unterschied er eine physische und eine übergeordnete »metaphysische Ordnung«, sodaß, wie in seinem Buch dargelegt, die im Metaphysischen gegründete Traditionswelt der Moderne radikal widerspricht. Deutlich wird dies z. B. in seinen grundlegenden Arbeiten zur → Alchymie (Hermetik) wie zum → Gral. Beide Male geht es um ein »metaphysisches Mysterium«, d. h. um ein vollziehbares Mysterienwissen, das dem vielberufenen »Fortschritt« verhafteten rationalen Denken verschlossen bleibt. Das erweist sich bekanntlich auch auf anderen Feldern der Forschung überall dort, wo nicht der quantifizierende Verstand, sondern die Sprache des → Mythos benutzt wird. »Vom initiatischen Standpunkt bedeutet erkennen nicht, das erkannte Objekt denken, sondern es *sein.* Eine Sache erkennt man also erst dann tatsächlich, wenn man sie verwirklicht, und das wiederum heißt, wenn das Bewußtsein in sie umwandelt. Damit wird Erkenntnis gleichbedeutend mit Erfahrung …«

Die von E. intendierte Geistsuche sah er durch templerische und ritterliche Disziplinen sowie durch magische Praktiken anstrebbar. Auf einem anderen Blatt steht E.s zeitweises Interesse für den Faschismus Benito Mussolinis, auf den er jedoch letztlich nicht festzulegen ist. Wohl aber kann er als »Vertreter des aristokratischen Prinzips und als Befürworter elitärer Haltung« angesehen werden. Wie H. T. Hansen, sein wichtigster deutscher Übersetzer und Interpret, dargelegt hat, ist E. der »deutschen konservativen Revolution« zuzurechnen, wenngleich sein Werk darüber hinaus internationale Beachtung gefunden hat, u. a. durch Ernst Jünger oder Mircea → Eliade.

Werke: Erhebung wider die moderne Welt. Stuttgart 1935; Metaphysik des Sexus. Stuttgart 1962; Magie als Wissenschaft vom Ich. Inter-

Exercitia spiritualia

laken 1985; Die hermetische Tradition. Interlaken 1989; Das Mysterium des Grals. Hrsg. H. T. Hansen. Sinzheim 1995; Schritte zur Initiation. Bern 1997; Cavalcare la Tigre. Den Tiger reiten. Hrsg. H.T. Hansen. Engerda 1997; Über das Initiatische. Aufsätze. Hrsg. H. T. Hansen. Sinzheim 1998. – *Lit.:* G. Wehr. Spirituelle Meister des Westens. München 1995, S. 163–180; H. T. Hansen: J. Evola und die deutsche konservative Revolution, in: Criticon 158, April/Mai/Juni 1998, S. 16–32; H. Th. Hakl in: Dictionary of Gnosis and Western Esotericism, S. 345 ff. Zu verweisen ist speziell auf die ausführlichen Vorworte der von H. T. Hansen verdeutschten Bücher Evolas (1985 ff.).

Exercitia spiritualia (span. »Ejercicios espirituales«), die Geistlichen Übungen, die → Ignatius von Loyola zunächst dem von ihm begründeten Jesuiten-Orden gegeben hat. Die Anstöße erhielt er durch die geistlichen Unterweisungen, die er als verwundeter Offizier aus der meditativen Tradition der → Devotio moderna geschöpft hat und die ihn zu eigenen spirituellen Erfahrungen führten. In einem langen Prozeß der Übung gelangte Ignatius zu Einsichten, die sich in den E. s. niedergeschlagen haben. Die einzelnen Übungen sind in vier Wochen gegliedert. Nachdem der Übende in der ersten Woche sich um eine tiefgreifende Selbst- und Sündenerkenntnis bemüht hat, wendet er sich in einer eingehenden Weise der Betrachtung des Lebens und Leidens Christi zu. Denken bzw. inneres Vorstellen (→ Imagination), Fühlen und Wollen sind einbezogen. Die E. s. zeigen die einzelnen Stationen dieses Innenwegs an, der zu beschreiten ist. Dem Betreffenden obliegt es, die bilderzeugende Kraft seiner Seele zu entfalten. Ausdrücklich mahnt der an sich zum Gehorsam aufrufende Ordensgründer, der innere Freiheitsraum des Übenden müsse respektiert werden. »Der die Übungen gibt«, der keine diesbezügliche Autorität beanspruchen darf, dürfe den Übenden nicht drängen. Aufgetragen sei ihm vielmehr weise Zurückhaltung, weil Gott selbst in der menschlichen Seele die erforderliche Entscheidung bewirkt. Jede Übereilung sei zu vermeiden (I, 14/15). Die E. s. haben naturgemäß allerlei Kritik im Laufe der Geschichte erfahren. Die ihr innewohnende spirituell-formende Kraft ist unbestritten. Noch Dietrich Bonhoeffer schreibt in seinen Gefangenschaftsbriefen in Analogie zu Ignatius und der mit ihm innerlich verknüpften Tradition: »Wir müssen uns immer wieder sehr lange und sehr ruhig in das Leben, Sprechen, Handeln, Leiden und Sterben Jesu versenken, um zu erkennen, was Gott verheißt und was er erfüllt« (Widerstand und Ergebung, 21.8.1944).

Lit.: I. von Loyola: Geistliche Übungen. Hrsg. A. Haas. Freiburg 1966 ff.; ders.: Geistliche Übungen und erläuternde Texte. Hrsg. P. Knauer. Graz–Wien–Köln 1978; H. Enomiya-Lassalle: Zen und christliche Spiritualität. München 1987, S. 125 ff.

Exoterik (griech. »exo«, außen), als Gegenbegriff zu → Esoterik ist sie Ausdruck der Hinwendung an die Öffentlichkeit. Dabei kann es sich einerseits um die Umsetzung und Fruchtbarmachung dessen handeln, was esoterisch, erkenntnismäßig errungen worden ist; andererseits kann E. Ausdruck bloßer Veräußerlichung und Banalisierung spiritueller Wirklichkeit sein. Dieser Fall liegt – wie die Zeichen der Zeit veranschaulichen – immer dann vor, wenn das Esoterische, das an eine bestimmte Disziplin (→ Arkandisziplin) Gebundene buchstäblich zu Markte getragen wird.

F

Fama Fraternitatis (oder: Bericht der Bruderschaft des hochlöblichen Ordens RC., d. h. von Christian Rosenkreuz (→ Rosenkreuzer), 1614 in Kassel erstmals im Druck erschienenes ältestes rosenkreuzerisches Manifest. Wie von Carlos Gilly, Bibliothekar der → Bibliotheca Philosophica Hermetica, nachgewiesen, existierte und kursierte das bislang noch nicht gefundene Originalmanuskript schon einige Jahre zuvor. Einer ihrer Besitzer war ein gewisser Adam Haslmayr, dem ein tragisches Schicksal beschieden war. Er ist aus der Geschichte des Rosenkreuzertums nicht wegzudenken. Zusammen mit »Confessio Fraternitatis« und »Chymische Hochzeit« gehört die F. zu den Grunddokumenten der rosenkreuzerischen Bewegung des 17. Jahrhunderts.

Lit.: Fama Fraternitatis. Das Urmanifest. Hrsg. C. Gilly. Harlem 1998; C. Gilly: Adam Haslmayer. Der erste Verkünder der Manifeste der Rosenkreuzer. Amsterdam 1994; Rosenkreuz als europäisches Phänomen im 17. Jahrhundert. Hrsg. Bibliotheca Philosophica Hermetica. Amsterdam 2002.

Faust Zwischen 1480 (oder früher) und 1540 soll ein Mann gelebt haben, von dem die Berichterstatter nur annähernde Beschreibungen von kaum gesicherten Episoden kennen: ein Astrologe, Alchymist, als Zauberer ein umherreisender Jahrmarktsgaukler der Luther-Zeit, der sich Magister Georgius Sabellicus Faustus tituliert hat. In lateinischen Texten wird er jeweils »Faustus« genannt. Die Überlieferung weist ihm die württembergische, unter pfälzischer Herrschaft stehende Ortschaft Knittlingen als Geburtsort zu. Diese schillernde, biographisch kaum faßbare Persönlichkeit sollte aber zum Typus eines nach tieferer, ganzheitlicher Erkenntnis Strebenden werden, die bezüglich dieser Zielsetzung und seiner historischen Gestalt unähnlich in die Nähe von → Paracelsus oder auch von → Trithemius gerückt wird: alles in allem der Prototyp eines Menschen, der wissen und erfahren will, »was die Welt im Innersten zusammenhält«.

Die mehrfach mit F. sich beschäftigende Dichtung, insbesondere die → Goethes, die sich – wie hinreichend bekannt – dieser Gestalt in einzigartiger Weise angenommen hat, geht auf ein F.-Buch aus dem Jahr 1587 zurück, dessen Held die Gemüter dadurch bewegt und erregt hat, daß er sich dem Teufel verschrieben hätte, um seinen Wunschbildern näher zu kommen. Doch dabei handelt es ich um »das Werk eines engherzigen protestantischen Sitteneiferers. Ohne Darstellungskunst vermischt es anekdotisch-schwankhafte Züge ... mit salbadernden Ermahnungen, aber dazwischen klingt das → Pansophische immer wieder durch: F. wird ›Weltmensch‹, hilfreicher Arzt, sein Abfall von Gott wird verglichen mit dem der Titanen und der luziferischen Engel; er verbindet sich mit dem Geiste Mephistopheles', um die ›Elementa zu spekulieren‹, und befragt diesen nach Hölle und Himmel, dem Lauf der Gestirne, den Jahreszeiten und nach astrologischen Zusammenhängen« (Erich Trunz, Hamburger Goethe-Ausgabe, Bd. 3, S. 465). »Aber unser Doktor Johannes Faustus ist eine so grundehrliche, tiefsinnige, naive, nach dem Wesen der Dinge lechzende und selbst in der Sinnlichkeit so gelehrte Natur, daß er nur eine Fabel oder ein Deutscher sein konnte« (Heinrich Heine).

Lit.: W.-E. Peuckert: Pansophie. Ein Versuch zur Geschichte der Weißen und Schwarzen Magie. Berlin 1976; Faust. Ein deutscher Mann. Lesebuch von K. Völker. Berlin 1978; G. Mahal: Faust. Die

Spuren eines geheimnisvollen Lebens. Bern–München 1980; Der deutsche Renaissance-Humanismus. Abriß und Auswahl von W. Trillitzsch. Frankfurt 1981.

Ficino, Marsilio (1433–1499), einflußreicher humanistischer Philosoph und Priester, der zum Haupt der von Cosimo de Medici (genannt: il Vecchio) 1459 gestifteten, in Careggi bei Florenz angelegten berühmten Platonischen Akademie wurde und der sich als Übersetzer sowie als Interpret der antiken Philosophie in ihren Hauptrepräsentanten einen Namen machte. »F. war Vertreter des Platonismus in einer Zeit, in der die Autorität des Aristoteles erschüttert war, doch begegnete er Aristoteles mit derselben Achtung, die er allen großen Denkern der Antike, einschließlich Epikur, entgegenbrachte. Er vertrat die Auffassung, daß alle Religionen eine gemeinsame Wurzel in einer ›prisca theologia‹ hätten« (Eugenio Garin). Damit ist auf das → traditionale Denken angespielt, das durch die → Renaissance impulsiert worden ist, ehe es sich im 20. Jahrhundert in der bekannten Weise z. B. bei → Evola, → Guénon oder → Ziegler artikulierte.

Als intimer Kenner Platons schuf er die Übersetzung seiner Schriften ins Lateinische. Ihr Wert leitet sich von der Tatsache ab, daß es sich um die erste vollständige Übertragung handelte, wodurch er Cosimos Intentionen zu entsprechen suchte, nämlich weil sich durch diese Wortlaute der antiken Philosophie »alle Regeln des Lebens, alle Prinzipien der Natur und alle heiligen Mysterien des Göttlichen« eröffnen ließen. Seine Hochschätzung des platonischen Symposions drückte F. u. a. durch seinen Kommentar »Über die Liebe« (De amore) aus. In der Hochschätzung der platonischen Tradition ging er so weit, daß er 1487 eine Lesung → Plotinscher Texte in der

Angioli-Kirche durchführte, was freilich ohne Aufregung in kirchlichen Kreisen nicht abging. Von kaum geringerer Bedeutung ist F.s 1463 abgeschlossene Übersetzung der Schriften des Hermes Trismegistos (→ Hermetik), denen man damals ein hohes, mit Moses und dem der Hebräischen Bibel konkurrierendes Alter zuschrieb. Ähnlich wie die platonischen Texte beeinflußten diese auf Jahrhunderte hinaus Theologie und Philosophie nachhaltig. Zu seinen weiteren Publikationen von Rang gehört ein Kommentar zu → Dionysius Areopagita. »Marsilio → Ficinos beschwingte, lang nachwirkende philosophische Vision entwaffnet dadurch, daß sie ebenso aufrichtig christlich wie aufrichtig platonisch (oder eher plotinisch) gemeint ist« (H. U. von Balthasar).

Werke: Traktate zur platonischen Philosophie. Lateinisch – deutsch. Hrsg. E. Blum u. a. Berlin 1993; Briefe I/II. Haarlem 1994 f.; Über die Liebe oder Platons Gastmahl. Lateinisch-deutsch. Hamburg 2001. – *Lit.:* W. Dress: Die Mystik des Marsilio Ficino. Berlin 1929; P. O. Kristeller: The Philosophy of Marsilio Ficino. Gloucester/Mass. 1964; deutsch: Frankfurt 1972; W.-E. Peuckert: Pansophie. Berlin 1976, S. 8–39; E. Garin (Hrsg.): Der Mensch der Renaissance. Frankfurt 1990; T. Albertini in: Philosophen der Renaissance. Hrsg. P. R. Blum. Darmstadt 1999, S. 77–86; M. Ficino and the Return of Hermes Trismegistus. Hrsg. S. Gentile, C. Gilly. Florenz–Amsterdam 2000.

Fideli d'Amore Die »Getreuen der Liebe«, eine im 12./13. Jahrhundert blühende Gemeinschaft, die die geistige Dimension des → Eros und die religiös getönte Verehrung der → Frau in den Mittelpunkt ihres Strebens z. B. als Dichter und Sänger rückten. Bezeugt sind Gruppen der F. d. A. für Südfrankreich (Provence), dem Land der Troubadours, in Italien sowie in Nordfrankreich und Belgien. Die F. d. A. bildeten eine geheim agierende geistige Miliz. Das macht ihren esoterischen Charakter aus. Ihr Ziel war es, in das Geheimnis der Liebe einzuführen und der »einzigen Frau« Treue zu erweisen. Indem sie sich einer symbolhaltigen Geheimsprache bedienten, übten sie auf diese Weise → Arkandisziplin. »Die Frau symbolisiert den transzendenten Intellekt, die Weisheit (→ Sophia). Die Liebe zu einer Frau erweckt den Mann aus der Lethargie, in die die christliche Welt verfallen ist, da der Papst geistlich unwürdig war« (M. → Eliade). Diese kirchenkritische Note ließ die im Zeichen der spirituellen Liebe Verbundenen zwar nicht zu einer ausgesprochenen → Ketzer-Bewegung des Mittelalters werden, aber ihr Anspruch auf Exklusivität und auf eine von der kirchlichen Autorität freien Geistigkeit unterstreicht die Distanz zur Rechtgläubigkeit. J. → Evola hat auf die geistige Nähe der F. d. A. einerseits zu → Dante, andererseits zum → Gral, sowie zu den → Katharern aufmerksam gemacht.

Lit.: J. Evola: Das Mysterium des Grals. München 1954; ders.: Metaphysik des Sexus. Stuttgart 1961; M. Eliade: Geschichte der religiösen Ideen III, Teil 1. Freiburg 1983.

Franckenberg, Abraham von (1593–1652), studierter und sprachenkundiger Jurist, bekannt v. a. als Verfasser religiöser und mystisch-naturphilosophischer Schriften. Er »war für einen Kreis schlesischer Adeliger der Vermittler mystischer Literatur« (S. Wollgast), was sein ausgedehnter Briefwechsel belegt. Schon in jungen Jahren ist er Jakob → Böhme begegnet, dem er eine erste kurze Biographie gewidmet hat, die freilich durch Böhmes autobiographische Texte in »Aurora« sowie in den »Theosophischen Sendbriefe« zu ergänzen bzw. zu korrigieren ist. Wie er, so hat auch F. aus ähnlichen Quellen geschöpft: aus der

älteren Naturphilosophie der Paracelsisten, aus der spät-
mittelalterlichen und zeitgenössischen → Mystik, aus
→ Alchymie und → Kabbala, von der aus er ein tieferes
Eindringen in die Gottesweisheit (→ Theosophie) zu gewinnen suchte. In dem Wissen, daß es aber nicht allein
genüge, aus der »Schrift« Erkenntnis zu gewinnen, sondern daß auch die Natur einbezogen sein müsse, wurde er
vielen zu einem Mystagogen oder Anleiter für den → inneren Weg.

Lit.: A. von Franckenberg: Briefwechsel. Hrsg. J. Telle. Stuttgart–Bad Cannstatt 1995; S. Wollgast: Philosophie in Deutschland
zwischen Reformation und Aufklärung 1550–1650. Berlin 1988.

Frau Auf den ersten Blick scheint → Esoterik die aus-
schließliche Domäne des Mannes zu sein. Das trifft auf
weite Strecken wohl zu. Darüber ist aber nicht zu vergessen, daß die F. bereits in den antiken → Mysterien eine
wichtige Rolle gespielt hat. In der christlichen → Mystik
stehen neben Gestalten wie Bernhard von Clairvaux die
mit ihm korrespondierende universell kundige Hildegard
von Bingen, in der → Gottesfreunde-Bewegung neben
den Seelenführern (Tauler, Seuse, Heinrich von Nördlingen u. a.) die zahlreichen Klosterfrauen, etwa Mechthild
von Magdeburg, Mechthild von Hackeborn, die Schwestern im Oberrheingebiet und viele andere. Frauen wie
Katharina von Siena oder Teresa von Avila stiegen auf zur
höchsten kirchlichen Verehrung und erlangten im Katholizismus den Rang einer Kirchenlehrerin. Die → Alchymie kennt die »mystische Schwester« (sorror mystica) als
die Gehilfin bei der Bereitung des → Lapis philosophorum. Nicht zu unterschätzen ist die Rolle der »weisen F.«
und der »femme inspiratrice«, dank deren Vermittlung
und Impuls z. B. künstlerisch Tätige den inneren An-

schluß an die Kräfte der Phantasie und der Kreativität erlangen. Und selbst dort, wo die konkrete spirituell mitwirkende Partnerin fehlt oder zu fehlen scheint, z. B. im Leben Jakob → Böhmes, ist das »ewig Weibliche« nahe, etwa in Gestalt der göttlichen → Sophia. Die von C. G. → Jung inaugurierte archetypische Psychologie hat gezeigt, daß das Weibliche, mitunter symbolisiert durch die Maria, die Kraft der Gegensatzvereinigung (→ Individuation) besitze, während das Männliche eine Reduzierung auf das Nur-Männliche bedeute, es sei denn, daß die Integration der Anima (als unbewußter gegengeschlechtlicher Seelenanteil des Mannes) gelingt. Abgesehen von den speziellen marianischen Traditionen der Christenheit steht Maria-Sophia für Geistoffenheit; sie ist das Urbild der empfangsbereiten → Seele. M. Luther läßt seine berühmte Magnificat-Auslegung (zu Luk 1, 46–55) in die Worte ausklingen: »Wir bitten Gott um ein rechtes Verständnis dieses Magnifikats, daß es nicht allein leuchte und rede, sondern brenne und lebe in Leib und Seele. Das verleihe uns Gott durch die Fürbitte und den Willen seiner lieben Mutter Maria, Amen.«

Lit.: E. Neumann: Die Große Mutter. Zürich 1956; C. Mulack: Die Weiblichkeit Gottes. Stuttgart 1983; dies.: Maria. Stuttgart 1985; V. Kast: Paare. Stuttgart 1984; G. Wehr: Heilige Hochzeit. München 1986; J. A. Phillips: Eva. Stuttgart 1987.

Freimaurerei Diese heute international verbreitete geschlossene, jedoch nicht unbedingt geheime (Männer-) Gesellschaft, die ausgehend von den Idealen der philosophischen Aufklärung des 18. Jahrhunderts sich den Grundsätzen der Humanität, der Toleranz sowie dem Gedanken einer weltweiten, die Nationen, Gesellschaften und Religionen überschreitenden Bruderschaft ver-

schrieben hat, wurde am Johannistag (24. Juni) 1717
durch Zusammenschluß von vier Londoner Logen gegründet. Von England breitete sich das Gedankengut
der F. in alle zivilisierte Länder aus. Lediglich autokrati-
sche, diktatorische und totalitäre Regime, zeitenweise
auch die römische Kirche, setzten der F. Widerstände
entgegen oder verboten sie. Das grundlegende Buch
der Konstitutionen (1723) mit den »alten Pflichten«
wird dem schottischen Pastor James Anderson zugeschrieben. Im 1. Kapitel, das Gott und der Religion gewidmet ist, heißt es:

»Der Maurer ist als Maurer verpflichtet, dem Sittengesetz zu gehorchen; und wenn er die Kunst recht versteht,
wird er weder ein engstirniger Gottesleugner, noch ein
bindungsloser Freigeist sein. – In alten Zeiten waren die
Maurer in jedem Lande zwar verpflichtet, der Religion
anzugehören, die in ihrem Lande oder Volke galt, heute
jedoch hält man es für ratsamer, sie nur zu der Religion zu
verpflichten, in der alle Menschen übereinstimmen, und
jedem seine besonderen Überzeugungen selbst zu belas-
sen. Sie sollen also gute und redliche Männer sein, von
Ehre und Anstand, ohne Rücksicht auf ihr Bekenntnis
oder darauf, welche Überzeugungen sie sonst vertreten
mögen. So wird die Freimaurerei zu einer Stätte der Eini-
gung und zu einem Mittel, wahre Freundschaft unter
Menschen zu stiften, die einander sonst ständig fremd geblieben wären.«

Der spezifisch esoterische Charakter der F. ergibt sich
aus der Tatsache, daß ihre Logen mit den dabei vollzogenen symbolisch-rituellen Handlungen nur Mitgliedern
zugänglich sind. Die → Symbole (z. B. Winkel, Zirkel,
Lot, Hammer, Kelle, Schurz) sowie die bei der »Arbeit«
benutzte Ritualsprache (»den rauhen Stein« behauen,

dem »Baumeister der Welten«, d. h. Gott, dienen u. dgl.)
sind den mittelalterlichen Bauhütten samt deren sorgsa-
men Umgang mit den Werkgeheimnissen entnommen,
wenngleich aus der ursprünglichen operativen Maurerei
die symbolische F. von heute geworden ist. Die Tradition ist aber noch viel älter. Der Symbolbestand geht
u. a. auf den der → Mysterien des Altertums zurück. Der
überzeitliche Dienstauftrag heißt »Tempelbau«. Als Urbild dient hierbei der Tempel Salomos (1 Könige 6; 2
Chronika 3). Und das Schicksal des legendären Tempel-
baumeisters Hiram (1 Könige 5, 15 ff.), der getötet und
wieder erweckt wurde, gehören ebenso zum spirituellen
Traditionsgut der F. wie die das Gesetz der Polarität
repräsentierenden Tempelsäulen → Jachin und Boas (vgl.
1 Könige 7, 21). Konstituierend ist sodann das Prinzip
der → Einweihung dessen, der als »Profaner« an die
Pforte der Loge klopft und Einlaß begehrt, um dann die
verschiedenen Grade der Erleuchtung emporgeführt zu
werden. In den sog. Johannislagen sind es die drei Grade
des Lehrlings, Gesellen und Meisters. Die verschiedenen
Hochgradsysteme der F. kennen diverse Erkenntnisgrade
bis hin zum 33. Grad. Insbesondere die Hochgrade, etwa
des Schottischen Ritus sind es, in denen die speziellen
initiatorischen Möglichkeiten genutzt und das esoterische Wissen gehütet wird: traditionellerweise die einzelnen Bereiche der → Hermetik, → Alchymie, → Kabbala,
des → Rosenkreuzertums u. ä.

Die Vielfalt der rituellen Formen, der Grade und Gliederungen hat sich in einer oft von Spannungen und Neugründungen begleiteten Geschichte entwickelt. Sie ist
verwirrend groß, weil sich aufgrund von Abspaltungen
und einer kaum übersehbaren Fülle von Sondergründun-
gen immer neue Logenverbände gebildet haben, neben

den regulären auch sog. »Winkellogen«, die gleichwohl Legitimation beanspruchen.

Obwohl die → Frau in alten esoterisch-spirituellen Vereinigungen ihren Platz hatte, wurde sie in der patriarchal strukturierten Gesellschaft, so auch in der F. ausgeschlossen. Dem suchte man jedoch durch manche Neugründungen abzuhelfen, z. B. in Gestalt von → Adoptionslogen und androgyne Logen, in der Mann und Frau gleichberechtigt sind. Auf diese Weise war es möglich, u. a. Querverbindungen zur anglo-indischen → Theosophie und deren esoterischen Abteilungen zu schaffen. Dabei handelte es sich um in freimaurerisch-kultischen Formen sich bewegende Erkenntnisarbeit, wie sie auch Rudolf → Steiner vor 1914 in der → Anthroposophie praktizierte, allerdings unabhängig von freimaurerischen oder der F. ähnelnden Logenverbindungen.

Angesichts der Wichtigkeit des freimaurerischen Erlebnisses bemerkt A. Mellor: »Der Geist des freimaurerischen Rituals ... beruht auf dem Glauben, daß es gewisse Wahrheiten gebe, die zu tief sind, als daß Worte oder Begriffe sie ausdrücken könnten. Allein die → Symbole können eine stumme Andeutung davon geben. Der Mehrzahl der Menschen ›sagen‹ diese Symbole nichts, und deshalb ist es auch gleichgültig, ob die Gegner der F. sie öffentlich machen oder nicht. Für denjenigen indes, welcher der Einweihung fähig ist, sprechen sie. Ein im echten Sinn des Wortes Eingeweihter ist jener, der das Rätsel zu entziffern und zu verstehen gewußt hat, aber die Riten der Einweihung selbst können ihm mit der Mitteilung der Symbole nur den Schlüssel des Symbolisierten geben. Es liegt an ihm, diese Kryptographie in Klarschrift zu übersetzen.«

Fritsche, Herbert

Lit.: Die Alten Pflichten von 1723. Frankfurt 1966; E. Lennhoff, O. Posner: Internationales Freimaurer-Lexikon. Wien 1932; K. R. H. Frick: Die Erleuchteten. Graz 1973; J. K. Lagutt: Der Grundstein der Freimaurerei. Zürich 1963; P. Naudon: Geschichte der Freimaurerei. Fribourg–Frankfurt 1982; A. Mellor: Logen, Rituale, Hochgrade. O. O. 1985.

Fritsche, Herbert (1911–1960), Biologe und vielseitiger okkultistischer Schriftsteller (Pseudonym: Nathan Prager), daneben Träger diverser Ordensnamen, der schon in jungen Jahren mit einschlägigen → »Meistern« und magischen Verbindungen Kontakt aufnahm oder deren aktives Mitglied wurde, z. B. mit dem Östlichen Templerorden (→ Ordo Templi Orientis; O. T. O), dessen Leiter er in Deutschland kurze Zeit war. Trotz kritischer Einstellung zu gewissen Vertretern der → Anthroposophie verehrte er R. → Steiner sowie andere prominente Anthroposophen (Friedrich → Rittelmeyer, Emil Bock, H. H. von Veltheim Ostrau), andererseits auch Martin → Buber und vor allem Gustav → Meyrink. Er arbeitete im Forschungsring der »Gesellschaft für wissenschaftlichen Okkultismus« mit. Von der Gestapo wurde er solcher »Umtriebe« wegen in »Schutzhaft« genommen.

Spirituell gesehen ging es ihm darum, die verborgenen Wirkkräfte der Natur, insbesondere mittels der Homöopathie zu erschließen und einen Zugang zu einem magisch-pansakramentalen Leben im Sinn eines esoterischen Christentums zu finden. Daher auch seine Hochschätzung des schwäbischen Theosophen Friedrich Christoph → Oetinger. Aufschlußreich sind seine Briefe, die Dokumente eines auch dem Humor und der Satire zugewandten Okkultisten sind. Von Seiten der Anthroposophie wurde er wegen seiner schillernden Persönlichkeit skeptisch bis ablehnend betrachtet.

Werke: Kleines Lehrbuch der Weißen Magie. Prag 1933; Göttingen 1989; Iatrosophia. Metabiologische Heilung und Selbstheilung. Berlin 1934; Göttingen 1989; Der Erstgeborene. Ein Bild des Menschen. Berlin 1940; Göttingen 1989; Samuel Hahnemann. Die Idee und Wirklichkeit der Homöopathie. Bad Pyrmont 1949; Göttingen 1994; Zum Okkultismus der Gegenwart, in: C. du Prel: Das Rätsel des Menschen. Wiesbaden 1950, S. 5–39; Erlösung durch die Schlange. Stuttgart 1953; Göttingen 1994; Der große Holunderbaum. Einführung in die Esoterik. Kettig–Koblenz 1964; Briefe an Freunde. Stuttgart 1970; als Herausgeber: Merlin. Archiv für forschenden und praktischen Okkultismus. 3 Folgen. Hamburg 1948/49. – *Lit.:* W. Kelber: Diagnose einer Gegnerschaft, in: Die Christengemeinschaft, Stuttgart 1949, Nr. 5/6; W. O. Roesermüller: Begegnungen mit Jenseitsforschern. Bietigheim 1962; K. R. H. Frick: Licht und Finsternis. Bd. II. Graz 1978; G. Wehr: H. Fritsche, in: Anthroposophie im 20. Jahrhundert. Ein Kulturimpuls in biographischen Porträts. Hrsg. B. von Plato. Dornach 2003, S. 195 f.

G

Geheime Figuren der Rosenkreuzer Bezeichnung für eine aus einem Konglomerat von teils rosenkreuzerischen, teils kabbalistischen sowie hermetisch-alchymistischen Symbolen zusammengestellte Grundschrift der Rosenkreuzer des 18. Jahrhunderts. Als Autor wird Henricus Mathadanus Theosophus (Adrian von Mynsicht) genannt. Die mit zahlreichen Graphiken und Symbolzeichnungen versehenen G. erschienen 1785 in Altona (damals bei Hamburg). Sie gehören zu den zahlreichen ähnlich gearteten Veröffentlichungen, die im Gefolge der sog. → Gold- und Rosenkreuzer erschienen sind, d. h. es handelt sich um Publikationen, die das anhaltende Interesse an der ursprünglichen Thematik der rosenkreuzerischen

Manifeste (Fama, Confessio, Chymische Hochzeit) belegen, ohne jedoch eine historische Verbindung mit jenen
darzustellen. Um die → Interpretation haben sich theo-
sophisch-anthroposophische Autoren bemüht. Es geschah
u. a. in Anknüpfung an H. P. → Blavatskys »Entschleierte
Isis« und Hinweisen Rudolf → Steiners folgend: »Man-
ches von dem Inhalt jener Figuren ist dort (bei HPB) in
Worten niedergeschrieben. Eine Summe von abendländischer okkulter Weisheit, die noch lange nicht gehoben
ist, ist darin enthalten, wenn auch die Komposition
manchmal recht verworren ist« (R. Steiner).

Lit.: R. Steiner: Das esoterische Christentum und die geistige Führung der Menschheit. Dornach 1962, S. 57 ff.; V. Stracke: Das Geist-
gebäude der Rosenkreuzer. Dornach 1993; Dictionary of Gnosis and
Western Esotericism. Leiden 2005, S. 1014 ff.

Geist (griech. »pneuma«, lat. »spiritus«) ist auch in der
→ Esoterik nicht auf die menschliche Rationalität (ratio)
zu begrenzen. Diese entspricht eher nur der Spiegelung
dessen, was aus der »Tiefe des Seins« bzw. aus der »Höhe«
der göttlich-geistigen Welt, von »oben« im Sinne von
Joh 3, empfangen wird, jedoch niemals organisiert oder
willkürlich bewirkt werden kann. Dieser G. bedeutet für
den Menschen die → Wiedergeburt, das neue Sein, die
neue Schöpfung (kaine ktisis), sowie Teilhabe am Schöpferischen. So ist G. Inbegriff des Sinngebenden, Ordnung
Stiftenden, Erkenntnis Eröffnenden, Leben Schaffenden.
Es liegt in der Natur der Sache, daß der für die Philosophie wie für die Theologie so bedeutsame G.-Begriff im
Laufe der Ideengeschichte trotz erkennbarer Kontinuität
immer neu gefaßt worden ist. Nach alter abendländischer
Tradition ist der Mensch selbst ein Bürger dreier Welten.
»Durch seinen Leib gehört er der Welt an, die er auch mit

seinem Leibe wahrnimmt; durch seine Seele baut er sich seine eigene Welt auf; durch seinen G. offenbart sich ihm eine Welt, die über die beiden anderen erhaben ist ...« (R. → Steiner) – Die Religionen und Philosophien verwenden den G.-Begriff mit unterschiedlichen Bedeutungsnuancen. Im Christentum ist es der Heilige G., von dem die entscheidenden Impulse für das geistliche Leben ausgehen: Er schenkt → Erleuchtung; er vermittelt → Inspiration; er bewirkt eine tiefgreifende Wesenswandlung und ist insofern stets unverfügbar. Das kommt in dem unablässigen Bitten um den Heiligen G. zum Ausdruck. Obwohl auch → Gnosis und Esoterik von einem überrationalen G.-Begriff ausgehen, ist eine Unterscheidung zwischen diesem G. und dem Heiligen Geist geboten.

Lit.: F. König, H. Waldenfels (Hrsg.): Lexikon der Religionen. Freiburg 1988.

Geistliche Führung Führung in der Kraft des Geistes, Geleit auf dem → inneren Weg, ist in des Wortes engerem Sinn als eine zeitlich begrenzte Hilfestellung eines erfahrenen → Meisters zu verstehen. Sie wird in dem Moment problematisch, wo der oder die Geführte von dem Führenden abhängig wird und auf ihn fixiert bleibt, statt sich von ihm in dem Augenblick zu lösen, in dem die Wegweisung erfolgt oder eine Krisensituation bestanden ist. Niemand, der in solchem Fall g. F. anbietet, darf den Eindruck erwecken, er könne gleichsam stellvertretend den Weg eines anderen gehen oder ihm die einzelnen Schritte vorschreiben, die zu tun seien. Die buddhistische Spiritualität kennt im Blick auf g. F. die Dreiheit von Meister, Gemeinschaft und Buch:

»Ich nehme meine Zuflucht zu Buddha, dem erleuchteten Meister. Ich nehme meine Zuflucht zu Dhamma,

Geistkirche

der überlieferten Lehre. Ich nehme meine Zuflucht zum Sangha, der Gemeinschaft derer, die gleich ihm den buddhistischen Weg gehen.«

In Analogie dazu lassen sich die bestimmenden Faktoren für g. F. im Christentum benennen: Christus als innerer Meister (→ Selbst); die → Bibel als Orientierung und Mitte jeglicher Tradition; die Gemeinschaft derer, die »in Christus« sind, sie seien innerhalb oder außerhalb der verfaßten Kirche; die → »Wolke des Nichtwissens« als klassisches Beispiel der g. F.

Lit.: P. Rabbow: Seelenführung. München 1954; J. Sudbrack: Geistliche Führung. Freiburg 1981.

Geistkirche → Joachim von Fiore, der Schöpfer der weithin beachteten → Dreizeiten-Lehre, kann als »der eigentliche und zentrale Reformator des Christentums nach der ersten Jahrtausendwende (betrachtet werden), von dessen Einsichten und Impulsen alle späteren Reformversuche offen oder heimlich gespeist worden sind ... Er hat jene grundsätzlichen Einsichten und Gesetze aufgefunden, die jeder Reformation zugrunde liegen müssen ...« (Alfons → Rosenberg). Zugrunde liegt der Gedanke – oft ist es ein großer Traum – einer die Enge und die Zwänge der Konfessionen überschreitenden → Ökumene des Geistes. Wenngleich betont christologisch zentriert, steht der Begriff G. nicht selten in Verbindung mit der Idee eines idealen Gemeinwesens, in dem nicht die Prinzipien der Macht oder des Totalitarismus herrschen, sondern die einer neuen Ethik, einer auf Liebe und Freiheit gegründeten Lebensform. Zu den in der Regel gescheiterten Versuchen gehören die Ansätze eines Cola von Rienzi, der als römischer Volkstribun als erster ein politisches Programm im Geiste Joachims entwarf; die Sehnsüchte eines Sebastian Franck oder Thomas Müntzer im Reformationszeitalter; im 17. Jahrhundert die Bewegung der → Rosenkreuzer. Und so wie Joachim in der Dreizeiten-Lehre eine trinitarisch geordnete Heilsgeschichte geschaut hat, so sprach im 19. Jahrhundert Schelling in seinem Spätwerk (»Philosophie der Mythologie«, »Philosophie der Offenbarung«) von den drei Zeitaltern christlicher Verwirklichung. Nach dem petrinischen Zeitalter der römischen Kirche und dem Zeitalter des Paulus seit der Reformation, werde eine dritte, die johanneische Kirche in Erscheinung treten, »nicht als Staatskirche, nicht als Hochkirche, sondern als Religion des Menschengeschlechts, welche zugleich die höchste Wissenschaft ist«. Denn: »Johannes ist der Apostel der zukünftigen, erst wahrhaft allgemeinen Kirche, jenes zweiten neuen Jerusalems, die er selbst vom Himmel herabsteigen sah … jener nichts mehr ausschließenden Stadt Gottes, in der die Juden und Heiden gleich eingehen … in der Heidentum und Judentum gleich inbegriffen sind, die ohne beschränkenden Zwang, ohne äußere Autorität, durch sich selbst besteht.«

Lit.: Vgl. → Dreizeiten-Lehre.

Gematria In der Kabbala eine der Weisen des interpretierenden Umgangs mit einem (biblischen) Text. Hier geht es darum, für den jeweiligen Buchstaben eines Wortes die diesem entsprechende Zahl einzufügen und den Zahlenwert des betreffenden Worts zu ermitteln. So ist es möglich, Wörter unterschiedlicher Bedeutung miteinander deutend in Verbindung zu bringen.

Lit.: G. Scholem: Die jüdische Mystik in ihren Hauptströmungen. Frankfurt 1957, S. 109.

Gichtel, Johann Georg (Regensburg 1636 – Amsterdam 1710), führender Vertreter der christlichen → Theosophie aus der Schule Jakob → Böhmes. Als religiös über-

Gichtel, Johann Georg

aus sensibel geschilderter Mensch, wuchs er in einer evangelischen Familie auf und studierte in Straßburg Theologie. Einer aus privater Initiative entstandenen Missionsgesellschaft entschiedener Christen schloß er sich an. Dem radikalen → Pietismus wird er zugerechnet, weil er – anders als der Familienvater Böhme! – ein asketisch ausgerichtetes, weitgehende sexuelle Enthaltsamkeit forderndes und damit die Ehelosigkeit lobendes enthusiastisches Christentum predigte. Nur wer der irdischen Eva entsagt, könne sich mit der göttlichen → Sophia verbinden, wurde zu seiner Devise. Er legte z. B. ein Jesus-Wort buchstäblich aus, wonach (Mt 22, 30) in der künftigen Auferstehung die Menschen »gleichwie Engel im Himmel«, also geschlechtslos, sein werden. Seine Anhänger verstanden sich als »Engelsbrüder«. Zeitweise gehörte Gottfried → Arnold zu seinen Anhängern. Verpönt waren ihm Normalchristen, sowie die veräußerlichte »Mauerkirche« der »Maulchristen« in ihrer Gesamtheit, was wiederum dazu führte, daß er von ihr als Schwärmer mißachtet und verfolgt wurde.

Er flüchtete nach Holland; als »Theosoph von Amsterdam« machte er sich dort einen Namen. Sein historisches Verdienst besteht darin, daß dank seiner Initiative die erste Gesamtausgabe der Werke Böhmes 1682 möglich wurde. Für seine Spiritualität wirkend verfaßte er mehr als 800 »Theosophische Sendschreiben«, die unter dem Titel »Theosophia Practica« unter Gesinnungsfreunden Verbreitung fanden.

Werk: Theosophia Practica (eigtl. Kurze Eröffnung und Anweisung der drei Prinzipien und Welten im Menschen). Berlin 1779. Hrsg. G. Wehr. Freiburg 1979. – *Lit.:* Geschichte des Pietismus. Hrsg. M. Brecht. Göttingen 1993, Bd. I, S. 234 ff.; Dictionary of Gnosis and Western Esotericism. Leiden 2005, S. 392 ff.

Gikatilla, Josef ben Abraham (Medinaceli/Kastilien 1248 – um 1325), ein von der ekstatisch-prophetischen Spiritualität seines Lehrers Abraham → Abulafias beeinflußter, dann der philosophischen → Kabbala zugewandter spanischer Mystiker. Seine zahlreichen Schriften – man zählt mindestens zwölf – weisen ihn als einen der großen Meister seiner Profession aus. Dies ergibt sich nicht zuletzt dank seiner Bekanntschaft und engen Zusammenarbeit im Rahmen der theosophisch ausgerichteten Kabbala, wie sie z. B. → Mose de Leon in seinem berühmten → Sohar unternommen hat. Die Nähe zu ihm wird schon deutlich durch die ähnliche Titelbezeichnung seines Buches »Scha'are orah« (Tore des Lichts), ferner seines Frühwerks »Ginnat Egos« (Nußbaum-Garten). Im Gegensatz zu seinem Lehrer Abulafia wurden ihm Wesen und Wirkung der göttlichen → Sefiroth als Erkenntnisfelder wichtig. »Jedenfalls muß man wohl annehmen, das G. schon vor 1293 den Sohar in der Hand hatte und den Plan fassen konnte, mindestens manche Stücke von dessen mystischer Symbolik für sein eigenes Werk heranzuziehen ... Als Mitglied eines engen Zirkels um Mose de Leon, als sein Genosse, sein Lehrer und Schüler zugleich, kann er in der Geschichte der Entstehung der Lehre des Sohar und seiner Verbreitung wohl eine Rolle gespielt haben, deren Details für uns vorläufig undurchsichtig sind« (G. → Scholem: Jüdische Mystik).

Meditation und Spekulation konzentrieren sich bei ihm in besonderer Weise auf das Wesen des Gottesnamens JHVH, den er anhand der Zehngestalt des Sefiroth-Baums in der Weise entziffert, daß er die vier Konsonanten (J – H – V – H) den Sefiroth übergeordnet sieht.

Lit.: G. Scholem: Jüdische Mystik in ihrer Hauptströmungen. Frankfurt 1957; J. Maier: Die Kabbalah. München 1995, S. 58–78; K. E. Grözinger: Jüdisches Denken, Bd. II. Darmstadt 2005, S. 303–334.

Gilgul Die → Kabbala hat verschiedene Vorstellungen vom Wesen des Menschen und seiner nachtodlichen Zukunft entwickelt. G. wird als Seelenwanderung (Wiederverkörperung, → Reinkarnation) verstanden, gelegentlich – bei Josef → Gikatilla – ist auch die Verkörperung in einem Tierkörper eingeräumt. Bis ins 13. Jahrhundert wurde der Begriff → Ibbur für Seelenwiederkehr im gleichen Sinn wie G. verwendet. Dann verselbständigte sich die Bezeichnung und erhielt einen anderen Inhalt, sodaß schon zu Lebzeiten eines Menschen eine Seelenwanderung unter Einbezug einer anderen Person erfolgen kann.

Lit.: G. Scholem: Gilgul – Seelenwanderung und Sympathie der Seelen, in: Ders.: Von der mystischen Gestalt der Gottheit. Zürich 1962, 193 ff.; H. Zander: Geschichte der Seelenwanderung in Europa. Darmstadt 1999.

Gnosis, Gnostizismus (griech. »Erkenntnis«), gehört neben »Pistis« (Glaube) zu den Grundworten des Neuen Testaments, sodann mit nicht geringerer Bedeutung ins allgemeine religiös-spirituelle Vokabular. Gemeint ist nicht das Ergebnis rationaler Bemühungen. Vielmehr geht es darum, durch G. zu einem begründeten (Offenbarungs-)Wissen um Herkunft und Ziel menschlicher Existenz und alles Seins zu gelangen. G. stellt sodann auch einen Weg dar, zum Ursprung im Licht zurückzufinden. Im Hintergrund steht die dualistische Vorstellung von Licht und Finsternis, Gut und Böse. Danach entstammt die menschliche → Seele, das wahre → Selbst, der Welt des → Geistes, einer vielschichtigen Welt über-

irdischer göttlich-geistiger Wesenheiten (Äonen) und
Sphären. Durch einen tragischen Fall sei die Seele in die
dunkle, böse, widergöttliche Welt der Materie abge-
stürzt, wo sie nun, an die physische Leiblichkeit und
Vergänglichkeit gekettet, in Unfreiheit vegetiere. Sie
verlange nach Befreiung, ohne jedoch, eben mangels G.,
von ihrer wahren Heimat und von dem Rückweg dort-
hin zu wissen. Durch einen G.-Bringer (Jesus) könne der
Mensch Gnosis als eine befreiende, das Heil gewährende
Erkenntnis erlangen und den bislang geheim gehaltenen
Weg in die Geistwelt antreten. Dieser Weg beginnt bereits in diesem Leben, von dem Moment an, in dem G.
aufleuchtet. Die betont dualistische Weltanschauung der
antiken G. verlangt eine ihr angemessene Ethik, in der
Regel besteht sie in strenger Askese (Entweltlichung). Es
wird aber auch gelegentlich von einer libertinistischen
Lebenshaltung berichtet, als könne und solle man durch
allgemeine bzw. durch rituelle Ausschweifung den bösen
Weltschöpfer (Demiurg) schädigen.

Die erste Christenheit erblickte in der G. eine ernste
Infragestellung ihrer grundlegenden Dogmen und verurteilte sie daher als eine gefährliche → Häresie. Dies
hielt sie für um so notwendiger, als die G. in zahlreichen Schulrichtungen auftrat und in nahezu allen Verbreitungsgebieten der werdenden Kirche großen An-
klang fand. Ihre erste Blütezeit war im 2. Jahrhundert.
Im 3. Jahrhundert trat der → Manichäismus hinzu.
Gnostische Bestrebungen begleiteten die Christenheit
durch die Jahrhunderte, stets verbunden mit dem Streit,
ob es sich bei der jeweiligen G. um einen legitimen, daher unaufgebbaren Wesensbestandteil christlicher Spiritualität oder um eine das Wesen der Kirche bedro-
hende Irrlehre handle. Ansätze für den antignostischen

Gnosis, Gnostizismus

Kampf finden sich bereits im neutestamentlichen Schrifttum. Er entfaltete sich in der nachapostolischen Zeit und führte zur Vernichtung eines reichhaltigen Schrifttums, das bis auf geringe Reste verlorenging. In der kirchlichen Apologetik (Abwehr bzw. Abgrenzung gegenüber anderen Glaubensrichtungen und Weltanschauungen) setzt sich die Bestreitung der G. fort. – Die moderne G.-Forschung hat erwiesen, daß die frühchristliche G. nicht allein unter dem Gesichtspunkt einer christlichen Ketzerei betrachtet werden darf. Es handelt sich vielmehr um eine »Weltreligion« (G. Quispel) eigener Prägung. Auch was deren Herkunft anlangt, so besteht nicht mehr die ursprüngliche Einmütigkeit. Als geistige Quellgebiete der G. kommen neben dem Griechentum jüdische, ägyptische, persische Einflüsse sowie solche des vorderorientalischen → Synkretismus in Frage. Hinzu treten Querverbindungen zur antiken → Hermetik. Eine große Bereicherung stellten die nach 1945 gemachten Funde von zahlreichen gnostischen Schriften in koptischen Dialekten dar, die im Niltal bei Nag-Hammadi erfolgt sind. Sie ergänzen das bis dahin meist nur aus antignostischen Kirchenväter-Texten zu erhebende Wissen über die frühchristliche G.

Gelegentlich bezeichnet die kirchliche Apologetik zeitgenössische Geistesströmungen wie z. B. die → Anthroposophie als »moderne G.« Dabei ist aber zu bedenken, daß wesentliche Kriterien der alten G. auf sie nicht anwendbar sind, u. a. die Weltverneinung, Askese bzw. Libertinismus oder die von der G. geleugnete Menschwerdung (Inkarnation) Christi. Gemeinsam ist jedoch beider Bewegungen große Bedeutung im Rahmen der christlichen Esoterik.

Lit.: W. Foerster u. a. (Hrsg.): Die Gnosis I/III. Zürich 1969 ff.; R. Haardt: Die Gnosis. Wesen und Zeugnisse. Salzburg 1967; H. Jonas: Gnosis und spätantiker Geist I/II (1934). Göttingen 1954 ff.; K. Rudolph (Hrsg.): Gnosis und Gnostizismus (Wege der Forschung). Darmstadt 1975; ders.: Die Gnosis. Wesen und Geschichte einer spätantiken Religion. Leipzig 1977; Göttingen 1978; G. Quispel: Gnosis als Weltreligion. Zürich ²1972; G. Wehr: Esoterisches Christentum. Stuttgart 1975; ders.: Auf den Spuren urchristlicher Ketzer. Schaffhausen 1983.

Gnostika Unter diesem Namen erscheint im Rahmen des Archivs für altes und geheimes Wissen (AAGW) in Sinzheim seit Oktober 1996 die international ausgerichtete, wissenschaftlich fundierte Zeitschrift für Esoterik, in 3 bis 4 Ausgaben jährlich. Zu Wort kommen in der Regel namhafte Autoren aus dem universitären Bereich. Es ist darauf geachtet, daß laufend über aktuelle Vorgänge, Kongresse und neue Literatur referiert wird. Von Fall zu Fall erfolgen Nachdrucke aus selten gewordenen älteren Texten sowie aus ordensinternen Mitteilungsblättern. Im Rahmen der AAGW ist eine Buchreihe entstanden, die u. a. dem Rosenkreuzertum, der Alchymie, dem Werk → Evolas gewidmet sind. Anschrift: AAGW, Lothar von Kübelstr. 1, D–76547 Sinzheim.

Goethe, Johann Wolfgang von (Frankfurt 1749 – Weimar 1832) Daß G.s Werk in hohem Maß esoterische Bezüge aufweist, ergibt sich aus der Tatsache, daß sich diese Thematik von seiner Jugendzeit bis in sein hohes Alter belegen läßt. Im lutherischen Frankfurt am Main aufgewachsen und von Jugend an mit einer gründlichen Bibelkenntnis versehen, ohne die seine Dichtung nicht hätte entstehen und reifen können, lernte er in jungen Jahren pietistisch-theosophische Kreise kennen, verkörpert u. a. durch

Susanne von Klettenberg, der »schönen Seele« im »Wilhelm Meister«. In »Dichtung und Wahrheit« berichtet er, welche okkult-esoterischen Autoren seine Lektüre mitbestimmt haben. Man muß daher nicht lange suchen, wenn man erfahren will, woher er seine Kenntnisse über → Magie und → Alchymie nahm, um für die Gestaltung des lebenslang bewegten → Faust-Stoffes einigermaßen gerüstet zu sein. Ausdrücklich genannt werden Bücher wie die der »Aurea Catena Homeri« sowie »Herrn Georgii von Wellings Opus Mago-Cabbalisticum et Theosophicum« (Homburg 1735). Von diesem Opus heißt es (II. Teil, 8. Buch): »Ich schaffte das Werk an, das, wie alle Schriften dieser Art, seinen Stammbaum in gerader Linie bis zur neuplatonischen Schule verfolgen konnte ...« Insbesondere die darin enthaltenen »dunklen Hinweisungen« haben seine Aufmerksamkeit erregt. Von da zur Praxis gemäß den »Wellingschen Fingerzeigen« war der Weg nicht weit. Ganz eingetaucht in diese von Rätseln, auch Obskuritäten durchsetzten Spiritualität erlebt man den jungen G., von ihm selbst in Erinnerung gebracht, als er die Lebensmitte längst überschritten hatte.

Bedeutsamer noch als Lesen und Experimentieren aber war das, was Alexander von → Bernus »Goethes Urbegegnung« und das Mysterium seiner in den Studentenjahren zu absolvierenden Krankheit genannt und beschrieben hat, eine rätselhafte Erkrankung, die der Patient als eine Prüfung besonderer Art begriff. Nach all dem ist aber zu bedenken, welche Wandlungs- und Reifungsprozesse er samt seinem Werkschaffen durchlaufen mußte, um zu dem zu werden, als den wir ihn kennen. Die G.-Forschung (R. Chr. Zimmermann, E. Trunz, A. Schöne, U. Gaier) hat inzwischen das beziehungsreiche Terrain erschlossen, das ihn umgibt. Bedeutsam für die frühere und spätere Zeit auch, daß Gottfried → Arnolds richtungweisende »Unparteiische Kirchen- und Ketzerhistorie« zu seinem umfangreichen Lesepensum gehörte.

Von da fällt ein Licht auf die Art seines Christentums, das er ein »Privatchristentum« zu bezeichnen beliebte, eine Privatheit, die durchaus esoterische Züge trägt. Dieses Christentum war jedenfalls nicht nach protestantischer Weise an »das Wort« gebunden oder gar an ein kirchliches Bekenntnis, wohl aber an das, »was die Welt im Innersten zusammenhält«, das Dynamische, das allerlei Metamorphosen, Gestaltwandlungen in Gang bringt, das »geheimnisvoll am lichten Tag« sich als »offenbares Geheimnis« in allen Sphären ereignet – nicht zu vergessen die Farben mit ihrer »sinnlich-sittlichen Wirkung«, die als »Taten und Leiden des Lichts« zu einer Farbentheologie anregen. So hat G. als Esoteriker viele Runen gesetzt, nicht zuletzt die seines Rätsel-Märchens von der grünen Schlange und der weißen Lilie, sowie die des Rosenkreuzes, die er in seinem Gedichtfragment »Die Geheimnisse« zur Sprache bringt – aber nicht ohne den Leser mit der Frage allein zu lassen: »Wer hat dem Kreuze Rosen zugesellt?« Unbestritten ist schließlich die spirituelle Bedeutung seines sein Lebenswerk krönenden »Faust«, der den Reifungsweg des Menschen in Gestalt eines Mysteriendramas erlebbar, erkennbar macht.

Werke: Verwiesen sei ganz allgemein auf die kommentierten Hamburger, Münchner und Frankfurter Ausgaben. – *Lit.:* R. Steiner: Goethes Geistesart in ihrer Offenbarung (1918; GA 22). Dornach 1979; A. von Bernus: Alchymie und Heilkunst. Nürnberg (1948) 1969, S. 145 ff., S. 155 ff.; H. Birven: Goethes offenes Geheimnis. Zürich 1952; F. Hiebel: Goethe. Die Erhöhung des Menschen. Bern 1961; R. Chr. Zimmermann: Das Weltbild des jungen Goethe I/II. München 1969 f.; A. Faivre, R. Chr. Zimmermann (Hrsg.): Epochen der Naturmystik. Berlin 1979, S. 333 ff.;

J. Strelka: Esoterik bei Goethe. Tübingen 1980; Klassiker der Naturphilosophie. Hrsg. G. Böhme. München 1989, S. 220 ff.; Goethes Beitrag zur Erneuerung der Naturwissenschaften. Hrsg. P. Heuser. Bern 2000.

Goetheanum Die Tatsache, daß → Steiner das Zentrum der von ihm entwickelten »Geisteswissenschaft« in Dornach bei Basel G. nannte, unterstreicht, welche grundlegende und vorbereitende Bedeutung → Goethe für sein gesamtes Werk bekommen sollte. Das nach seinen Anweisungen und praktischer Mitarbeit gestaltete monumentale Gebäude wurde nach der Grundsteinlegung 1913 als Holzbau errichtet. Die durch Brandstiftung verursachte Vernichtung in der Silvesternacht 1922/23 traf die anthroposophische Bewegung schwer, spornte sie aber zu neuem Einsatz an. Der heutige massive, durch »goetheanistische« Formen charakterisierte Betonbau ging ebenfalls auf Steiners Initiative zurück. Doch konnte der Bau erst 1928, drei Jahre nach Steiners Tod, seiner Bestimmung übergeben werden. Er beherbergt die Freie Hochschule für Geisteswissenschaft mit ihren verschiedenen Sektionen und dient u. a. zur Aufführung der Steinerschen Mysteriendramen und Goethes → »Faust« (einschl. des II. Teils) sowie für weitere künstlerische und wissenschaftliche Veranstaltungen. – G. ist auch der Titel der ebenfalls in Dornach seit 1921 erscheinenden anthroposophischen Wochenschrift.

Lit.: R. Steiner: Der Dornacher Bau als Wahrzeichen geschichtlichen Werdens und künstlerischer Umwandlungsimpulse. 5 Vorträge 1914 (GA 287). Dornach 1985; C. Kemper: Der Bau. Studien zur Architektur und Plastik des ersten Goetheanum. Stuttgart 1984.

Gold- und Rosenkreuzer Der Orden der G. geht auf die deutsche Hochgrad- → Freimaurerei des 18. Jahrhunderts zurück, steht also nur nominell mit der von J. V.

→ Andreae und seinem Tübinger Kreis ins Leben gerufe-
nen rosenkreuzerischen Idee in Verbindung. Erstmals
spricht ein Text aus dem Jahr 1710 von diesem Orden als
einer Bruderschaft, die der »Bereitung des philosophischen Steins« verpflichtet sein will. Ihr Autor ist angeblich »Sincerus Renatus«. Umstritten ist, ob es sich dabei
um den schlesischen Pastor Samuel Richter (gest. 1722)
handelt. Der Orden, der tatsächlich bestanden und z. B. in
Preußen auch einen gewissen Einfluß im religiös-gesell-
schaftlichen Leben jener Zeit geübt hat, fühlte sich an
Christus gewiesen. Dazu kam das Interesse an → Alchymie und → Kabbala. Richters Text betont, daß der ge-
suchte »philosophische Stein« kein anderer als Christus ist,
weil »Gott der verderbten äußern Natur einen irdischen
Heiland gegeben, eine Tinktur aus dem Blute der Natur …« Wer sich dem nach neun Graden gegliederten Orden anschließen wollte, mußte von einer ethisch ein-
wandfreien Gesinnung erfüllt sein und den Ordensprinzi-
pien samt ihren Oberen unverbrüchlichen Gehorsam ge-
loben. Dazu kommen antiaufklärerische Tendenzen, die
die G. in Gegensatz zu den fortschrittlichen Bestrebungen
der Zeit stellten.

Lit.: C. Priesner in: Aufklärung und Esoterik. Hrsg. M. Neuge-
bauer-Wölk. Hamburg 1999, S. 305 ff.; H. Lamprecht: Neue Rosenkreuzer. Göttingen 2004.

Golem Nach jüdischer Tradition ein unter Zuhilfenahme bestimmter Buchstabenkombinationen auf magische Weise zu kreierender künstlicher Mensch (Homun-
kulus). Einerseits steht er im Zusammenhang mit dem
prometheischen Menschheitstraum, ein solches Wesen
schaffen zu können, andererseits basiert er im jüdisch-kab-
balistischen Denken auf dem Wissen, daß es zur Hervor-

Görres, Josef von

bringung eines G. erforderlich sei, ihn aus Erde (hebr. »adama«) zu formen und zu seiner Beseelung bestimmten geheimen Riten folgend hebräische Buchstaben zu aktivieren. »Die G.-Schöpfung war gleichsam eine besonders sublime Erfahrung dessen, der sich in die Geheimnisse der Buchstabenkombinationen im ›Buch der Schöpfung Sefer → Jezira‹ versenkte« (G. → Scholem). Die volkstümliche Legende und die damit sich verbindende weiterdichtende Phantasie führte zur G.-Gestalt, die im Prag des seinerseits legendären Rabbi Löw ben Bezalel (17. Jh.) hervorgebracht worden sein soll. Insbesondere die Romantik (Jakob Grimm, Achim von Arnim, E. T. A. Hoffmann) hat sich des G.-Traums angenommen, wenngleich es Gustav → Meyrink vorbehalten blieb, ihn in romanhafter Neuformung – »Der Golem«, Buchausgabe 1915 – erst berühmt zu machen.

Lit.: G. Scholem: Die Jüdische Mystik in ihren Hauptströmungen. Frankfurt 1957; ders.: Die Vorstellung vom Golem, in: Zur Kabbala und ihrer Symbolik. Zürich 1960, S. 209–259. A. Kilcher: Die Sprachtheorie der Kabbala als ästhetisches Paradigma. Stuttgart 1998.

Görres, Josef von (Koblenz 1776 – München 1848), als katholischer Publizist Herausgeber des »Rheinischen Merkur« (seit 1814), hat im Geist der Münchener Romantik die Bereiche der Mythen wie der Mystik in ihrer Bedeutung für das Christentum erforscht. Literarischer Niederschlag ist seine mehrbändige »Christliche Mystik«, ein Werk, in dem es dem Autor darauf ankommt, seiner Leserschaft eine Zusammenschau von Naturphilosophie, Mythologie und Theologie zu präsentieren, und zwar einschließlich sog. mystischer Phänomene, die heute eher als paranormale Erscheinungen

142

im Sinne der Parapsychologie, denn als → Mystik zu betrachten wären.

Werke: Ausgewählte Werke I/II. Hrsg. W. Frühwald. Freiburg 1978.
– *Lit.:* C. Kiesewetter: Geschichte des neueren Okkultismus. Leipzig 1891; Schwarzenburg 1977; G. Bürke: Vom Mythos zur Mystik. Einsiedeln 1958.

Gottesfreunde Zugrunde liegt die in der Religionsgeschichte wiederholt auftretende Vorstellung, daß der Mensch mit Gott in eine innere personale, freundschaftliche Beziehung eintreten könne. Der Evangelist Lukas (Kap. 1, 1) wendet sich an einen G. (griech. »Theophilus«). Eine besondere Ausgestaltung fanden die Kreise von G. im Bereich der deutschen → Mystik. Geistliche Seelenführer wie J. Tauler, H. Seuse, Heinrich von Nördlingen und viele andere sammelten um sich spirituell strebende und religiös suchende Frauen sowie Männer. Der Gedankenaustausch der G. hat sich in Briefen erhalten. Mystische Texte beziehen sich auf Angehörige derartiger Kreise, z. B. die anonyme → »Theologia Deutsch« (Der Frankfurter) oder Jan van Ruusbroec in seinen Schriften. Die Autoren legten großen Wert darauf, echte G. anzusprechen, die mit den als häretisch verurteilten → Brüdern und Schwestern des freien Geistes nicht zu verwechseln sind.

Lit.: R. Egenter: Gottesfreundschaft. Augsburg 1928; Theologia Deutsch – Eine Grundschrift deutscher Mystik. Freiburg 1980; W. Oehl: Deutsche Mystikerbriefe 1100–1550. Darmstadt 1972; G. Wehr: Die deutsche Mystik. Leben und Inspiration gottentflammter Menschen in Mittelalter und Neuzeit. Köln 2006.

Göttliche Komödie Die große Dichtung, ein Spätwerk → Dante Alighieris (Florenz 1265 – Ravenna 1321), »La Divina Commedia«, auch »Commedia« genannt, hat der

Göttliche Komödie

Dichter ausdrücklich mit diesem Titel versehen. Es handelt sich um ein poetisches Werk, das, wie er erläutert, diesen Namen trägt, weil es schrecklich beginne, doch ein glückliches Ende finde. Der hohe spirituelle Rang ergibt sich aus der Tatsache, daß die zwischen 1307 und 1321 entstandene Dichtung die Regionen der geistigen Welt der Engel wie der Dämonen durchmißt: die Unterwelt (Hölle), das Fegefeuer (Purgatorium), schließlich das Paradies. Das entspricht sowohl einer geistigen Schau wie einer spirituellen Belehrung, bei der der Dichter in den finsteren und in den lichten Bereichen der jenseitigen Welt eindrucksvolle Begegnungen hat. Diese Regionen sind im Stile mittelalterlichen Denkens gegliedert. Man wird in mancher Hinsicht an die hierarchischen Ordnungen erinnert, die sich bei → Dionysius Areopagita finden.

Doch: »Hatte Dionysius das christliche Weltbild der Väter des ersten halben Jahrtausends mit der neuplatonischen Weltinterpretation und den Geheimnissen antiker Mysterien in Einklang gebracht, so strömte in der G. die ganze christlich-mystische Tradition des Abendlandes mit der reichen Überlieferung des antiken Mysterienschatzes zusammen. Unbehelligt leben Vorstellungen und Bilder des griechischen und römischen Altertums neben den abgründigen Spekulationen der Hochscholastik und den ekstatischen Schauungen der christlichen Heiligen nebeneinander« (Ewald Grether).

Daß es sich um Schauungen handelt, beteuert Dante in einer Weise, daß sich dem auch die jüngere Dante-Forschung nicht verschließen kann. Das Geschilderte müsse »als ein aus ungeheurem Erfahren aufsteigendes visionäres Bild genommen werden«, betont Romano Guardini. Dazu kommt die außerordentliche, durch das Strukturprinzip der Drei bestimmte Gestaltungskraft. Dem ent-

spricht die dreifach gegliederte Jenseitswelt. Die in 33
Gesängen sich darstellende Dichtung setzt sich aus der
Vielzahl der Dreizeiler (Terzinen) zusammen wie ein Bild
aus der Vielzahl von unzähligen Mosaiksteinen. In diesem
dichterischen Rahmen erlebt und schildert Dante – in der
Mitte seines Lebens stehend, zugleich in der Verzweiflung
jener Krisenzeit beginnend – die Hölle (Inferno) mit ihren
Qualen, in der er mit der dreiköpfigen Teufels- oder
Lucifer-Gestalt konfrontiert ist.

Um aufzusteigen bedarf er einer existentiellen Läute-
rung durch das Fegefeuer (Purgatorium). Hier gilt es all
das abzulegen, was zum Menschlich-Allzumenschlichen
gehört. Wie er im Inferno mit allerlei schuldbeladenen
Persönlichkeiten zusammengekommen ist, so auch mit
den vielen Büßenden, Männern wie Frauen, die sich der
Reinigung unterziehen müssen.

Die Auffahrt zur Lichtwelt, in der ihn Beatrice, die Ge-
liebte seiner Jugend, unterweist, kann erst angetreten werden, nachdem er den Lethe-Fluß des Vergessens, d. h. des
Auslöschens aller Sünden, durchschritten hat. Und nachdem der Dichter die Himmelsrose, das Empyreum, geschaut hat, in dem Beatrice ihren Platz bekommt, nimmt
Bernhard von Clairvaux als Dantes Seelengeleiter ihre
Stelle ein. Im Grunde ist nun kein menschlicher Beistand,
auch nicht der eines der großen Heiligen wie Bernhard
mehr erforderlich, weil sich der Seher ins Ziel der göttlichen Liebe entrückt fühlt. Es ist »die Liebe, die die
Sonne und alle anderen Sterne bewegt«.

»Als Esoteriker und Gnostiker erlebte Dante den gesamten Kosmos noch als geistlebendigen Organismus,
nicht als tote Werkwelt, wie die moderne Astronomie ihn
sieht. Den Menschen schaute Dante als Mikrokosmos, als
Spiegelbild des Makrokosmos; Makrokosmos und Mikro-

kosmos, Weltall und Mensch entsprechen einander in lebendig-geistigem Zusammenhang« (A. Schult).

Lit.: R. Guardini: Dante-Studien I/II. München 1951–1958; E. Grether: Geistige Hierarchien. Der Mensch und die übersinnliche Welt in der Darstellung großer Seher des Abendlandes. Freiburg 1962, S. 35–72; A. Schult: Dantes Divina Commedia als Zeugnis der Tempelritter-Esoterik. Bietigheim 1979; H. Frenzel: Dante Alighieri: La Comedia, in: Kindlers Neues Literaturlexikon. München 1988, Bd. 1, S. 312–318.

Gral (altfranz. »gradalis, gradele«, Schüssel), verweist auf eine ein → Mysterium bergende, heilschenkende Schale, sei es der Abendmahlskelch, sei es die Schale, in der Josef von Arimathia (der Sage nach) das Blut aufbewahrt habe, das aus den Wunden des gekreuzigten Christus floß. Von daher ergibt sich der hohe symbolische Rang der G.-Schale und der sie umkreisenden G.-Erzählungen. Dazu gehören die Dichtungen von Chrestien de Troyes (um 1180), Robert de Boron (um 1190), insbesondere aber Wolframs von Eschenbach »Parzival« (zwischen 1197 und 1210). Im Mittelpunkt stehen die Abenteuer des auf der Suche (Quest) nach dem Heiligen G. befindlichen Parzival, der nach langer Irrfahrt, nach manchem Fehlverhalten schließlich zur geheimnisumwitterten G.-Burg findet, den G. erblickt und zu dessen Hüter bestellt wird. Die G.-Symbolik berührt sich mit der Esoterik der »neumanichäischen« → Katharer, mit den → Templern sowie mit den weltzugewandten provenzalischen Troubadouren. Zusammen mit dem Rosenkreuz (→ Rosenkreuzer) gehört der G. zu den zentralen Symbolen der westlichen → Esoterik. »Wagners ›Parsifal‹ ist eine geniale Neubelebung der G.-Erzählung von ausgesprochen ›psychologischem‹ Charakter. Daß er in diesem Gewand Probleme des 19. Jahrhunderts auszudrücken vermochte, seien sie zeitlich national oder auch persönlich bedingt, ist ein Beweis für die genuin symbolische Natur der Sage, die so echt ist, daß auch noch nach Wagner das Forschen nach dem G. nicht gegenstandslos geworden ist. Nicht nur Wissenschaft und Kunst beschäftigten sich mit der G.sage, sondern auch geistige Bewegungen unserer Zeit, wie z. B. die Geheimorden, die → Anthroposophie und andere Gemeinschaften ähnlicher Art, welche G. und G.suche zum Gegenstand von Meditationsübungen oder Initiationszeremonien machen. Noch immer ruft der G. aus seiner Verborgenheit Suchende auf zur Queste, und noch immer sind Ritter auf dem Weg nach der schwer aufzufindenden Burg, wo das Kleinod bewahrt wird«, betont Emma Jung, die eine bedeutende Interpretation verfaßt hat.

Lit.: R. Meyer: Der Gral und seine Hüter. Stuttgart 1956; G. von dem Borne: Der Gral in Europa. Stuttgart 1976; E. Jung, M. L. von Franz: Die Gralslegende in psychologischer Sicht. Zürich 1960; G. Wehr: Esoterisches Christentum. Stuttgart 1975; J. Evola: Das Mysterium des Grals. München 1954.

Guénon, René (Blois 1886 – Kairo 1951) Nach einer katholischen Erziehung und einer philosophisch-mathematischen Ausbildung wandte er sich esoterischen Disziplinen zu, z. B. der hermetischen Schule von Papus (Dr. Gérard Encausse), der aus der Schule des Magiers von Eliphas → Levi kommt. Schon nach wenigen Jahren (1909) sagte er dem Okkultismus ab und schloß sich einer gnostischen Kirche an, deren Mitglieder den Anspruch erhoben, mit den → Katharern in Verbindung zu stehen. Lebensbestimmend wurde für ihn jedoch 1912 sein Anschluß an den Islam, speziell an den → Sufismus. Er wurde zu einem Hauptvertreter des → traditionalen bzw. integralen Denkens, das er in zahlreichen Schriften über Hinduismus und Vedanta, die Metaphysik des Orients, die Symbolik des Kreuzes, die Esoterik → Dantes u. a. dargelegt hat. Auf diese Weise beeinflußte er Denker wie Coomaraswami, → Evola, → Ziegler oder Seyyed Hossein Nasr. Er vertrat die Meinung: »Die zentrale Gestalt, die die Hauptlast der vollgültigen Präsentation der traditionalen Lehren des Orients im modernen Westen trug, war René G., ein Mann, der für diese Aufgabe von der Tradition selbst ausgewählt worden ist und eine geistige Funktion supra-individueller Natur erfüllte … Sein luzider Geist und Stil und sein großer metaphysischer Scharfblick scheinen von der traditionalen → Sophia selbst zur Neuformulierung und Darlegung jener Wahrheit auserkoren zu sein, deren Verlust so großes Leid über die moderne Welt gebracht hat.« (Die Erkenntnis und das Heilige, S. 138 f.) Aus diesem Grund habe er allerlei okkultistische und pseudoesoterische modernistische Gruppen mit ihren Lehren, die ihn einst selbst fasziniert hatten, einer fundamentalen Kritik unterziehen müssen. → Blavatsky und → Besant werden in diesem Zusammenhang beispielhaft genannt.

Lit.: L. Ziegler (1934) in: Gnostika 19 (Okt. 2001), S. 99 ff.; Seyyed Hossein Nasr: Die Erkenntnis und das Heilige. München 1990; J. Borella: R. Guénon and the Traditionalist School, in: Modern Esoteric Spirituality. Hrsg. A. Faivre, J. Needleman. New York 1992, S. 330; G. Wehr: Spirituelle Meister des Westens. Leben und Lehre. München 1995, S. 147 ff.; W. Quinn in: Dictionary of Gnosis and Western Esotericism. Leiden 2005, S. 442 ff.

Gurdjieff (Gurdjew), George Ivanovitsch (Alexandropol 1866 – Neuilly/Paris 1949) Von einer magischen → Aura umgeben, nicht weniger von Rätseln aller Art verschleiert, hat er von seiner Heimat an der russisch-türkischen Grenze aus die Welt bereist, bis er mit der Prieuré (Abtei) in

Fontainebleau-Avon bei Paris das Zentrum für seine »metaphysische« Schule fand, wo er als spiritueller Lehrer, Tänzer, Therapeut und »Wundertäter« ein fasziniertes Publikum, unter ihm zahlreiche Prominente, um sich versammelte.

Ausgangs- und Zielpunkt seines Strebens formulierte er u. a. so: »Es gibt zwei Linien, entlang denen die menschliche Entwicklung vonstatten geht: die Linie des Wissens und die des Seins. Bei richtiger Evolution entwickeln sich die Linie des Wissens und die Linie des Seins gleichzeitig, parallel und unterstützen einander.« Der moderne Mensch verbringe sein Leben wie in einem Schlafzustand. Der damit verbundene Mechanismus, dem er unterworfen ist, müsse überwunden werden, damit man denkend wie handelnd größere Teilhabe am Sein gewinnt. Das kann nur durch ein ganzheitliches Leben befördert werden, das sich nicht allein auf spiritueller Ebene bewegt, sondern die praktische Tätigkeit einschließt. Dazu gehören ferner die von G. vorgeführten Tänze und derwischartigen Übungen, denen das von ihm ebenfalls vermittelte Enneagramm zugrunde gelegt ist.

Werke: Begegnung mit bemerkenswerten Menschen. Freiburg 1978; Beelzebubs Erzählungen für seine Enkel. Eine objektiv-unparteiische Kritik des Lebens des Menschen. Basel 1981. – *Lit.:* L. Pauwels: Gurdjiew der Magier. München 1956; P. D. Ouspensky: Auf der Suche nach dem Wunderbaren. Fragmente einer unbekannten Lehre. Weilheim 1966; J. G. Bennett: Gurdjieff. Ursprung und Hintergrund seiner Lehre. Basel 1989; J. Moore: G. I. Gurdjieff. Eine Biographie. München 1992; G. Wehr: Spirituelle Meister des Westens. Leben und Lehre. München 1995; H. Tradol: Die wahre Frage bleibt. G. J. Gurdjieff: Ein lebendiger Ruf. Müllheim 1999.

Guyon, Jeanne Marie (1648–1717), geborene Bouvier de la Mothe, eine früh verwitwete Mutter von fünf Kindern, die als viel gelesene Autorin spiritueller Schriften zu den Hauptgestalten der französischen → Mystik in ihrer quietistischen Ausprägung (→ Quietismus) zählt, geistesverwandt mit dem Spanier → Molinos, Hauptvertreter quiestistischer Frömmigkeitsübung. Abgesehen davon, daß sie ihrerseits durch geistliche Literatur ihrer Zeit und durch solche der mittelalterlichen Mystik geprägt war, wurde ihr letztlich die eigene Erfahrung bestimmend. Schon in relativ jungen Jahren empfing sie den Hinweis eines französischen Ordensmanns, der sie auf das innere Gebet in der Gestalt der → Kontemplation als eine außerordentliche Möglichkeit aufmerksam machte, wie sie ein geistliches Leben führen könne. Wie es ihr dabei erging, hat sie in ihrer Selbstbiographie niedergelegt. Die quietistisch-kontemplative Ausrichtung ihres Lebens brachte sie von Seiten der römischen Kirche wegen angeblicher Sektiererei in Verruf, was zu ihrer Inhaftierung führte. Das von ihr verfaßte umfangreiche Schrifttum, das sowohl dem inneren Gebet als auch einer betrachtenden Bibelauslegung gewidmet ist, fand dennoch bald auch in Übersetzungen weite Verbreitung. In Deutschland war es insbesondere Gerhard → Tersteegen, der dieser Art der romanischen Mystik zugeneigt war; auch Gottfried → Arnold und der → Pietismus nahmen die Bedeutung Madame G.s wahr. Doch verebbte diese Spiritualität mit der Mentalitätswende, die sich im 19. und 20. Jahrhundert geltend machte.

Lit.: R. Knox: Christliches Schwärmertum. Köln–Olten 1957, S. 237–255, S. 289–319; J. F. Schweizer: Von M. Porète bis Madame Guyon, in: Frauenmystik im Mittelalter. Hrsg. P. Dinzelbacher, D. R. Bauer. Ostfildern 1985, S. 256–274; I. Jungclaussen: Suche Gott in dir. Der Weg des inneren Schweigens. Freiburg 1986.

H

Heindel, Max (d. i. Carl Louis Fredrik Grasshof) (Aarhus 1865 – Oceanside/Ca. 1919) Von deutsch-dänischen Eltern abstammend bestritt er ein bewegtes Leben. In jungen Jahren fuhr er zur See, ehe er 1896 in die USA übersiedelte. Etwa 1903 schloß er sich der Theosophical Society Madame → Blavatskys an, von der er sich schon nach wenigen Jahren wieder distanzierte. Auf einer Deutschlandreise lernte er Rudolf → Steiner kennen, mit dessen literarischem und Vortragswerk er sich ebenfalls bekannt machte. Nach anfänglicher Begeisterung für den Begründer der Anthroposophie, zu dem er sich in Gestalt einer Widmung in seinem ersten Buch bekannte, will er sich enttäuscht von ihm distanziert haben, als habe er im Grunde nichts von ihm zu lernen gehabt. Auf einem anderen Blatt steht, inwiefern H. in »Die Weltanschauung der Rosenkreuzer« (The Rosicrucian Cosmo-Conception, 1909) einen Großteil von Steiners Lehren übernommen, wenn nicht gar – wie ihm vorgeworfen wird – abgeschrieben hat. Nach seinem und seiner Anhänger Meinung handle es sich bei diesem Werk um »esoterisches Christentum«. Er gründete eine eigene rosenkreuzerisch sich nennende Gruppierung (Rosicrucian Fellowship), von der sich holländische Anhänger trennten, was zur Bildung des → Lectorium Rosicrucianum (LR) führte.

Nach Heindels Tod setzte seine Witwe Augusta Foss-Heindel die Leitung der Fellowship fort und sorgte für die Veröffentlichung seiner Schriften. Im deutschen Sprachraum konstituierte sich die Organisation als »Rosenkreuzer-Gemeinschaft«, die in Darmstadt ihren Sitz hat.

Werk: Die Weltanschauung der Rosenkreuzer oder Mystisches (bzw. Esoterisches) Christentum. Leipzig 1920 (Neuauflagen). – *Lit.:* H. Lamprecht: Neue Rosenkreuzer. Ein Handbuch. Göttingen 2004, S. 205–248.

Häresie (griech. »haíresis«, Schulrichtung, Lehrmeinung, Sekte), bezeichnet eine Abweichung von der als orthodox (rechtgläubig) angesehenen Lehre, gemeinhin als → Ketzerei bezeichnet. Eine unvoreingenommene Betrachtung der frühen Kirchengeschichte zeigt, daß die Übergänge zwischen Orthodoxie und H., Rechtgläubigkeit und Ketzerei, durchaus fließend waren und daß es eines langen Prozesses bedurfte, bis sich die schließlich siegreich gebliebene katholische (= allgemeine) Kirche gegenüber der sog. H. durchgesetzt hatte. Das geschah seit Kaiser Konstantin, d. h. ab 312/13 mit nachdrücklicher staatlicher Unterstützung. Der Häretiker wurde gleichzeitig zum Staatsfeind erklärt und hatte kein Lebensrecht. Da die Pflege bestimmter esoterischer Anschauungen von Fall zu Fall als Ausdruck von H. verstanden wurde, in der alten Kirche vor allem in Gestalt der → Gnosis, war das Schicksal solcher Häretiker von vornherein besiegelt.

Lit.: W. Bauer: Rechtgläubigkeit und Ketzerei im ältesten Christentum (1934). Tübingen 1963; G. Wehr: Auf den Spuren urchristlicher Ketzer. Christliche Gnosis und heutiges Bewußtsein. Schaffhausen 1983.

Heilige das bzw. der (lat. »sacer«; griech. »hagios«; hebr. »kadosch«), benennt eine Kategorie eigener und einzigartiger Bedeutung. Sie ist überall dort am Platz, wo die Unerhörtheit und Unbeschreiblichkeit der erschütternden Nähe Gottes, eben als des H., erfahren bzw. erlitten wird. Dieses H.-Sein ist nicht mit moralischer Höherwertigkeit,

etwa im Sinne von ethischer »Heiligmäßigkeit« gleichzusetzen, wie sie einem Menschen zuerkannt werden
könnte. Vielmehr geht es darum, daß der Mensch, angesichts des H., seiner Bedingtheit vor dem Unbedingten,
seiner Endlichkeit angesichts des Ewigen erschreckt inne
wird, »unter Furcht und Zittern«. Verbunden damit ist das
Bewußtsein, dem was als das (oder als der) H. zu nennen
ist, in keiner Weise gewachsen oder würdig zu sein. Dieser Erfahrung steht in der → Mystik die Empfindung gegenüber, mit dem Göttlichen im Innersten eins zu sein
oder doch eins werden zu können, sei es in der sakramenta-
len Kommunion, sei es in der ersehnten → Unio mystica. Dagegen läßt die Konfrontation mit dem H. jenes mystische
Einheitsbewußtsein schlagartig zunichte werden. Dieses
Gefühl des Konfrontiertseins mit dem H. entzieht sich
naturgemäß der exakten begrifflichen Fixierung. In seinem epochemachenden Buch »Das Heilige« (1917) hat
der evangelische Theologe und Religionswissenschaftler
Rudolf Otto das H. als das Phänomen eines → Numino-
sen beschrieben, d. h. als eine Qualität der religiösen
→ Erfahrung, die Ereignis wird, wenn der Mensch im
Innersten ergriffen ist, als ein Ereignis, das ihn erzittern
läßt (mysterium tremendum → Mysterium), als eine Tatsache, die ihn anzieht und bestrickt (das Fascinans). Das H.
manifestiert sich an heiligen Orten, in heiligen Räumen,
angesichts heiliger bzw. geheiligter Gegenstände im Gegenüber zu profanen. Ausgesonderte Zeiten werden vom
H. her qualifiziert.

Lit.: C. Colpe (Hrsg.): Die Diskussion um das Heilige. Darmstadt
1977; M. Eliade: Das Heilige und das Profane. Reinbek 1957;
R. Otto: Das Heilige. Über das Irrationale in der Idee des Göttlichen
und sein Verhältnis zum Rationalen (1917), München 1987; J. Splett:
Die Rede vom Heiligen. Freiburg ²1985.

Heilige Hochzeit (griech. »hieros gamos«), zentrales, zugleich weltweit verbreitetes Menschheitssymbol, das die Vereinigung der einander zugeordneten polaren Gegensätze ausdrückt: Göttliches und Menschliches, Lichtes und Dunkles, Himmlisches und Irdisches, Männliches und Weibliches. Dabei handelt es sich offensichtlich um einen → Archetypus, der die Ergänzungsbedürftigkeit des Menschen, nicht allein aufgrund seiner Geschlechtlichkeit anzeigt. Daher hat die Metapher der H. H. in Religion, → Mythos und Spiritualität seit den Anfängen der Kulturgeschichte vielfältige Darstellung gefunden, u. a. in den Fruchtbarkeitskulten. Zugrunde liegt offensichtlich die Vorstellung der → Androgynität. Im altchinesischen Denken gibt es die → Yin-Yang-Symbolik, im Bereich des Hinduismus sowie in den religiösen Überlieferungen ist die Vereinigung von Gott und Göttin eine vertraute Vorstellung. Ins Alte Testament ist sie eingedrungen. Das Hohelied Salomonis wird von einem Teil der Forscher (H. Schmökel) geradezu als eine Liturgie der H. H. im alten Kanaan bezeichnet. Hochzeitliche Stimmung erfüllt wesentliche Partien des Neuen Testaments. Die → Mysterien des Altertums und die → Gnosis sind ohne die H. H.-Symbolik ebenso wenig zu denken wie die Konjunktionsmystik der → Kabbala oder die auf den → Lapis philosophorum hinarbeitende operative wie mystische → Alchymie, die in rosenkreuzerischen Zusammenhängen von der → Chymischen Hochzeit spricht. Jakob → Böhmes Schauen und Denken kreist um die Vermählung mit der göttlichen → Sophia (→ Christosophia). Als mystische Hochzeit steht das Motiv im Mittelpunkt der christlichen → Mystik. Immer ist man sich bewußt, vor einem → Mysterium zu stehen, in ein Mysterium hineingenommen zu sein, das – in psychologischer Sicht – mit Reintegration und → Selbst-Werdung zu tun hat. Unter diesem Aspekt hat C. G. → Jung der H. H. in der → Analytischen Psychologie besondere Aufmerksamkeit geschenkt.

Lit.: C. G. Jung: Mysterium coniunctionis, in: Ges. Werke 14, I/II; H. Schmökel: Heilige Hochzeit und Hoheslied. Wiesbaden 1956; G. Wehr: Heilige Hochzeit. Symbol und Erfahrung menschlicher Reifung. München 1986.

Hermetik Die auf »Hermes Trismegistos«, d. h. den »dreimalgroßen Hermes«, den ägyptischen Weisheitsgott Thot oder Theut zurückgeführte Tradition geheimen Wissens, die seit der hellenistischen Antike spirituell Suchende durch die Jahrhunderte hindurch immer wieder zu faszinieren vermochte. Ihren literarischen Niederschlag hat die H. der Alten im → »Corpus Hermeticum«, einer Sammlung von 17 bzw. 18 in griechischer Sprache abgefaßter Schriften theosophisch-spekulativen Inhalts, gefunden, die zwar erst im 3. nachchristlichen Jahrhundert niedergeschrieben worden sind, jedoch ältere Überlieferungen aufgreifen. Als Gott der Zahl und der Schrift verkörperte Thot-Hermes bzw. Mercurius den Träger alles theoretischen Wissens wie aller technischen Kunstfertigkeit. Wie in einem Schmelztiegel fließen bei ihm Überlieferungsgüter des späten Platonismus, neu-pythagoreisch-orphische, jüdisch-hellenistische und gnostische Elemente zusammen. Es ist der → Geist (griech. »Nous«), aus dem alles hervorgeht und der alles Bestehende schöpferisch-verwandelnd durchdringt. Von daher ergibt sich eine universalistische Schau religiöser Prägung.

Dadurch daß der Florentiner Cosimo de Medici ein Manuskript des Corpus Hermeticum 1460 erwarb und der Humanist Marsilio → Ficino 1463 eine Übersetzung ins Lateinische herstellte, wurde die H. als solche für die italienische wie für die mitteleuropäische → Renaissance

Hermetik

von neuem bedeutsam. Der Neuplatonismus lebte erneut auf, und der Eindruck entstand, daß das → Christentum auf diese Weise die lange vermißte geistige Tiefe und Fülle zurückerstattet bekäme. Christen und Nichtchristen erblickten hier die Chance für einen Brückenschlag, zumal gleichzeitig auch der Wert der jüdischen → Kabbala für Christen einsichtig wurde. Zu den Grundanschauungen der H. gehört die der wechselseitigen Entsprechung der unteren und der oberen Welt, des Mikrokosmos Mensch und des Makrokosmos Welt. Die traditionellen Disziplinen der H., → Alchymie und → Astrologie, sind ohne diese grundlegende Entsprechungslehre nicht zu denken. Die vielzitierte → Tabula Smaragdina bringt sie auf einen gemeinsamen Nenner.

Seit geraumer Zeit werden Versuche unternommen, die antike H. in einen dem heutigen Bewußtseinsstand gemäße Metamorphose hineinzuführen und als christliche H. zu aktualisieren. Dieses Unternehmen wurde bzw. wird getragen von dem Autor der »Großen Arcana des Tarot« (V. → Tomberg) und dem kleinen Menschenkreis, der sich um »Hermetika, Zeitschrift für christliche H.« (Kīnsau 1983 ff.) schart: »Unsere Zeit ruft zur gemeinsamen Bemühung der heutigen Hermetiker auf, eine dritte Zusammenfassung zu erstellen, die für unsere Zeit das wäre, was der → Tarot für das Mittelalter und was die Smaragdene Tafel für das Altertum waren, damit, wie die Tabula Smaragdina die Essenz der antiken Weisheit und der Tarot die Essenz der mittelalterlichen Weisheit durch die Sintfluten hindurch gerettet haben, die sie voneinander trennten ...« (V. Tomberg).

Lit.: M. Eliade: Geschichte der religiösen Ideen, Bd. II, § 209; ders.: Bd. III,1 § 310. Freiburg 1979 ff.; Anonymus d'outre Tombe (V. Tomberg): Die großen Arcana des Tarot I/IV. Basel 1983;

H. Rombach: Der kommende Gott. Hermetik, eine neue Weltsicht. Freiburg 1991; R. Liedtke: Die Hermetik. Traditionelle Philosophie der Differenz. Paderborn 1996; F. Ebeling: Das Geheimnis des Hermes Trismegistos. Geschichte des Hermetismus. München 2005.

Herzensgebet Das auf das Evangelienwort zurückgehende Gebet: »Herr Jesus Christus, erbarme dich meiner (bzw. unser)!« Diese mantramartige Formel (→ Mantram) wurde durch ostkirchliche Mönche, geistliche Väter (z. B. die russischen Starzen) und Seelenführer zu einer besonderen Gebetsmethode entwickelt. Die Kürze des Textes erlaubt eine ständige, nahezu unbegrenzte rhythmische Wiederholung, die – ähnlich wie bei der → Meditation – die theologische Reflexion weitgehend entbehren kann. Es sind die Worte selbst; es ist die ungeteilte Hinwendung zu Christus, was allein zählt. Dabei kann so gebetet werden, daß sich die Worte des H. mit dem Ein- und Ausatmen rhythmisch verbinden. Auf diese Weise wird einerseits eine tiefe Verankerung in die Leiblichkeit und in die Dimension des Unbewußten hinein erzielt; andererseits tut sich eine Möglichkeit auf, die Forderung des Apostels Paulus zu befolgen: »Betet ohne Unterlaß!« Vom Gebet in Worten, über das Beten in Gedanken kann das H. in ein geistiges Beten ohne Worte übergehen. Die mit Hilfe des H. erzielbare Sammlung und Intensität des Betens führt zur Erfahrung einer starken Gott-Unmittelbarkeit und Geistesgegenwart, und zwar mitten in der Welt und inmitten der alltäglichen Lebensvollzüge. Da bedarf es keines Klosters, keiner Zelle und keines speziellen gottesdienstlichen Ortes, weil das Entscheidende in der eigenen Herzenstiefe geschieht. Von daher ist das Wort des Johannes Klimakos (6. Jh.) zu verstehen: »Das immerwährende weise H. ist die Wissenschaft aller Wissenschaften;

die Kunst aller Künste; die Arbeit der Arbeiten, die jedem Schlichten, wie dem Gelehrten zugänglich ist.« In der russischen wie der griechischen → Philokalia hat sich die aus dem H. geschöpfte Gebetserfahrung von vielen Jahrhunderten niedergeschlagen. Da wie dort gipfelt das Gebet im → Namen Jesu. Die »Aufrichtigen Erzählungen eines russischen Pilgers« dokumentieren Erfahrungen dieser Art in episodischer (d. h. ›auf dem Weg‹ erlangter) Weise; sie sind zugleich Ausdruck einer volkstümlichen christlichen Esoterik.

Lit.: E. Jungclaussen (Hrsg.): Aufrichtige Erzählungen eines russischen Pilgers. Freiburg 1974; ders.: Das Jesusgebet. Regensburg 1976; S. Scharf: Das große Buch der Herzensmeditation. Freiburg 1979; A. Selawry: Das immerwährende Herzensgebet. Ein Weg geistiger Erfahrung; A. Rosenberg (Hrsg.): Das Herzensgebet. Die Centurie der Mönche Kallistus und Ignatius. München 1955.

Hesychasmus (griech. »hesychia«, Ruhe, Stille), eine bereits im morgenländischen Mönchtum der ersten Jahrhunderte beheimatete, dann vornehmlich in der Ostkirche gepflegte Frömmigkeitshaltung, bei der der Betende in gesammeltem Schweigen vor Gott verharrt. Ihm gibt er sich ganz anheim, unter völligem Verzicht auf das egogesteuerte Tun oder Begehren. Während Johannes Klimakus (gest. 650) uns erklärt: »Hesychast ist, wer Unkörperliches im Körperlichen zu fassen sucht«, definiert Gregor Palamas (gest. 1359): »Hesychia ist Stillesein des Geistes und der Welt, Vergessen des Niedrigen, geheimnisvolles Erkennen des Höheren, das Hingeben der Gedanken an etwas Besseres, als sie selber sind. So schauen die, die ihr Herz durch solch heiliges Schweigen (Hesychia) gereinigt und sich auf unaussprechliche Weise mit dem alles Denken und Erkennen übersteigenden Lichte

vereinigt haben, Gott in sich selbst wie in einem Spiegel.«
Im Geist des H. wurde und wird das → Herzensgebet
gepflegt, und zwar ohne daß es einer bestimmten konfes-
sionellen Bindung bedarf. Johannes Cassian (gest. ca. 430)
brachte den H. in den Westen und befruchtete so das
geistliche Leben im abendländischen Mönchtum.

Lit.: I. Smolitsch: Leben und Lehre der Starzen. Köln–Olten o. J.;
E. Jungclaussen: Aufrichtige Erzählungen eines russischen Pilgers. Freiburg 1974; J. Cassian: Spannkraft der Seele. Freiburg 1981; ders.: Aufstieg der Seele. Freiburg 1982; ders.: Ruhe der Seele. Freiburg 1984.

Hübbe-Schleiden, Wilhelm (Hamburg 1846 – Göttingen 1916) Der promovierte Jurist und im Sinne der
kaiserlichen Expansionsbestrebungen tätige Kolonialpoli-
tiker mit internationalen Beziehungen und weitreichenden geistigen Interessen, speziell für das östliche Geistesleben, wandte sich der → anglo-indischen Theosophie
Madame → Blavatskys zu, mit der er in zeitweiligem per-
sönlichem Kontakt stand, dann mit Annie → Besant. 1884
wirkte er als Mitbegründer der deutschen »Theosophischen Societät Germania« mit und wurde deren Präsident.
Zwischen 1886 und 1896 gab er die theosophisch-okkul-
tistische Zeitschrift → »Die Sphinx« heraus, in der zahlreiche Vertreter dieser Geistesrichtung zu Wort kamen. Aufschlußreich sind seine Berichte über seine Begegnungen
mit H. P. Blavatsky. Bei der Vorbereitung und Begründung der deutschen Sektion der Theosophical Society
(1902) war er maßgeblich beteiligt. So kam es zu einer
kurzfristigen Zusammenarbeit mit Rudolf → Steiner während dessen Tätigkeit als Generalsekretär dieser Sektion.
Dagegen war er mit ihm uneins in der Frage, wonach
→ Krishnamurti den mit großem Werbeaufwand angekündigten Weltlehrer verkörpert haben sollte.

Ibbur

Lit.: N. Klatt: Theosophie und Anthroposophie. Neue Aspekte zu ihrer Geschichte. Göttingen 1995; G. Wehr: H. P. Blavatsky. Eine moderne Sphinx. Dornach 2005, S. 220 ff.

I

Ibbur Die → Kabbala kennt als Bezeichnung der Wiederverkörperung neben der Bezeichnung → Gilgul den Begriff I. im Sinne einer »Seelenschwängerung«, d. h. eines Erfüllt- und »Besessen«- oder Bewohntwerdens eines bereits Lebenden durch einen Gestorbenen. »Es ist nämlich nicht so, daß alle Seelen, die der Wanderschaft unterliegen, im Moment der Empfängnis oder der Geburt in den neuen Körper eintreten. Es gibt Fälle, in denen der Mensch im Laufe seines Lebens, etwa in besonderen, bedeutenden Momenten, eine andere Seele gleichsam in Schwängerung (I.) seiner eigenen Seele, empfängt. Solche Zusatzseele, die mit seinem psychophysischen Organismus nicht von der Geburt an verbunden ist und keinen Teil an seinem Aufbau hat, kann ihn bis an den Tod begleiten, kann ihn aber auch schon früher wieder verlassen« (G. → Scholem).

Lit.: G. Scholem: Gilgul – Seelenwanderung und Sympathie der Seelen, in: Von der mystischen Gestalt der Gottheit. Zürich 1962, S. 216 f.

Ich und Selbst Die beiden Begriffe, insbesondere der des I., sind in der abendländischen Philosophie auf eine bisweilen verwirrend vielfältige Weise definiert worden. Immerhin lassen sich zwischen I. und S. deutliche Verhältnisbestimmungen ausmachen, die zur Verständigung in den hier zu erörternden Zusammenhängen dienen können.

Anders als in der Philosophie (z. B. J. G. Fichtes) oder in der → Anthroposophie R. → Steiners, aber in einer gewissen Verwandtschaft mit der Analytischen Psychologie C. G. → Jungs oder der → Psychosynthese von Roberto Assagioli (1888–1974) unterscheidet man in der spirituell ausgerichteten Menschenkunde zwischen I. und S. Das I. steht demnach in der Mitte der menschlichen Person als die bewußt agierende, das Leben aktiv ergreifende Instanz gegenüber dem S., das als eine der empirischen Persönlichkeit übergeordnete, im geistigen Bereich wurzelnde Individualität bezeichnet werden kann. Ihr wird gemeinhin »Unsterblichkeit«, zumindest Überzeitlichkeit, zugesprochen.

Während das I. (Ego), mit dem wir uns im Lebensalltag naturgemäß identifizieren, an die physische Basis des Menschen gebunden, charakterlich geprägt und durch egoistische Strebungen beherrscht, zeitlich durch Zeugung und Tod und Tod begrenzt ist, gehört das S. einer Seinskategorie eigener Prägung an. Gesprochen wird von der Gottesverwandtschaft (Gottesebenbildlichkeit). Es gibt des weiteren so etwas wie eine I.-S.-Achse der wechselseitigen Bezogenheit vom irdischen I. und ewigen Wesen. In der Psychosynthese gehört zum transpersonalen S. »ein teils individueller, teils universaler Kern der Psyche, dessen transzendente Weisheit das menschliche Wachstum anleitet. Wie das ›Purusha‹ vedischer Herkunft, so ist das transpersonale S. ein Bewußtseinsprinzip, das jenseits der Energie der Psyche steht und Macht über das bewußte Ich hat, indem es mit einem höheren und organisierten System als dieses verbunden ist« (L. Boggio Gilot).

Der östliche Mensch kennt gemäß der Vedanta-Philosophie das »Tat twam asi – das bist du«, nämlich das vermeintlich ferne Übermenschliche, Göttliche, Absolute.

Dieses bist du in der Mitte deines Seins selbst. Man muß sich freilich hüten, dieses transzendente S. mit Gott als dem Grund alles Seins gleichzusetzen, weil man das Ebenbild nicht kurzschlüssig mit Gott identifizieren darf. Mit Graf → Dürckheim aber kann man vom »doppelten Ursprung« des Menschen sprechen. Ferner gibt es eine ihm innewohnende Tendenz, diesem Grund seines Wesens in einem lebenslangen Reifungsprozeß näher zu kommen, psychologisch gesehen zu individuieren (→ Individuation): »Du sollst der werden, der du bist« (F. Nietzsche); religiös gesprochen: »Mensch werde wesentlich ...« (→ Angelus Silesius).

Wird in diesem Zusammenhang von Selbsterfahrung, insbesondere von Selbstverwirklichung gesprochen, dann handelt es sich dabei keinesfalls um eine Betonung oder gar Durchsetzung des I. Das entspräche – was oft verkannt wird – einem verhängnisvollen Mißverständnis religiös-spirituellen Strebens. Vielmehr geht es im geistiggeistlichen Leben auf dem → inneren Weg gerade darum, daß »der alte Adam« stirbt und daß dieser egoverhaftete Mensch den »mystischen Tod« erleidet. Das physische Leben bleibt davon naturgemäß unberührt, doch geht es darum, von den ungeordneten Neigungen des Ego weitgehend frei zu werden. In der Sprache → Eckharts ist es die »Ge-Lassenheit«, das Loslassen und die Preisgabe aller Haftungen und Bindungen. Auf der Erkenntnisebene gibt es verschiedene Grade der mit der Gotteserfahrung benachbarten Erfahrung des S. Sie reichen von der noch sehr vorläufigen, aber doch schon annähernden Erfahrung einer »Seinsfühlung«, d. h. von einem flüchtigen Innewerden der Existenz eines übergeordneten Anderen, das das menschliche Leben zu vertiefen und zu bereichern vermag. Sie wird gefolgt von der »Großen Erfahrung«, von der → Erleuchtung, bis hin zu einer Wesenswandlung, die die Personganzheit erfaßt, etwa im Sinne einer »I.-Freiheit« (Jean Gebser). Es versteht sich, daß die Zuhilfenahme psychologischer Kategorien oder Betrachtungsweisen in Analogie zu religiös-spirituellen Grundgegebenheiten zu sehen ist, um einer vordergründigen Psychologisierung zu entgehen.

Lit.: K. Graf Dürckheim: Vom doppelten Ursprung des Menschen. Freiburg 1973; ders.: Im Zeichen der Großen Erfahrung. München 1974; E. Zundel, B. Fittkau (Hrsg.): Spirituelle Wege und Transpersonale Psychotherapie. Paderborn 1989.

I Ging (I Ching), das altchinesische »Buch der Wandlungen«. Ihm wird ein mehr als dreitausendjähriges Alter zugesprochen. Ursprünglich diente es ausschließlich zu Orakelzwecken. Heute kommt noch eine andere Funktion hinzu. Man benutzt es, um Einblicke in die Gesetze der Wandlungen zu erlangen, denen alles unterworfen ist. Des weiteren vermittelt das I G. ein Wissen um Inhalte des → Unbewußten. »Das I G. verbindet Intuition und Erfahrungswissen, indem es uns dazu anleitet, beides mittels einer folgerichtigen Methode auf eine gegebene Situation anzuwenden. Wir müssen dabei nicht nur von unserem Verstand Gebrauch machen (was uns vor einer allzu emotionalen Betrachtungsweise und bloßem Wunschdenken schützt), sondern wir bleiben auch frei in unseren Entscheidungen und für diese voll verantwortlich. Diese Eigenschaft erhebt das I G. in den Rang einer heiligen (exakter: esoterischen) Wissenschaft und macht es als Lebensphilosophie praktikabel. Dadurch unterscheidet es sich von einem bloßen Wahrsagesystem, das den Menschen seines freien Willens beraubt und ihn als Spielball eines Schicksals betrachtet, welches seine Zukunft vorausbestimmt, ohne daß er selbst darauf irgendeinen Einfluß aus-

I Ging

üben könnte« (Anagarika Govinda). In dieser Hinsicht ist das
I G. eine wichtige östliche Entsprechung zu dem nach anderen Gesetzmäßigkeiten arbeitenden (westlichen) → Tarot.
Wie dieses hat es weltweite Verbreitung gefunden. In der
→ Analytischen wie in der → Transpersonalen Psychologie
findet es Anwendung, insofern es sowohl im diagnostischen
wie im psychotherapeutischen Bereich einsetzbar ist. Wichtige Pionierarbeit bei der Einführung in Europa leistete der
evangelische Theologe und Sinologe Richard → Wilhelm,
gefolgt von seinem Sohn Hellmut. C. G. → Jung und seine
Schüler erkannten die Bedeutung dieses fernöstlichen Weisheitsbuches und unterstützten auf diese Weise die Einbürgerung im Westen. John Blofeld und Lama Anagarika Govinda
sorgten für eine weitere Vertiefung des Verständnisses. – Befragt wird das I. G. in der Regel mit Hilfe von 50 Schafgarbenstengeln bzw. mittels dreier Münzen. Durch mehrmaligen Wurf der Münzen bzw. durch unwillkürliche Aufteilung der Stengel wird nach bestimmtem Grandsatz ein (bzw.
einige) Hexagramm(e), bestehend aus sechs waagrecht angeordneten ganzen oder geteilten Strichen, ermittelt. Mindestens 64 Variationsmöglichkeiten bestehen. Diese 64 Hexagramme, ihr Sinn sowie die begleitenden Kommentare sind
im I G. verzeichnet. Die archaischen Texte bedürfen einer
sorgfältigen Interpretation, um zu erfahren, was das I G. zu
der eingangs gestellten, in gesammelter Haltung bedachten
Frage zu sagen hat. C. G. Jung, der in wichtigen Situationen
seines Lebens das (er sagte: den) I G. befragt hat und sich mit
den Problemen der Gleichzeitigkeit (Synchronismus) beschäftigte, wie sie im »Zufall« in Erscheinung treten, stellte
fest: »… daß jeder, der das Orakel befragt, so handelt, als ob
ein notwendiger Parallelismus von innerem und äußerem,
psychischem und physikalischem Geschehen bestünde, und
indem er dem Resultat seiner Befragung auch nur die ge-

ringste Bedeutung beimißt, sich schon zugunsten einer solchen Möglichkeit entschieden hat.«

Lit.: I Ging. Das Buch der Wandlungen, aus dem Chinesischen übertragen und erläutert von R. Wilhelm (1924). Köln 1967 ff.; I Ging, in neuer, zeitgemäßer Übertragung von J. Blofeld. München–Bern 1983; U. Diederichs (Hrsg.): Erfahrungen mit dem I Ging. Köln 1984; A. Govinda: Die innere Struktur des I Ging. Freiburg 1983; D. F. Hook: I Ging für Fortgeschrittene. Köln 1983; C. G. Jung: Vorwort zu I Ging, in: Jung: Ges. Werke 11; H. Wilhelm: Die Wandlung. Acht Essays zum I Ging. Zürich 1958.

Ignatius von Loyola (1491–1556), spanischer Adeliger und Begründer des Jesuitenordens. Während des Kampfes um die Festung Pamplona (1521) wurde er schwer verwundet. Auf dem Krankenlager lernte er mystische Literatur kennen, u. a. das »Leben Jesu« (Vita Christi) des Kartäusermönchs Ludolf von Sachsen (gest. 1378). Die darin enthaltenen Betrachtungen des Lebens Jesu sowie eine Sammlung von Heiligenlegenden regten den infolge seiner Verletzung in seiner Offizierkarriere gescheiterten Ritter an, zu einem Ritter im Dienste Jesu zu werden und einen → inneren Weg des Gebets und der strengen Übungen zu beschreiten. In seinem Pilgerbericht (Relato del peregrino) legt er davon Zeugnis ab. Es handelt sich um die Erfahrungen während der Jahre 1521–1540. Von Ludolf und von Texten der → Devotio moderna angeleitet, schuf er sein eigenes System der → Meditation, die »Geistlichen Übungen« (→ Exercitia spiritualia), die bereits 1548 im Druck erschienen und zu einem Grundtext der ignatianischen Spiritualität werden sollten, in der es in hohem Maß auf die Disziplinierung des Willens ankommt, der zu einem Instrument der Nachfolge Christi werden sollte.

Die Entschlossenheit, mit der er den eingeschlagenen Weg ging, übertrug er beispielhaft auf einen rasch wachsen-

Ignatius von Loyola

den Kreis von Gleichgesinnten. Es entstand mit päpstlicher Billigung (1540) der Jesuitenorden. Dieser war infolge rigoroser Praktiken, nicht zuletzt wegen der von ihm ausgeübten politischen Initiativen zeitweise in einigen Ländern verboten. I. selbst fand jedoch zunehmend die Anerkennung seiner römischen Kirche, was 1609 zur Seligsprechung, 1622 zur Heiligsprechung führte. Aus seinem weltweit verbreiteten Orden, der sowohl in der Mission in Asien und Südamerika als auch in der Gegenreformation aktiv und erfolgreich war, gingen aufgrund sorgfältiger Ausbildung der in allen Disziplinen vertretenen Mitgliedschaft immer wieder profilierte Persönlichkeiten hervor: im 20. Jahrhundert z. B. der Naturwissenschaftler und Mystiker Pierre Teilhard de Chardin, der Theologe und Philosoph Karl Rahner oder der Zen-Meister Hugo Enomya-Lassalle.

Die ignatianischen Exerzitien stellen einen besonderen Typus der → Meditation dar, die an die Aktivierung des Willens appellieren. Die Übungen umfassen eine vierwöchige Folge von Betrachtungen, die die Selbsterkenntnis fördern wollen und darauf aufbauend den Passionsweg Christi in seinen einzelnen Stationen in den Mittelpunkt der Sammlung rücken. Die Imaginationskraft gilt es zu entfalten, um zur Lebensentscheidung für Christus zu gelangen bzw. diesen Entschluß in regelmäßig wiederholten Exerzitien zu erneuern. »Damit sowohl der, der die geistlichen Übungen gibt, wie der, der sie empfängt, mehr Hilfe und Nutzen haben, ist vorauszusetzen, daß jeder gute Christ bereitwilliger sein muß, die Aussage des Nächsten zu retten, als sie zu verurteilen; und wenn er sie nicht retten kann, erkundige er sich, wie jener sie versteht, und versteht jener sie schlecht, so verbessere er ihn mit Liebe, und wenn das nicht genügt, suche er alle angebrachten Mittel, damit jener, indem er sie gut versteht, sich rette« (Nr. 22).

Werke: Pilgerbericht. Freiburg; Geistliche Übungen. Freiburg (jeweils zahlreiche Editionen); Geistliche Übungen und erläuternde Texte. Hrsg. P. Knauer. Graz 1978. – *Lit.:* L. von Sachsen: Das Leben Jesu Christi. Hrsg. S. Greinert. Einsiedeln–Freiburg 1994; R. Fülöp-Miller: Macht und Geheimnis der Jesuiten. Berlin 1929; A. Guillermou: Ignatius von Loyola in Selbstzeugnissen und Bilddokumenten. Reinbek 1962; P. Arupe u. a. (Hrsg.): Jesuiten. Wohin steuert der Orden. Freiburg 1975.

Illuminaten (lat. »illuminatio«, Erleuchtung; »illuminati«, die Erleuchteten), im allgemeinen esoterischen Kontext, seien es die → Mysterien des Altertums oder neuzeitliche, auf → Einweihung basierende Gemeinschaften, die Bezeichnung für Menschen, die eine spirituelle Erleuchtung erlangt haben. Davon abgehoben und historisch gesehen bezeichnet der Terminus I. die von dem bayerischen Professor der Rechte Adam Weishaupt (1748–1830) im Jahre 1776 in Ingolstadt begründete Geheimgesellschaft. Ihr Ziel war es, im Geist der nach dem »natürlichen System« arbeitenden Aufklärung gegen all jene traditionellen Bestrebungen aufzutreten, die das Einweihungswissen weiterpflegten oder die in angeblich abergläubischer Weise an der Religion festhielten. In diesem Fall handelte es sich um die Jesuiten, im anderen um Bewegungen wie die zeitgenössischen → Gold- und Rosenkreuzer (→ Rosenkreuzer), ferner um die mystisch orientierte → Freimaurerei des 18. Jahrhunderts. Der I.-Orden wurde 1884 durch ein Dekret des bayerischen Staates wie alle Geheimgesellschaften verboten. Doch lebte er gegen Ende des 19. Jahrhunderts unter Verfolgung anderer Ziele wieder auf, und zwar im Rahmen bisweilen fragwürdiger okkultistischer Konventikel. Die Weishauptsche Gründung kannte ein Gradsystem, wobei die unteren Grade der Mitgliedschaft nicht von den eigentlichen antikirchlichen, auch antimonarchistischen Tendenzen erfuhren. Da-

Imagination

bei gelang es, Persönlichkeiten wie → Goethe, Pestalozzi, K. von → Eckartshausen zu gewinnen.

Lit.: R. van Dülmen: Der Geheimbund der Illumination. Stuttgart 1975; K. R. H. Frick: Weltanschauungen des modernen Illuminismus, in: Kursbuch der Weltanschauungen. Frankfurt–Berlin 1980, S. 245–300; H. Grassl: Aufbruch zur Romantik. München 1968; R. Chr. Zimmermann: Das Weltbild des jungen Goethe. Studien zur hermetischen Tradition des deutschen 18. Jahrhunderts I/II. München 1969 f.

Imagination (lat. »imago«, Bild), wird in spirituellen Zusammenhängen in unterschiedlicher Weise verwendet, um zum Ausdruck zu bringen, daß eine Bildvorstellung das → Bewußtsein erfüllt. Die → Analytische Psychologie praktiziert die von C. G. → Jung entwickelte → Aktive I. als eine Weise meditativer Betätigung mit psychotherapeutischer Zielsetzung. In der → Anthroposophie bezeichnet I. einen Bewußtseinszustand, der »oberhalb« des gegenständlichen Erkennens und damit des Tagesbewußtseins liegt. Unter diesem Gesichtspunkt ist I. eine Bewußtseinsstufe, der weitere übergeordnet sind: → Inspiration und → Intuition. In der Anthroposophie soll nach R. → Steiner die imaginative Erkenntnis als eine solche aufgefaßt werden, »welche durch einen übersinnlichen Bewußtseinszustand der Seele zustande kommt. Was in diesem Bewußtseinszustande wahrgenommen wird, sind geistige Tatsachen und Wesenheiten, zu denen die Sinne keinen Zugang haben. Weil dieser Zustand in der Seele erweckt wird durch die Versenkung (→ Meditation) in Sinnbilder oder ›Imaginationen‹, so kann auch die Welt dieses höheren Bewußtseinszustandes die imaginative und die auf sie bezügliche Erkenntnis die imaginative genannt werden ... Auf den Inhalt der Vorstellungen, welcher das imaginative Erleben erfüllen, kommt nichts an; dagegen alles auf die Seelenfähigkeit, die an diesem Erleben heran-gebildet wird« (R. Steiner: Die Geheimwissenschaft im Umriß). Eine Entsprechung zu dem mit I. Gemeinten stellt –im Bereich des Alltagsbewußtsein – die Erinnerung dar: Dabei wird ein Bild angeschaut, ohne daß es im Moment der Erinnerung der äußeren Realität bedarf, die erinnert wird. In der spirituellen Literatur, in Mythen und heiligen Schriften spielen I. eine große Rolle, so auch in der → Bibel, d. h. immer wieder werden Berichte gege-ben, die nicht als historische Begebenheiten in Raum und Zeit zu beurteilen sind, sondern denen der Charakter von I. zuerkannt werden muß, sofern nicht die Ebene von Inspiration oder Intuition gemeint ist.

Lit.: R. Steiner: Die Geheimwissenschaft im Umriß (1910). Dornach 1960 ff.; E. Bock: Das Evangelium. Stuttgart 1984.

Individuation Selbstwerdung, → Selbst-Verwirklichung, ist einerseits ein zielgerichteter Entwicklungsprozeß, dem alles Lebendige unterworfen ist, speziell der Mensch; an-dererseits handelt es sich um einen zentralen Begriff der archetypischen Psychologie C. G. → Jungs (→ Analy-tische Psychologie). Als solcher ist er für die Esoterik bedeutsam. Er ist insofern archetypischer Natur, als I. Wandlungs- und Reifungsvorgänge beinhaltet, die überall dort eine Rolle spielen, wo es um das Beschreiten eines → inneren Wegs, um → Einweihung und → Initiation geht. In seiner Gesamtheit ist der Prozeß der I. »ein spontaner, natürlicher und autonomer, jedem Menschen potentiell mitgegebener Ablauf innerhalb der Psyche, wenn er sich dessen auch zumeist unbewußt ist. Er bildet, insofern er nicht durch besondere Störungen gehindert, gehemmt oder verborgen wird, die psychische Parallele zum Wachstums- und Alterungsprozeß des Körpers.

Initiation

Unter bestimmten Umständen, etwa in der praktisch-psy-
chotherapeutischen Arbeit, kann er durch verschiedene
Methoden angeregt, intensiviert, bewußt gemacht, bewußt
erlebt und verarbeitet werden ...« (J. Jacobi). Das setzt die
Auseinandersetzung mit dem → Unbewußten, mit den
dunklen und verborgenen Wesensseiten (»Schatten«,
»Animus« bzw. »Anima«) voraus und führt zu einem Zu-
gewinn an Bewußtheit. Obwohl es sich um einen »inneren Prozeß« handelt, gehört doch die Totalität des Lebens,
das Ja-Sagen zu den Problemen, den Schmerzen und Leiden menschlicher wie mitmenschlicher Existenz hinzu. In
der Regel ist in den Krisen und an den Lebenswende-
punkten ein Helfer mit den Erfahrungen eines → Meisters
(etwa in Gestalt eines Therapeuten oder eines lebenserfah-
renen, wissenden Menschen) von großem Nutzen, da es
um eine »Initiation in die innere Wirklichkeit« geht, die
nicht wenigen Menschen um die und nach der Lebensmitte große Schwierigkeiten bereitet.

Lit.: J. Jacobi: Der Weg zur Individuation. Zürich 1965; G. Wehr:
Der Begriff der Individuation bei C. G. Jung, in: Die Psychologie d.
20. Jahrhunderts. Zürich 1977.

Initiation (lat. »initium«, Anfang, Eintritt), steht in der
→ Esoterik als ein Prozeß bzw. Akt der → Einweihung am
Anfang eines → inneren Wegs. In der Regel wird eingeweiht bzw. initiiert, wer bereits bestimmte Stufen der
Vorbereitung, der Reinigung und der Reife bzw. der
Prüfung und Bewährung durchlaufen hat. Dann erst erfolgt die Aufnahme in die betreffende esoterische Gemeinschaft. Das geschieht bisweilen im Zusammenhang
damit, daß der Initiierte mit den besonderen Geheimnissen, Erkenntnissen, Symbolen, Geheimormeln (→ Mantra) u. a. bekannt gemacht wird. Es liegt in der Natur der

Sache, daß der Charakter eines solchen I.-Geschehens von der Wesensart und spirituellen Qualität der betreffenden Instanz abhängt, die eine I. vornimmt. So kannten die → Mysterien der Antike ein differenziertes, freilich nur noch in Bruchstücken bekanntes Zeremoniell der Einweihung. In den ersten Jahrhunderten, in denen das → Christentum Anlaß hatte, sein sakramentales Leben sowie sein Glaubensgut vor Mißbrauch und Verfälschung zu schützen (→ Arkandisziplin), erfüllte die Taufe die Funktion eines mysterienhaften I.-Ritus. Die Symbole des mystischen Sterbens und des Erwecktwerdens bzw. des zum Licht Geführtwerdens sind in späteren geheimen bzw. geschlossenen Gemeinschaften übernommen worden (→ Freimaurer). I. im Vollsinn des Wortes erschöpft sich jedoch nicht in der Handhabung geheimnistuerisch scheinender Praktiken, um Unerwünschte auszuschließen. Vielmehr geht es im Ansatz darum, den zu Initiierenden –gegebenenfalls in einem spontanen Durchbruchserlebnis – aus dem alltäglichen Bewußtseinszustand herauszuheben, sein → Bewußtsein qualitativ zu erweitern. In mehrteiligen Vortragszyklen hat sich z. B. R. → Steiner mit »I.-Erkenntnis« (1923) und mit dem »Initiaten-Bewußtsein« (1924) beschäftigt, indem er darin auf Erlebnismöglichkeiten einging, die durch I. (im Sinne der → Anthroposophie) eröffnet werden. »Der Mensch kommt dazu, daß seine vorhergehende, abstrakte, rein ideelle Gedankenwelt von einer innerlichen Lebendigkeit durchzogen wird. Dadurch stehen vor ihm nicht mehr die unlebendigen Gedanken, ... sondern eine innere lebendige Kraftwelt, welche er so fühlt, wie er sonst sich durchpulst fühlt von seinem Blute oder durchströmt von seinem Atem. Es handelt sich also darum, daß das ideelle Element des Denkens übergeht in ein reales, das inner-

Initiatische Therapie

lich erlebt wird« (R. Steiner: Initiationserkenntnis, Vortrag v. 20.8.1923).

Lit.: V. Popp (Hrsg.): Initiation. Frankfurt 1969; R. Steiner: Das Initiaten-Bewußtsein. Dornach 1960; ders.: Initiationserkenntnis. Dornach 1960; A. Meltor: Logen, Rituale, Hochgrade. Graz 1967.

Initiatische Therapie (IT) Die von Karlfried Graf → Dürckheim und seiner Lebensgefährtin, der Psychologin Maria Hippius nach dem Zweiten Weltkrieg in Todtmoos-Rütte/Schwarzwald entwickelte Therapieweise, die gleichzeitig einen Weg der Erkenntnis und der Persönlichkeitsreifung darstellt. Dürckheim verbindet in der I. T. westliche und fernöstliche Elemente, einerseits die an C. G. → Jung orientierte archetypische Psychologie, andererseits → Meditation »im Stil des → Zen«. Hinzutreten verschiedene westliche und östliche Formen der Leibarbeit. Die »Existential-psychologische Bildungs- und Begegnungsstätte-Schule für I. T.« in Rütte hat im Laufe der Jahre zahlreiche Ableger im internationalen Maßstab gefunden. Die I. T. führt über den → Individuations-Prozeß zu einer Weise der → Selbst-Verwirklichung, in der die »Transparenz für Transzendenz« zur Erfahrungstatsache wird und im Alltagsleben des einzelnen umgesetzt werden soll. Zur Orientierung gehört dabei das Wissen um den »doppelten Ursprung des Menschen«, der einerseits in seiner naturgebundenen irdischen Welt verwurzelt, andererseits für die überirdisch-transpersonale Dimension geöffnet wird bzw. geöffnet werden soll. »Mit dem Innewerden des Wesens erkennt der Mensch sich als Bürger zweier Welten: dieser raumzeitlich begrenzten und bedingten Welt und einer anderen, überraumzeitlichen, unbedingten Wirklichkeit. Beide Seiten gehören zur Ganzheit des Menschen. Sie je in ihrem Anliegen zu erkennen und zuzulassen, ihre Gegensätzlichkeit zu durchleiden, zuletzt ihre Integration zu ermöglichen und eben darin Voll-Person zu werden, das ist Auftrag und Sinn des → inneren Weges« (Dürckheim).

Lit.: K. Graf Dürckheim: Erlebnis und Wandlung. München 1978; ders.: Überweltliches Leben in der Welt. Weilheim 1968; ders.: Vom doppelten Ursprung des Menschen. Freiburg 1973; R. Müller: Wandlung zur Ganzheit. Freiburg 1981; G. Wehr: Karlfried Graf Dürckheim. Biographie. München 1988.

Innerer Weg Bezeichnet Bemühungen, die darauf gerichtet sind, zur eigenen Wesensmitte, zur Selbstfindung und Selbstverwandlung, religiös gesprochen: zur Gottesbegegnung zu gelangen bzw. sie vorzubereiten. Dazu haben die Religionen und spirituellen Traditionen in Geschichte und Gegenwart vielfältige Anregungen gegeben, z. B. auf dem Weg der → Meditation, unterstützt durch bestimmte Körperhaltung und Atembeherrschung. Religiöse → Ordensgemeinschaften haben unterschiedliche Formen der Seelenführung entwickelt. Die → Mystik unterscheidet Stufen des i. W. Die → Transpersonale Psychologie bezieht → Erfahrungen in ihre Forschungen ein, die auf dem i. W. gewonnen wurden. Bei der Wahl eines solchen Weges ist darauf zu achten, daß er der heutigen Bewußtseinslage des westlichen Menschen angemessen ist. So sind bewußtseinsdämpfende, suggestive, Illusionen erzeugende, die individuelle Freiheit beeinträchtigende Faktoren fernzuhalten. Nicht zu unterschätzen ist die Bereitschaft, innere und äußere Widerstände – bis hin zur Schicksalsbejahung und Leiden – zu akzeptieren.

Lit.: R. Otto: West-östliche Mystik. München ³1971; H. Enomiya-Lassalle: Zen und christliche Mystik. Freiburg 1986; D. T. Suzuki: Der westliche und der östliche Weg. Frankfurt 1971; W. Johnston: Der ruhende Punkt. Freiburg 1975; G. Wehr: Der innere Weg. Reinbek 1983.

Inspiration (lat. »spirare«, hauchen), im allgemeinen die Vorstellung, daß ein geistiger Inhalt nicht selbst erdacht, sondern empfangen worden ist. Die mythischen bzw. religiösen Überlieferungen kennen vielfältige Formen solcher Kundgaben, sei es, daß einem Menschen im Traum eine Botschaft erteilt wird, sei es, daß ihn die Musen zu einer Dichtung inspirieren, sei es, daß → Engel als Gottesboten bzw. der Geist Gottes den Inspirierten mit bestimmten Offenbarungen erfüllen. Während die → Imagination eine übersinnliche Mitteilung in Bildgestalt (imago) meint, ähnelt die I. einer inneren Gehörwahrnehmung, etwa analog der »Stimme des Gewissens« oder in Anlehnung an die pythagoreische Anschauung der »Sphärenharmonien« bei → Goethe: »Die Sonne *tönt* nach alter Weise in Brudersphären Wettgesang ...« – In der → Anthroposophie R. → Steiners stellt die I. eine Stufe des erhöhten → Bewußtseins dar, das noch oberhalb der → Imagination zu denken ist. Im Rahmen des anthroposophischen Erkenntniswegs geht es darum, die spirituellen Übungen in einem bestimmten Stadium so einzurichten, daß die eigene bilderzeugende Seelentätigkeit transzendiert wird. Die auftauchenden inneren Bilder sind wieder zu löschen, indem man ein »leeres Bewußtsein« herstellt. Auf dieser Stufe legt sich ein Vergleich mit → Zen nahe, das bereits im Ansatz mit einer gegenstandslosen → Meditation (Zazen) arbeitet. Oberhalb der Stufe der I. liegt die anthroposophische Erkenntnisstufe der → Intuition. Analog zur Imagination spielen I. und Intuition in den Schilderungen religiöser Erfahrungen in Geschichte und Gegenwart eine große

Rolle. Steiner selbst hat mehrfach darauf hingewiesen. Der anthroposophische Theologe Emil Bock hat diese Hinweise in seinen Auslegungen zum Neuen Testament in exemplarischer Weise fruchtbar gemacht.

Lit.: Vgl. → Imagination.

Integrales Bewußtsein Der Kulturphänomenologe Jean Gebser (1905–1973) unterscheidet verschiedene Stadien des → Bewußtseins. Demnach steht am Anfang menschlicher Verfaßtheit ein archaisches Bewußtsein, gefolgt von einem magischen und mythischen Bewußtsein, Stadien, die große Teile der Weltbevölkerung, namentlich in der westlichen Zivilisation durchlaufen haben, während sie heute, wie anhand der rationalen, technischen und elektronischen Möglichkeiten der Weltbewältigung ersichtlich, mental gesteuert ist. Daß dieses mentale oder rationale Bewußtsein mit seinen vielseitigen Abstrahierungsmöglichkeiten nicht etwa das Ende oder Ziel menschheitlicher Entwicklung darstellen kann, wird in einem zunehmenden Maße empfunden. Das geschieht in Gestalt einer Ergänzungsbedürftigkeit dessen, wie man das »moderne« Leben zu meistern versteht. Nach Gebser geht es darum, die verschiedenen durchschrittenen Kultur- und Bewußtseinsstufen – unter Vermeidung einer psychischen Regression – zu einer größeren, reicheren Lebensganzheit hin zu integrieren. Dieses I. ist es, das anzustreben und zumindest ansatzmäßig zu verwirklichen, als eine universelle Herausforderung zu begreifen sei:

»Im Unterschiede zum mental-rationalen Bewußtsein, das uns nur eine betont äußere Wirklichkeit erschloß, erschließt uns das neue integrale, das zugleich ein arationales und aperspektivisches ist, sowohl eine innere als auch eine über uns hinausweisende Wirklichkeit.

Dank dieser Bewußtseinsstärkung wird auch das Unsichtbare transparent ... Es erfordert keine Handlung, wohl aber die entsprechende, ja selbst die gemäße Haltung ... eine Haltung, deren weder der ichlose noch der ichhaft verhärtete, sondern nur der ichfreie Mensch fähig ist« (Teil II, S. 56 f.).

Für die Einschätzung spiritueller Bestrebungen ist diese Unterscheidung wichtig, weil nicht alles was als »spirituell« deklariert wird, einen tatsächlichen Bewußtseinsfortschritt darstellt. Es ist daher – wie vor allem Ken Wilber in seinen Arbeiten mit guten Gründen betont – darauf zu achten, ob die apostrophierte Spiritualität prä-mental geartet ist, also noch vergangenen Seelenstrukturen zugeordnet bleibt, oder ob sie bereits trans-mental, gewissermaßen von der Basis heutiger Bewußtseinsverfaßtheit der »Ich-Freiheit« aus zu »neuen Ufern« eines I. vorstößt. Deshalb Wilbers Frage, ob, wie immer wieder zu beobachten ist, etwa eine »Prä-Trans-Verwechslung« vorliegt, was faktisch einem geistig-seelischen Rückschritt (Regression) entspräche, weil es spirituelle Wege gibt, die atavistischer Natur und daher nicht mehr zeitgemäß sind.

Lit.: J. Gebser: Ursprung und Gegenwart (1949; 1953). Gesamtausgabe Bd. II–IV. Schaffhausen 1978; K. Wilber: Halbzeit der Evolution. Der Mensch auf dem Weg vom animalischen zum kosmischen Bewußtsein. Bern 1984; G. Wehr: J. Gebser. Individuelle Transformation vor dem Horizont eines neuen Bewußtseins. Petersberg 1996.

Intermediarius Eigtl. Johanna van der Meulen, verh. Polman-Mooy (1874–1959). Die aus einer protestantischen Amsterdamer Familie stammende spirituell strebende Okkultistin war kurze Zeit Schülerin → Steiners (bis 1915). Bekannt wurde sie als Autorin der »Vier Bücher des Intermediarius«, deren erster Teil (Leipzig 1914) unter dem Titel »Christliche Theosophie und Cosmosophie nach dem Zeichen des Heiligen Graal« herauskam. Es handelt sich um ein christozentrisch angelegtes Werk, das die Spiritualität des → Grals in Verbindung mit Vorstellungen von der kosmischen Gestalt des Christentums verbindet. Dabei faßte sie das Ideal einer wiedervereinigten ökumenischen Kirche, etwa im Sinne Wladimir Solowjews (1853–1900), in den Blick. Sie meinte eine Schule der Weisheit, die auf der mystisch-esoterischen Tradition des Christentums basiert (→ Mysterienschule). Wirksam wurde dabei ihr geistiger Austausch mit dem russischen Autor L. Kobylinski-Ellis. Sie selbst nannte sich I., um dem Wortsinn nach als anonymer Vermittler der von ihr zu propagierenden Lehre zu agieren. Im Gral, der als Abendmahlskelch das Blut Christi birgt, erblickte sie das Zentralsymbol der Christenheit schlechthin.

Werk: Die vier Bücher des Intermediarius. Leipzig 1914; Basel 1919 ff.; Konstanz 1983. – *Lit.:* L. Kobylinski-Ellis: Christliche Weisheit. Sapientia divina. Nach der Lehre des Intermediarius. Basel 1929; H. Willich: L. Kobylinski-Ellis. Vom Symbolismus zur ars sacra. München 1996; I. Boejtes: Wer war Intermediarius?, in: Novalis. Büsingen. Nr. 1/2; 7/8 2001.

Interpretation, mehrfacher Schriftsinn Es liegt im Wesen religiös-spiritueller Wortlaute, daß sie in adäquater Weise, nämlich ihrem Wesen und ihrer Intention gemäß ausgelegt werden müssen, wenn sie in ihrer Tiefe und Fülle erschlossen werden sollen. Die antike und die mittelalterliche Theologie benutzte einen »mehrfachen« Schriftsinn: den buchstäblich-historischen, den moralischen und den anagogischen oder pneumatisch-spirituellen Sinn. Diese Vorgehensweise wurde durch die Refor-

Interpretation

mation (»Das Wort sie sollen lassen stahn ...«) und in der neueren Zeit als zu wenig konkret abgelehnt. Es stellt sich demnach die Frage, ob insbesondere in Evangelienberichten, in der Johannesoffenbarung u. dgl. in jedem Fall ein äußeres, in Raum und Zeit stattgehabtes Ereignis gemeint ist. Das entspräche einer wortwörtlichen Auslegung. Angesichts der Bildhaftigkeit des Mitgeteilten ergibt sich aber oft die Notwendigkeit, über den übertragenen Sinn der betreffenden Perikope nachzudenken. Soll durch die Schilderung eines Vorgangs in erster Linie eine erzieherische Wirkung durch Beispiel und Hinweis ausgelöst werden, liegt der moralische Sinn vor. Doch letztlich handelt es sich um die Vergegenwärtigung eines pneumatischen, d. h. geistig-geistlichen Gehalts, wodurch die spirituelle I. zum Zuge kommt. An die Stelle der geschichtlichen Auslegung tritt somit eine übergeschichtliche. Diese ist der ersteren naturgemäß übergeordnet; ihr kommt nicht ein Weniger, sondern ein qualitatives Mehr an Wirklichkeitsgehalt zu. Dabei ist bekannt, daß fundamentalistisch Eingestellte aus Sorge um den Gehalt der Botschaft keine andere Möglichkeit sehen, als an dem festzuhalten, was sich als ein äußeres Faktum »festmachen« läßt.

In esoterischen Zusammenhängen sind die erwähnten Grundsätze in analoger Weise anwendbar, d. h. auch hier wird ein Großteil der Aussagen daraufhin zu prüfen sein, ob sie in buchstäblich-gegenständlicher Weise gemeint sind, oder ob man ihrem Gehalt erst dann näher kommt, wenn man die verwendeten Bilder und → Symbole erst auf sich wirken lassen muß, um ihrer vollen Bedeutung näherzukommen. Gemeint ist ein meditativer Umgang, selbst und gerade wenn es sich um in Negationen und Paradoxien gekleidete Mitteilungen handelt, wie sie

z. B. → Dionysius Areopagita in seinen Schriften angewendet hat. Ein besonderes Vorgehen bei der I. biblischer Texte ist in der → Kabbala üblich geworden, weil
das hebräische Alphabet zugleich Zahlenwerte beinhaltet
(→ Notarikon).

Lit.: F. Dornseiff: Das Alphabet in Mystik und Magie (1925). Leipzig
1985; A. Oepke: Geschichtliche und übergeschichtliche Schriftaus-
legung. Gütersloh 1947; E. Garin: Geschichte und Dokumente der
abendländischen Pädagogik I. Mittelalter. Reinbek 1964, S. 257–282;
K. Frör: Biblische Hermeneutik. München 1964; H. Schröer u. a.: Hermeneutik, in: Theologische Realenzyklopädie. Berlin 1986, Bd. 15,
S. 108–156.

Intuition (lat. »intuor«, etwas geistig betrachten, erwä-
gen), gilt im allgemeinen als eine Erkenntnisart, bei der
man auf einem Weg außersinnlicher Wahrnehmung bzw.
einer nichtrationalen Betätigung zum Erfassen einer
Wirklichkeit gelangt. In der Typenlehre der → Analytischen Psychologie gibt es I. als einen besonderen seelischen Funktionstypus, neben dem Denk-, Fühl- oder
Empfindungstypus. »Die I. ist diejenige psychologische
Funktion, welche Wahrnehmungen auf unbewußtem
Wege vermittelt ... Je nach der Verwertung der I. nach innen, ins Erkennen oder innere Anschauen, oder nach außen ins Handeln und Ausführen, kann man introvertierte
und extravertierte Intuitive unterscheiden« (C. G. → Jung:
Psychologische Typen. Definitionen). – In der → Anthroposophie entspricht die I. einer Stufe des erhöhten → Bewußtseins. Sie erstreckt sich oberhalb des normalen, alltäglichen Gegenstandsbewußtseins, d. h. auch der → Imagination und → Inspiration. Kündigt sich eine geistige Tatsache
oder Wesenheit auf der ersten Stufe übersinnlicher Wahrnehmung, also imaginativ (bildlich, symbolisch) an, so teilt
sie sich auf der Stufe der Inspiration geistig mit, sie beginnt

zu »sprechen«, ihre Bedeutung geht einem auf. Auf der Stufe der I. schließlich kommt es zu einer wesenhaften Berührung und zu einem innigen Erfülltsein. Die Aufgabe dessen, der in den Zustand der I. gelangt, besteht darin, sich in voller Bewußtheit dem Geistigen, das ihm begegnet, zu stellen, in ungeteilter und doch seines → Selbst bewußter Hingabe. Als konkretes Abbild des an sich nicht Darstellbaren läßt sich das sittliche Handeln in Freiheit ansehen, d. h. man wird tätig ohne äußere Gängelung und ungestört durch suggestiv wirkende Kräfte.

Lit.: Vgl. → Imagination.

J

Jachin und Boas   Name der beiden von Hiram aus Tyrus für den Eingang des Salomonischen Tempels errichteten Bronze-Säulen. Gemäß 1 Könige 7, 13–31 stand J. zur Rechten, B. zur Linken. Diese Zweiheit drückt Polarität aus und ist generell ein unverzichtbarer Bestandteil antiker Tempel, wobei J. und B. auch im freimaurerischen Tempelraum wiederkehren und im Sinne des Symbolkanons der → Freimaurerei gedeutet werden.

Jesira, Jezira   In der → Kabbala das »Buch der Schöpfung«, dessen Alter schwer zu bestimmen ist. → Scholem deutet auf den Zeitraum zwischen dem 3. und 6. Jahrhundert; andere vergrößern die Zeitspanne sowohl vorwärts wie rückwärts: »Wir haben hier den ersten Versuch spekulativen Denkens in hebräischer Sprache vor uns, der erhalten geblieben ist. Seine feierlichen, aber in wichtigen Zügen sehr unbestimmten Formulierungen scheinen teil-

weise aus mystischen Meditationen geboren zu sein ...
Das Büchelchen handelt von den Elementen der Welt. Als
solche sieht es die 10 Urzahlen, von ihm → Sefiroth genannt, und die 22 Buchstaben des hebräischen Alphabets
an.« Gemeint ist die Tatsache, daß diese Buchstaben zugleich einen bestimmten Zahlenwert besitzen, der durch
→ Gematria zur → Interpretation biblischer Worte benutzt wird, der aber auch in magischen Zusammenhängen
zur Anwendung kommt. »In zweiunddreißig verborgenen
Bahnen der Weisheit zeichnete Jah-Jahve Zebaoth, der
Gott Jisraels, der lebendige Gott und König der Welt, der
allmächtige, barmherzige und gnädige Gott; hoch und erhaben ist er und ewig wohnend ist er; er schuf seine Welt
durch drei Zählprinzipien: Zahl, Zähler und Gezähltes«
(Sepher Jezira nach Goldschmidt).

Kommentare des schwer verständlichen Sefer J. verfaßten der Religionsphilosoph Saadia Gaon (882–942) sowie
der hebräische Dichter Jehuda ha-Levi (ca. 1085–1141).
Vertreter der → christlichen Kabbala vertraten die Meinung, daß J. und generell die Kabbala als solche »in genauer Verbindung und Übereinstimmung mit den Lehren
beider Testamente steht« (J. F. von Meyer).

Werk: Das Buch Jezira, die älteste kabbalistische Urkunde der He-
bräer. Hrsg. J. F. von Meyer. Leipzig 1830; Sepher Jezirah. Das Buch
der Schöpfung. Hrsg. L. Goldschmidt. Darmstadt 1969. – *Lit.:*
G. Scholem: Die jüdische Mystik in ihren Hauptströmungen. Frankfurt 1957; M. Idel: Abraham Abulafia und die mystische Erfahrung.
Frankfurt 1994; K. E. Grözinger: Jüdisches Denken, Bd. II. Darmstadt 2006, S. 29–64.

Jessod Im → Sefiroth-Baum der → Kabbala die »Das
Fundament« genannte neunte Sefira. In den traditionellen
Zeichnungen steht sie am unteren Ende der mittleren
Säule, über der zehnten Sefira, Malchuth (das Reich), auch

Joachim von Fiore

→ Schechina (Gottes Gegenwart) sowie Knesseth (Volk bzw. Gemeinde Jisrael) genannt. Weitere Bedeutungen werden mit J. in Verbindung gebracht, je nach dem Aspekt, den man in den Blick faßt. Sie verkörpert das männliche Prinzip und ist Inbegriff des »Gerechten«. Ihr wird im Bild des → Adam Kadmon eine phallische Bedeutung zugesprochen, von wo aus wiederum ein Licht auf die menschliche Geschlechtlichkeit fällt. In seinen Studien zur mystischen Gestalt der Gottheit hat Gershom → Scholem hervorgehoben, inwiefern die → Heilige Hochzeit im kabbalistischen Gottesbild eine beträchtliche Rolle spielt: »Als Vereinigung von → Tifereth (6. Sefirah) und Malchuth erscheint hier in mehr allgemeinen Bildern die Ehe des heiligen Königs und der Königin, während die Vereinigung von J. und Malchuth ganz strikt als Urbild der sexuellen Vereinigung im kreatürlichen Bereich und ohne Bedenken unter deren Aspekten beschrieben wird.«

Lit.: G. Scholem: Der Gerechte, in: Von der mystischen Gestalt der Gottheit. Zürich 1962, S. 85–134.

Joachim von Fiore (ca. 1135–1201) Nach einer Zeit, in der er ursprünglich als Einsiedler in der Nähe des Ätna lebte, ehe er als Abt einem Zisterzienserkloster vorstand und danach eine eigene, betont kontemplative Ordensgemeinschaft gründete, begab er sich ins kalabrische Sila-Gebirge, wo er dem Kloster San Giovanni in Fiore vorstand. Hoch geachtet aufgrund seiner seherischen Spiritualität wurde er von kirchlichen und weltlichen Instanzen um Rat gefragt. Bedeutsam sind bis heute seine bibelexegetischen und geschichtstheologischen Werke, in denen er eine umfassende Schau der Welt- und Heilsgeschichte entfaltete. Danach breitete sich für ihn das Gesamtgeschehen gemäß der göttlichen Trinität in dreifacher

Weise aus, sodaß man von einer Drei-Reiche-Lehre spricht: Nach dem Reich des Vaters, das sich im wesentlichen auf die Abläufe des Alten Testaments bezieht, folgt das Reich des Sohnes, das das Christus-Ereignis und die Zeit der Kirche zum Inhalt hat. Diesem folgt ein dritter Status, das Reich des Heiligen Geistes, das gemäß einer zeitüblichen Deutung biblischer Angaben im Jahr 1260 beginnt und das gleichsam ein Vorspiel der Ewigkeit darstellt. Jedes dieser drei Stadien ist so charakterisiert, daß eine Steigerung der spirituellen Qualitäten sichtbar wird: Ist das Reich des Vaters durch die Knechtschaft gekennzeichnet, dem die Menschen unterworfen sind, so das Reich des Sohnes durch den Gehorsam der Söhne, dann steht das dritte Reich im Zeichen der Freiheit, sodaß den Knechten die Freien und diesen die Freunde folgen. Weitere Analogien beziehen sich auf die Tages- und Jahreszeiten sowie auf die Abstufungen des Lichts: von den Gestirnen der Nacht zur Morgenröte und schließlich zu vollen Helligkeit des Tages. Bringt die erste Zeit das Wasser, so die zweite Wein, die dritte Öl. Die höchste und letzte Stufe verweist auf das kontemplative Leben der als Ordensleute ganz dem Geiste hingegebenen Menschen. Biblische Einzelgestalten, Generationenketten, Maß- und Zahlenangaben aus den apokalyptischen Literaturen benutzt der Seher J., um den rätselhaften Gang der Geschichte Zug um Zug zu entschlüsseln, indem er ihr eine spirituelle Bedeutung beimißt.

Als Verkünder einer »Ecclesia spiritualis«, in der der kontemplativ ausgerichtete Mensch im Grunde keiner äußeren Leitung oder Führung, keiner Instanzen oder Mittler und Dogmen mehr bedarf, ist selbst die herrschende Kirche infragegestellt. Und weil mit dem dritten Status auch die Freiheit angebrochen ist, wirkte J.s Dreizei-

Johannesevangelium

ten-Lehre bisweilen als Ketzerei verrufen fermentartig auf Jahrhunderte hinaus, zumal sich revolutionäre Bewegungen innerhalb wie außerhalb der Kirche von J. inspirieren ließen. So kann man von joachitischen Strömungen sprechen, die mit Blick auf »das ewige Reich« und motiviert durch das »Prinzip Hoffnung« (E. Bloch) auch säkulare Formen angenommen haben, nicht zuletzt in Erwartung und Vorbereitung eines neuen Bewußtseins. Die alte Bewußtseinsart mit ihren Normen, Formen und Bildern, selbst mit ihren mystischen Lehren wird somit ausgedient haben. Denn: »Auch wir, die wir die Letzten sind, wurden durch die Gnade zu den Ersten gemacht. So wie wir der Gnade nachgefolgt sind, müssen wir dem Geiste mehr gehorchen als dem Buchstaben, indem wir von Klarheit zu Klarheit gehen ...«

Werk: Das Reich des Heiligen Geistes. Hrsg. A. Rosenberg. München 1955. – *Lit.:* E. Benz: Ecclesia Spiritualis. Kirchenidee und Geschichtstheologie der franziskanischen Reform (1934). Darmstadt 1964; H. Grundmann: Religiöse Bewegungen im Mittelalter (1935). Darmstadt 1961; W. Nigg: Das ewige Reich. Geschichte einer Hoffnung. Zürich 1954; G. Wehr: Esoterisches Christentum (1975). Stuttgart 1995, S. 162–168.

Johannesevangelium Prinzipiell muß die → Bibel in ihrer Gesamtheit als ein esoterisches, der → Inspiration entstammendes Buch angesehen werden. Unter den Evangelien hat das J. seit alters einen hohen Rang. Clemens von Alexandrien (2. Jh.) bezeichnete es als ein »vom Geist inspiriertes, pneumatisches Evangelium«; Luther schätzte »das einige zarte rechte Hauptevangelium«; johanneisches Denken setzte wesentliche Akzente in der Religions- und Geistesgeschichte, nicht allein in Gestalt der großen theologischen Kommentare zum J. Die hohe Einschätzung spiegelt sich nicht zuletzt in den Beiträgen der

→ Anthroposophie R. → Steiners und seiner theologischen Schüler, die intime Kompositionsfiguren und Strukturgeheimnisse sichtbar gemacht und die → Meditation des J. (speziell F. Rittelmeyer) angeregt haben.

Lit.: W. Grundmann: Zeugnis und Gestalt des Johannesevangeliums. Stuttgart 1961; R. Schnackenburg: Das Johannesevangelium I/III. Freiburg 1965; Chr. Rau: Struktur und Rhythmus im Johannesevangelium. Stuttgart 1972; F. Rittelmeyer: Meditation. Stuttgart 1982 (Neuaufl.); R. Steiner: Das Johannesevangelium. Dornach [10]1981; J. Sanford: Das Johannesevangelium. Eine tiefenpsychologische Auslegung I/II. München 1997; E. Drewermann: Das Johannesevangelium I/II. Düsseldorf 2003.

Jung, Carl Gustav (Kesswil/Kanton Thurgau 1875 – Küsnacht/Zürich 1961) Seine natur- und religions- bzw. geisteswissenschaftlichen Interessen ließen ihn, den Sohn eines reformierten Pfarrers, die medizinisch-psychiatrische Studienrichtung einschlagen. Schon als junger Arzt an der Fachklinik Burghölzli in Zürich erkannte er die epochale Leistung Sigmund Freuds (1856–1939) als Psychoanalytiker für die Erforschung des persönlichen → Unbewußten. Darüber hinaus gingen seine eigenen Forschungen dahin, das sehr viel weiter reichende überpersönlich-kollektive Unbewußte zu erforschen und die dazugehörigen → Archetypen in den Mittelpunkt seiner Aufmerksamkeit zu rücken. Das erforderte, weite Bereiche der Mythologie sowie der Religions- und Geistesgeschichte in seine Studien einzubeziehen. Anfangs wandte er seine Aufmerksamkeit der antiken → Gnosis bzw. dem Gnostizismus zu, bis er einsehen mußte, daß die zugrundeliegende bewußtseinsgeschichtliche Distanz zum heutigen Menschen sehr groß sei. Es zeigte sich, daß die → Alchymie mit der in ihr vorkommenden Symbolik historische Analogien zu Hervorbringungen des heutigen Unbewußten – z. B. in Träumen – kranker wie gesunder Menschen bietet, die erstaunliche Entsprechungen aufweisen. Es ging ihm also nicht etwa darum, die Alchymie zu psychologisieren, obwohl durch die Betrachtungsweise der → Analytischen Psychologie auch ein erhellendes Licht auf solche historischen Präfigurationen (Vorformen) heutiger Phänomene fällt.

Von daher ergibt sich J.s Bedeutung für das Gesamtgebiet der Esoterik bzw. der Spiritualität, speziell des Christentums. Anschaulich wird dies u. a. in seinen Studien zum Trinitätsdogma, zur Problematik, die in seinem Buch »Antwort auf Hiob« entfaltet wird, in Arbeiten zum Verhältnis von Psychotherapie und Seelsorge, nicht zuletzt im Vorwort zu dem von Richard → Wilhelm herausgegebenen I Ging. Wichtig wurde ihm dabei, dem Dunkelaspekt bzw. dem Bösen, aber auch der Ergänzungsbedürftigkeit des Gottesbildes durch das Weibliche Rechnung zu tragen. Wie er u. a. in seiner Studie zur Mandala-Symbolik zeigt, sei die Trinität zur Ganzheit repräsentierenden Quaternität hin zu erweitern. Durch das von Papst Pius XII. am 1. November 1950 mit der Bulle »Magnificentissimus« verkündete Dogma von der leibhaften Himmelfahrt Mariens sah J. dieser Idee weitgehend entsprochen. Grundsätzliches ist bereits im Eingang zu »Psychologie und Religion« (1939) dargelegt: »Da die Religion unstreitig eine der frühesten und allgemeinsten Äußerungen der menschlichen Seele ist, versteht es sich von selbst, daß jede Art von Psychologie, welche sich mit der psychologischen Struktur der menschlichen Persönlichkeit befaßt, nicht darum herumkommt, wenigstens die Tatsache zu beachten, daß Religion nicht nur ein soziologisches oder historisches Phänomen ist, sondern für eine große Anzahl von Menschen auch eine wichtige persönliche Angelegenheit bedeutet.«

Wichtig wurde für ihn als Psychologen ferner die Zusammenarbeit mit dem Naturwissenschaftler Wolfgang

Pauli, Nobelpreisträger für Physik des Jahres 1945, im Blick auf die Beschreibung der Synchronizität, die darin besteht, daß »die Welt des kollektiven Unbewußten sich vollständig parallel zur mikrophysischen Welt« verhalte. Gemeint sind die Phänomene sog. Zufälle, insofern es sich dabei um akausale, also kausal nicht zu erklärende Erscheinungen handelt. Seine langjährige Mitarbeiterin Marie-Louise von Franz hat daran anknüpfend in ihren psychologischen Überlegungen zu einer Annäherung von Tiefenpsychologie und Physik (»Zahl und Zeit«) beigetragen.

Werke: Gesammelte Werke I–XX. Zürich 1958 ff. – *Lit.:* J. Jacobi: Die Psychologie von C. G. Jung (1939) Zürich 1959; C. A. Meier: Lehrbuch der Komplexen Psychologie I/IV. Zürich 1968; G. Wehr: C. G. Jung in Selbstzeugnissen und Bilddokumenten. Reinbek 1969 u. ö.; M.-L. von Franz: C. G. Jung. Sein Mythos in unserer Zeit. Frauenfeld 1972; dies.: Zahl und Zeit. Stuttgart 1970; G. Wehr: C. G. Jung und das Christentum. Olten 1975 u. ö.; C. G. Jung. Leben, Werk, Wirkung. München 1985; M.-L. von Franz: Wissen aus der Tiefe. Über Orakel und Synchronizität. München 1987; D. Bair: C. G. Jung. Eine Biographie. München 2005.

Jung-Stilling, Johann Heinrich (Grund/Siegerland 1740 – Karlsruhe 1817) Der aus einfachen Verhältnissen kommende, durch die pietistische Frömmigkeit geprägte, mystische Vorbilder nachahmende J. qualifizierte sich in seinen Lehr- und Wanderjahren als Augenoperateur. Er wurde Professor der sog. Kameral- oder Verwaltungswissenschaften und erlangte als erfolgreicher Schriftsteller der protestantischen → Erweckungsbewegung und der christlichen → Theosophie bereits durch seinen ausführlichen Lebensbericht Berühmtheit. Vielfältig waren seine Beziehungen zum okkulten Ordenswesen der → Freimaurerei, auch der → Gold- und Rosenkreuzer, deren Problematik er ebenfalls kennen- und kritisch beurteilen lernte. Prinzipiell leitete ihn die Überzeugung: »Der wahre eigentliche Freimaurer-Orden hat keinen andern Zweck, als sich selbst zum besten Menschen zu bilden, seinen eigenen Verstand so sehr zu vervollkommnen, als möglich ist, um sich dadurch zum Dienst Gottes und der Menschheit immer geschickter zu machen.« Ähnlich wußte er wahres und korrumpiertes Rosenkreuzertum zu unterscheiden. Daher sein Bestreben, durch seine Schriften, die oft an die weit verbreitete Endzeitstimmung anknüpften, z. B. durch seinen Mysterienroman »Heimweh« (1794–1796), auf esoterisch gesinnte Christen einzuwirken, womit er auch beträchtlichen Erfolg hatte. Das wird u. a. durch seinen Briefwechsel z. B. mit Landgraf Karl von Hessen, Großherzog Karl Friedrich von Baden und anderen »Erweckten« (→ Erweckungsbewegung) seiner Zeit belegt, die wie er einem kommenden Friedensreich (etwa im Rahmen der »Heiligen Allianz«) den Boden bereiten wollten (→ Baader). Dazu bedurfte es eines kleinen Kreises von Entschlossenen, die bereit waren, einen → inneren Weg der Christusnachfolge, der Übung und der Prüfung zu gehen. Der ihm angehängte Beiname »Stilling« will besagen, daß man in ihm einen Prototyp der »Stillen im Lande« (Psalm 35, 20) erblickte, d. h. einen Christen, der ein inneres Leben führt und sich durch äußere Umtriebe aller Art nicht ablenken läßt. Dem Interesse an dem Außergewöhnlichen, Wunderbaren, dem Leben auf der Ebene der geistigen Welt suchte er durch seine »Theorie der Geisterkunde« (Nürnberg 1808) zu begegnen.

Werke: Lebensgeschichte. Hrsg. G. A. Benrath. Darmstadt 1984; Theorie der Geisterkunde oder was von Ahnungen, Gesichten und Geistererscheinungen geglaubt und nicht geglaubt werden müßte. Nördlingen 1987; Das Heimweh. Vollständige, ungekürzte Ausgabe.

Hrsg. M. M. Sam. Dornach 1994. – *Lit.:* M. Geiger: Aufklärung und Erweckung. Beiträge zur Erforschung J. H. Jung-Stillings und der Erweckungstheologie. Zürich 1963; O.-W. Hahn: Jung-Stilling zwischen Pietismus und Aufklärung. Bern 1988; M. E. Hirzel: Lebensgeschichte als Verkündigung. J. H. Jung-Stilling u. a. Göttingen 1998.

K

Kabbala (hebr. »Überlieferung«), Sammelbegriff für ein reich ausgebildetes mystisch-esoterisches Überlieferungsgut des Judentums, das dazu bestimmt ist, die spirituelle Tiefendimensioin des Alten Testaments zu bedenken und den in der Schrift verborgenen Sinn den dafür Gereiften, Würdigen zu enthüllen. Aus den alten Traditionen mündlicher Überlieferung schöpfend, taucht die K. im Spanien und Südfrankreich (Provence) des 13. Jahrhunderts auf und entfaltet ein vielfältiges Schrifttum. Als Hauptwerk ist der umfängliche → Sohar anzusehen. Ihm gingen freilich ältere, wesentlich kürzere Texte voraus, wie das »Buch → Bahir«, d. h. eine Sammlung von Aussprüchen und Kurzvorträgen zu Bibelworten sowie das »Buch der Schöpfung« (Sefer → Jezira), das von den zehn Urzahlen (→ Sefiroth) als Ausdruck für die einzelnen Stufen göttlicher Wesensmitteilung und Schöpfung kündet. Kabbalist ist, wer sich ganz und gar der mystischen Übung und dem Studium der K. widmet. »Die K. kann als eine Wissenschaft von Israels Leben und gleichzeitig als eine Wissenschaft vom kosmischen Leben angesehen werden. Sie stellt nämlich eine enge Beziehung zwischen dem Leben des einen und dem Leben des anderen her« – freilich so, daß der jüdische Mystiker auch im Zustand der Ekstase

Kabbala

und des bei Gott Seins die Distanz zwischen dem unnennbaren »Allheiligen« und sich, dem Geschöpf, aufrecht erhält. »So wie die Wissenschaft unserer Tage in ihrer vorherrschenden Tendenz, unterscheidet die K. am Uranfang der Zeiten ein unstoffliches Prinzip der Welt. Dieses Prinzip macht sich zuerst durch das Licht geltend. Es verdichtet sich dann allmählich, um sich in feste Masse zu verwandeln. Aber dieser Stoff löst sich seinerseits auf, um sich nach und nach in Licht zurückzuverwandeln« (A. Safran), – eine Vorstellung, die auch aus anderen esoterischen Zusammenhängen bekannt ist. Als jüdische → Mystik hat die K. verschiedene Entwicklungsepochen aufzuweisen, um deren Erforschung sich im 20. Jahrhundert vor allem Gershom → Scholem verdient gemacht hat. Andererseits hat die K. eine Reihe von Möglichkeiten des Umgangs und der → Interpretation der Schrift angewandt, um an tiefer liegende Geheimnisschichten der heiligen Texte, gleichsam zu einer spirituellen Auslegung der → Bibel zu gelangen. »Die K. war im wesentlichen das Privilegium der Eingeweihten, die den Weg einer immer tieferen Versenkung in die Geheimnisse der Gottheit gingen ... Nicht in den Endpunkt allen Geschehens, nicht so sehr in den messianischen Abschluß der Geschichte suchte der Kabbalist mit der letzten Intensität einzudringen, sondern vielmehr in seinen Ausgangspunkt; ... er grübelte mehr über die Erschaffung der Welt als über deren Erlösung. Nicht das Vorwärtsstürmen durch die Geschichte, um ihre Krise und Katastrophe zu beschleunigen, sondern viel eher das kontemplative Zurückwandern aus dem Historischen zu jenen Uranfängen der Schöpfung und Offenbarung ... schien hier am ehesten Erlösung zu verbürgen« (G. Scholem). Zu dieser »theoretischen K.« tritt später die sog. »praktische K.« hinzu, mit deren Hilfe unter

Einsatz geheimnisvoller Gottesnamen, der Anfertigung
von Amuletten u. dgl. magische Wirkungen erzielt werden sollten (→ Magie). Weitreichende Bedeutung erlangt
die K. auf dem Feld der christlichen → Theosophie, und
zwar bis hin zur Ausgestaltung einer → christlichen K.

Lit.: G. Scholem: Die jüdische Mystik in ihren Hauptströmungen.
Frankfurt 1957; ders.: Ursprung und Anfänge der Kabbala. Berlin
1962; ders.: Zur Kabbala und ihrer Symbolik. Zürich 1960; A. Safran: Die Kabbala. Bern 1966; J. Maier: Die Kabbalah. Einführung,
klassische Texte, Erläuterungen. München 1995; K. E. Grözinger:
Jüdisches Denken II. Von der mittelalterlichen Kabbala zum Hasidis-
mus. Darmstadt 2005.

Katharer (griech. »katharoi«, die Reinen), eine religiöse
Bewegung mit deutlichen gnostisch-manichäischen Ein-
schlägen (→ Gnosis, → Manichäismus), die sich im
12. Jahrhundert vor allem in Südfrankreich, aber auch im
Rheingebiet und in Norditalien ausbreitete, einerseits
motiviert durch die skandalöse Verweltlichung von Kirche und Klerus, andererseits beeinflußt durch das auf dem
Balkan beheimatete dualistische Gedankengut, das Kauf-
leute und zurückkehrende Kreuzfahrer vermittelt haben
werden: Ein guter Gott hat die lichte, geistige Welt geschaffen, der die menschliche Seele entstammt; Schöpfer
der sichtbaren, materiellen Welt ist dagegen ein böser
Gott. Es tobt ein Streit, den Christus, unterstützt von
Michael als dem Erzengel der Sonne, gegen Satan und die
Macht der Finsternis ausrichtet. Durch weitgehende
Askese gilt es, sich von der Befleckung durch die materielle Welt freizuhalten und jede Tat zu meiden, die geeignet ist, die Seele an die Materie zu fesseln. – Ähnlich den
Manichäern übten die K. eine → Arkandisziplin. Sie er-
gibt sich bereits aus der Scheidung der Gemeinschaft in
Eingeweihte bzw. Vollkommene (perfecti bzw. parfaits),

die mit letzter Konsequenz den Weg der Nachfolge gehen, und in den Stamm der gewöhnlichen Gläubigen (credentes bzw. croyants), die eine gemäßigte Form das Katharertums praktizieren. Ein Eingeweihter (parfait) wurde man nach längerer Probezeit mit anschließender Ordination. Die spezielle → Initiation wurde in Gestalt des → Consolamentum (»Tröstung«) vollzogen. Dieses katharische Ritual läßt sich als eine Kombination von Taufe, Firmung, Ordination, Beichte, Buße und Sündenvergebung verstehen. Ziel ist die Erscheinung des Parakleten (»Trösters«) als des Geistes der Wahrheit, den Christus (gem. Joh 15, 26) seiner Gemeinde verheißen hat. Ähnlich wie die Gnostiker und Manichäer in der Antike, so erblickte die Kirche im Mittelalter in den Katharern den Prototyp des Ketzers, weshalb sie alle diese Bewegungen blutig verfolgte und der gnadenlosen Vernichtung preisgab. Zwischen 1209 und 1229 organisierte sie Kreuzzüge, die als die berüchtigten »Albigenserkriege« in die Geschichte eingingen. 1244 fiel die letzte Bergfestung der K. auf dem Montségur in den Pyrenäen. Wenn auch die Bewegung der K. so gut wie ausgerottet wurde, so lebte die von ihnen gepflegte Spiritualität des Katharismus weiter. Sie übte und übt nach manchem Gestaltwandel bis heute eine erstaunliche Faszination aus, insbesondere im einstigen südfranzösischen Verbreitungsgebiet, wo zahlreiche Orte, Höhlen, Burgruinen u. dgl. an die Aufenthaltsorte dieser bedeutendsten Ketzerbewegung des 13. Jahrhunderts erinnern. Dagegen bestreitet die historische Kritik die z. B. von Otto Rahn vorgetragene Hypothese, wonach das Symbol des → Grals unmittelbar aus dem Katharertum herausgewachsen sei und in den Personen der Gralsdichtungen sich K.-Persönlichkeiten des provenzalischen Adels entdecken lassen. Dennoch legt die esoterische Betrachtung eine Zusammenschau der Phänomene nahe, die einerseits die Spiritualität der K., andererseits des Grals, der südfranzösischen Troubadourbewegung und »Minnekirche« (→ Fideli d'Amore) sowie späterer Strömungen umfaßt. Die K. setzten weithin leuchtende Zeichen; daher sind sie aus der Geschichte des esoterischen Christentums nicht wegzudenken.

Lit.: L. Baier: Die große Ketzerei. Verfolgung und Ausrottung der Katharer durch Kirche und Wissenschaft. Berlin 1984; A. Borst: Die Katharer. Stuttgart 1953; M. Eliade: Geschichte der religiösen Ideen III,1. Freiburg 1983; M. Lambert: Ketzerei im Mittelalter. München 1981; O. Rahn: Kreuzzug gegen den Gral. Die Tragödie des Katharismus (1933). Stuttgart 1964; E. Roll: Die Katharer. Stuttgart 1979; G. Wehr: Esoterisches Christentum. Stuttgart 1975; M. Lamberg: Geschichte der Katharer. Aufstieg und Fall einer großen Ketzerbewegung. Darmstadt 2001.

Kerner, Justinus Andreas Christian (Ludwigsburg 1786 – Weinsberg 1862) Als Arzt und der Romantik zuzurechnender Lyriker und Schriftsteller hat K. sich okkulten bzw. parapsychischen Phänomenen forschend zugewandt. Er gehört zum Kreis jener Autoren, die wie Franz von → Baader, Eschenmayer oder Gotthilf Heinrich → Schubert auf vorwiegend philosophisch-spekulativem Weg die »Nachtseite«, d. h. Regionen des Unbewußten der menschlichen Seele beleuchten wollten. Er selbst legte, abgesehen von spekulativen Bestrebungen, wie sie traditionell üblich waren, auf Beobachtung und Experiment großen Wert. In Weinsberg befaßte er sich intensiv mit Wesen und Erscheinungen des sog. tierischen Magnetismus, wie er durch Franz Anton → Mesmer in den Mittelpunkt der Aufmerksamkeit der therapeutischen Versuche gerückt worden war. Sein 1824 erschienenes Buch über die Geschichte zweier Somnambulen, d. h. Patienten, deren Symptome man heute in die Psychosomatik

verweist, bereitete den Anhänger des Mesmerismus auf
sein eigentliches Lebensthema vor. Es trat ihm 1826 in
Gestalt der schwerkranken Friederike Haufe (1801–
1829) entgegen. Er nahm die junge Frau aus dem württembergischen Dorf Prevorst in sein Haus auf, um die
von ihm angewandte »magnetische« Therapie durch eine
kontinuierliche Beobachtung ergänzen zu können.
Langanhaltende Trancezustände und besondere Mani-
festationen, z. B. des Vorauswissens und einer Art von
geistiger Schau veranlaßten ihn, sie als »Seherin von Prevorst« zu bezeichnen. Dadurch wurde er selbst berühmt,
wie seine Beziehungen zu diversen Interessenten, auch
aus dem bayerischen Königshaus (Prinz Adalbert), zeigen. Zahlreiche Naturphilosophen und Theologen be-
suchten die Patientin am Krankenbett und ließen sich
durch den Arzt über den Schicksalsweg der jungen Frau
aufklären.

Hier wie in ähnlich gelagerten Fällen (z. B. bei dem
schwäbischen Pfarrer Johann Christoph Blumhardt und
der Patientin Gottliebin Dittus) dürfte eine enge psychische Symbiose der Übertragung und Gegenübertra-
gung zwischen Arzt und Patientin zu konstatieren sein.
»Solch eine mystische Symbiose zweier Partner muß
eben gegeben sein, damit ein magisches Ereignis Gestalt
gewinnen und sich äußern kann« (Joachim Bodamer).
Aufschlußreich ist sein mehrfach aufgelegtes Buch »Die
Seherin von Prevorst«, weil es klinische Beobachtungen
und daran geknüpfte Experimente berichtet. Es gilt als
»erste Monographie auf dem Gebiet der dynamischen
Psychiatrie«, die einer einzelnen Person gewidmet war
(H. F. Ellenberger). Zu seinen weiteren einschlägigen
Veröffentlichungen gehören die »Blätter aus Prevorst«
(1831–1833) und »Magikon. Archiv für Beobachtungen

aus dem Gebiete der Geisterkunde und des magnetischen Lebens« (1840–1853), an dem auch andere Autoren mitwirkten.

Werke: Die Seherin von Prevorst (1829). Hrsg. J. Bodamer. Stuttgart 1958. – *Lit.:* C. du Prel: J. Kerner und die Seherin von Prevorst, in: Die Sphinx 2.1886, S. 139 ff., S. 157 ff.; E. Bock: Boten des Geistes. Schwäbische Geistesgeschichte und christliche Zukunft (1929). Stuttgart 1955, S. 152 ff.; E. Sopp, K. Spiesberger: Auf den Spuren der Seherin. Sersheim 1953; Das Leben des J. Kerner. Erzählt von ihm und seiner Marie. München 1967; H. F. Ellenberger: Die Entdeckung des Unbewußten. Bern 1973; H. Schott: Der Okkultismus bei J. Kerner. Eine medizinhistorische Untersuchung, in: Nur wenn man von Geistern spricht. Hrsg. A. Berger-Fix. Stuttgart 1986, S. 71 ff.; W. J. Hanegraaff in: Dictionary of Gnosis and Western Esotericism. Leiden 2005, S. 606 ff.

Ketzer(ei) Das Wort ist wahrscheinlich von → Katharer abgeleitet und bezeichnet wie → Häresie eine entschiedene Abweichung von einer Lehre, speziell von dem als normsetzenden rechtgläubigen Dogma. Geschichtlich gesehen, ist nicht nur der Übergang zwischen Rechtgläubigkeit und K. im frühen Christentum fließend. Oftmals stellt auch die christliche Esoterik ein Kapitel der K.-Geschichte, genauer: der Geschichte kirchlicher K.-Bekämpfung dar. Betroffen waren bereits die zahlreichen Häretikergruppen im frühen Christentum, darunter vor allem die Vertreter der → Gnosis, des → Manichäismus, im Mittelalter als Inbegriff der K. die Katharer. → Arkandisziplin, Sonderlehren und spezielle Kultpraktiken leisteten der staatlich geförderten K.-Bekämpfung erheblichen Vorschub. Selbst namhafte Mystiker (Meister → Eckhart, Jakob → Böhme) wurden als K. angeklagt und verfolgt, bzw. in ihrem Tun beeinträchtigt. Andere, z. B. Johann → Arndt, der Autor der → Rosenkreuzer-Schriften, J. V. → Andreae, hatten Mühe, ihre protestantischen Zeitgenossen und kirchlichen Vorgesetzten ihrer Rechtgläubigkeit zu vergewissern. Ein übriges taten staatliche und (staats-) kirchliche Zensur, um unerwünschte bzw. mißdeutbare Autoren auszuschalten. So gesehen ist es nicht sehr verwunderlich, daß Esoteriker(innen) samt den Zeugnissen ihrer besonderen Erfahrungen und Erkenntnisse Argwohn erzeugten.

Lit.: Vgl. → Häresie.

Keyserling, Hermann Graf (Estland 1880 – Innsbruck 1946), der → anglo-indischen Theosophie – nicht ohne Kritik – nahestehender Philosoph, der Asien und Südamerika bereist hat, dokumentiert u. a. in »Reisetagebuch eines Philosophen«, das monomanische Züge trägt. Mit Unterstützung des Großherzogs von Hessen begründete er 1920 in Darmstadt seine »Schule der Weisheit« als einen Ort der Begegnung anläßlich von Vortragsveranstaltungen. Mitverantwortlicher Leiter war der Sinologe Erwin Rouselle. Da er das morgenländische und abendländische Denken als Wege zum Sinn ansah, wurden eine west-östliche Synthese und die Entwicklung der Persönlichkeitsreifung angestrebt, für die die Spiritualität den Vorzug vor Intellektualität haben sollte. Bilanz im letzten Lebensjahr: »Weisheit bedeutet für mich erkenntnisbedingtes Leben, nicht abstrakte Philosophie … Für mich ist Philosophieren keine Wissenschaft, sondern eine Kunst, gleichwie alles geistbestimmte Leben der Ebene des Lebens als Kunst angehört« (September 1945).

Zum international zusammengesetzten Auditorium gehörte anfangs auch C. G. → Jung. Hier traf er den für sein Schaffen wichtigen Sinologen Richard → Wilhelm.

Lit.: M. Keyserling (Hrsg.): Graf H. Keyserling. Ein Gedächtnisbuch. Innsbruck 1948.

Kiesewetter, Carl (1854–1895), okkultistischer Schriftsteller, der während der kurzen Spanne seines Lebens
wesentliche Beiträge zur Geschichte der Esoterik einschließlich parapsychischer Erscheinungen seiner Zeit
geliefert hat. In allen Jahrgängen der Zeitschrift »Die
Sphinx« ist er mehrfach vertreten. Die Texte fanden großenteils in seinen Büchern Aufnahme.

Werke: Geschichte des Neueren Occultismus. Leipzig 1891; Schwarzenburg 1977; J. Dee. Ein Spiritist des 16. Jahrhunderts. Leipzig
1893; Schwarzenburg 1977; Die Geheimwissenschaften. Leipzig
1894; Schwarzenburg 1977.

Kircher, Athanasius (Geisa bei Fulda 1602 – Rom
1680) Universalgelehrter der Spätrenaissance, von dem
auf vielen Gebieten für nachfolgende Generationen wei-
terführende Impulse ausgegangen sind. Abgesehen von
seiner theologischen Schulung und seines Eintritts in den
Jesuitenorden (Paderborn 1618) erwarb er sich ein umfassendes Wissen. Es ging ihm nicht zuletzt darum, verloren-
gegangene Weisheit und Technik zu sichern und nach
Möglichkeit zu erweitern. Er machte sich mit den sog.
magischen Theorien und Praktiken vertraut und wurde
ein international berühmter, als Berater geschätzter Professor, insbesondere in Rom, wo er sich lange Zeit aufhielt. Zu
seinen Forschungsgebieten gehörte selbst die → Ägyptologie. Er erschloß koptische Texte und stellte 1651 sein spe-
zielles »Musaeum Kircherianum« zusammen, das Wissenschaftler seiner Zeit anzog. Eigenständige Forschung betrieb
er bei der immer wieder angestellten Suche nach einer vor-
babylonischen Ursprache. Alchymistische und kabbalistische
Spekulationen spielten bei ihm naturgemäß eine wichtige
Rolle. In der Beschäftigung mit dem Magnetismus wurde er
zu einen Vorläufer → Mesmers.

Lit.: U. Eco: Die Suche nach der vollkommenen Sprache. München 1993; J. Godwin: A. Kircher: Ein Mann der Renaissance und die Suche nach verlorenem Wissen. Amsterdam 1994; E. Hornung: Das esoterische Ägypten. München 1999, S. 105 ff.

Knorr von Rosenroth, Christian (Alt-Raudten 1636 – Groß-Albertshof bei Sulzbach 1689), umfassend gebildeter christlicher Kabbalist (→ christliche Kabbala) mit weitläufigen Beziehungen zu zeitgenössischen Philosophen und Wissenschaftlern (Leibniz, Henry → More, Franciscus Mercurius van Helmont u. a.). Seine Kenntnisse und Kontakte erweiterte er durch ausgedehnte Reisen. Als Kanzler im Dienst des Fürsten Christian August in Sulzbach stehend pflegte er eine jüdisch-christliche Ökumene. Einen Namen hat er sich vor allem durch das Werk »Kabbala Denudata« (Entschleierte → Kabbala, 1677 und 1684) gemacht, einer Übertragung wichtiger kabbalistischer Texte ins Lateinische, unter besonderer Berücksichtigung des »Sefer ha → Sohar« (Buch des Glanzes). Als Dichter geistlicher Lieder und Herausgeber der Liedsammlung »Neuer Helikon« machte er sich einen Namen. Bekannt ist sein Lied »Morgenglanz der Ewigkeit / Licht vom unerschöpften Lichte«. Es hat bis heute Aufnahme in evangelische und katholische Gesangbücher gefunden. Auch eine Übersetzung ins Italienische liegt vor.

Eine K.-Gesellschaft e. V. mit Sitz in Sulzbach-Rosenberg dient der Erforschung und der Verbreitung seiner Gedanken. Denselben Zweck verfolgt die von ihr seit 1990 herausgegebene Zeitschrift »Morgen-Glantz«.

Lit.: H. Grassl: Aufbruch zur Romantik. Bayerns Beitrag zur deutschen Geistesgeschichte 1765–1785. München 1968, S. 96 ff., S. 418 ff.; B. Gajek: Geschichtlichkeit und Wirkung religiösen Dichtens. Zu

Chr. Knorr von Rosenroths Lied ›Morgenandacht‹, in: Zeitwende 55.1984, Heft 2, S. 103–117; K. Jaitner: Der Pfalz-Sulzbacher Hof in der europäischen Ideengeschichte des 17. Jahrhunderts, in: Wolfenbütteler Beiträge 8. Frankfurt 1988, S. 273–394; Chr. Knorr von Rosenroth. Festschrift zur 300. Wiederkehr des Todestages. Hrsg. Literaturarchiv der Stadt Sulzbach-Rosenberg 1989; A. B. Kilcher in: Dictionary of Gnosis and Western Esotericism. Leiden 2005, S. 670 f.

Kontemplation (lat. »contemplari«, beschauen, in einem templum, d. h. an einem Ort der Weihe und Gottesgegenwart verharren), jene Stufe bzw. Intensität innerer, betender Betrachtung, bei der Konzentration und → Meditation gleichsam zum Höhepunkt reinen Empfangens, voller Hingabe und seliger Schau gelangt. Im Sinne der mystisch berührten Philosophie → Plotins: »Der Geist verharrt unbeweglich, ins Schauen versunken; er blickt auf nichts anderes als auf das absolut Schöne, ihm wendet er sich ganz zu und gibt sich ihm ganz hin, stillestehend und gleichsam mit Kraft erfüllt« (Plotin: Enneaden V 5, 8). Auch die christliche → Mystik (Bernhard von Clairvaux; Franz von Sales) bedient sich dieser Bezeichnung. Die anonym verfaßte »Wolke des Nichtwissens« (Cloud of Unknowing, England 14. Jh.) behandelt diese Weise spiritueller Erfahrung, wenn sie (Kap. 71) von Menschen spricht, »die so mit Gnade und Geist erfüllt und so innig mit Gott in dieser Gnade der K. verbunden sind, daß sie in normaler seelischer Verfassung dazu kommen, wann sie wollen, ob sie nun stehen oder gehen, sitzen oder knien. Und gleichzeitig bleiben sie all ihrer Sinne vollkommen mächtig, sowohl der leiblichen als auch der geistigen, und sie können diese gebrauchen, wie sie wollen, zwar nicht völlig ohne Behinderung, doch ohne große Behinderung.« Diesem Zustand des erleuchteten, zugleich gesteigerten Tagesbewußtseins, des Verweilens in der Gottesgegenwart, das dem ostkirchlichen → Hesychasmus wohlvertraut ist, steht die Zuwendung zu den Pflichten und Verantwortlichkeiten eines Menschen gegenüber, der ganz in der Zeit lebt, um – mit Meister → Eckhart – »Gott in allen Dingen« zu ergreifen. Frère Roger Schutz von Taizé hat die Zusammengehörigkeit beider Seinsweisen auf die knappe Formel gebracht: »Kampf und K.« Ihr entspricht Sinn und Ziel christlicher Esoterik, wobei die K. bzw. die Meditation dem Kampf bzw. der Aktivität vorgeordnet sein muß: Ohne Sammlung keine Sendung!

Lit.: W. Jäger: Kontemplation. Gottesbegegnung heute. Salzburg 1982; ders.: Gebet des Schweigens. Salzburg 1984; K. Thomas: Meditation in Forschung und Erfahrung in weltweiter Beobachtung und praktischer Anleitung. Stuttgart 1973; F. Melzer: Konzentration, Meditation, Kontemplation. Kassel 1974; K. Tilmann: Die Führung zur Meditation I/II. Zürich–Köln [6]1974; 1978; A. und W. Huth: Praxis der Meditation. München 2000.

Krishnamurti, Jiddu (Südindien nahe Madras 1895 – Ojai/USA 1986) Der weltweit insbesondere durch seine Vorträge bekannte »Lebenslehrer« wurde schon in seiner Kindheit in Zusammenhängen der → anglo-indischen Theosophie als einer ausersehen, dem es aufgrund einer angeblichen Hellsicht des Theosophen Leadbeter bestimmt sein sollte, als »Weltlehrer« und als »Lord Maitreya« bzw. als reinkarnierter Christus mit besonderen Botschaften an die Weltöffentlichkeit zu treten. Um ihn hierzu zu befähigen, nahm insbesondere Annie → Besant seine Erziehung und spirituelle Leitung in die Hand. Sie wurde die von ihm akzeptierte »liebe Mutter«. Ein eigens zum Zweck der Verbreitung dieser theosophischen Lehre innerhalb der Theosophical Society begründeter Sternen-Orden (Order of the Star in the East) sollte ebenfalls vorbereitenden Charakter haben und möglichst viele Mitglieder auf das Erscheinen des Weltlehrers festlegen. Doch es zeigte sich noch zu ihren Lebzeiten, daß der in eine innere Krise gestürzte K. weder fähig noch gewillt war, die Rolle eines solchen Messias-Anwärters zu spielen. Noch bevor der Prozeß der Selbstfindung in dem jungen Mann offen zum Ausdruck kam, distanzierte sich ein Großteil der Mitgliedschaft, vornehmlich die deutsche Sektion der Theosophical Society unter Führung von Rudolf → Steiner, von diesen Machenschaften, was zur Begründung der eigenständigen Anthroposophischen Gesellschaft führte. Anläßlich des traditionellen »Star-Camp«, einer Jahresversammlung des Stern-Ordens 1929 in Ommen/Holland, sagte sich K. endgültig von der ihm zugedachten Beauftragung los, was von der verbliebenen Anhängerschaft als Schock empfunden wurde und nun eine bereits schwelende innergesellschaftliche Krise auslöste.

K. distanzierte sich gleichzeitig von der Theosophie als solcher und darüber hinaus von jeder Art einer lehrmäßigen Festlegung. Spiritualität lasse sich nicht verordnen oder organisatorisch fassen. Das war seine Überzeugung. Sein Credo faßte er mit den Worten zusammen: »Ich behaupte, daß die Wahrheit ein unwegsames Land ist und daß es keine Pfade gibt, die zu ihr führen – keine Religionen, keine Sekten. Das ist mein Standpunkt, den ich absolut und bedingungslos vertrete.« Um in dieser Weise zu »lehren«, führte er ausgedehnte Vortragsveranstaltungen durch, was jedoch nicht verhindern konnte, daß er nun selbst – anders als von den Theosophen gedacht – eine geistige Führergestalt wurde, um die sich wiederum eine internationale Anhängerschaft samt hierfür nötiger Organisation gruppierte. Dies trotz seines Votums: »Ich betone noch einmal, daß keine Organisation einen Menschen zur Spiritualität führen kann. Solche Organisationen verkrüppeln das Individuum, hindern es, daran zu wachsen und seine Einzigartigkeit zu leben ...« (nach Pupul Jaykar, S. 86 f.)

Lit.: P. Jayakar: Krishnamurti. Leben und Lehre. Freiburg 1988; M. Lutyens: Krishnamurti. Eine Biographie. Grafing 1991; E. Blau (Hrsg.): Krishnamurti. 100 Jahre. Grafing 1995; G. Wehr: Spirituelle Meister des Westens. Leben und Lehre. München 1995, S. 87–108.

L

Lapis philosophorum (lat. »Stein der Weisen«) Höhepunkt und spirituelles Ziel des alchemistischen Prozesses (→ Alchymie), zugleich Bezeichnung für diejenige geistig-physische Substanz, von der eine verwandelnde und veredelnde Kraft ausgeht. Die Alchemisten sprachen in höchster Ehrfurcht vom L. p., indem sie für ihn immer neue Symbolbezeichnungen und Gleichnisse verwandten, um den einzigartigen hohen Rang des Erstrebten (meist nur Geglaubten!) jedoch kaum je Verwirklichten bildhaft anzudeuten. Solche Benennungen sind z. B.: Sohn des Makrokosmos (filius macrokosmi), Lebenselixier (elixir vitae), Stoff, der ähnlich dem geweihten Brot und Wein in der Hl. Messe Unsterblichkeit verleiht (phármakon athanasías), Erlöser und damit Ebenbild Christi (auf die Lapis-Christus-Parallele machte C. G. → Jung vielfach aufmerksam), Eckstein im Tempelbau Gottes; schließlich meinte man im L. p. eine Analogie zu Gott erblicken zu können, nämlich als einen Stein, der gleich einer Jungfrau durch den Hl. Geist empfängt, aus sich selbst heraus schwanger wird, um sich selbst (d. h. ihr bzw. sein wahres → Selbst) zu gebären. Die alchemistischen Autoren berichten immer wieder, daß es glaubwürdige Zeugnisse für das In-Erscheinung-Treten des L. p. gebe, was darauf hindeutet, daß die in den geheimen Künsten geübte → Arkandisziplin jener erwähnten Symbolbildung bedarf, um das → Mysterium zu schützen. Denn wer die Schilderung allzu wörtlich nimmt, der verfehlt den Sinngehalt des alchemistischen Werks als solchen. Es war C. G. Jung, der im Zusammenhang seiner Forschungsbeiträge zur → Analytischen Psychologie (u. a. in »Psychologie und Alchemie«, »Mysterium Coniunctionis«) die Herstellung des L. p. mit der Selbst-Werdung (→ Individuation) identifiziert hat. Tatsächlich waren es die Alchemisten selbst, die sich der spirituellen Bedeutsamkeit ihres Tuns bewußt waren, wenn sie von der → Chymischen Hochzeit sprachen; d. h. sie rechneten damit, daß es nicht nur um die Herstellung einer bestimmten chemischen Substanz gehen könne, von der man sich heilende und veredelnde Einflüsse versprach, sondern die Menschwerdung des Menschen war immer mitgemeint: Seine Reifung und seine Vollendung entspreche letztlich der Herstellung des »Steins der Weisen«. Der Paracelsist Gerhard Dorn (Dorneus) drückte das mit den Worten aus: »Wandelt *euch selbst* in lebendige philosophische Steine um!« Und noch Jakob → Böhme bediente sich der alchemistischen Metaphorik, um den Aspekt der Wesenswandlung auszudrücken: »Wie die ewige Geburt in sich selber ist, also ist auch der Prozeß der Wiederbringung (→ Wiedergeburt) nach dem (Sünden-)Falle, und also ist auch der Prozeß der Weisen mit ihrem L. p.; es ist kein Punkt im Unterschied dazwischen, denn es ist alles aus der ewigen Geburt geurständet und muß alles eine Wiederbringung auf einerlei Weise haben« (J. Böhme: De signatura rerum, 7, 73 ff.).

Lit.: Vgl. → Alchymie; ferner: Hermetisches ABC vom Stein der Weisen I/IV (Berlin 1778). Schwarzenburg/Schweiz 1979.

Lectorium Rosicrucianum (LR) Das von Jan van → Rijckenborgh (d. i. Jan Leene) mit Unterstützung seines Bruders Zwier Willem Leene (1892–1938) und Catharose de Petri (d. i. Henny Stok-Huizer, 1902–1990) begründete, von Haarlem aus geleitete LR ist eine der rosenkreuzerisch ausgerichteten spirituellen Gemeinschaften der Gegenwart, die sich selbst als »Geistesschule des Goldenen Rosenkreuzes« versteht. Dadurch daß nach dem frühen Tod des Bruders Jan Leene und Henny Stok-Huizer sich gleichberechtigt in die Leitung der LR als »Großmeister« teilten, sollte zum Ausdruck kommen, daß in einer modernen Geistesbewegung das in der Regel herrschende patriarchale Prinzip überwunden werden, dafür das männliche und das weibliche Prinzip harmonisch zusammenwirken sollen. Die Bezeichnung LR wird erst seit 1946 verwendet. Ihr gingen in einem mehrjährigen Entwicklungsprozeß andere voraus, die durchblicken lassen, welche andere Geistesbewegungen in der werdenden Organisation mitbestimmend wurden. Das zeigen die Namen »Orden der Manichäer« oder »Jakob → Böhme-Genossenschaft«.

Die Wurzeln der Vereinigung, deren Anfänge im Jahr 1924 liegen und organisatorisch mit der einstigen Amsterdamer Studiengruppe »Niederlandse Rozekruisers Genootschap« verbunden waren, gehen geistig betrachtet auf die Gründergestalten der theosophischen Bewegung Madame → Blavatsky und auf den Rosenkreuzer Max → Heindel, sowie auf die 1933 begonnene Max-Heindel-Stiftung zurück. Heindel hatte schon frühzeitig in Holland eine Anhängerschaft gefunden. Auch Rudolf → Steiner wird zu den Persönlichkeiten gezählt, die Einfluß auf das Werden des LR ausgeübt haben, jedoch ohne daß eine engere Beziehung zur oder Abhängigkeit von der

→ Anthroposophie besteht. Dazu kommen weitere Faktoren der Inspiration, insbesondere solche aus den Bewegungen der → Katharer, der → Freimaurerei und speziell der → Rosenkreuzer, wobei Christian Rosenkreuz als das dominierende leitende geistige Prinzip bezeichnet wird, durch das Ziel, Weg und Arbeitsweise der Geistesschule ihre Bestimmung erhalten.

Das LR will eine Antwort auf die Tatsache sein, das die ursprüngliche, gottgegebene universelle Naturordnung und damit die Menschheit ihrem Wesen entfremdet und daher einem Prozeß der Harmonisierung zum Geist hin anheimgestellt werden soll. Ohne eine kirchliche Anbindung aufzuweisen, gilt:

»Die aktuelle Aufgabe, die die ursprüngliche geistige Welt seit dem Impuls des Christus der Menschheit stellt, ist die Verwirklichung dieses Christusimpulses. Der Mensch soll seiner Ich-Bezogenheit nach untergehen, damit der in ihm latente Christus, das wahre → Selbst, auferstehen kann, um das ganze Wesen des Menschen zu transfigurieren« (Konrad Dietzfelbinger).

Daraus spricht, was auf der Basis der auf der christlichen Tradition fußenden, bereits in den rosenkreuzerischen Manifesten des J. V. → Andreae niedergelegten Lehren beruht, wonach der Mensch »aus Gott geboren, in Jesus gestorben und durch den Hl. Geist wiedergeboren wird«. Es geht also darum, daß der Einzelne in der Gemeinschaft Gleichgesonnener, Gleichstrebender einen Werdegang der spirituellen Wandlung und Reifung (Transformation) durchläuft. Auf diesem Weg will das LR, unterstützt durch das Schrifttum → Rijckenborghs und seiner Mitarbeiterschaft, behilflich sein, indem es die Aspiranten, Männer wie Frauen, durch die einzelnen Stufen des spirituellen Prozesses begleitet.

R.s. Sohn Henk Leene, der von seinem Vater angeblich zum Nachfolger als Großmeister ausersehen war, sah sich – offensichtlich infolge des Einspruchs von Catharose de Petri – zum Austritt aus dem LR und zur Gründung einer eigenständigen rosenkreuzerisch sich nennenden Vereinigung »Rosa Crucis« veranlaßt.

Sitz des LR ist Haarlem; es bestehen zahlreiche internationale Zentren der expandierenden Gemeinschaft; in Deutschland handelt es sich um die Konferenzorte in Calw-Wimberg/Württemberg, in Bad Münder bei Hannover, seit 1997 in Birnbach bei Altenkirchen östlich von Bonn. Das Schrifttum, das u. a. auf die → Hermetik und die rosenkreuzerischen Grundtexte interpretierend Bezug nimmt, wird durch den Verlag Rozekruis Pers Haarlem und ihren Filialen vertrieben.

Lit.: K. Dietzfelbinger: Die Geistesschule des Goldenen Rosenkreuzes. Andechs 1999; H. Lamprecht: Neue Rosenkreuzer. Ein Handbuch. Göttingen 2004, S. 250–286.

Lévi, Eliphas (Paris 1810 – Paris 1875) Pseudonym für Alphonse-Louis Constant, gilt als Haupt der Okkultisten und des der → Magie Kundigen des 19. Jahrhunderts. Nach eigenem Verständnis, das auf allerlei Phantasmen gegründet war und von Kabbala-Experten vom Range Gershom → Scholems daher nicht anerkannt wird, begriff er sich als einen wissenden Kabbalisten, von dem gleichwohl eine nach vielen Seiten hin ausgerichtete starke Wirkung ausging, z. B. auf die → anglo-indische Theosophie Madame → Blavatskys und auf viele andere.

Seine Biographie gestaltete sich bis zur Lebensmitte, etwa bis zum Revolutionsjahr 1848, in einer Weise, die diese »Sendung« nicht erwarten ließ. L. durchlief zunächst eine katholische Ausbildung bis einschließlich der

Diakonenweihe, die ihn qualifizierte, geraume Zeit als Studienaufseher in einem kirchlichen Kolleg tätig zu sein; daher auch Abbé Constant genannt. Er wurde mit dem Schrifttum der Frauenmystik bekannt und lernte u. a. die Frömmigkeit Madame → Guyons (1648–1717) kennen. Die Marienverehrung wurde ihm wichtig, ebenso das Thema der Frauenemanzipation. Er trat in Verbindung mit revolutionären Clubs. Er heiratete die junge Bildhauerin und Autorin Noémie (1832–1888), ohne mit dem Katholizismus als solchem zu brechen, dessen Schwächen als kirchliche Organisation ihm nicht verborgen blieben. Um so mehr beschäftigten ihn die Mystiker des Mittelalters, nicht weniger → Agrippa von Nettesheim und der Seher → Swedenborg. Selektive Talmud-, → Kabbala- und Tarot-Studien ergänzten seinen okkultistischen Weg. Er selbst wurde Freimaurer und fand Eingang in das Zeremonienwesen der → Magie, das ihm die hier sich – vermeintlich – öffnenden Erkenntnisse erschloß. Sie fanden ihren Niederschlag in einem umfangreichen literarischen Werk, das der okkulten Philosophie gewidmet ist und das der Einweihung – im Rahmen seiner eigenen Erkenntnisbemühungen – dienen will. Nicht zu vergessen, daß L. über magnetische Kräfte verfügte, die er – analog zu → Mesmer – als Heiler anwandte. Dem Vernehmen nach geschah dies mit bemerkenswertem Erfolg. In dem Bestreben, eine innere Verbindung mit der katholischen Überlieferung aufrechtzuerhalten, jedoch ohne in irgendeiner Weise von Rom abhängig zu sein, aber in der Weihetradition zu stehen, erwog er die Begründung einer → Liberal-Katholischen Kirche. Der Schritt dazu erfolgte jedoch nicht durch ihn, sondern später von der Seite der → anglo-indischen Theosophie aus.

Über L. urteilte einer seiner Verleger und Herausgeber, Fritz Werle: Er »stand vor vielen Toren, deren Ausblick dunkel war und konturlos, stand an vielen Hindernissen, die alle, überwunden, ihren Tribut und Zoll erhoben hatten, an denen sein Blut und seine Tränen klebten, da er sich an ihnen wund riß und mit ihren Irrwegen rang.«

Werke: Das große Geheimnis. München 1925; Geschichte der Magie. München 1926; Das Dogma und Ritual der Hohen Magie. München 1927; Der Schlüssel zu den großen Mysterien. Hrsg. F. Werle. Weilheim 1966; Einweihungsbriefe in die Hohe Magie und Zahlenmystik. 3. Aufl. Interlaken 1993; Das Buch der Weisen. Die Salomonischen Schlüssel. Sinzheim 2006. – *Lit.:* F. Werle: E. Lévi. Versuch einer Biographie; in: E. Lévi: Der Schlüssel zu den großen Mysterien, S. 232–301; R. H. Laarss (d. i. R. Hummel): E. Lévi. Der große Kabbalist und seine magischen Werke. Wiesbaden o. J.

Liberal-Katholische Kirche Als eine Sonderform, jedoch unabhängig vom katholischen Liberalismus, kam es zur Bildung der L., die als eine Tochterorganisation der → angloindischen Theosophie angesehen werden kann, begründet durch deren Vertreter James Ingall Wedgwood und Charles Webster Leadbeater (1847–1937). Es ging den Trägern dieser Idee und den hier Anschluß suchenden Mitgliedern darum, das theosophische Ideengut mit einem Kultus zu verbinden, deren Priester der Successio Apostolica folgen, d. h. in der römisch-katholischem und auch orthodoxem Verständnis folgenden Ordnung vollgültige Priester zu sein behaupten. Damit wird in Anspruch genommen, in der rituellen Amtsnachfolge der Apostel zu stehen und nicht zu verdienen, als Sektierer geringschätzig abgetan zu werden. Als Gründungsjahr der L. wird 1916 genannt; abgeleitet ist die Gemeinschaft von der Altkatholischen Kirche Englands. Wedgwood und Leadbeater hatten bereits 1908 durch den altkatholischen, d. h. von Rom getrennten

Bischof von Utrecht, die Bischofsweihe erhalten, wodurch sie ermächtigt waren, selbst Priester zu weihen und die als magische Handlungen vollzogenen Sakramente gemäß der alten Kirche bzw. in einer der römischen Messe nachempfundenen Form zu spenden.

Lit.: K. R. H. Frick: Licht und Finsternis. Bd. II. Graz 1978, S. 314; H. J. Ruppert in: Lexikon der Sekten, Sondergruppen und Weltanschauungen. Hrsg. H. Gasper u. a. Freiburg 1994, Sp. 605 ff.

List, Guido von   → Ariosophie

Literatur, esoterisch-okkultistische   In ihrer weltweiten unüberschaubaren Fülle läßt sie sich unter sehr verschiedenen Aspekten betrachten. In einem weiteren Sinne gehören bereits die heiligen Schriften der Religionen zur e. L., insofern sie eine Bedeutung enthalten, die nur durch eine pneumatische bzw. spirituelle → Interpretation zugänglich sind und die sich erst auf dem Weg der → Meditation erschließen (→ Bibel). Zu einer solchen Vergegenwärtigung der spirituellen Dimension ruft insbesondere die → Mystik auf. Alle Disziplinen der → Esoterik, angefangen bei → Alchymie und → Astrologie bis hin zu epigrammartigen Koan-Texten im → Zen-Buddhismus verfügen über ein reiches Schrifttum mit Primärquellen sowie interpretierender, einführender Sekundärliteratur.

Lit.: Vgl. die genannten Verweis-Titel, ferner: → Aurora, → Christosophia, → Corpus Hermeticum, → Chymische Hochzeit Christiani Rosenkreutz; → I Ging; → Sohar; → Zierde der geistlichen Hochzeit u. a.

Lorber, Jakob   (1800–1864) Von Haus aus Musiker und Kapellmeister hat der aus der Steiermark stammende L.

am 15. März 1840 das Initialerlebnis seines Lebens gehabt. Er vernahm, wie berichtet wird, »in der Gegend seines Herzens« eine Stimme, die ihn anwies zu schreiben, was ihm diktiert wurde. Das war der Anfang seiner Tätigkeit als »Schreibknecht Gottes«, d. h. als ein literarisch überaus fruchtbares Schreibmedium, dessen Aussagen – ähnlich wie die des nordischen »Geistersehers« → Swedenborg – als → Neuoffenbarung einzuordnen sind. Wie dieser bezogen sich L.s Aufzeichnungen auf die christliche Überlieferung, speziell auf die Schöpfung und das Leben Jesu, das in großer Ausführlichkeit beschrieben wird, als sei ihm gegeben, sehr viel detaillierter als die Evangelisten zu berichten. Ein Musterbeispiel ist das 10bändige »Große Evangelium Johannes« (1851–1864). Das am Beginn seiner Tätigkeit entstandene dreibändige Werk »Die Haushaltung Gottes« (1840–1844) setzt bei der Urgeschichte der Menschheit an und zeigt einen Gang durch die ersten Weltreiche und Hochkulturen. Seine »Schrifterklärungen« (1843) wollen der Aufschlüsselung des geheimen Sinnes anhand von 35 Bibelabschnitten dienen. Andere Schriften, z. B. »Von der Hölle bis zum Himmel« (1848–1851), beziehen sich auf die jenseitige und die zukünftige Welt. Wesentlich ist ihm, suchenden Menschen einen »Weg zur geistigen Wiedergeburt« im Sinne einer spirituellen Neuwerdung in diesem Leben zu erschließen. Deshalb bleiben in derartigen Texten etwaige historisch-kritische Gesichtspunkte prinzipiell ausgespart, zumal Begebenheiten und Tatbestände geschildert werden, für die es keine Belege gibt. Das schloß nicht aus, daß er schon bei seinen Zeitgenossen Aufmerksamkeit erweckte, unter ihnen der Weinsberger Arzt Justinus → Kerner.

Abgesehen von diesem Schrifttum, dem zahlreiche weitere Veröffentlichungen Geistesverwandter zuzurechnen sind, hat sich eine L.-Lesergemeinde gebildet, die ökumenische Züge trägt, u. a. dem Schrifttum → Böhmes zugewandt ist und neben parapsychologischen Interessen naturheilkundliche Methoden pflegt.

Lit.: F. Deml: Das ewige Evangelium des Geistzeitalters in einer Gesamtschau, Bd. I/II. Bietigheim 1980; K. Hutten: Seher, Grübler, Enthusiasten. 12. Aufl. Stuttgart 1980, S. 583 ff.

Luria, Isaak (1534–1572) Der hohe Rang dieses kabbalistischen Meisters ist durch den Titel »Ha-Ari« (der heilige Löwe) zum Ausdruck gebracht. Bisweilen wird er gar als »göttlicher bzw. mystischer Theologe«, gerühmt, obwohl er bereits 38jährig in Palästina starb. Ursprünglich aus einer askenasischen, d. h. deutschen oder polnischen Familie stammend, wuchs er im Haus seines Onkels in → Ägypten auf, wo er sich unter Anleitung einiger Lehrer in die mystisch-esoterische Lehre der → Kabbala einarbeitete, insbesondere in den → Sohar. In der obergaliläischen Ortschaft Safed (Zefat), das nach Vertreibung der Juden von der iberischen Halbinsel zu einem Zentrum der Kabbala geworden war, versammelte er einen Kreis von etwa 30 gleicherweise Strebenden um sich. Seine Anhänger waren überzeugt, daß Ari L. vom Geist Gottes erfüllt sei und zu den von Gott bevorzugten → Zaddikim, d. h. religiösen Führergestalten Israels, gehöre. Seine Lehren, die u. a. durch seinen Schüler Chaim Vital aufgezeichnet sind, erinnern bisweilen an die kosmologischen und anthropologischen Mythenbildungen des → Gnostizismus:

»In drei großen Symbolen ist dieser Neue Mythos L.s konzentriert: in der Rede vom → Zimzum oder der Selbstbeschränkung Gottes, von der Schebirath ha-Kelim oder dem Bruch der Gefäße und vom Tikkun, der harmonischen Ausgestaltung, aber auch der Ausbesserung und

Restauration des Makels der Welt, die sich von jenem Bruch herleitet« (G. → Scholem: Zur Kabbala und ihrer Symbolik).

Lit.: G. Scholem: Die jüdische Mystik in ihren Hauptströmungen. Frankfurt 1957; K. E. Grözinger: Jüdisches Denken, Bd. II. Darmstadt 2005, S. 619–681.

M

Magie Der aspektreiche, vor allem überaus schillernde Begriff bezeichnet die Umsetzung einer spirituellen Erkenntnis (→ Gnosis) in praktisches Tun. Innere Schau und → Erfahrung verbinden sich mit dem Willen. Je nach dem geistigen Zusammenhang, je nach Zielsetzung und Methodik ergibt sich die erforderliche Differenzierung. Prinzipiell zu unterscheiden sind die »weiße M.«, bei der Menschen in selbstloser, absichtsfreier Weise tätig werden, von der »schwarzen M.«, die darauf abgestellt ist, andere zu übervorteilen oder durch Verwünschungen, Verfluchungen u. dgl. zu schädigen. Geht es in der weißen M. darum, erleuchtende, segnende, heilende Kräfte freizusetzen – und Gedanken sind Kräfte! –, so bewegt sich die schwarze M. im Dunkelbereich egoistischer Zielsetzung und des Mißbrauchs von Fähigkeit und Macht. »Der Gebrauch des Wortes ›M.‹ ist berechtigt, wenn man unter M. die Macht des Unsichtbaren und Spirituellen über das Sichtbare und Materielle versteht. Die geheiligte M. ist die Macht der Liebe, geboren aus der Vereinigung des göttlichen Willens mit dem menschlichen Willen in der Liebe« (Anonymus d'outre Tombe: Die Großen Arcana des Tarot).

Lit.: Anonymus d'outre Tombe (V. Tomberg): Die Großen Arcana des Tarot. Basel 1983, Bd. I, S. 54 ff.

Malkuth Die unterste Sefirah am kabbalistischen → Sefiroth-Baum, die je nach dem eingenommenen Gesichtspunkt auch mit → Schechina sowie mit Knesseth, Inbegriff des Gottesvolkes Israel, gleichgesetzt wird. »Da alle oberen Sefiroth über und durch die letzte wirken und emanieren und in diesen so mit ihren verschiedenen Aspekten zugegen sein können, gilt es, in der letzten Sefirah diese in ihr einwohnend wirksamen Aspekte sorgfältig zu unterscheiden und angemessen zu handhaben. Die Symbolik dieser Sefirah ist demgemäß besonders reich ausgeprägt« (J. Maier).

Lit.: J. Maier: Die Kabbalah. Einführung, klassische Texte, Erläuterungen. München 1995, S. 86 ff.

Mani (216–276/77) Der aus adeliger Familie stammende, in Babylonien geborene, in der judenchristlichen Gemeinschaft der Elkesaiten aufgewachsene M. berief sich auf Offenbarungen, die ihm im 12. und 24. Lebensjahr zuteil geworden sind. Nach eigenem Zeugnis zeigte sich ihm der »Zwilling«, ein himmlisches Doppelwesen, das als sein wahres → »Selbst« bezeichnet werden kann. Für ihn handelte es sich dabei um die Herabkunft des »lebendigen Parakleten«, d. h. des im Johannesevangelium angekündigten Geistes. Er begriff ihn als Vermittler jenes »Mysteriums der Tiefe und der Höhe«, des Mysteriums der großen Gegensätzlichkeit von Licht und Finsternis, die in einem unversöhnlichen Kampf stehen. Von daher ergibt sich die vom Menschen geforderte Parteinahme für das Licht, für das Gute, das vom Menschen in einer streng gefaßten Ethik zu verwirklichen ist. M., der sich als »Apostel Jesu Christi«

verstand, gründete eine eigene Kirche und unternahm, dem Vorbild des Apostels Paulus folgend, ausgedehnte Missionsreisen, ostwärts ins Industal sowie in weitere Gebiete, z. B. nach Persien. Gleichzeitig bevollmächtigte er eigene Apostel, um seine gnostisch getönte Lehre sowohl im Osten wie im Westen kundzumachen. Synkretistische Züge (→ Synkretismus), wonach durch M. neben Jesus auch Zarathustra als persischer Religionsstifter sowie Buddha geachtet wurden, erleichterten im Orient die Akzeptanz seiner Verkündigung. Nach anfänglicher Zustimmung durch die politische Führung Persiens geriet er samt seiner Botschaft aber in Mißkredit, er wurde verfolgt und gefangengesetzt. An den Folgen der Haft starb er.

Bis ins Mittelalter hinein breitete sich der → Manichäismus, u. a. entlang der Seidenstraße, in Innerasien aus. Bei den uigurischen Turkmenen wurde die Glaubensbewegung zur Staatsreligion erhoben. Bis ins 16. Jahrhundert gab es infolge der wechselnden Schicksale der Manichäer auch eine chinesisch beeinflußte Spielart. Auch westwärts richtete sich schon bald nach seinem Tod ihre missionarische Tätigkeit. Syrien, Palästina, → Ägypten und das westliche Nordafrika erreichten die Sendboten M.s. Bedeutendster Repräsentant wurde, vor seiner Bekehrung, für mehrere Jahre Augustinus (354–430). Die katholische Kirche verwarf diese → Gnosis als gefährliche Irrlehre. Als die → Katherer im südlichen Europa auftauchten, in Frankreich sowie im nördlichen Italien, und weil eine Reihe von Vergleichsmöglichkeiten bestanden, sprach man von einer neumanichäischen Häresie. Dennoch kann die Forschung die Annahme, daß es sich beim Katharertum um einen Ableger des Manichäismus handle, nicht bestätigen: »Es steht außer Frage, daß die Häresien, die vom Jahr 1000 an in Erscheinung traten und oft als manichäisch bezeichnet wurden, nichts zu tun hatten mit M. und seiner Bewegung, die in Westeuropa schon seit langem ausgestorben war. Sie waren nicht der Endpunkt einer Abstammungslinie, die sich von einer alten Häresie herleitete, sondern hatten ihre Wurzeln in der religiösen und sozialen Geschichte ihrer eigenen Zeit« (Malcolm Lambert). Auffällig sind aber doch die Ähnlichkeiten in der Lehre von Licht und Finsternis sowie in der Gliederung der Gemeinden in Gläubige (auditores) und Vollkommene (perfecti).

Lit.: G. Widengren: Mani und der Manichäismus. Stuttgart 1961; G. Widengren (Hrsg.): Der Manichäismus. Wege der Forschung. Darmstadt 1977; L. Koenen u. a. (Hrsg.): Mani. Auf der Spur einer verschollenen Religion. Freiburg 1993; M. Lambert: Geschichte der Katharer. Darmstadt 2001.

Manichäismus Die auf den Perser → Mani (216–276/77) zurückgehende nachchristliche Religion, die einerseits christliches, zoroastrisches und buddhistisches Geistesgut vereinigt, und die andererseits eine materiefeindliche → Gnosis darstellt. Wie sie erblickt auch der M. im Geistigen das Lichte, Gute, in der Materie dagegen die Verkörperung des Bösen. Predigt und ethische Verwirklichung sind daraufhin ausgerichtet, den seine geistige Abkunft erkennenden Menschen ins Licht zurückzuführen und dadurch zu erlösen. Manichäisches Gedankengut fand in einer mehr als tausendjährigen Geschichte weite Verbreitung, und zwar als eines der bedeutendsten Konkurrenten der frühen Christenheit. Im 7. Jahrhundert stießen Sendboten Manis über Turkestan entlang den Seidenstraßen bis nach China vor. Aufschlußreich wurden die reichhaltigen Schriftenfunde mit manichäischer Literatur zu Beginn des 20. Jahrhunderts in Turfan sowie koptisch-manichäische Texte aus dem mittelägyptischen Medinet Madi/Faijum (1930). Nach Europa drang manichäisch-gnostisches Denken über den Balkan (Bogomilen) nach Norditalien und vor allem nach Südfrankreich ein. Durch die → Katharer (→ Albigenser) fand es im Mittelalter eine eigenständige Ausformung. In den Albigenserkriegen, den einzig »erfolgreichen« Kreuzzügen der Kirche, wurde das Katharertum zwar weitgehend zerschlagen, doch wie die Gnosis, so pflegen manichäische Vorstellungen von Zeit zu Zeit immer wieder aufzutauchen.

Lit.: A. Böhlig (Hrsg.): Der Manichäismus, in: Die Gnosis, Bd. III. Zürich 1980; G. Widengren: Mani und der Manichäismus. Stuttgart 1961; ders.: Der Manichäismus (Wege der Forschung). Darmstadt 1977.

Mantra(m) (sanskr. »mantr«, sprechen, heiliger Spruch; ferner unter anderer Ableitung; etwas, was befreit und schützt, wenn man es richtig meditiert), eine Lautkombination bzw. eine Kurzformel, der eine besondere magische Wirksamkeit zugesprochen wird, die man daher u. U. geheim hält, um deren Mißbrauch willen man sie schützen muß, ähnlich den Gottes- oder Engel- → Namen. Derartige M. dienen der häufig wiederholten Rezitation wie der → Meditation. Dies gilt für die im Osten meistgebräuchliche Silbe »Om« (in: Om mani padme hum), wobei auf die rechte Intonation jeweils besondere Aufmerksamkeit zu legen ist. Entscheidend ist die geistige Verfassung, in der dies geschieht, bedenkt man, daß der Sinngehalt eines M., sofern eine bestimmte Wortbedeutung vorliegt, von sekundärer Bedeutung ist. So wird z. B. von → Zen-Mönchen täglich das kleine Herz-Sutra rezitiert, das mit den eindrücklichen Worten endet: »Gate gate paragate parasamgate bodhi svaha«. Man nennt es das unübertreffliche M., das alle Leiden mindere. »Und ob-

gleich es einen mehr oder weniger verständlichen Wortsinn hat — ›Gegangen, gegangen, über alles hinaus, über
alles ganz und gar hinausgegangen, Erleuchtung, Heil!‹
wird es wie andere M. ohne Bezug auf seinen Sinn
gebraucht, da es eigentlich eine Anrufung der … transzen-
dentalen Weisheit ist« (J. Blofeld: Die Macht des hl. Lautes, S. 133). Diese östliche M.-Praxis erinnert an christliche Übungsweisen, etwa an das → Herzensgebet im
ostkirchlichen → Hesychasmus; an die Empfehlung in
→ Wolke des Nichtwissens, möglichst ein einsilbiges,
spirituell gefülltes Wort zu meditieren. In der → Gnosis
benützte man bestimmte Paßworte, mit deren Hilfe man
in die göttlich-geistige Welt aufzusteigen hoffte. Der Jesus-
Name wurde und wird wie ein M. benützt. Analogien zu
den östlichen Kurzformeln finden sich u. a. in den Grundschriften der → Rosenkreuzer.

Lit.: J. Blofeld: Die Macht des heiligen Lautes. Die geheime Tradition des Mantra. Bern–München 1978.

Martinez de Pasqually   → Pasqually

Martinisten   Bezeichnung der von → Pasqually begrün-
deten geheimen maurerischen Verbindung, die infolge
Spaltung und Wiederbegründung durch zahlreiche meist
französische Maurer und Okkultisten unterschiedlicher
Ausrichtung, unter ihnen → Saint-Martin, Stanislas
Guaita und Papus (d. i. Gérard Encausse), und Joséphin
Pelad, an ihr Gepräge bekamen.

Lit.: E. Lennhoff, O. Posner: Internationales Freimaurerlexikon.
Wien 1932.

Meditation   (lat. »meditari«, üben; die gelegentlich ge-
brauchte Verdeutschung »zur Mitte führen« trifft wohl die

Meditation

Sache, entspricht aber nicht der ursprünglichen Wortbedeutung) M. gehört ins Zentrum des religiös-geistlichen Lebens wie der esoterischen Praxis. Ihre Grundhaltung ist die der »Innerung«, d. h. der Sammlung wie der der Besinnung auf das »Eine, das not tut«. »Der Meditierende nimmt den Gegenstand seiner M. in sein Inneres, in seine Mitte, in den zentralen Raum seiner Seele auf« (C. Happich). – »Meditieren heißt: einen Inhalt so in sich aufnehmen, daß er das Leben in den organischen, unbewußten Seelenprozeß der → Seele eingeht ... als ein unmittelbar Wirkendes in uns eingehend ein Stück Seele wird, daß er nicht gedacht und gewußt, sondern gehabt wird« (Alfons → Rosenberg). Unterscheiden lassen sich generell zwei Arten meditativer Übung: a) die gegenständliche, b) die ungegenständliche M. Grundsätzlich kann jeder Gegenstand in die Mitte der meditativen Betrachtung gerückt werden, z. B. eine brennende Kerze, ein Kristall, eine Blüte, ein Baum, ein Symbol, ein Wort ... Hilfreich ist die klare Überschaubarkeit und – bei einem Wort – dessen formelhafte Kürze und spirituelle Dichte (→ Mantram). Man konzentriert sich zunächst auf das Objekt der M., betrachtet es, läßt es dann so auf sich wirken, daß alles andere unwesentlich wird. Nicht was »ich« über den zu meditierenden Gegenstand denke oder von ihm meine, ist wesentlich, sondern was er mir – ohne Worte – »sagt«. In diesem Stadium geht M. in → Kontemplation über. – b) Gegenstandslose M. liegt dann vor, wenn man, wie z. B. in der → Anthroposophie in einem vorgeschrittenem Stadium des M.-Geschehens nicht nur den betreffenden Gegenstand aus der äußeren Betrachtung herausnimmt, sondern auch jede innere Vorstellung »löscht«, jedoch stets auf klare Bewußtheit achtet, also hell wach bleibt. Man nennt das die Herstellung eines »leeren

Bewußtseins«. Erst in diesem Zustand wird → Inspiration aus der (unbewußten) geistigen Welt möglich. Anders verfährt man auf dem Weg des → Zen, wo die M. bereits gegenstandslos beginnt und → Satori zum Ziel hat. – Je nach der geistig-seelischen und auch körperlichen Verfassung vor Beginn der M. ist es ratsam, seiner Übung entspannende Haltungs- oder Atemübungen vorauszuschicken, um den üblichen Verkrampfungen zu begegnen. Abgesehen von der reichen M.-Erfahrung des Ostens verfügt auch der Westen über eine vielfältige M.-Tradition. Sie beginnt bereits in der Antike. Ihre weitere, auf das christliche Frömmigkeitsleben ausgerichtete Durchformung fand sie in den klösterlichen Gemeinschaften, die im Geiste Benedikts von Nursia »ora et labora«, Gebet und Arbeit, M. und Aktion in ein rhythmisches Gleichgewicht zu bringen wußten. Sonderformen entwickelten sich u. a. in der Ostkirche mit dem → Herzensgebet bzw. durch das Meditieren des → Namens Jesu. Ausgesprochen betrachtenden Charakter gewannen die → Exercitia Spiritualia des → Ignatius von Loyola. Wie er, so hatte schon die Reformation aus der M.-Praxis der → Devotion Moderna geschöpft. Dieser Gattung läßt sich auch die imaginativ-meditative Betrachtung zuordnen, wie sie insbesondere Friedrich Rittelmeyer (1872–1938) im Rahmen der von ihm mitbegründeten → Christengemeinschaft entfaltet hat, und zwar in deutlicher Abgrenzung zu dem von R. → Steiner ausgebildeten anthroposophischen Erkenntnisweg. Daneben gibt es mancherlei Mischformen, u. a. die → Aktive Imagination als eine im Bereich der → Analytischen Psychologie C. G. → Jungs angewandte Praxis mit psychotherapeutischer Zielsetzung oder die in der evangelischen Michaelsbruderschaft sowie von dem Theologen Friso Melzer gepflegte »Innerung« als Wege geistlich-leibhafti-

Meister

ger Vergegenwärtigung. Östliche und westliche Tradition verbindend, führte Karlfried Graf → Dürckheim im Zusammenhang der → Initiatischen Therapie an die M. heran. Nicht wenige Ordensleute lernten auf diese Weise längst verschüttete Quellen ihrer eigenen Ordenstradition von neuem kennen. Nicht zu verwechseln mit diesen als geistig-geistliche Übungen verstandenen Formen der M. ist die sog. Predigt-M. der Theologen bzw. die beliebte Bild-M. Sachgemäßer sollte man in diesen Fällen von Besinnung auf einen Predigttext bzw. von (eingehender) Bildbetrachtung sprechen.

Lit.: K. Graf Dürckheim: Meditieren, wozu und wie. Freiburg 1976; F. Melzer: Innerung. Wege und Stufen der Meditation. Kassel 1968; P. Rabbow: Seelenführung. Methodik der Exerzitien in der Antike. München 1954; F. Rittelmeyer: Meditation. Zwölf Briefe über Selbsterziehung (1928). Stuttgart 1948 ff.; A. Rosenberg: Christliche Bildmeditation. München 1975; J. Sudbrack: Herausgefordert zur Meditation. Freiburg 1977; K. Tilmann: Weg in die Mitte. Freiburg 1982; K. Thomas: Meditation in Forschung und Erfahrung in weltweiter Beobachtung und praktischer Anleitung. Stuttgart 1973; G. Wehr: Der innere Weg. Anthroposophische Erkenntnis und meditative Praxis. Reinbek 1983; A. und W. Huth: Praxis der Meditation. München 2000.

Meister Zu den Grunderfahrungen menschlicher Existenz gehört die Einsicht in den Weg-Charakter des Menschseins. Die Religionen sind sich darin weitgehend einig, auch daß Rat und Hilfestellung, Führung und Geleit erforderlich sein können, → geistliche Führung. Der M. hat hierbei seine Aufgabe. Er vermag sie – je nach kulturellem und religiösem Zusammenhang – als Guru, Roshi, → Zaddik, Scheich oder Pir, Starez oder »Vater« bzw. »Mutter« nur in dem Maße zu erfüllen, in dem er an innerer → Erfahrung reicher ist als derjenige, der sich ratsuchend an ihn wendet. Entscheidend für die Qualität eines M. ist nicht dessen Wissen, dessen gesellschaftliche oder religiöse Stellung etwa innerhalb einer kirchlichen Hierarchie, sondern allein der Grad selbsterrungener Reife und Erkenntnis. Letztlich beschränkt sich seine Funktion darin, den »inneren M.« entdecken zu helfen und sich selbst in dem Moment überflüssig zu machen, in dem diese innere Führungskraft, das verborgene spirituelle Potential, der »Mut zum Sein« (P. Tillich) ... zumindest ansatzweise erschlossen ist. Denn: »Wer reif wird zum Weg und nach dem M. sucht, weil er der Führung bedarf, aber rings im Kreise keinen findet, der seinem Anspruch entspricht, darf wissen, daß er den M. in sich selbst hat, den inneren M. Hätte er ihn nicht, so könnte er auch den M. draußen nicht finden ... so könnte auch der ›M. draußen‹ in ihm nichts bewirken« (K. Graf → Dürckheim). Oder aus anderer Sicht: »Je stärker die Persönlichkeit eines Menschen ist, der andere ›geistlich‹ begleitet, desto mehr wachsen gleichzeitig Gefahr und Chance. Die Gefahr nämlich, daß die Suggestivkraft des M. zum geistlichen Angelpunkt wird; und damit öffnen sich Tür und Tor zum Bereich von magisch-spiritistischen Abhängigkeiten. Die Chance aber wächst zugleich, daß der ›M.‹ tatsächlich seinen ›Schüler‹ zum christlichen Selbstand verhilft« (J. Sudbrack).

Lit.: G. u. T. Sartory: Die Meister des Weges in den großen Welt-Religionen. Freiburg 1981; K. Graf Dürckheim: Der Ruf nach dem Meister. Weilheim 1972.

Memphis-Misraim Außerhalb der regulären → Freimaurerei durch John → Yarker (1833–1913) 1876 gegründeter Ritus, der sich auf Misraim als Bezeichnung für → Ägypten bezieht. Auf die drei regulären Johannisgrade (Lehrling, Geselle, Meister) bauen zahlreiche Hochgrade

Menschenbild

auf. Gemäß der Ursprungslegende geht diese sog. ägyptische Maurerei auf den Ägypter Menes oder Misraim zurück und verweist auf den Isis-Osiris-Mythos. Der M.-Ritus ist mit den Anfängen der → anglo-indischen Theosophie verbunden; auch Madame → Blavatsky war eine Initiierte dieser Verbindung, nach ihr Annie → Besant. Man gab sich im Übrigen der Meinung hin, sich im Besitz uralter Mysterien zu befinden. In der Anfangszeit seiner Aktivitäten im Rahmen der Theosophical Society trat auch Rudolf → Steiner zusammen mit Marie von Sivers, seiner späteren Frau, am 24. November 1905 in den Orden ein, weil er den Grundsatz vertrat, daß eine spirituelle Bewegung auf eine entsprechende Kontinuität achten und eine Anbindung an traditionelle Institutionen herstellen müsse. Doch, sieht man sich die historischen und spirituellen Fakten an, so kann und konnte davon nicht wirklich die Rede sein. Von Anfang 1906 und bis zum Kriegsausbruch 1914 gab es im Zusammenhang der → Anthroposophie diese »erkenntnis-kultische« Arbeit, die naturgemäß internen Charakter hatte und nur einem ausgewählten Teil der Mitgliedschaft zugänglich war.

Lit.: G. Schuster: Geheime Gesellschaften, Verbindungen und Orden I/II. Leipzig 1906, Wiesbaden o. J. Bd. II, S. 549 ff.; H. Wiesberger: R. Steiners esoterische Lehrtätigkeit. Dornach 1997.

Menschenbild Das esoterischen Lehren zugrundeliegende M. geht vielfach von der Existenz eines geistigen Persönlichkeitskerns aus, der in deutlicher Unterscheidung vom alltäglichen oder manifesten Ich das »wahre Ich« bzw. das → Selbst des Menschen darstellt. Letztlich geht es um das Schicksal dieses Ich bzw. Selbst. Der Blick des esoterisch strebenden Menschen ist somit über das Vorläufige, Vordergründige hinaus gerichtet, so ernst die konkrete Situation, die Existenz genommen werden muß. Aber das Leben erschöpft sich nicht in den zwischenmenschlichen, gesellschaftlichen Bezügen. – In der abendländischen Philosophie wirkten sich die menschenkundlichen Vorstellungen der Vorsokratiker und vor allem Platons aus, wonach dieses Selbst bzw. die → Seele in der Sphäre der Ideen, also in der Welt des Geistes beheimatet ist und nur für eine bemessene Zeit einen vergänglichen materiellen Körper bewohnt. Die Wendung, der Leib sei »ein Gefängnis der Seele«, liegt dem zugrunde. Die Herkunft und das Verankertsein der menschlichen Seele im Geistigen (→ Geist) weist auf den vorgeburtlichen Bereich (Präexistenz) und begründet die Unsterblichkeit des individuellen Menschen, – eine Auffassung, die aber zu dem christlichen Auferstehungsgedanken in Spannung steht. Jedoch fand die Idee der Präexistenz, d. h. der Gedanke der im Geistigen veranlagten Existenz des Menschen vor Zeugung und Geburt, ins Christentum der ersten Jahrhunderte Eingang, z. B. bei Origenes (3. Jh.). Seit dem 6. Jahrhundert sprachen sich kirchliche Synoden dagegen aus, vor allem weil dieser Gedanke eine Voraussetzung für die Idee wiederholter irdischer Verkörperungen darstellt (→ Reinkarnation).

Abgesehen von dem dreigegliederten Menschen, in dem Leib, Seele und Geist zu einer Ganzheit vereinigt sind, kennen die esoterischen Lehrsysteme weitere Differenzierungen. Elementar ist hierbei das polare Gegenüber des Männlichen und des Weiblichen, an dem beide Geschlechter in charakteristischer Weise teilhaben (→ Androgyn). Oder unter anderem Aspekt: Mann und Frau bedürfen zu ihrer Reifung laut C. G. → Jung des gegengeschlechtlichen Seelenbildes, der Mann der weiblich vorgestellten Anima, die → Frau des Animus. Im Reifungsprozeß (→ Individuation) wird diese Vervollständigung (nicht Vollkommenheit!) angestrebt. Die fernöstliche Weisheit kennt einerseits die zum Tao sich vereinigende → Yin-Yang-Polarität; andererseits hat sie ein Wissen um übersinnliche, im Menschen verborgene Energiezentren (→ Chakra) gebildet, auch eine Methodenlehre, sie zu entfalten (→ Yoga), das → Bewußtsein qualitativ zu erweitern. Die westliche Entsprechung zu diesen Bemühungen ist u. a. die → Anthroposophie Rudolf → Steiners und deren historischer Vorläufer, die → angloindische Theosophie. Der Anthroposophie darf deshalb exemplarische Bedeutung zugesprochen werden, weil ein esoterisch begründetes M. auch allen ihren Ansätzen zu einer praktischen Umsetzung in Erziehung, Medizin, soziale Gestaltung u. dgl. zugrunde liegt.

Lit.: Vgl. u. a. → Analytische Psychologie, → Anthroposophie, → Yin-Yang, → Yoga.

Mesmer, Franz Anton (Iznang bei Radolfzell/Bodensee 1734 – Meersburg 1815), gilt als der Wiederentdecker des »animalischen oder tierischen Magnetismus«, mit dem ihm bemerkenswerte Erfolge gelangen. Nach theologischen und philosophischen Studien erwarb M. 1755 mit einer Arbeit über den Einfluß der Planeten auf Krankheitsverläufe das medizinische Doktorat und ließ sich in Wien als Arzt nieder. Bei Anwendung von Magneten fiel ihm eines Tages (1774) auf, daß die Wirkung nicht allein durch sie herbeigeführt wurde und daß bei der Anwendung von Magneten diese nur Hilfsmittel zur Verstärkung des tierischen Magnetismus gewesen seien. Darunter verstand er eine das ganze Universum durchdringende, die Naturwesen verbindende Kraft immaterieller Art. Krankheiten werden demzufolge verursacht, wenn das energetische oder magnetische Gleichgewicht gestört sei. Die Aufgabe von Magnetiseuren bestehe demzufolge darin, für einen entsprechenden Zustrom solcher Kräfte zu sorgen. Dazu kommt die bei diesen Operationen ebenfalls zu berücksichtigende suggestive Wirkung des Heilers. Justinus → Kerner rezipierte M.s Anschauungen bei seinen eigenen Forschungen und widmete seinem Landsmann eine spezielle Schrift (1856).

Groß war die Aufmerksamkeit, die M. über Deutschland hinaus auch in England, Frankreich und den USA verursachte, zumal der Eindruck verstärkt wurde, daß Heilung nicht allein mit materiellen Mitteln, sondern letztlich »durch den Geist« erfolge. So lassen sich von M. Verbindungslinien einerseits zu verwandten spirituellen Bewegungen wie der → anglo-indischen Theosophie Madame → Blavatskys oder der »Christian Science« von Mrs. Baker-Eddy, andererseits zur Entdeckung des → Unbewußten ziehen. Ferner werden M. Beziehungen zur → Freimaurerei nachgesagt u. a. zur Bruderschaft von Luxor.

Lit.: H. F. Ellenberger: Die Entdeckung des Unbewußten. Bern 1973, S. 95–110 u. ö.; E. Benz: F. A. Mesmer und die philosophischen Grundlagen des animalischen Magnetismus. Wiesbaden 1977; S. Zweig: Die Heilung durch den Geist. Frankfurt 1983; B. Meheust in: Dictionary of Gnosis and Western Esotericism. Leiden 2005, S. 75–82.

Meyrink, Gustav (eigentlich: Meyer) (Wien 1868 – Starnberg 1932), viel gelesener Satiriker und vor allem okkultistischer Romanschriftsteller, der nach Schulbesuch und Gymnasialausbildung in München und Hamburg sowie nach Absolvierung einer Handelsakademie in Prag dort 1888 als Bankangestellter, später als selbständiger Bankier tätig war und der sich im Zusammenhang einer

Meyrink, Gustav (eigentlich: Meyer)

Lebenskrise (Suizidversuch, 1891) mit der sog. »Geheimwissenschaft« in ihren verschiedenen Sparten zu beschäftigen begann. Von da an fand er Anschluß an diverse Logen theosophischer bzw. rosenkreuzerischer Richtung; in Prag war dies zunächst die Loge »Zum blauen Stern«. Jahrelang unterzog er sich diversen Exerzitien, Mantram-Rezitationen und Übungen zur Erweckung der Kundalini-Energie. Auch Drogenexperimente führte er an sich durch. Eine besondere Anziehung übte die → Kabbala auf ihn aus, insbesondere die in Prag kursierende → Golem-Sage. Sein erster Roman, der im Weltkriegsjahr 1915 als Buch erschien, ist diesem Thema gewidmet. Daß er als Romancier in der Behandlung kabbalistischer Zusammenhänge von seiner dichterischen Freiheit reichlich Gebrauch machte, kann nicht verwundern. Entsprechende Kritik wurde ihm zuständigerweise von Gershom → Scholem zuteil, zumal die Breitenwirkung dieses Romans beim allgemeinen Publikum Vorstellungen erweckte, die der Realität der jüdischen Mystik nicht angemessen sein konnten. Weite Verbreitung fanden auch die übrigen Romane, die u. a. dem englischen Alchymisten John → Dee (in »Der Engel vom westlichen Fenster«) gewidmet waren.

Ein Biograph M.s, Eduard Frank, resümiert: »Wie immer man auch das Gesamt der Gedanken und Erlebnisse dieses Wanderers zwischen zwei Welten, zwischen dem Hüben und dem Drüben, zwischen Literatur und Psychologie, zwischen kühl vorbereitetem Experiment und eruptiver visionärer Schau beurteilen mag: sein Verdienst, ein rastloser Sucher gewesen zu sein, der sich nie geschont hat und der den geistigen Anliegen mit unerhörtem Ernste nachgegangen ist, kann niemand bestreiten.« Vieles deutet darauf hin, daß M. – wie Hermann Ritter anmerkt – die Entfremdung des Menschen in dieser zweigeteilten Welt gesehen hat. »Doch das höchste Ziel des Menschen ist nicht die Machtentfaltung im ›Hüben‹ oder die esoterische Perfektionierung im ›Drüben‹, sondern die Synthese beider Welten, der Verbund beider Hälften der Welt. Das Ziel definiert M. am Ende von ›Das grüne Gesicht‹ eindeutig: ›Er war hüben und drüben ein lebendiger Mensch.‹«

Werke: Der Golem. Leipzig 1915; Das grüne Gesicht. Leipzig 1916; Walpurgisnacht. Leipzig 1917; Der weiße Dominikaner. Wien 1921; Der Engel vom westlichen Fenster. Leipzig 1923; Goldmachergeschichten 1925. – *Lit.:* M. Pulver: Erinnerungen an eine europäische Zeit. Begegnungen mit Rilke, Kafka, Klee, Meyrink und anderen. Zürich 1953; E. Frank: G. Meyrink. Werk und Wirkung. Büdingen–Gettenbach 1957; F. Smit: G. Meyrink. Auf der Suche nach dem Übersinnlichen. München 1988; H. Ritter: Der Herr des Golem, in: Gnostika 32, Feb. 2006, S. 42–55.

Michaelisches Zeitalter die dem Erzengel Michael als dem beherrschenden »Zeitgeist« unterstellte Epoche, die aufgrund alter, teils biblischer, teils antiker bzw. mittelalterlicher Überlieferung das Zeitalter Gabriels ablöst, das sich seit den Tagen der Reformation bis zum Jahr 1879 erstreckt. In der → Anthroposophie Rudolf → Steiners gilt Michael als der Zeitgeist, unter dessen Führung der heutigen Menschheit die Dimension des Spirituellen von neuem erschlossen werden soll. Der Übergang von der einen zur anderen Epoche bedeutet in anthroposophischer Beleuchtung eine Wende, in deren Verlauf der naturwissenschaftliche Materialismus mit seinen Folgeerscheinungen zu überwinden ist. »Die Götter dieser Epoche sind heute zu den Gegnern geworden, denen Michael entgegentritt. Heute wirkt, wo sie wirkten, der Drache des Materialismus. Und wenn Michael in der Gegenwart von neuem zum Kampf gegen die Drachengewalten antritt; wenn er

Mirandola, Giovanni Pico della

Menschen sucht, die ihm dabei helfen, so heißt dies, daß der Durchbruch zu einer neuen spirituellen Weltanschauung gefunden werden muß« (E. Bock). So gesehen stellt das M. Z. eine ältere Entsprechung zu → New Age bzw. zum → Wassermann-Zeitalter dar. In jedem Fall handelt es sich um Versuche, die Qualität der Zeit (→ Astrologie) und die sie beherrschenden geistigen Mächte (→ Engel) näher zu bestimmen, um schließlich entsprechende Konsequenzen im Denken, Fühlen und Wollen zu ziehen.

Lit.: E. Bock: Michaelisches Zeitalter. Die Menschheit vor dem Zeitgewissen (1937). Stuttgart 1979; A. Rosenberg: Durchbruch zur Zukunft. München 1958; ders.: Michael und der Drache. Olten–Freiburg 1956.

Mirandola, Giovanni Pico della → Pico della Mirandola

Molinos, Miguel de (1628/29–1696) In der Geschichte der spanischen Mystik nimmt M. insofern eine besondere Stellung ein, weil er aufgrund seiner Schrift über den geistlichen Führer und den spirituellen Weg, »Guia espiritual« (Rom 1675), und durch seine ausgeprägte mystische Frömmigkeit in den Verdacht der Häresie geriet, wie sie auch dem → Quietismus unterstellt wurde. Dabei war es sein Bestreben, spirituell suchenden Menschen eine Hilfe zu geben, eben einen geistlichen Führer zur Seite zu stellen. Unter einem solchen Geleit verstand er einen Menschen, der, ganz seiner Aufgabe hingegeben, selbst einen → inneren Weg geht und bei der Beratung der ihm Anvertrauten Ehrgeiz und Geltungsdrang, Aufdringlichkeit und Fanatismus ausschaltet und den individuellen Freiheitsraum anderer respektiert. Aus dieser Haltung heraus gelte es, das Ruhegebet (→ Kontemplation) zu vollziehen, im Grunde eine Weise der Anregung, wie sie auch andere

Meister und Meisterinnen des Wegs zeigen, zumal M. aus den Schriften eines → Dionysius, der Teresa von Avila und des Johannes vom Kreuz, auch der rheinischen Mystik des Mittelalters (→ Eckhart) schöpft. Aus diesem Grund fand sein in Rom abgefaßtes Werk zunächst große Zustimmung, selbst bis in die Spitze der Kirchenleitung hinein. Das Buch erlebte daher mehrere Auflagen und auch Übersetzungen ins Französische und Deutsche.

Indessen nahmen fanatisierte Kritiker das Buch selbst und die vom Autor praktizierte Frömmigkeit zum Anlaß der Verleumdung. Obwohl ihm Unbedenklichkeit bescheinigt wurde, machte man M. unter Vermittlung des französischen Königs Ludwig XIV. den Prozeß, der 1687 mit lebenslänglicher Haft endete. Sein Buch kam auf den Index der verbotenen Schriften. Im Gefängnis eines Dominikanerklosters starb er, man vermutet durch Gift. Da die Prozeßakten verbrannt wurden, ist eine nachträgliche Aufklärung der Zusammenhänge nicht mehr möglich. Bis heute fehlt es nicht an Bedenken, wonach unter Beachtung der Zeitsituation die Erregung von Mißverständnissen als ernste Gefahr gesehen worden sei. Doch die Stimmen der Fürsprache sind zahlreich:

»Das Buch ›Der spirituelle Weg‹ zeigte einen lauteren spirituellen Menschen, der nicht den Kerker, sondern die Heiligsprechung verdient hätte« (Willigis Jäger).

Lit.: R. Knox: Christliches Schwärmertum. Köln–Olten 1957, S. 268 ff. u. ö.; Tietz in: Wörterbuch der Mystik. Hrsg. P. Dinzelbacher. Stuttgart 1989, S. 360 f.; K. I. Tellechea Idigoras in: Theologische Realenzyklopädie (TRE 23). Berlin 1994, S. 203 ff.; W. Jäger in: Kontemplation und Mystik, Nr. 1/2003.

Molitor, Franz Joseph (Oberursel bei Frankfurt 1779–1860) Wenn der studierte Jurist und Philosoph, zugleich

Molitor, Franz Joseph

ein Schüler Schellings, nicht weniger → Baaders, und spätere Gymnasiallehrer für Geschichte und Naturlehre in Frankfurt zu den gemeinhin Vergessenen gehört, so ist jedoch seine Bedeutung für den Fortgang der → christlichen Kabbala im 19. Jahrhundert (→ Pico della Mirandola, → Reuchlin) nicht zu unterschätzen. Geschichtsphilosophische Studien ließen ihn sich immer stärker auf die jüdische Philosophie und Mystik (→ Kabbala) zubewegen. Nach dem Trend der Zeit befürwortete er zwar die Assimilation des Judentums, doch dessen Eigenwert verkannte er nicht. Als → Freimaurer in einer christlichjüdischen Loge setzte er sich für die Gleichberechtigung jüdischer Brüder ein. Aus seinen einschlägigen Veröffentlichungen ragt seine vierbändige »Philosophie der Geschichte oder Über die Tradition« (Frankfurt 1827 ff.) hervor. M. erblickt im Judentum und seiner Überlieferung ein hohes Menschheitsgut mit exemplarischen Aspekten für die ganze Menschheit. Ursprung und Führung dieses Volks bilde »Hauptstrom und Mittelpunkt« von deren Geschichte, die ihrerseits durch Christus bzw. den Messias geprägt sei. Dieser christologische Bezug ist es, den Gershom → Scholem als eine Verfremdung betrachten muß. Doch zögert er nicht, in seinen Erinnerungen »Von Berlin nach Jerusalem« (Frankfurt 1997) zu bekennen, wie wichtig dem jungen Kabbala-Forscher gerade dieses Werk des christlichen Kabbalisten am Anfang seiner Studien für seinen eigenen Werdegang geworden sei.

Lit.: Chr. Schulz: F. J. Molitors Philosophie des Judentums, in: Menora. Jahrbuch für deutsch-jüdische Geschichte. München 1995; J. Darvas: Das Judentum als Abbild der Menschheit im Klein. F. J. Molitors Philosophie der Geschichte, in: Info 3, Nr. 12/2000, S. 29 ff.; A. B. Kilcher: F. J. Molitors Kabbala-Projekt vor dem Hintergrund seiner intellektuellen Biographie, in: Zeitschrift für Religions- und Geistesgeschichte (ZRGG) Heft 3/2003, S. 138–166; A. Hallaker: F. J. Molitor. Lehrer, Freimaurer, Kabbalist, in: W. Schmidt-Biggemann (Hrsg.): Christliche Kabbala. Ostfildern 2003, S. 225–246.

More, Henry (1614–1687) In Cambridge ausgebildet, gehört M. neben Ralph Cudworth zu den führenden Philosophen der sog. Cambridge-Platoniker, die Wert darauf legten, daß Philosophie und Theologie bzw. Religion nicht voneinander zu trennen seien, sondern erst in der Zusammenschau einer Vertiefung der Erkenntnis dienen können. Er hinterließ ein umfangreiches Werk, zu dem auch philosophische Gedichte gehören. M. gilt insofern als ein religiöser Denker, als es ihm darauf ankam, ein ideelles »Gegengift gegen den Atheismus« (»Antidote against Atheisme«, London 1633) zu entwickeln und für die Unsterblichkeit der Seele einzutreten. Wichtig wurde für ihn dabei, neben einem Rückgriff auf Descartes, der Einbezug okkulter Anschauungen, insbesondere der → Kabbala. Ihren Ausdruck fand dies durch seinen Austausch mit → Knorr von Rosenroth und seinem Sulzbacher Kreis.

Lit.: S. Hutin: H. More. Hildesheim 1966; Lexikon der theologischen Werke. Hrsg. M. Eckert u. a. Stuttgart 2003, S. 25 f.; S. Hutton in: Dictionary of Gnosis and Western Esotericism. Leiden 2005, S. 801 ff.

Mose (Mosche) de Leon (1240–1305) Der aus dem spanischen Leon stammende Rabbi ist in seiner Bedeutung für die Geschichte der → Kabbala kaum zu überschätzen, nachdem die Forschung gezeigt hat, daß der → Sohar nicht von einem großen Unbekannten, sondern vom ihm als

Mozart, Wolfgang Amadeus

dem maßgeblichen Autor dieses wichtigen Werks der jüdischen Mystik abgefaßt wurde. Anfangs orientierte er sich an der Philosophie des Maimonides (Mose ben Maimon, 1135–1204). Die Begegnung mit Josef → Gikatilla führte ihn an die prophetische Kabbala heran, ehe er sich auf die vom Neuplatonismus (→ Plotin) mitbestimmten theosophischen Ausdeutungen der jüdischen Mystik konzentrierte. Prinzipiell war M. bestrebt, dem in der jüdischen Theologie seiner Zeit auftretenden Rationalismus entgegenzutreten. Er wählte daher die pseudoepigraphische Einkleidung seines Hauptwerks, wodurch er den Eindruck erweckte, die von ihm verfaßten Teile des Sohar seien von den Großen der frühen Judenheit, insbesondere durch Rabbi Simon ben Jochai (2. Jahrhundert) niedergeschrieben worden. Jahrhunderte lang konnte er diesen Eindruck erwecken. Noch dem jungen → Scholem oblag es, sich der historischen Tatsachen zu vergewissern. Deshalb auch die Verwendung des Aramäischen, die den Eindruck des hohen Alters suggerierte. Aber ohne Skepsis begegneten ihm M.s Zeitgenossen nicht, weil man nicht glauben konnte, daß ein nach heutiger Einschätzung so wichtiges Werk seit der Väterzeit über ein Jahrtausend verborgen bleiben konnte und in der Literatur völlig verschwiegen worden sein sollte.

Lit.: G. Scholem: Die jüdische Mystik in ihrer Hauptströmungen. Frankfurt 1957, S. 210 ff., S. 213 ff. u. ö.; D. S. Ariel: Die Mystik des Judentums. München 1983, S. 80 f.

Mozart, Wolfgang Amadeus → Zauberflöte

Mysterien, -Stätten, -Religionen (griech. »mysterion«, Geheimnis, Geheimlehre). Die hauptsächlich in vorchristlicher Zeit im Mittelmeerraum verbreiteten religiösen Kulte, in deren Mitte ein bestimmtes Geheimnis stand, zu dem man durch → Einweihung (→ Initiation) Zugang finden konnte. Das entsprach dem schon im Altertum wachsenden Bedürfnis vieler Menschen, mit ihren Göttern in innige Verbindung zu treten und die Wahrheiten ihres → Mythos an sich selbst zu erleben; in diesem Erleben einen Prozeß der Wandlung und der → Erleuchtung zu durchlaufen. Zugunsten der ehrfürchtigen Teilnahme, für die sich der Neophyt (Neuling) vorzubereiten hatte, um Myste (Eingeweihter), schließlich Epopte (Erleuchteter) zu werden, trat eine schulmäßige Belehrung in den Hintergrund. Andererseits schützte lange eine streng beobachtete → Arkandisziplin vor leichtfertiger Profanisierung. Es stand unter Strafe, die M. auszuplaudern oder »auszutanzen«, d. h. die geheim gehaltenen rituellen Handlungen nachzuahmen. Noch aus den meist knappen Andeutungen, die sich in den Schriften griechischer Autoren wie Platon finden, spricht Hochachtung und Ehrfurcht gegenüber dem in den M. Erlebten. Bruchstückhaftes M.-Wissen hat sich auch bei den frühen christlichen Schriftstellern (Klemens von Alexandrien, Hippolyt von Rom u. a.) erhalten. Entscheidend wie bei aller Esoterik aber ist der zu durchlaufende Prozeß als solcher, der M.-Weg.

Zu den bekanntesten M.-Kulten gehören im alten Griechenland die des Dionysos, der »Erdmutter« Demeter in Eleusis bei Athen, sodann die der Orphiker, der Kabiren von Lemnos und auf Samothrake; ins kleinasiatische Phrygien verweisen die der Muttergottheit Kybele gewidmeten M. mit ihrem als Vegetations- bzw. Auferstehungsgott verehrten jugendlichen Geliebten Attis. Mit diesen M.-Gottheiten verwandt ist Adonis, der Gefährte von Aphrodite, der Vegetationsgott im phönikisch-syrischen

Bereich. Ähnlich wie Dionysos wurde auch der thrakisch-phrygische Sabazios in rauschhafter Ekstase erfahren. Das Geheimnis des mystischen Todes und des Erweckt-werdens (→ Wiedergeburt) ist ein zentrales M.-Thema. Es begegnet wieder bei dem ägyptisch-hellenistischen Totengott Osiris (bzw. Sarapis), der von seiner Gattin Isis ins Leben zurückgerufen wird. So verbinden sich verschiedene Aspekte, solche einer Verehrung der in der Natur wirksamen Kräfte der zyklischen Erneuerung des Lebens, sodann solche einer ethischen Reinigung, geistigen-seelischen → Transformation und Wesenswandlung. Auf diese Weise fanden sich Männer und Frauen zur Esoteriker- bzw. M.-Gemeinde zusammen. Ausschließlich Männern, z. B. römischen Söldnern vorbehalten waren die Mithras-M. mit ihren einer Höhle nachgebildeten Kultusräumen mit sieben Graden der Initiation. Zu den wesentlichen Elementen der einzelnen M. gehörten sakramentale Handlungen: Taufe und Mahlfeiern, das Erwecktwerden nach einem dreitägigen M.-Schlaf. All das konnte von der ersten Christenheit als Prototypie (Vorbilder) für ihre eigenen liturgischen Vollzüge angesehen werden, freilich mit einem entscheidenden Unterschied: Was einst im M.-Tempel verborgen und nur einem kleinen Esoterikerzirkel vorbehalten blieb, das trat vor die Öffentlichkeit, um vor aller Welt und unterschiedslos für alle Menschen präsent zu sein: das Mysterium der Christus-Erscheinung. Doch auch hier bleibt das Problem bestehen: Inwieweit kann und darf ein solches Mysterium »veröffentlicht« werden? Wo und in welchem Maße hat eine moderne, auf dem Boden des Christentums stehende Esoterik das Prinzip des Geheimnisschutzes zur Geltung zu bringen? Die Geschichte zeigt, daß insbesondere in Zeiten der spirituellen Verflachung, der dogmatisch-juri-

dischen Erstarrung und der kirchlichen Verweltlichung
das Bedürfnis nach Rückgewinnung der M.-Dimension
immer wieder aufbrach.

Lit.: M. Eliade: Geschichte der religiösen Ideen I. Von der Steinzeit
bis zu den Mysterien von Eleusis. Freiburg 1978; K. Kerényi: Die
Mysterien von Eleusis. Zürich 1962; D. Lauenstein: Die Mysterien
von Eleusis. Stuttgart 1987; Th. von Scheffer: Hellenische Mysterien und Orakel. Stuttgart 1940; R. Steiner: Das Christentum als
mystische Tatsache und die Mysterien des Altertums (1902). Dornach 1982.

Mysterienschule Neuzeitliche Bezeichnung für Einrichtungen, deren Initiatoren und Lehrer Erkenntnis suchende Menschen auf dem Weg einer → Initiation an die
geistige Welt heranführen und ihre Aspiranten auf dem
→ inneren Weg geleiten, insbesondere in Situationen der
Lebens- oder Reifungskrisen. Struktur und Lehrinhalt
einer M. sind überaus vielgestaltig. Das erklärt sich bereits
aus der Tatsache ihrer langen Geschichte, die von den
Tempelstätten → Ägyptens, philosophischen Akademien
(→ Pythagoras) über Mysterienvereinigungen und Gno-
stiker-Zentren der Antike bis zu den → Rosenkreuzern
reicht. »Die M. sind Einrichtungen, die die Verbindung
zwischen der Sinnen- und Zwischenwelt der Dämonen
einerseits, der Überwirklichkeit der geistigen Welt andererseits herstellen … Nach den Lehren der M. ist jeder
Mensch ein potentieller Mysterienschüler. Denn in jedem
Menschen ist das ›Programm‹ der Welt des Geistes angelegt und wartet auf Verwirklichung …« (K. Dietzfelbinger). In diesem Zusammenhang ist auch an die »Esoterische Schule« (E. S.) zu erinnern, wie sie in der → anglo-
indischen Theosophie Madame → Blavatsky eingerichtet
und in anderer Weise von Rudolf → Steiner bis 1914 fort-

Mysterium

geführt worden ist. Das → Lectorium Rosicrucianum
versteht sich heute selbst als M.

Lit.: K. Dietzfelbinger: Mysterienschulen. Vom alten Ägypten
über das Urchristentum bis zu den Rosenkreuzern der Neuzeit.
München 1997.

Mysterium (griech. »mysterion«, Geheimnis) Dieser
zentrale Begriff aller religiösen Wirklichkeit deutet auf
jene → Ökumene des Geistes hin, die auch das Christentum mit anderen Religionen – gleichsam von innen her –
verbindet, ohne sich mit ihnen vermischen zu wollen
(→ Synkretismus). Es ist das M., das das Christusereignis
und das individuelle Christwerden durch die → Initiation
der Taufe wie durch das Prozeßgeheimnis der → Wiedergeburt zu einer lebensbestimmenden Erfahrung werden
läßt. Obwohl die Verkündigung und das M. der Messiani-
tät des Jesus von Nazareth tief im Judentum wurzelt, ist
jedoch auch der strukturelle Zusammenhang mit den vorchristlichen → Mysterien des Griechentums nicht zu leug-
nen, – eine Tatsache, die im Lauf der Geschichte freilich
von bestimmten theologischen Gedankenrichtungen ge-
leugnet und verdeckt wurde, bisweilen aus Sorge um die
Eigenständigkeit des Christlichen. Dabei sprechen die
Evangelien deutlich vom Geheimnis des Reiches Gottes,
das in und zwischen den Menschen nach Gestaltwerdung
drängt. Die Apostelgeschichte bezeichnet den Glauben
der Urgemeinde ausdrücklich als »Weg« (Apg 9, 2; 24,
14), der zudem auch von Menschen ohne Rücksicht auf
Geschlecht, Rasse oder gesellschaftliche Stellung des Betreffenden gegangen werden kann. Eben dies entspricht
dem Charakter jener Mysterien, die nicht nur einen bestimmten → Mythos nacherzählen oder kultisch vergegenwärtigen, sondern die an Mysterien-*Erlebnisse* heran-

236

führen und den Menschen in ein neues Sein hineinstellen wollten. In deutlicher Fortführung und in nicht minder deutlicher Erneuerung des alten Mysterienwegs deutet Paulus das Christsein als eine »neue Schöpfung« und als einen Weg der Wandlung. Der Unterschied zu einem bloßen Interpreten der Schrift bzw. der Gesetzlichkeit seiner jüdischen Väter könnte bei dem mit mystischer Erfahrung vertrauten Apostel kaum größer sein. Davon abgesehen gibt es für den esoterisch gesonnenen Menschen eine Teilhabe am M. grundsätzlich in allen Bereichen des Lebens. Sie ist gegeben durch Geburt und Tod, durch jede tiefer gehende Menschenbegegnung, in der Rätselhaftigkeit des Schicksals in allen ihren Ausformungen, in allem schöpferischen Tun, das bloße »Machbarkeit« übersteigt, in der Liebesbegegnung zwischen Mann und Frau (→ Eros), die ihrerseits — wie alles Irdische — wiederum ausdrucksmächtiges Gleichnis ist für die Begegnung mit dem Ewigen, das das Zeitliche, Vergängliche sinngebend durchdringt. Für den Christen gipfelt das Mysterium in der Geistgemeinschaft mit Christus (Eph 5, 32), die im Symbol der Ehe von Mann und Frau gesehen werden kann. Der häufige Gebrauch des Begriffs M. in esoterischer Literatur kann wohl inflationäre Züge annehmen. Von der Sache selbst her gesehen aber ist seine Verwendung berechtigt, weil unersetzlich.

Lit.: W. Stählin: Mysterium, Vom Geheimnis Gottes. Kassel 1970.

Mystik (griech. »myein«, die Augen schließen), gilt als ein religiöses Urphänomen. M. basiert auf der → Erfahrung eines unmittelbaren, intuitiven Kontaktes mit Gott bzw. mit dem Absoluten oder Unbedingten. Elemente dieses Gotteserlebens und -erkennens (cognitio dei expe-

Mystik

rimentalis) sind in allen Hochreligionen verbreitet, so unterschiedlich dieses Erleben jeweils beschrieben wird. Die Vielfalt der Zeugnisse mystischer Erfahrung zeigt, daß es nicht nur verschiedene Grade und Intensitäten des Ergriffenseins gibt, sondern auch verschiedene Zugänge. Während Meister → Eckhart das Erlebnis eines einzigartigen Durchbruchs betont, der von Gott her erfolgt, kennen andere Mystiker Stadien eines → inneren Wegs, etwa das Stadium der vorbereitenden Reinigung (via purgativa), dann das der Erleuchtung (via illuminativa), schließlich das ersehnte Hochziel der M., die Vereinigung (unio mystica). Da das zu Erlebende mit keinem Erlebnis der Gegenstandswelt zu vergleichen ist, reichen die üblichen sprachlichen Superlative nicht aus. Das Unaussagbare wird durch provozierende Paradoxien und durch Negationen (via negativa) anzudeuten versucht. Der Mystiker setzt sich daher leicht des Verdachts der Häresie aus. Deshalb gibt es viele Berührungspunkte zwischen der Geschichte der M. und der der → Ketzerei. Zusätzliche Irritationen können durch die Verwendung der Sprache des → Eros bewirkt werden. So wie es den mystischen Tod, das Zerbrechen des alten Menschen gibt, so läßt sich die Gipfelerfahrung der M. als mystische bzw. → Heilige Hochzeit beschreiben. Es liegt in der Natur der Sache und es entspricht der Aktualität der M., daß sie nicht an eine bestimmte Geschichtsepoche gebunden ist, wenngleich die Bezeichnung »deutsche M.« in der Regel auf die Gestalten im Umkreis von Eckhart, Tauler, Seuse, die Bewegung der → Gottesfreunde sowie der → Devotio moderna angewandt wird. Oft stellt die M. ein Korrektiv zu einer an Gesetz und moralischen Normen orientierten Religionsform dar; im Judentum in Gestalt der → Kabbala, im Islam in Gestalt des → Sufismus. Buddhismus und Hinduismus sind überaus reich an mystischen Elementen. Oft gibt es Übergänge zwischen der M. und der → Theosophie. Kennzeichnend für jede Form von M. ist das Element der individuellen Erfahrung dessen, was Dogma und öffentliche Verkündigung, Mission und karitative Praxis zu einem Objekt werden lassen. Charakteristisch ist ferner, daß M. das Verbindende betont, wo Dogma und Theologie das hervorheben, was die Glaubensanschauungen unterscheidet. Doch daraus ist nicht eine Tendenz zum → Synkretismus abzuleiten. So groß der Gleichlaut mystischer Zeugnisse sein mag, so unzweideutig ist die geistige Verwurzelung eines religiösen Mystikers in der glaubensmäßigen Tradition, der er entstammt. Aber es gibt eine → Ökumene des Geistes, die die »garstigen Gräben« geschichtlicher Bedingtheiten überbrücken hilft.

Lit.: H. Dumoulin: Östliche Meditation und christliche Mystik. Freiburg 1966; A. M. Haas: Sermo mysticus. Freiburg/Schweiz 1979; R. Otto: West-östliche Mystik. München 1971; M. Schmidt, D. R. Bauer (Hrsg.): Grundfragen christlicher Mystik. Stuttgart 1987; J. Sudbrack (Hrsg.): Das Mysterium und die Mystik. Würzburg 1974; B. McGin: Die Mystik im Abendland I/III. Freiburg 1994 ff.; K. Ruh: Abendländische Mystik I/IV. München 1990 ff.; O. Langer: Christliche Mystik im Mittelalter. Darmstadt 2004; A. M. Haas: Mystik im Kontext. München 2004; G. Wehr: Die deutsche Mystik. Leben und Inspiration gottentflammter Menschen in Mittelalter und Neuzeit. Köln 2006.

Mythos (griech. »Wort, Erzählung«) Im Gegenüber zu »Logos« als dem stärker vom Denken her beherrschten Wort ist der M. das in sinn- und symbolhaltigen Bildern erzählende Wort, ohne daß der M.-Erzähler Anspruch auf historische Tatsächlichkeit erhebt. Ihm genügt die innere Wahrheit und Tiefe seiner Schilderung. Sie basiert vielfach auf der Erfahrung eines Urtümlichen, → Heiligen,

Mythos

eines Spirituellen. Gleichzeitig dient der M. dazu, das
einst wie in einem großen Traum Erlebte an spätere Geschlechter weiterzugeben, so daß das Ursprunghafte immer wieder gegenwärtige Gültigkeit erlangen kann. Was
der M. schildert, enthüllt die Topographie eines → inneren Wegs, den Menschen der betreffenden Traditionszu-
sammenhänge einst geführt worden sind und der in der
Nacherzählung bzw. in der → Meditation von neuem
seine geheime Führungskraft erweisen kann: seien es die
Reisen des Odysseus, der nach langer begegnungsreicher
Irrfahrt Ithaka erreicht und endlich nach Hause kommt,
und sei es als Bettler; oder handele es sich um die Ausfahr-
ten, um die Suche (Quest) nach dem geheimnisvollen
→ Gral des Parzival. Es ist die existentielle Bedeutsamkeit
solcher Mythen, die Mal um Mal zu faszinieren vermag.
Denn auf dem so beschriebenen Weg geht es vielfach um
die individuelle Reifung; gesucht und gefunden werden
soll das → Selbst, die Selbst-Werdung des Menschen. Andere Inhalte des M. betreffen die Kosmogonie, das Wesen
der geistigen Mächte in der oberen Welt, seien es Götter
oder → Engel. Wichtige Aussagen esoterischer Tatbestände sind ins Gewand des M. gekleidet: Die → Gnosis
kennt den gnostischen Erlöser-M., in dessen Verlauf die in
die Finsternis der Materie herabgestürzte Seele in die Welt
des Geistes emporzuheben ist; die Tradition der → Ro-
senkreutzer kennt die → Chymische Hochzeit Christiani
Rosenkreutz. Therapeutischen Wert erhält der M., ähnlich wie Traum und Märchen in der Tiefenpsychologie.
Bewußtseinsgeschichtlich betrachtet geht die mythische
Bewußtseinsstruktur der mentalen bzw. rationalen voraus,
doch ihr spiritueller Reichtum ist mit rationaler Begriff-
lichkeit nicht auszuschöpfen. Ähnlich dem → Symbol ist
der M. mehrdimensional. Jede Entmythologisierung, die

eine Auflösung oder Beseitigung des angeblich überlebten M. zum Ziel hätte, bewirkte eine spirituelle Verarmung, ginge es doch um den Verlust eben jener Dimension der Wirklichkeit, die weder durch Maß, → Zahl und Gewicht noch durch platte Empirie zu erfassen wäre. »Die Mythenwelt liegt als ein gewaltiger objektiver Tatbestand unserer Geschichte vor ... Erschlossen werden die Mythen aber erst, wenn wir sie verstehen. Der M. ist nicht schon die Erzählung als solche, sondern erst das, was darin liegt an Bedeutung. Die Bedeutung im M. spüren wir, ohne sie zu erkennen. Wir erleben sie, ohne sie zu wissen. Die Mythen sind wie ein unendlich wogendes Meer von Bedeutungen, die in die Tiefe des Seins und meines Seins dringen ...« (K. Jaspers).

So werden im M. nicht nur die Bewegungen der Natur und die Ereignisse des menschlichen Lebens interpretierbar (z. B. in der Psychotherapie). Mythische Vorstellungen können auch in die Gestaltung der äußeren Geschichte zurückwirken, etwa als Sehnsucht nach einer paradiesisch heilen Welt, nach der Wiederherstellung eines »ewigen Reiches« u. dgl. »Die Geschichte selber vollzieht sich für die Alten stets im Auftrag und in Bevollmächtigung göttlicher Mächte; sie selbst also besitzt a priori den Wert eines symbolischen Szenariums, und unabhängig von dieser Symbolik vermöchte die Geschichte selbst sich nicht zu vollziehen. Von daher dürfte es klar sein, daß eine Auslegung der Geschichte, die das bleibend Gültige an der Geschichte herausarbeiten will, gerade diesen Schritt der Alten vom M. zur Geschichte für sich selber mitvollziehen muß, wenngleich in umgekehrter Richtung: während die Mythen die Kräfte und Gegensätze der menschlichen Psyche nach außen verlagert und in den fremden

Einflüssen göttlicher Mächte angeschaut wurden, geht es bei einer tiefenpsychologischen Auslegung geschichtlicher Überlieferung immer wieder um die Rückführung der historischen Gestaltungen auf die szenarischen Sequenzen archetypischer (→ Archetypus) Symbole im Menschen selbst ...« (E. Drewermann: Tiefenpsychologie und Exegese, Bd. I, 322).

Lit.: J. Campbell: Der Heros in tausend Gestalten. Frankfurt 1953; K. Hübner: Die Wahrheit des Mythos. München 1985; K. Kerényi: Die Eröffnung des Zugangs zum Mythos (Wege der Forschung). Darmstadt 1982; L. Ziegler: Überlieferung. München 21949. E. Drewermann, Tiefenpsychologie und Exegese. Bd. I, Olten 1984; Bd. II, Olten 1985.

N

Name(n) Dienen nicht allein der Benennung und Unterscheidung, sondern verweisen unter dem religiösen bzw. spirituellen Aspekt auf das Wesensgeheimnis des Genannten. Die → Magie kennt den N.-Zauber, bei dem z. B. unter Nennung eines bestimmten N. Macht ausgeübt werden soll. Dabei ist die Kenntnis von → Engel- oder Gottes-N. von entscheidender Bedeutung. Deren Wirkkraft ergibt sich vor allem durch die Komposition der Buchstaben und Laute, aus denen sich (analog zum → Mantram) N. zusammensetzen, denn den Lauten wohnen nach traditioneller Anschauung ihrerseits verborgene Potenzen und Qualitäten inne. Den N. kennen, heißt zum einen, Verfügungsgewalt über den N.-Träger besitzen; zum anderen gebietet die Heiligkeit des Gottes-N. (z. B. im Judentum), daß man sich

hütet, ihn auszusprechen. Schon die Anrufung »im N.
Gottes« kommt einer Beschwörung gleich. So gesehen
ist der N. weder aus dem liturgischen Leben der Religionen noch aus der Esoterik wegzudenken, obwohl
oder gerade weil das Wort und der N. im heutigen
allgemeinen Sprachgebrauch an spirituellem Gehalt und
damit an Bedeutsamkeit stark eingebüßt haben. Das esoterische Wissen um das Geheimnis des N. ging weithin verloren. Aber es gibt auch die in der altchinesischen Weisheit gepflegte Skepsis gegenüber allem Benennbaren:
»Der N., den man nennen kann, ist nicht der ewige
Name« (Tao-te-king). Dem steht die hohe Einschätzung
des N. im Amida-Buddhismus gegenüber. Sie findet ihren
Ausdruck in der rituell rezitierten Formel: »Namu Amida
Butsu« (Verehrung dem Namen des Buddha Amitabha),
zugleich Manifestation inniger Hingabe an den solcher-
maßen Angerufenen. Doch auch im Christentum wird
dem N. ein hoher Rang zuerkannt: Im N. Christi zusam-
menkommen, heißt der Gegenwart Christi gewiß sein
(Mt 18, 20); »Geheiligt werde dein N.« entspricht der
ersten Bitte des Vaterunsers.

Lit.: F. Dornseiff: Das Alphabet in Mystik und Magie (1925). Leipzig 1985; A. Dieterich (Hrsg.): Eine Mithrasliturgie (1923). Darmstadt 1966.

Nettesheim, Cornelius Agrippa → Agrippa von Nettesheim

Neuoffenbarung Darunter versteht man das immer
wieder auftretende Phänomen, daß Menschen auf einem
nichtliterarischen, geistig-seelischen Weg (vom Unbewußten her) Wahrnehmungen empfangen, die für sie
und für den um sie sich sammelnden Kreis von Anhän-

Neuoffenbarung

gern religiösen Offenbarungscharakter haben bzw. beanspruchen. (Andere sog. Kundgaben, auch »automatisches Schreiben« ohne spezielle Inhalte, können hier ohne Betracht bleiben, wenngleich es Übergänge zum Religiösen hin geben kann.) Es kann sich um das innere Wort, d. h. um die verbale Eingabe von Texten handeln, die niederzuschreiben sind, sei es bei klarem oder bei einem gedämpften Bewußtsein der betreffenden Person. So ist es dem Österreicher Jakob → Lorber ergangen, während der schwedische Naturwissenschaftler Immanuel → Swedenborg seine Wahrnehmungen in der Weise empfing, daß er Einblicke in die geistige Welt der Engelmächte erlangt habe, jedoch – im Gegensatz zu Lorber – nicht Mitteilungen des erhöhten Christus, wodurch er befähigt war, ebenfalls davon auf seine spezifische Art Kunde zu geben.

Stellt man die Resultate der jeweiligen Schau oder Offenbarung nebeneinander, so zeigt sich, was nicht verwundern kann, daß sich diese Kundgaben inhaltlich nicht zur Deckung bringen lassen. Zu unterschiedlich sind Geistesart, Bildungsstand und Umwelt der beiden »Offenbarungsträger«. »Wer zu Swedenborg hält, kann Lorbers N. nicht uneingeschränkt als Diktate des Herrn anerkennen, und umgekehrt ist es ähnlich. So verlaufen die (nicht gerade häufigen) Diskussionen zwischen Swedenborgianern und Lorberianern auf einer mittleren Linie: Man sucht nachzuweisen, daß dem Kundgabenwerk der anderen Seite Mängel anhaften, die es zwar nicht disqualifizieren, es aber doch in manchen Punkten korrekturbedürftig machen« (Kurt Hutten).

Lit.: K. Hutten: Seher, Grübler, Enthusiasten. Das Buch der traditionellen Sekten und religiösen Sonderbewegungen. 12. Aufl. Stuttgart 1982, S. 560–619.

New Age »Neues Zeitalter«, die Sammelbezeichnung für zum Teil sehr verschiedenartige religiös-spirituelle, weltanschauliche und therapeutische Bestrebungen mit alternativen Zielsetzungen. Das mit N. A. Bezeichnete reicht von der Anschauung einer spirituellen → Astrologie, daß das → Wassermann-Zeitalter sich ankündige bzw. bereits angebrochen sei, bis hin zu praktischen Konsequenzen für ein »neues Leben«, die sich aus dem »neuen Denken« (Capra) ergeben. Wer N. A. nicht nur als eine Modeerscheinung begreift, der ist sich bewußt, daß es gilt, das in der Vergangenheit entstandene geistige religiöse Vakuum zu füllen. Dazu gehört einerseits das Beschreiten eines → inneren Wegs, der dem heutigen → Bewußtsein angemessen ist; andererseits ist eine Rückbesinnung – kein Rückzug! – auf die reichen Traditionen der → Mystik und → Esoterik in West und Ost unumgänglich. Dieses N. A.-Denken ist nicht an eine bestimmte Religion oder Weltanschauung gebunden. Es besteht aber das Bedürfnis nach Zusammenschau und nach ganzheitlicher Betrachtung, etwa westlichen Denkens und östlicher Spiritualität. Dabei ist der Illusion zu wehren, als ließen sich Geistestraditionen beliebig austauschen oder miteinander vermengen. Zusammenschau, vor allem Dialog und Begegnung setzen die Verwurzelung im Eigenen wie die Anerkennung des jeweils Anderen voraus, will man das Abgleiten in einen platten → Synkretismus vermeiden.

Lit.: E. Graber, S. Fassberg: New Age-Wörterbuch. Freiburg 1986; G. Geisler (Hrsg.): New Age-Zeugnisse der Zeitenwende. Freiburg 1984; K. Ledergerber, P. Bierri: Was geht New Age die Christen an. Freiburg 1988; H. J. Ruppert: New Age, Endzeit oder Wendezeit. Wiesbaden 1985; G. Schiwy: Der Geist des Neuen Zeitalters. München 1987; C. Schorsch: Die New Age-Bewegung. Gütersloh 1988; Chr. Bochinger: New Age und moderne Religion. Religionswissenschaftliche Analysen. Gütersloh 1995.

Nostradamus (St. Rémy/Provence 1503 – Salon 1566)
Eigentlich dem Familiennamen nach Michel de Notre-
dame und (angeblich) jüdischer Abstammung, jedoch
zum Katholizismus konvertiert, machte sich N. als Pest-
arzt einen Namen. Geschätzt waren seine Horoskope und
die daraus sich ergebenden Voraussagen, weshalb er als
Berater an den französischen Hof gerufen wurde. Hier
war er der Leibarzt von Karl IX. In Avignon hatte er Philosophie, in Montpellier Medizin studiert und dort auch
das Doktorat erlangt. Als Arzt wirkte er während der Pest-
zeiten in einer Reihe südfranzösischer Städte (Bordeaux,
La Rochelle, Toulouse, Marseille). Doch waren es in der
Hauptsache seine berühmt-berüchtigten »Centurien«, auf
Prophetie angelegte vierzeilige Strophen (quatrains), die
als »Prophetien des M. Michel N.« (Lyon 1555) erstmals
veröffentlicht wurden. In rascher Folge wurden neue Auflagen und Ergänzungen nötig; die erste vollständige Edition erschien in wesentlich erweiterter Fassung von mehr
als 900 Quatrains postum (Lyon 1568). Vor ihm hatte
auch sein Zeitgenosse → Paracelsus auf Horoskopie basierende Voraussagen (»Prognosticationes«) veröffentlicht.
Doch während dieser sich auf kaum mehr als zwei vor ihm
liegende Jahrzehnte beschränkte, erhob N. den Anspruch,
bis ins 4. Jahrtausend gültige Mitteilungen über die kommenden Geschicke machen zu können. Aus naheliegenden Gründen wurde er einerseits als Scharlatan verdächtigt, zumal seine Texte im Grunde recht unbestimmte,
vieldeutige Aussagen enthalten, andererseits üben sie bis
in die Gegenwart eine nicht geringe Faszination aus, weil
angenommen wird, daß die rätselhaften Vierzeiler möglicherweise entschlüsselbare Hinweise enthalten könnten.
Das entspricht nicht zuletzt dem Bedürfnis vieler, sich
ihrer und der Allgemeinheit Zukunft zu vergewissern.

Lit.: E. R. Ernst: Nostradamus. Vom Mythos zur Wahrheit. Wien–Köln 1986; K. Allgaier: Die Prophezeiungen des Nostradamus. München 1998; F. R. Scheck: Nostradamus. München 1999.

Notarikon Ähnlich wie → Gematria eine Möglichkeit, einen hebräischen Text zu interpretieren; hier indem man die Buchstaben eines Wortes als Abkürzung eines ganzen Satzes auffaßt.

Novalis (Oberwiederstedt 1772 – Weißenfels 1801) Friedrich von Hardenberg – N. ist als Dichter der »Blauen Blume« und als Vertreter der deutschen Frühromantik in die Literatur- und Geistesgeschichte eingegangen. Sein Schaffen ist nicht allein dichterischer, sondern auch philosophischer Natur. Seine »Geistlichen Lieder« haben Eingang in kirchliche Gesangbücher gefunden. Einen besonderen Zauber üben bis heute seine »Hymnen an die Nacht« aus, zumal darin eigene spirituelle Erfahrungen angesichts des Todes seiner Braut Sophie mitschwingen. Sein einziges größeres Prosa-Werk, der Roman »Heinrich von Ofterdingen«, ist Fragment geblieben. Abgesehen von seinem philosophischen Essay »Die Christenheit oder Europa« sind es insbesondere die in großer Zahl entstandenen, zu seinen Lebzeiten jedoch nur teilweise veröffentlichten »Fragmente«, denen die Konturen seiner Natur- und Weltsicht zu entnehmen sind. Mit- und Nachwelt nahmen bewegten Anteil an Begegnung und frühem Tod seiner noch kindlichen Geliebten Sophie von Kühn, die N. die Sphäre des Transzendenten erfahren ließ. Sowohl seine »Hymnen an die Nacht« als auch sein Tagebuch bezeugen die Besonderheit und Tiefe dieses Erlebens.

Seinen religiösen Ausgang nahm N. gemäß der Familientradition der Hardenbergs in der Frömmigkeitsströmung des → Pietismus Zinzendorfscher Prägung, die durch eine gefühlsdurchwirkte glühende Jesus-Liebe geprägt ist. Philosophische Studien machten ihn mit dem Schaffen Fichtes, mit seiner Ich-Philosophie und mit Schelling bekannt, die er beide in Jena auch persönlich erlebte; ebenso begegnete er einige Male → Goethe sowie weiteren namhaften Vertretern des literarischen Lebens seiner Zeit. Seine Berufsausbildung als Salinen-Assessor (ab 1799) erfuhr er auf der Bergbauschule in Freiberg (1797/98). Hier machte er sich auch mit alchymistischem und verwandtem Schrifttum bekannt, was seinem philosophischen Denken wie seinem dichterischen Werk wichtige Anstöße gab. Weitere Impulse vermittelte ihm der Dichter-Kollege Ludwig Tieck, der ihn auf Jakob → Böhme hinwies, der ihn zumindest im letzten Abschnitt seines Schaffens beeinflußte.

Im übrigen fällt auf, wie stark in ihm das Streben beheimatet war, die »Erhebung des Menschen über den Menschen« als Ziel der Menschwerdung in einem einzigen großen, auf Zukunft angelegten Gesamtereignis sich und anderen bewußt zu machen. Was ihn dabei bewegte, war die in seinen Fragmenten gelegentlich auftauchende Idee des »Magischen Idealismus«, in der man mit Gerhard Schulz den Versuch sehen kann, »mit der Kraft des menschlichen Geistes, die Gegensätze, denen Individuum wie Gesellschaft immer wieder unterworfen sind, zu versöhnen«. In diesem Prozeß weist er der Poesie eine zentrale Aufgabe zu, insofern es ihr gelingt, geistbeschwörend in höhere, zugleich tiefere Dimensionen der Wirklichkeit einzuführen. Aus dem Zusammenhang seines dichterischen wie denkerischen Schaffens wird immer wieder deutlich, wie wichtig es ihm ist, unter Verweis auf die → Mysterien der antiken Tradition wie des Christentums

Selbsterkenntnis und Welterkenntnis als eine Einheit zu erfassen und zu bezeugen.

Unter Hinweis auf die Zukunftsschau des Zisterzienserabtes → Joachim von Fiore resümiert Friedrich Hiebel: »In N. lebte Ankunftsstimmung eines Zeitalters, das sich mit ihm in Augenblicken des Sehertums zur Gewißheit der Christus-Gegenwart steigert ... Als ein Kommender wird er in das künftige Jahrtausend eingehen. Seine Wirkung wächst in die Weite der Welt. Das Wort seiner Christusnähe wird währen.«

Werke: Schriften. Hrsg. P. Kluckhohn, R. Samuel u. a. I–IV. Stuttgart 1960 ff. u. ö.; Novalis Werke. Hrsg. G. Schulz. München 1969; F. Schlegel und Novalis in ihren Briefen. Hrsg. M. Preitz. Darmstadt 1957. – *Lit.:* H. Birven: Novalis. Magus der Romantik. Büdingen–Gettenbach 1959; G. Schulz: Novalis in Selbstzeugnissen und Bilddokumenten. Reinbek 1969; R. Meyer: Novalis. Das Christuserlebnis und die neue Geistesoffenbarung. Stuttgart 1972; F. Hiebel: Novalis. Deutscher Dichter, europäischer Denker, christlicher Seher. Bern–München 1972; F. Roder: Novalis. Die Verwandlung des Menschen. Stuttgart 1992.

Numinose, das (lat. »numen«, Wink der Gottheit, das göttliche Wesen), bezeichnet wie das → Heilige eine Grundkategorie religiöser Wirklichkeit und Erfahrung. R. Otto arbeitete in seinem Werk »Das Heilige« (1917) die Wesenszüge des N. als eines erschreckten, ergriffenen Innewerdens der Majestät eines »ganz Anderen«, zu Fürchtenden, heraus. »Das N. steht abseits von allem ...: Nichts Menschliches und keine Erscheinung des Weltalls ist ihm vergleichbar. Dem N. gegenüber fühlt der Mensch seine völlige Nichtigkeit. Er hat die Empfindung, ›nur eine Kreatur‹ zu sein ... Das Heilige manifestiert sich immer als eine Realität, die von ganz anderer Art ist als die ›natürlichen‹ Realitäten. Zwar bringt die Sprache das tremendum (Erschütternde) oder die majestas oder das mysterium fascinans (→ Mysterium) in Worte, die dem Bereich der Natur oder dem profanen Geistesleben des Menschen entlehnt sind, aber diese analogisierende Ausdrucksweise entspringt eben der Unfähigkeit, das ›ganz Andere‹ zu benennen: die Sprache ist darauf angewiesen, alles, was über die normale menschliche Erfahrung hinausgeht, in Worte zu kleiden, die dieser normalen Erfahrung entstammen« (M. → Eliade: Das Heilige und das Profane). So gesehen ist alles N. bzw. Heilige im höchsten Maße esoterischer Natur. Es widersetzt sich jeder Veräußerlichung oder Profanisierung. Es bedarf daher einer besonderen → Initiation, z. B. in die → Mysterien. Aber auch wer die entsprechenden Stufen der → Einweihung durchlaufen hat, bleibt sich der letztlich unüberwindlichen Distanz bewußt, die zwischen ihm und der Heiligkeit Gottes besteht, auch wenn es Momente der Erleuchtung bzw. Vereinigung in der → Unio mystica gibt.

Lit.: Vgl. → das Heilige.

O

Ökumene des Geistes Es trifft zwar zu, daß das Esoterische mit der spirituellen → Erfahrung des einzelnen eng verknüpft ist. Gleichzeitig weist das Erfahrungsgut über den Einzelmenschen hinaus. Es gibt eine Gemeinsamkeit, die als Ö. d. G. angesprochen werden kann, insofern sie prinzipiell alle Menschen miteinander verbindet, die den → inneren Weg gehen und die als »Menschen guten Willens« (homines bonae voluntatis) eine die Religionsgrenzen und Konfessionsverschiedenheiten überspannende

Verantwortlichkeit empfinden. Die Brücke reicht von Erfahrung zu Erfahrung, ohne daß die Gefahr eines alle Unterschiede nivellierenden → Synkretismus befürchtet werden muß. Ö. d. G., wie sie hier verstanden wird, setzt die Verwurzelung in der eigenen spirituellen Tradition voraus.

Okkultismus (lat. »occultum«, Verborgenes) Bezeichnung für den nur schwer eingrenzbaren Gesamtbereich dessen, was im landläufigen Sinn als rätselhaft, unerklärlich oder doch unwahrscheinlich, geheimnisvoll angesehen wird, weil die betreffenden Phänomene, sofern sie verifiziert worden sind, (anscheinend) weder mit den bekannten naturwissenschaftlichen Methoden erklärt, noch logisch ergründet werden können. Auch die in der Sprache des → Mythos bezeugten religiösen Mitteilungen von Ereignissen oder Wesenheiten (→ Engel), die Bezirke von → Mystik und → Esoterik gehören aufgrund der ursprünglichen Wortbedeutung dieses Terminus noch in den Zusammenhang des O. Da mit erheblichen Niveauunterschieden zu rechnen ist, nicht am wenigsten mit Fehlerquellen und Trugschlüssen bei der Beobachtung sowie mit offensichtlichen Betrugsfällen bei der Herbeiführung von okkult genannten Erscheinungen, ist sachgemäß die Auseinandersetzung mit dem O. im allgemeinen erheblich belastet. Von daher erklärt sich die weit verbreitete Abwehrhaltung. Sie wird kaum dadurch verringert, daß man einen »niederen« von einem »höheren« O. unterscheiden möchte. Es ist die → Parapsychologie, die sich um die wissenschaftliche Erhellung einzelner Gebiete des O. bemüht. Aus naheliegenden Gründen sind es die aufweisbaren Phänomene des okkultistischen Formenkreises (Spiritismus, Mediumismus, Präkognition, Psychokinese, Telepathie u. dgl.), mit denen sich die Parapsychologie beschäftigt. Die im engeren Sinne »verborgenen«, die mystischen, auf innerer Erfahrung gegründeten esoterischen Tatbestände, auch die Methoden des spirituellen Vorankommens auf dem → inneren Weg, sind vergleichsweise seltener Gegenstand der Untersuchung.

Lit.: E. Bauer, W. von Luccadou: Psi, was verbirgt sich dahinter? Freiburg 1984; E. Benz: Parapsychologie und Religion. Erfahrungen mit übersinnlichen Kräften. Freiburg 1983; H. C. Berendt: Telepathie und Hellsehen. Freiburg 1983; W. von Scholz: Der Zufall und das Schicksal. Die geheimen Kräfte des Unwahrscheinlichen. Freiburg 1983.

Ordensgemeinschaften Sind wesentlich durch ihr geistliches und damit esoterisches Leben geprägt. Das gilt im außerchristlichen wie im christlichen Bereich. Schon das frühe Mönchtum hat seine Mitglieder auf den → inneren Weg gewiesen, durch Ritus, Gebet und → Meditation Fundamente für eine große spirituelle Tradition gelegt, die ihrerseits kulturschaffend und weltverwandelnd wirksam wurde. Zu den Elementen gehören das paulinische »Betet ohne Unterlaß!«, das benediktinische »Ora et labora« (bete und arbeite), das aus dem Neuen Testament geschöpfte, zunächst vorwiegend in der Ostkirche praktizierte → Herzensgebet sowie die »Geistlichen Übungen« (→ Exercitia spiritualia) des → Ignatius von Loyola. Westliche und östliche Esoterik versuchten Ordensleute wie H. Le Saux, B. Griffiths, H. M. → Enomiya-Lassalle u. a. zu verbinden.

Lit.: H. U. von Balthasar: Die großen Ordensregeln. Einsiedeln ³1974; J. Cassian: Spannkraft der Seele. Freiburg 1981; ders.: Aufstieg der Seele. Freiburg 1982; ders.: Ruhe der Seele. Freiburg 1984;

K. S. Frank: Grundzüge der Geschichte des christlichen Mönchtums. Darmstadt 1983; C. Caretto, K. Hemmerle u. a.: Lebenswege des Glaubens. Freiburg 1978.

Ordo Templi Orientis Um den O. T. O. oder Orientalischen Templer-Orden, der in den Jahren vor dem Ersten Weltkrieg begründet wurde, ranken sich Legenden und Gerüchte aller Art, nicht zuletzt weil in ihm ritualisierte Sexualmagie eine gewisse Rolle spielte. An der Begründung waren einige deutschsprachige Okkultisten beteiligt, so der weit gereiste österreichische Freimaurer Carl Kellner, der Theosoph und zeitweilige Begleiter Madame → Blavatskys, Franz Hartmann, und der auf verschiedenen, auch obskuren Bühnen des okkulten Lebens agierende, ebenfalls freimaurerisch verbundene Theodor Reuß. Angelegt war der O. T. O. als ein mit mehreren Graden analog zu den Hochgraden der → Freimaurerei ausgestatteter Initiationsorden, mit dem sich im Laufe der Jahre immer wieder Suchende verbanden, die im Sinne okkulter Lehren und Praktiken nach einem vermeintlichen Anschluß an die Tradition, z. B. der → Templer, verlangten. Aber auch andere Disziplinen, etwa der Hatha-Yoga waren integriert. Die Forscher, z. B. Marco Pasi, klagen darüber, wie schwer es sei, historisch exakte Angaben über Entstehung, Sukzession und genaue Arbeitsweise zu erhalten. Das minderte nicht die Faszination, die vom O. T. O. bis heute auf Interessenten ausgeht. Entsprechend groß waren die Wirkungen. Das ergibt sich schon daraus, daß zahlreiche Vertreter des Okkultismus sowie irreguläre Maurer des ausgehenden 19. und des 20. Jahrhunderts, unter ihnen Aleister → Crowley, Beziehungen zum O. T. O. unterhielten.

Lit.: J. Evola: Metaphysik des Sexus. Stuttgart 1962, S. 442 ff.;
H. Möller, E. Howe: Merlin Peregrinus. Vom Untergrund des
Abendlandes. Stuttgart 1986; M. Pasi: Ordo Templi Orientis, in:
Dictionary of Gnosis and Western Esotericism. Leiden 2005,
S. 898–906.

Oetinger, Friedrich Christoph (Göppingen 1702 –
Murrhardt/Württemberg 1782), natur- wie geisteswis-
senschaftlich umfassend gebildeter evangelischer Theologe, Theosoph und mit alchymistischen Kenntnissen
versehener Kabbalist. Seine breit angelegten Studien verband er mit ausgedehnten Reisen, die ihn zum Grafen
Zinzendorf in die Lausitz, einem Vertreter des bruder-
schaftlich organisierten → Pietismus, führten; in Holland
nahm er (angeblich) Kontakte mit rosenkreuzerischen
Gruppierungen auf; in Frankfurt tauschte er sich mit dem
Kabbalisten Koppel Hecht aus; den nordischen Geisterseher → Swedenborg, mit dem er Briefe austauschte,
machte er im deutschen Sprachbereich bekannt. Seine
nachhaltigsten Anregungen empfing er schon in jungen
Jahren aus den Schriften Jakob → Böhmes. Immer aber
bewahrte er sich ein aus eigener Erfahrung geschöpftes
Urteil. All das bescherte ihm nicht geringe Schwierigkeiten mit seiner betont rationalistisch ausgeprägten Stutt-
garter Kirchenleitung, obwohl er mit besonderem
Wohlwollen seines Landesherrn bedacht war, den er als
Bergbaukundiger beriet, und bis zum Rang eines Präla-
ten emporstieg.

Theologisch gilt er als Vertreter eines »biblischen Rea-
lismus«, dem die Geistdurchdrungenheit der Materie
wichtig war. Wie er in seinem wiederholt nachgedruck-
ten Werk »Biblisches und emblematisches Wörterbuch«
(1776, S. 407) mit Blick auf die Johannes-Offenbarung

Kap. 20 formuliert, ist »Leiblichkeit das Ende (d. h. die Zielbestimmung) der Werke Gottes«. Das widerspricht einem materiefeindlichen Spiritualismus, der dem hebräischen Denken fremd war. Als Bibel-Ausleger und Prediger betonte er, wie wichtig es sei, nicht nur die philologische Basis und die Wortbedeutung eines Textes zu bedenken, sondern aus einer geistig-geistlichen Bevollmächtigung heraus zu interpretieren. Hierbei sei es entscheidend, die Einsichten der → Adepten, d. h. das Wissen derer einzubeziehen, die in die Geheimnisse der Stoffwelt eingeweiht sind, nämlich im Sinne einer »Physica sacra«, also einer spirituellen Natursicht. Nach seinem Verständnis ist Gott Quelle und Ursprung allen Lebens. Er meinte somit prinzipiell eine aus der Idee des Lebens abgeleitete Theologie (Theologia ex ideae vitae deducta). Das nämliche bezog er auf die esoterische Tradition des Judentums, sodaß er sich in die Repräsentanten der → christlichen Kabbala einreiht. Eines seiner zahlreichen Werke ist der vielbeachteten »Kabbalistischen Lehrtafel« gewidmet, die in der evangelischen Kirche in Bad Teinach/Schwarzwald angebracht ist.

Oe.s Wirkung hat weitreichende überregionale Ausmaße angenommen. Er impulsierte die Philosophie des Idealismus und der Romantik. Auf diese Weise hat → Goethe bereits in jungen Jahren Eindrücke empfangen, später Schelling, Franz von → Baader und G. H. → Schubert. Abgesehen vom schwäbischen Pietismus ist Oe. auch in der → Anthroposophie zu Ehren gekommen. Versuchen, im 20. Jahrhundert seine Hauptschriften in wissenschaftlichen und Studienausgaben herauszugeben, war nur ein partieller Erfolg beschieden, obwohl das Interesse an der Bedeutsamkeit seines Ansatzes an Aktualität fortbesteht.

O. T. O.

Werke: Hist.-krit. Ausgabe I/III: Die Lehrtafel der Prinzessin Antonia (1763). Hrsg. F. Häussermann, R. Breymayer; Theologia ex idea vitae deducta. Hrsg. K. Ohly; Biblisches und Emblematisches Wörterbuch. Hrsg. G. Schäfer u. a. Berlin–New York 1977–1999. – *Studienausgabe:* Swedenborgs und anderer irdische und himmlische Philosophie (1765). Hrsg. E. Bayreuther. Stuttgart 1977. – *Biographie:* F. Chr. Oetingers Leben und Briefe. Hrsg. K. Chr. E. Ehmann. Stuttgart 1859. – *Lit.:* E. Benz: Swedenborg in Deutschland. Frankfurt 1947; S. Grossmann: F. Chr. Oetingers Gottesvorstellung. Göttingen 1979; Pietismus und Neuzeit. Jahrbuch zur Geschichte des neueren Protestantismus. Bd. 10. Schwerpunkt F. Chr. Oetinger. Hrsg. M. Brecht. Göttingen 1984; M. Weyer-Menkhoff: Christus, das Heil der Natur. Entstehung und Systematik der Theologie F. Chr. Oetingers. Göttingen 1990; G. Spindler (Hrsg.): Glauben und Erkennen. Studien zu seinem 300. Geburtstag. Metzingen 2002.

O. T. O. → Ordo Templi Orientis

P

Pansophie Wörtlich: das All umfassende Weisheit, in vieler Hinsicht mit der → Theosophie vergleichbar; der Versuch einer Ganzheitsschau, im besonderen die Bezeichnung für die von → Paracelsus und seiner Schule abgeleitete Geistesströmung der deutschen Barockzeit. Einer ihrer namhaften Vertreter des 17. Jahrhunderts war → Comenius. Will-Erich → Peuckert machte die P. zu einem wichtigen Gebiet seiner geistesgeschichtlichen Forschung.

Lit.: W.-E. Peuckert: Pansophie. Ein Versuch zur Geschichte der Weißen und Schwarzen Magie (1936). 3. Auflage Berlin 1976.

Paracelsus (Einsiedeln/Schweiz 1493/94 – Salzburg 1541) Theophrastus Bombastus von Hohenheim (bei

Stuttgart), wie er ursprünglich hieß, gehört zu den zeichensetzenden Persönlichkeiten an der Schwelle zur Neuzeit, der faustische Züge anhaften. Als Arzt, als Naturphilosoph und um eine vertiefte, ganzheitliche Wirklichkeitserkenntnis bemüht, hat er ein überaus bewegtes Leben geführt. Dies ist nicht am wenigsten der Grund dafür, daß bei weitem nicht alle Stationen seiner Wanderschaft mit Sicherheit zu datieren und zu lokalisieren sind. Nach eigenen Aussagen war es sein als Stadtarzt in Villach tätiger Vater Wilhelm von Hohenheim, der ihn frühzeitig mit Elementen medizinischer Praxis bekannt machte. Vielfältige Praxiserfahrungen waren es auch, die der um »Experienz« bemühte Sucher verwertete, wo immer und durch wen immer er sie bekommen konnte. Um 1515 will er – nach diversen Studien – in Ferrara das Doktordiplom erlangt haben. Aufenthalte in Salzburg, Straßburg, Basel, Nürnberg, St. Gallen, Innsbruck, Augsburg sowie in weiteren Orten im Österreichischen und zuletzt wieder in Salzburg sind verbürgt. Zum Teil sind sie als Orte der Abfassung seiner Bücher belegt. Weil er auf eigene »Erfahrenheit« setzte und das tradierte medizinische Buchwissen der antiken Autoritäten in Zweifel zog, überwarf er sich immer wieder mit Kollegen oder, wie in Basel, mit den örtlichen Honoratioren.

Der gesellschaftlichen Zeitproblematik entsprachen seine beiden Syphilis-Schriften, neben astrologischen Voraussagen (1529/30); etwa zur selben Zeit entstanden theologische Texte, ebenfalls sein »Opus paramirum« (1531); in Augsburg ging seine »Große Wundarzney« durch die Presse, gefolgt von der in Eferding bei Linz entstandenen »Astronomia magna« (1537/38) und im letzten Lebensjahr von seinen theologischen »Sermones« (1540).

Paracelsus

»P. gilt den einen als Grenzgänger zwischen → Magie und Wissenschaft, die anderen sehen in ihm den Begründer der modernen Chemie aus dem Geiste der → Alchymie oder gar den Wegbereiter der Naturheilkunde. Licht und Schatten liegen in der Wirkungsgeschichte dieses Menschen nahe beieinander« (Robert Jütte). Abgesehen von der Tatsache, daß unter seinem Namen allerlei »Paracelsisches« in Umlauf gekommen ist, dessen Ursprung fraglich bleibt, kann man seine Nachwirkung über einen Zeitraum von fünf Jahrhunderten kaum überschätzen. Spuren führen u. a. zu Johann → Arndt, Jakob → Böhme, zu den → Rosenkreuzer-Schriften, in die → Faust-Dichtung → Goethes sowie in die romantische Naturphilosophie, nicht zuletzt verstärkt durch seine Theorie von der Existenz von Naturgeistern, die in der Vitalsphäre beheimatet seien. C. G. → Jung, der P. einen Band »Paracelsica« gewidmet hat, würdigte ihn nicht allein »als einen Bahnbrecher der chemischen Medizin, sondern auch der empirischen Psychologie und der psychologischen Heilkunde«. Bedeutsam sind neben seinen Beiträgen zur → Esoterik die immer noch nicht vollständig erschlossenen Schriften zur Theologie und Bibelauslegung, in denen er sich – wie nach ihm Böhme – unter Berufung auf den Heiligen Geist kritisch zur Institution der »Mauerkirche« äußert: »Die Kirche heißt auf Latein Catholica, und ist (aber) der Geist aller rechten Gläubigen und ihre Wohnung. Und ihre Zusammenkommung ist im Heiligen Geist, so daß sie alle im Glauben sind. Das ist ›fides catholica‹ (allgemeiner Glaube), und besitzt keine Statt« (Matthäus-Kommentar zu Kap. 16, 18). In seinen Äußerungen zu sozialethischen Fragen im Jahrhundert der Bauernaufstände sympathisierte er mit den lohnabhängig Tätigen und Unterdrückten, was nicht verwundern

kann, da seine Mutter eine Leibeigene des Klosters zu
Einsiedeln gewesen ist.

Werke: Bücher und Schriften. Hrsg. J. Huser. 11 Teile. Basel 1589 ff.;
Straßburg 1605; Hildesheim 1971 ff. – Sämtliche Werke. 1–14. Hrsg.
K. Sudhoff. München–Berlin 1922–1933; Sämtliche Werke 2. Abt.
Hrsg. K. Goldammer. Wiesbaden–Stuttgart 1955–1986; Werke I/V.
Hrsg. W.-E. Peuckert. Darmstadt 1965. – *Lit.:* K. Sudhoff: Paracel-
sus. Leipzig 1936; F. Gundolf: Paracelsus. Berlin 1937; C. G. Jung:
Paracelsica. Zwei Vorlesungen über den Arzt und Philosophen
Theophrastus. Zürich–Leipzig 1942; W.-E. Peuckert: Theophrastus
Paracelsus. Stuttgart–Berlin 1944; H. Schipperges: Paracelsus. Der
Mensch im Licht der Natur. Stuttgart 1974; R. Jütte (Hrsg.): Paracel-
sus heute – im Lichte der Natur. Heidelberg 1994; U. Benzenhöfer:
Paracelsus. Reinbek 1997.

Parapsychologie (griech. »para«, neben …), die Grenz-
gebiete der menschlichen → Seele erforschende Psychologie. Ihr Forschungsgebiet erstreckt sich über große Teile
dessen, was gemeinhin als → Okkultismus angesehen wird.
Sie sammelt und ordnet die Datenfülle, prüft sie auf ihre
Faktizität und Zuverlässigkeit, ferner erprobt sie Methoden
der Untersuchung. Dabei fallen psychisch-paranormale
Erscheinungen wie z. B. Telepathie (Gedankenüber-
tragung) oder Präkognition (Vorausschau zukünftiger
Begebenheiten) unter den Oberbegriff der außersinn-
lichen Wahrnehmung (ASW, englisch: ESP = Extrasen-
sory perception), während physikalische Phänomene, wie
z. B. die unerklärliche Bewegung eines Gegenstandes,
zumal in physikalisch unerklärlicher Art und Weise, als
Psychokinese (PK) bezeichnet werden. Bei der Theorie-
bildung, etwa zur Erklärung spiritistischer und mediumi-
stischer Phänomene begegnet man in der parapsychologischen Literatur seit langem zwei unterschiedlichen Ansätzen. Die eine ist die animistische Theorie. Sie basiert auf

der Vorstellung, die insbesondere durch die moderne Tiefenpsychologie gestützt wird, nämlich daß es die menschliche Psyche (anima) eines einzelnen oder einer Gruppe sei, die die beobachteten Erscheinungen hervorbringe. Die zweite Theorie wird »spiritistisch« genannt, weil sie davon ausgeht, es existieren – in der »vierten Dimension«, im sog. »Jenseits« – Geistwesen (spirits), das oder die unabhängig von den in das Geschehen verwickelten Menschen tätig werden. Mit diesen »Geistern«, auch mit Verstorbenen, könne man in Verbindung treten. – Tatsächlich stellt die P. eine wissenschaftliche Disziplin dar, die bei jedem Schritt ihrer Bemühungen um ein Höchstmaß an Exaktheit ringt, dagegen auf spekulative Behauptungen verzichtet.

Lit.: P. Andreas, C. Kilian: Die phantastische Wissenschaft Parapsychologie. Frankfurt 1975; E. Bauer, W. von Luccadou: Psi – was verbirgt sich dahinter? Freiburg 1984; H. Bender (Hrsg.): Parapsychologie. Entwicklung, Ergebnisse, Probleme. Darmstadt 1966; D. S. Rogo: Parapsychologie. Hundert Jahre Forschung. Stuttgart 1976.

Pasqually, Martinez de (1727–1774) Der in Grenoble (angeblich) als Sohn eines Spaniers und einer Französin geborene P. ist als einflußreicher Freimaurer Begründer des → Martinisten-Ordens, deren Mitglieder auf eine – gegenüber der regulären → Freimaurerei – gesteigerte Geheimhaltung (→ Arkandisziplin) großen Wert legten. Ihm selbst wird hingebungsvolle Frömmigkeit im Sinne der → Kabbala nachgesagt. Die freimaurerische Verbindung für deren Ausbreitung er in Frankreich warb, nannte er Gemeinschaft der »auserwählten Priester« (Elus coens), ein mit Hochgraden ausgestattetes System. Seine Lehren bezogen sich in Anlehnung an den → Sohar auf

die → Interpretation der biblischen Schöpfungsge-
schichte, die in Unkenntnis historischer Gegebenheiten
man einst Moses zuschrieb. P. verstand sich als Voll-
strecker dieser Zentralgestalt der hebräischen Bibel. Die
geheimen Lehrmitteilungen erfolgten v. a. in mündlicher Form. Soweit schriftliche Fassungen erfolgten,
waren diese mit allerlei Rätseln durchsetzt, z. B. durch
die Initialen S. I., die natürlicherweise recht unterschiedlicher Entschlüsselung zugänglich waren. Eine solche
war »Supérieur Inconnu« für unbekannter Oberer, was
hier – und in anderen Zusammenschlüssen ähnlicher
Art – zu weiteren Spekulationen Anlaß gab. P. residierte
in Bordeaux bis zu seiner Übersiedelung nach Port-au-
Prince auf Haiti, wo er ebenfalls Logen gründend tätig
war, ehe er verstarb. Zu P.s. Schülern, die ihm zumindest
für geraume Zeit anhingen, gehörten → Willermoz und
→ Saint-Martin.

Lit.: E. Lenhoff, O. Posner: Internationales Freimaurerlexikon.
Wien 1932; K. R. H. Frick: Die Erleuchteten, Bd. I. Graz 1973,
S. 517 ff. u. ö.

Peuckert, Will-Erich (1895–1969) Volkskundler und in
die Bereiche der Naturmystik, vor allem in die Sphären
des → Paracelsus wie die → Böhmes vordringender Gei-
stesgeschichtler, der den Okkultismus in seinen vielfältigen Schattierungen beleuchtet hat. Sein besonderes Au-
genmerk legte er auf die Esoterik der → Renaissance, wie
sie einerseits durch die italienischen Humanisten, an ihrer
Spitze → Ficino und → Pico della Mirandola, andererseits
→ Agrippa von Nettesheim und → Paracelsus vertreten
worden ist, nicht zu vergessen die → Picatrix und die
durch sie befruchtete Magia naturalis. In großen material-
reichen Werken hat er diese Gebiete erschlossen und da-

mit das Gesamtgebiet esoterisch-spiritueller Disziplinen befruchtet. Er ist Herausgeber einer fünfteiligen Paracelsus-Edition (Darmstadt 1965). Böhmes Schriften hat er in Gestalt einer grundlegenden Faksimile-Gesamtausgabe (1730) von neuem zugänglich gemacht und durch eine Böhme-Biographie bereichert (Stuttgart 1955 ff.).

Werke: Pansophie. Ein Versuch zur Geschichte der Weißen und Schwarzen Magie (1936), 3. Auflage Berlin 1976; S. Franck. Ein deutscher Sucher. München 1943; Paracelsus. Stuttgart 1944; Die große Wende. Hamburg 1948; Gabalia. Ein Versuch zur Geschichte der magia naturalis im 16. bis 18. Jahrhundert. Berlin 1967; Die Rosenkreuzer. 2. neu gefaßte Auflage. Berlin 1973; Das »Sechste und Siebente Buch Mosis« und der Hexenglaube, in: Gnostika 32 (Feb. 2006), S. 74–93. – *Lit.:* R. Chr. Zimmermann: Einleitung zu W.-E. Peuckert: Das Rosenkreuz. Berlin 1973, S. VII–LI.

Philokalia (griech. »Liebe der geistigen Schönheit«; russ. »Dobrotoljubie«, Liebe der Tugendschönheit), eine mehrbändige Sammlung mit Auszügen aus 38 mystisch-asketischen Schriften. Die auf griechische bzw. ostkirchliche Mönche und Theologen zurückgehenden Texte wurden 1782 erstmals in Venedig im Druck veröffentlicht, später ins Russische bzw. Kirchenslavische übersetzt und verbreitet. Die P. bezeugt die Spiritualität des → Hesychasmus, jener Frömmigkeit des hingebungsvollen Ruhens in Gott. Eine besondere Stellung nimmt hierbei das → Herzensgebet als eine Form einer verinnerlichten Christusverehrung ein. Wenngleich die P. als Wesensausdruck russischer Orthodoxie angesehen werden kann, ist die zugrundeliegende Esoterik überkonfessioneller Natur. »Ziel der östlichen Askese war, in abgestufter Wertordnung Leib, Seele und Geist durch das rein geistige Gebet oder die Gottversenkung zur Vereinigung mit Gott zu führen. Dieses Ziel bestimmte die Methode und die Mittel des geistlichen Kampfes. Sie wurden durch persönliche Erprobung ausgebildet und weitergegeben, von Generation zu Generation. Das gesunde Gespür für die Ordnung beherrscht die östliche Askese. Sie sieht den geistlichen Kampf als ein ›Gesamtwerk‹ an, das zwar in die Stufen der Reinigung, Erleuchtung und Vollendung gegliedert (→ Mystik), aber das immer in seiner Ganzheit geschaut und nie in den einzelnen Stufen verabsolutiert wird« (I. Smolitsch).

Lit.: M. Dietz, I. Smolitsch (Hrsg.): Kleine Philokalie (Meister der Meditation). Zürich–Einsiedeln 1976; I. Smolitsch: Leben und Lehre der Starzen. Köln–Olten o. J.; Freiburg 1988.

Philosophia perennis Ewige, unvergängliche Weisheit, die im → traditionalen Denken vielfältigen Niederschlag gefunden hat. »Die immerwährende Philosophie ist eine Weltsicht, die von den allermeisten großen spirituellen Lehrern, Philosophen und sogar Wissenschaftlern vertreten wurde und wird. Sie wird ›immerwährend‹, ›ewig‹ oder ›universal‹ genannt, weil sie praktisch in allen Kulturen und Zeiten nachzuweisen ist« (K. Wilber).

Lit.: A. Huxley: Die ewige Philosophie. Texte aus drei Jahrtausenden. München 1987; K. Wilber: Mut und Gnade. München 1996, S. 99–108.

Picatrix Ein aus arabischen Quellen des 12. Jahrhunderts kompiliertes Handbuch der Magie sowie der Astrologie, der alchymistischen und metallurgischen Praktiken. P. war in der → Renaissance von großer Bedeutung. Nach W. E. → Peuckert stellte es eine Brücke zwischen den auf → Plotin basierenden Neuplatonikern (Jamblichus, Proklos) und → Agrippa von Nettesheim dar, dessen okkulte Philosophie wiederholt aus der P. schöpft.

Lit.: W.-E. Peuckert: Pansophie. Berlin 1956; H. Biedermann: Handlexikon der magischen Künste. Graz 1973, S. 396 f.

Pico della Mirandola, Giovanni (Mirandola bei Modena 1463 – Florenz 1494) Der früh vollendete, als »Phönix der Geister« gefeierte, auch dichterisch begabte Florentiner Humanist gehört zu den Pionieren der → christlichen Kabbala. Nach ausgedehnten Studien in Bologna, Ferrara, Padua und Pavia fand er 1483/84 in Florenz mit M. → Ficino einen Freund und Lehrer, insbesondere der platonischen Philosophie sowie der ebenfalls in jenen Jahren zugänglich gewordenen neuplatonischen Schriften. Bedeutsam wurde für ihn die Bekanntschaft mit der → Kabbala, in der er, neben der → Hermetik, Reste der lange verschollenen Urtradition der Menschheit vermutete. Das entsprach dem Kenntnisstand des 15. Jahrhunderts.

So war es nur konsequent, daß er beim Versuch, eine Zusammenschau der jüdisch-christlichen Theologie und griechischen Philosophie zu veranstalten, auch die Kabbala als integrierenden Bestandteil einbezog. Das geschah in seinen 1486 niedergelegten philosophischen, kabbalistischen und theologischen Schlußfolgerungen (»Conclusiones philosophicae et theologicae«). Diese enzyklopädische Programmschrift umfaßte 900 Thesen zu esoterisch-spirituellen Grundproblemen. Er beabsichtigte die Veranstaltung eines ersten philosophischen Weltkongresses, der im Januar 1487 in Rom hätte stattfinden sollen. Dabei folgte P. dem Grundsatz: »Die Philosophie sucht nach der Wahrheit, die Theologie hat sie.« Offenkundig sprach er sich für eine Versöhnung zwischen den vorgegebenen Erkenntnis- und Glaubenslehren aus. Ergänzen wollte er diese durch eine ebenfalls programmatisch ausgerichtete

Rede, betitelt »Über die Würde des Menschen« (»De hominis dignitate«, postum veröffentlicht in Bologna 1496). In ihr ist u. a. aufgezeigt, wie der Mensch – nämlich durch Tat und → Kontemplation – letztlich zur Vollendung und zur Schau Gottes gelangen könne. Aber weil dergleichen ohne ausdrückliche kirchliche Zustimmung nicht erfolgen konnte und als Papst Innozenz VIII. die »Conclusiones« einer Prüfungskommission vorlegte, entschied sich diese wegen angeblich häretischer Inhalte für das Verbot. Der römische Kongreß fand nicht nur nicht statt, sondern P. sah sich veranlaßt, für kurze Zeit ins Ausland auszuweichen. Der vermutlich an Gift verstorbene Philosoph hinterließ neben seinen Schriften weitere unaufgeführte Entwürfe: »Eine geniale Persönlichkeit des Quatrocento, die viele Züge des weisen Magiers der → Renaissance mit einschließt, ragt heraus durch seine Sicht des Ideals der Philosophie als Suche nach den verborgenen Ursachen, als Verwirklichung und Befreiung des Menschen« (Stéphane Toussaint).

Lit.: E. Monnerjahn: G. Pico della Mirandola. Wiesbaden 1960; P. Burke: Die europäische Renaissance. München 1998; S. Toussaint: G. Pico della Mirandola, in: P. R. Blum (Hrsg.): Philosophen der Renaissance. Darmstadt 1999, S. 65–76; F. Volpi in: Großes Werklexikon der Philosophie. Hrsg. F. Volpi. Stuttgart 1999. Bd. II, S. 1162 ff.

Pietismus (lat. »pius«, fromm), ist die im 17. und 18. Jahrhundert im Protestantismus verbreitete Erneuerungsbewegung, deren Nachwirkungen und Umformungen bis in die Gegenwart hinein deutliche Spuren hinterlassen haben. Seine Prägekraft erwies sich auf vielen Gebieten, zumal die führenden Repräsentanten des P. sich durch die Vielfalt der Gesichtspunkte und des Engagements auszeichneten. Charakteristisch ist die Betonung der individuellen religiösen → Erfahrung, im Gegensatz zu einer Orthodoxie (Rechtgläubigkeit, etwa im traditionellen Luthertum), die an den überkommenen dogmatischen Positionen und Bekenntnisschriften festhält und damit an spiritueller Lebendigkeit verliert. Von zentraler Bedeutung ist dem P. das subjektive Glaubensleben, die innere Umkehr, die → Wiedergeburt des inneren Menschen sowie die daraus sich ergebenden praktischen Konsequenzen. Von daher ist die esoterische Note nicht zu verkennen. P. ist subjektives Christentum, in dem der religiösen → Erfahrung ein hoher Rang zuerkannt wird. Gleichgesinnte, »Bekehrte«, »Wiedergeborene« schlossen sich in frommen Kreisen (Konventikeln) zusammen. Gegebenenfalls nahmen sie die Trennung (Separation) von der »Mauerkirche« der vielen in Kauf, um die Pflege ihres geistlichen Lebens nicht zu gefährden. Fruchtbar erwies sich die Rückbesinnung auf die christliche → Mystik des Mittelalters und der nachreformatorischen Zeit. Dazu kommen wichtige Querverbindungen zur christlichen → Theosophie und zur → christlichen Kabbala. Während Jakob → Böhme als Mystiker und Theosoph zusammen mit Johann Valentin → Andreae als Autor der → Rosenkreuzer-Schriften zu den Vätern des P. gehört, hat Ph. J. Spener in »Pia desideria« (fromme Wünsche; 1675) eine Programm-Schrift der Bewegung verfaßt. August Hermann Francke gab Anstöße für die Umsetzung in die Praxis (Hallesche Anstalten); Gottfried → Arnold tat sich als Autor der »Unparteiischen Kirchen- und Ketzerhistorie« (1699/1700) hervor. Er rehabilitierte auf diese Weise die bis dahin in Mißkredit geratenen → Ketzer. Gemeinschaftsbildende Kraft ging von Nikolaus L. Graf von Zinzendorf aus (Herrnhuter Brüdergemeinde). Der schwäbische Theologe und Theosoph F. Chr. → Oetinger gehört zu den vielseitigen Persönlichkeiten der Epoche, indem er religiöse Erfahrung und biblische Theologie mit Forschungen auf den Gebieten der → Alchymie und der christlichen Kabbala zu verbinden wußte.

»Der P. hat die Selbstverständlichkeit des gewohnheitsmäßigen Christentums aufgelöst und den Ernst der persönlichen Entscheidung wiederhergestellt. Damit ist er in der Sache und in der Form dem modernen Freiheitsbewußtsein der Menschheit entgegengekommen« (M. Schmidt). Dies zeigt nicht am wenigsten die Wirkung des P. auf Idealismus und Romantik, auf Dichtung und Philosophie. Dabei ist die ihm innewohnende mystisch-spiritualistische Komponente nicht zu unterschätzen. Auf einem anderen Blatt steht, ob und in welchem Maße am P. orientierte Zeitgenossen das heutige Verlangen nach → Esoterik und → New Age richtig einzuschätzen vermögen.

Lit.: M. Schmidt: Pietismus. Stuttgart 1972; M. Greschat (Hrsg.): Zur neueren Pietismus-Forschung. Darmstadt 1977; E. Beyreuther: Geschichte des Pietismus. Stuttgart 1978; Anfänge des Pietismus, in: Pietismus und Neuzeit, Bd. 4. Hrsg. M. Brecht. Göttingen 1979; Geschichte des Pietismus I–IV. Hrsg. M. Brecht u. a. Göttingen 1993 ff.; M. Brecht: Pietismus, in: Theologische Realenzyklopädie, Bd. 26. Berlin 1996, S. 606–631 (Lit.).

Plotin (um 204 – Campanien 270) Als der bedeutendste der Neuplatoniker, d. h. der im Geiste Platons, des Aristoteles und in anderen Strömungen philosophierenden Denker der Antike, hat er das abendländische Geistesleben, Theologie und → Mystik nicht weniger als die Philosophie als solche nachhaltig beeinflußt. Über die ersten Jahrzehnte seines Lebens ist kaum etwas bekannt. In Alexandria ließ er sich in diese Art des Denkens einführen, ehe er in Rom – etwa ab 244 – eine eigene Philosophenschule begründete, mit der er großes Ansehen erlangte. Ab 254 entstanden seine Schriften, insbesondere die »Enneaden« (griech. »Neunheiten«). Porphyrios unternahm den Versuch, das Lehrgebäude seines Meisters zu systematisieren. Das Ur-Eine ist demnach Grund und Ziel allen Seins und folglich auch allen geistigen Strebens: »Alles Seiende ist durch das Eine seiend.« Das Seiende setzt somit stets einen Einheitsgrund als unverzichtbare Basis voraus. Von daher ergibt sich ein Stufenbau der Werte und der Seinshaltigkeit des Wirklichen. Porphyrios berichtet, sein Lehrer habe sich geschämt, »im Leibe zu sein«, weil er gemäß platonischer Einschätzung des Materiellen darin einen Unwert erblickte, während die Wahrheit und das Gute im Grunde keiner Verkörperung fähig seien.

Es gelte einen Höhenweg zu diesem Einen anzutreten. Auf ihm geht es letztlich um die mystische Schau des Schönen, das – wie Platons »Symposion« entfaltet – oberhalb aller irdischer Erscheinungsformen beheimatet ist. Was die menschliche Seele betrifft, so meint P., sie sei nicht völlig in die Vielheit hinabgesunken; ein Teil sei nach wie vor mit der oberen Welt verbunden. Das bietet eine Möglichkeit der Anknüpfung und des Emporstrebens: »Wir müssen die Fähigkeit der Seele zur Wahrnehmung (d. h. der oberen Welt) bewahren, rein und bereit zu hören die Stimmen von oben.« Und: »Wenn die Seele rein im Geistigen ist, … dann ist auch sie das, was der Geist ist. Denn wenn sie in jenem Ort ist, dann muß sie mit dem Geist zur Einheit kommen, wenn sie sich zu ihm hingewendet hat …«

Aus Sätzen wie diesen erhellt, von welch großer Bedeutung P.s Einfluß für die abendländische Mystik wurde. Diese Wirkungen bestehen seit Augustinus, insbesondere seit → Dionysius Areopagita und gehen über ihn zu → Eckhart und Tauler, sodann zu Nikolaus von Kues und in der zum Idealismus führenden Folgezeit. In diesen Zusammenhang gehört auch → Goethes Wort über P.: »Er, der alte Mystiker, gehört auf jeden Fall zu den Unsern.«

Werke: Plotins Schriften (griech. – deutsch) 1–12. Übersetzung. Hamburg 1956 ff. – *Lit.:* W. Beierwaltes u. a.: Grundfragen der Mystik. Einsiedeln 1974; Die Philosophie des Neuplatonismus. Hrsg. C. Zintzen. Darmstadt 1977; P. Chr. Lang in: Metzler Philosophenlexikon. Hrsg. B. Lutz. Stuttgart 1989, S. 624; J. Halfwassen in: Großes Werklexikon der Philosophie. Hrsg. F. Volpi. Stuttgart 1999, S. 1200 ff.

Prel, Carl du (Landshut 1839 – Heilig Kreuz 1899), dem Okkultismus und den sog. »Geheimwissenschaften« zugewandter, an Kant orientierter Denker, dessen lange Zeit verschollene »Vorlesungen über Psychologie« er 1889 herausgab. Als einer der wichtigsten Mitarbeiter der Zeitschrift »Sphinx« hat er zahlreiche Beiträge zur Seelenlehre und zu einer metaphysisch begründeten »Mystik« geliefert, ausgearbeitet in einer Reihe von z. T. umfangreichen Werken, unter ihnen seine »Philosophie der Mystik« (1884), ferner »Die monistische Seelenlehre« (1888). Sein einführendes Buch »Das Rätsel des Menschen« (1892) hat Herbert → Fritsche mit erforderlichen Klarstellungen erneut herausgegeben. Klärungsbedürftig sind z. B. die von P. benutzten Begriffe, die zu einem nicht geringen Teil der heutigen Parapsychologie zuzurechnen sind. Auf den doppelten Ursprung des Menschen verweisend führt er aus: »Wenn es ein transzendentales Ich gibt, so stehen wir nur mit dem einen Fuße unseres Wesens in der Erscheinungswelt. Dann wird es aber auch klar, warum die Beziehungen des Menschen zu dieser Erscheinungswelt, wie sie vom Selbstbewußtsein erkannt wer-

Priesterkönig Johannes

den, uns die Lösung des Menschenrätsels nicht bieten können. Das könnte nur gelingen, wenn wir auch die andere Seite unseres Wesens ins Auge fassen ...«

Werke: Das Rätsel des Menschen. Ergänzt und kommentiert durch H. Fritsche. Wiesbaden 1950; I. Kants Vorlesungen über Psychologie. Pforzheim 1964. – *Lit.:* A. Brieger in: C. du Prel: Die Psyche und das Ewige. Pforzheim 1971, S. 7–141.

Priesterkönig Johannes Diese legendäre, in Geheimnisse gehüllte Gestalt tauchte um die Mitte des 12. Jahrhunderts auf. Wie das → Johannesevangelium übten auch andere Träger des Johannes-Namens, so der P. – bisweilen »Presbyter Johannes« genannt – generationenlang eine große Faszination aus. Von ihm vermutete man, daß er aus der Dynastie der Hüter des heiligen → Grals stamme, aber wie die Magier aus dem Morgenland (Mt 2) ein großes, ebenfalls geheimnisvolles Reich in der Nachbarschaft des Paradieses beherrsche.

Wolfram von Eschenbach hat die eigentümliche Kunde überbracht, indem er in seiner Parceval-Dichtung von Repanse de Schoye (XVI, 822) berichtet: »Sie gebar in Indien später einen Sohn, der hieß Johannes. Priester Joannes nannte man ihn, und dort gibt man seit jener Zeit jedem König diesen Namen.« Als erster hat Bischof Otto von Freising (gest. 1158), der Geschichtsschreiber und Autor einer berühmten Chronik, diesen »König und Priester« (rex et sacerdos) erwähnt. Seitdem wurde er zu einer mit allerlei Sehnsüchten umkleideten Traumgestalt. Er trägt archetypische Züge, denn man verstand ihn als den, auf den die Menschen ihre Hoffnung setzen in Erwartung des herannahenden Reichs des Heiligen Geistes (→ Joachim von Fiore). »Der P., den man nicht in einem Atemzug mit auf den ersten Blick vergleichbaren Päpsten oder den Pharaonen Altägyptens nennen kann, beweist aufs eindringlichste, daß Ideen, Bilder und Einbildungen die Geschichte mindestens ebenso machtvoll prägen und beflügeln wie die angeblich allein ausschlaggebenden Tatsachen, an die sich der fachwissenschaftlich vorgehende Historiker zu halten hat« (G.-K. Kaltenbrunner).

Lit.: G.-K. Kaltenbrunner: Johannes ist sein Name. Priesterkönig, Gralshüter, Traumgestalt. Zug/Schweiz 1993.

Psychosynthese Die von dem italienischen Psychoanalytiker Roberto Assagioli (1888–1974) begründete P. ist Erscheinungsformen der → Transpersonalen Psychologie zuzurechnen, insofern sie sowohl der psychischen wie der spirituellen Realität Rechnung trägt, deren Bedürftigkeit bei immer mehr Menschen zu konstatieren ist. Zwar setzte sich Assagioli bereits vor 1910 für die Verbreitung der Psychoanalyse in Italien ein. Doch zog er aus den Mängeln, die einer einseitigen analytisch-materialistischen Therapieweise anhaften, den Schluß der Erweiterungsbedürftigkeit dieser an sich bedeutsamen Praktik. 1911 stellte er seine in dieser Hinsicht gewonnenen Ansichten über das Unbewußte in einem Referat auf dem »Internationalen Kongreß für Philosophie« in Bologna vor. Eine zeitweise Zusammenarbeit mit Alice → Bailey führte ihn zur → anglo-indischen Theosophie, von da zu einer ganzheitlichen Erfassung der menschlichen Wesenheit in ihrer Bestimmung von → Ich und Selbst. Er sah, daß es auch nicht genügt, relativ undifferenziert vom kollektiven Unbewußten zu sprechen, das – freilich irrtümlicherweise – häufig mit dem Unterbewußten gleichgesetzt wird. Man dürfe ohnehin nicht bei dem untergründigem Aspekt des Unbewußten stehenbleiben,

Psychosynthese

sondern müsse – u. U. noch deutlicher als → Jung – die
überbewußten Ebenen in den Blick zu bekommen
suchen. Nach seiner Sicht lassen sich prälogische, logi-
sche und translogische Strukturen unterscheiden, die in
hierarchischer Weise miteinander verbunden sein sollen.
Sowohl Jean Gebser (1905–1973) als auch Ken Wilber
warnten vor einer »Prä-Trans-Verwechslung«, um eben
diese Identifikation des Unbewußten mit unterbewußten Bereichen des Seelischen zu vermeiden. Assagioli
hob hervor:

»Wir alle stehen in Verbindung miteinander, nicht nur
auf der sozialen und auf körperlicher Ebene, sondern auch
über den Strom unserer Gedanken und Emotionen, die
einander durchdringen … Verantwortungsgefühl, Verständnis, Mitgefühl, Liebe, Nicht-Verletzen – das sind die
wahren Glieder der Kette, die uns verbindet, und sie müssen in unseren Herzen geschmiedet werden.«

In mancher Hinsicht lassen sich von der P. aus Tangen-
ten und Erweiterungsmöglichkeiten zur → Anthroposophie hin, aber auch zur → Initiatischen Therapie K. Graf
→ Dürckheims u. a. aufzeigen. So gesehen handelt es sich
um eine verschiedene Methoden (Meditation, Imagination, Traumarbeit, Tanz, Körper- und systemische Arbeit)
einsetzende Therapie, die auf die Synthese der verschiedenen Teilaspekte der Psyche hinarbeitet, nachdem eine
Anamnese und Analyse vorausgegangen ist. Abgesehen
von den ebenfalls vorauszusetzenden psychotherapeutischen Formen des praktischen Vorgehens ist es unverzichtbar, daß der Therapeut selbst einen → inneren Weg
geht, um seinen Klienten beim Durchlauf durch einen
spirituell-transpersonalen Prozeß und bei der Konfrontation mit inneren Krisensituationen aus eigener Erfahrung
heraus behilflich sein zu können.

Die P. ist zwar international, hingegen im deutschen Sprachraum noch wenig verbreitet. Therapeutische Arbeit sowie Grund- und Weiterbildungsseminare bietet das Psychosynthese-Haus Bodensee an (www.psychosynthesehaus.de).

Werke: Handbuch der Psychosynthesis. Angewandte Transpersonale Psychologie. Hrsg. E. Hanefeld. Freiburg 1965; Psychosynthese und transpersonale Entwicklung. Paderborn 1992. – *Lit.:* P. Ferrucci: Werde, was du bist. Selbstverwirklichung durch Psychosynthese. Reinbek 1986; L. Boggio Gilot: Die Psychosynthese. Ein Weg zu psychischer Gesundheit und Bewußtseinsentwicklung, in: Spirituelle Wege und Transpersonale Psychotherapie. Hrsg. E. Zundel, B. Fittkau. Paderborn 1989, S. 329 ff.; W. Parfitt: Psychosynthese. Braunschweig 1992.

Pythagoras Gestorben um die Wende vom 6. zum 5. vorchristlichen Jahrhundert, gehört P. zu den herausragenden vorsokratischen Philosophen. Weil sich biographische Daten und legendäre Überlieferungen frühzeitig vermengt haben, lassen sich exakte Auskünfte über sein Leben nicht ermitteln. So gilt er den Alten als Sohn des Apoll oder des Hermes, der von Samos stammen soll. Er habe Wissen auch von der jenseitigen Welt erlangt und seinen Schülern, etwa von 530 v. Chr. an, mitgeteilt. Vorausgegangen waren Reisen nach Phönizien, → Ägypten und Babylonien. Im süditalienischen Kroton richtete er zu diesem Zweck so etwas wie eine → Mysterienschule ein, in der er dem Geheimnis der → Zahl in ihrer qualitativen Bedeutung und kosmischen Bezogenheit nachging und gleichzeitig mathematische sowie musikalische Grundlagen legte.

Das geschah in einer auf strenge Disziplin achtenden, ordensähnlichen esoterischen Gemeinschaft, in der wegen ihres exklusiven Charakters die → Arkandisziplin üblich war. Seine Mitglieder bzw. Nachfolger, Neupythagoräer wie → Apollonius von Tyana, pflegten sein geistiges Erbe und setzten je auf ihre Weise das Überkommene fort. Zwar werden seine Lehren nur der mündlichen Weitergabe vorbehalten gewesen sein. Doch gibt es »Fragmente und Zeugnisse«, die von Nachfahren aufgezeichnet bzw. in dem Bestreben, seinem Geist zu folgen, formuliert wurden. »Der Pythagoreismus war eine religiöse Sekte, in der das Bemühen, Erscheinungen unter rationale Gesetze zu bringen, zusehends größere Bedeutung gewann. Das Abstraktionsniveau, zu dem sie vorgedrungen waren, indem sie die Zahl als ›arché‹ (Anfang und Ursprung) formulierten, bildete eine wesentliche Grundlage für die Entwicklung der Metaphysik« (A. Jori). Zu den esoterischen Lehren gehörte die der → Reinkarnation, von der auch Tierseelen betroffen sein sollen, sodaß P. als abendländischer »Ahnherr der Seelenwanderungsvorstellung« (Helmut Zander) anzusehen ist, obwohl wenige, nicht immer unwidersprochene Details seiner Unterweisungen bekannt geworden sind.

Lit.: E. Bindel: Pythagoras. Leben und Lehre in Wirklichkeit und Legende. Stuttgart 1962; A. Jori in: Großes Werklexikon der Philosophie. Stuttgart 1999, S. 1241 ff.; H. Zander: Geschichte der Seelenwanderung in Europa. Darmstadt 1999, S. 58 ff. u. ö.; Chr. Riedweg: Pythagoras. Leben, Lehre, Nachwirkung. München 2002.

Q

Quietismus Bezeichnung für ein Frömmigkeitsstreben, das der → Mystik in der Weise eine besondere Note gibt, daß alle Anspannung des Geistes und des Willens auf die Herstellung der Ruhe (lat. »quies«) in Gott gerichtet ist. Entstanden ist der Begriff aus Anlaß des römischen Ketzerprozesses gegen den Spanier → Molinos. Man sah Gefahren bei der Praxis des stillen Gebets, das im Sinne der → Kontemplation auf dogmatische Vorgaben verzichten kann. Die Anhänger dieser Haltung gerieten vor allem immer dann in Verdacht des Irrglaubens, wenn sie zu einer Radikalisierung der Passivität neigten, worunter z. B. die Beachtung anderer christlich-ethischer Werte und Normen – angeblich – litten. Solche Tendenzen wurden auch an Einzelgestalten des → Pietismus beobachtet. »Den Quietismus als die große Krise der christlichen Mystik im 17. Jahrhundert darzustellen, ist übertrieben. Extreme Thesen waren auf eine kleine Zahl von Sympathisanten beschränkt« (Josef Weismayer).

Lit.: R. Knox: Christliches Schwärmertum. Köln–Olten 1957.

R

Rachamim Im → Sefiroth-Baum handelt es sich um »Barmherzigkeit« (hebr. »raham«, Schoß), d. h. jene Manifestation oder Kraft, die als 6. Sefira zwischen den beiden polaren Gegensätzen von Liebe (Chessed) und strafender Macht Gottes (Gebura oder Din) steht. R. ist identisch mit der häufiger benutzten Bezeichnung → »Tifereth« (Schönheit, auch: König).

Reinkarnation Die Wiederverkörperung des Menschen als Mensch; R. hat, abgesehen von den verschiedenen

Reinkarnation

R.-Theorien des Ostens, auch in der westlichen Welt seit → Pythagoras (um 600 v. Chr.), Empedokles und Platon die Gemüter bewegt. Die Begegnung mit dem frühen Christentum konnte daher nicht ausbleiben, wenngleich das Judentum und das Neue Testament R. aufgrund anderer menschenkundlicher Vorstellungen nicht kennen, jedenfalls zur Begründung nicht herangezogen werden können. Die Kirchenväter betonten in der Regel die Einzigartigkeit der menschlichen Existenz. Der häufig als Bekenner der R. herangezogene Origenes (3. Jh.) lehrte lediglich die Präexistenz der menschlichen → Seele. Die Synode von Konstantinopel (543) und das 5. Ökumenische Konzil (553) verurteilten die R. ausdrücklich, was freilich eine gewisse Bekanntschaft voraussetzt. Insbesondere waren es gnostische, manichäische (→ Katharer) und sonstige Randgruppen der Christenheit, die den R.-Gedanken in den Mittelpunkt ihrer Lehrbildung stellten. In der Neuzeit machten sich zahlreiche europäische Philosophen die R.-Idee zu eigen (Belege u. a. bei E. Bock). Zum Teil geschah dies aufgrund der Begegnung mit der fernöstlichen Spiritualität, jedoch so, daß die menschliche Individualität gewahrt blieb. Während sich die anglo-indische → Theosophie an die östlichen Vorbilder anlehnte, kam es R. → Steiner darauf an, einen Gedankenweg zur R. zu zeigen und damit eine relative Unabhängigkeit von den Vorstellungen und Glaubensüberzeugungen anderer zu erzielen (→ Anthroposophie): »Als physischer Mensch stamme ich von anderen physischen Menschen ab, denn ich habe dieselbe Gestalt wie die ganze menschliche Gattung. Die Eigenschaften der Gattung konnten also innerhalb der Gattung durch Vererbung erworben werden. Als geistiger Mensch habe ich meine eigene Gestalt, wie ich meine eigene Biographie habe. Ich kann also diese Gestalt von niemand anderem haben als von mir selbst ... Ich muß als geistiger Mensch vor meiner Geburt vorhanden gewesen sein. In meinen Vorfahren bin ich sicher nicht vorhanden gewesen, denn diese sind als geistige Menschen von mir verschieden. Meine Biographie ist nicht aus der ihrigen erklärbar. Ich muß vielmehr als geistiges Wesen die Wiederholung eines solchen sein, aus dessen Biographie die meinige erklärbar ist ... In einem Leben erscheint der menschliche Geist als Wiederholung seiner selbst mit den Früchten seiner vorigen Erlebnisse in vorhergehenden Lebensläufen ...« (R. Steiner: Theosophie).

Lit.: G. Adler: Wiedergeboren nach dem Tode? Frankfurt 1977; M. von Brück: Reinkarnation, in: Lexikon der Religionen. Freiburg 1987; E. Bock: Wiederholte Erdenleben. Stuttgart ⁶1975; R. Frieling: Christentum und Wiederverkörperung; M. Hoffmeister: Reinkarnation. Achberg 1980; R. Steiner: Wiederverkörperung (Themen aus dem Gesamtwerk 9). Stuttgart 1982; H. Zander: Reinkarnation und Christentum. R. Steiners Theorie der Wiederverkörperung im Dialog mit der Theologie. Paderborn 1995; ders.: Geschichte der Seelenwanderung in Europa. Darmstadt 1999.

Renaissance Dem Wortsinn nach handelt es sich um eine »Wiedergeburt« (von »rinascità«). Ursprünglich war die Kunst Italiens gemeint, die sich an antiken Vorbildern schulte. Doch im Rahmen dieses komplexen, zahlreiche Kategorien und Dimensionen umfassenden Begriffs ging es nicht am wenigsten um eine Morgenröte der → Esoterik mit besonderem Interesse an der → Hermetik, deren Grundschriften großenteils erst jetzt veröffentlicht wurden. Im zeitlichen Umfeld der Eroberung Konstantinopels durch die Boten Mohammeds (1453) sorgte die Bewegung des Humanismus dafür, daß die alten Sprachen, neben dem Latei-

Renaissance

nischen auch das Griechische und Hebräische, stärker als bisher in Europa heimisch geworden sind. Vorbereitet durch Erasmus von Rotterdam, der 1516 erstmals eine griechische Ausgabe des Neuen Testaments herausgab, konnte einerseits Martin Luther die Verdeutschung der Schrift (1522), zwölf Jahre später, unterstützt durch einen Mitarbeiterkreis, die gesamte Bibel vorlegen. Andererseits hatten die Florentiner Humanisten (→ Ficino, → Pico della Mirandola u. a.) sowohl platonische, neuplatonische, hermetische Texte z. T. erstmals zugänglich gemacht, als auch den Zugang zur → Kabbala, selbst zur → christlichen Kabbala gebahnt. Darüber kamen die »geheimen Künste« nicht zu kurz. »Die hermetische Tradition, jene einzigartige und faszinierende, vom Geiste des Neuplatonismus durchdrungene Mischung, die Ficino mit nichtchristlicher Gnosis, → Magie und → Astrologie kombiniert hatte, stieß ab 1471 auf außerordentlich großes Interesse und fand allerorts ihren Niederschlag: in der Dichtung wie in den bildenden Künsten, in religiösen Auseinandersetzungen wie in den Sitten und Gebräuchen ... Hermetismus bedeutete, die Welt als universales Leben und universale Liebe, als universales Licht (und universale Begreifbarkeit) zu sehen« (E. Garin).

Johannes → Reuchlin, → Trithemius von Sponheim und → Paracelsus können als Exponenten ihrer Erkenntnissuche und als Vertreter eines deutschen R.-Humanismus gelten, der zwar von Italien her befruchtet war, jedoch eine eigene Prägung erhielt. Alles in allem führten diese Motivkräfte zur Ausbildung eines neuen, die Autonomie begründenden Bewußtseins, das sich auf ein neues Bild von Mensch und Welt erstreckte. Deutlich wurde dies beispielsweise durch die Entdeckung der Perspektive samt der Erfassung des Raumes. Das geschah zwar durchaus noch im Rahmen des Dogmas und der kirchlichen

278

Frömmigkeit, doch um die Sichtweisen erweitert, die die älteren esoterischen Disziplinen als Erklärungshilfen boten oder zu bieten schienen. Der mittlerweile in Anwendung gekommene Buchdruck sorgte für die Nachhaltigkeit der Wirkungen von R. und Humanismus.

Lit.: W.-E. Peuckert: Die große Wende. Das apokalyptische Saeculum und Luther. Hamburg 1948; Der deutsche Renaissance-Humanismus. Hrsg. W. Trillitzsch. Frankfurt 1981; E. Garin (Hrsg.): Der Mensch der Renaissance. Frankfurt 1990; P. Burke: Die europäische Renaissance. München 1998.

Reuchlin, Johannes (Pforzheim 1455 – Bad Liebenzell 1522) Von → Goethe als »Wunderzeichen seiner Zeit« gepriesen hat dieser führende deutsche Humanist, Mentor seines Großneffen Philipp Melanchthon und Freund des Erasmus von Rotterdam, nicht nur wesentliche Vorarbeit für die Hebräisch-Studien in Mitteleuropa geleistet, sondern auch der → christlichen Kabbala in Deutschland den Boden bereitet. Von Haus aus Jurist und Berater seines württembergischen Grafen bzw. Herzogs Eberhard d. Ä. hatte R. in Freiburg, Paris und Basel studiert und sich neben Einarbeitung in die griechische Philosophie frühzeitig mit der hebräischen Bibelsprache beschäftigt, in die ihn um 1486 ein Jude einführte. Das war eine erste Vorbereitung für die Begegnung mit → Pico della Mirandola, 1490 in Florenz, der ihn an die Geheimnisse der jüdischen Mystik heranführte. Neben Erfüllung seiner juristischen Tätigkeit übersetzte er aus dem Griechischen und aus dem Alten Testament, ferner verfaßte er zwei Schriften zur Kabbala: »De verbo mirifico« (Vom wundertätigen Wort, 1494), in dem er sich mit der sprachlich-spirituellen Struktur des heiligen, von Juden nicht auszusprechenden Gottesnamens beschäftigt. Ferner ist in »De arte cabbalistica« (Von der kabbalistischen Kunst, 1517) auf die Zusammenhänge aufmerksam gemacht, die seines Erachtens zwischen Judentum und Christentum bestehen und zur Grundlegung der christlichen Kabbala hinführen.

Aufgrund seiner Kenntnis und Hochschätzung der hebräischen Tradition setzte sich R. für die Erhaltung und Pflege hebräischer Literatur ein, als er – etwa ab 1511 – dieses Engagements wegen von kirchlichen Kreisen angeklagt wurde. Es handelt sich dabei am Vorabend der Reformation um die Verdächtigungen eines gewissen Pfefferkorn und um die von ihm schließlich verfaßten »Epistolae virorum obscurorum« (Dunkelmännerbriefe, 1515, 1517), in denen er gegen seine Verleumder zu Felde zog. Unbeirrt und offiziell rehabilitiert, war R. gegen Ende seines Lebens als Hochschullehrer für Griechisch und Hebräisch an den Universitäten Ingolstadt und Tübingen tätig. Vielstimmig war der Nachruhm, der ihm zuteil wurde.

Lit.: J. Reuchlin. Deutschlands erster Humanist. Biographisches Lesebuch. Hrsg. H.-R. Schwab. München 1998; S. Rhein in: Großes Werklexikon der Philosophie. Stuttgart 1999, S. 1270 ff.; W. Schmidt-Biggemann: J. Reuchlin und die Anfänge der christlichen Kabbala, in: Christliche Kabbala. Hrsg. W. Schmidt-Biggemann. Ostfildern 2003, S. 9–48; Philosophia Symbolica. J. Reuchlin and the Kabbalah. Hrsg. Bibliotheca Philosophica Hermetica. Amsterdam 2005; J. Dan in: Dictionary of Gnosis and Western Esotericism. Leiden 2005, S. 990 ff.

Rijckenborgh, Jan van (1896–1968) Pseudonym für den einer holländischen reformierten Familie entstammenden Jan Leene, der zusammen mit seinem früh verstorbenen Bruder Zwier Willem Leene (1892–1938) und Henny Stok-Huizer (1902–1990), genannt Catharose de Petri, das → Lectorium Rosicrucianum als eine moderne

Geistesschule begründete und als deren Großmeister leitete. In einem über die zwanziger und dreißiger Jahre sich erstreckenden inneren Klärungsprozeß, der von der in Holland agierenden rosenkreuzerischen Genossenschaft, die an Max → Heindel anknüpfte, fand R. nach und nach seine Bestimmung. Dazu gehörte eine intensive Auseinandersetzung mit der → anglo-indischen Theosophie von H. P → Blavatsky und weiterer einschlägiger Literatur. Beeinflußt wurde er anfangs auch durch den reformierten Theologieprofessor A. H. de Hartog, und das Werk »Philosophie des Unbewußten« des Philosophen Eduard von Hartmann (1842–1906), durch das ihm deutlich wurde, daß die Dimensionen des → Unbewußten ernst genommen werden müssen, um zu einem vertieften Verständnis der Wirklichkeit zu gelangen. Vor allem war es Jakob → Böhme, dessen Schrifttum seit dem 17. Jahrhundert in Holland eine Heimat gefunden hatte, der ihn schon in jungen Jahren begeisterte und dessen berühmtes Erstlingswerk → »Aurora oder Morgenröte im Aufgang« er auf Holländisch neu herausgab. Die Grundschriften der → Rosenkreuzer rückten immer mehr in den Mittelpunkt seines Interesses. Das zeigen seine späteren Ausgaben und Auslegungen, die er der Fama, Confessio und Chymischen Hochzeit Christiani Rosenkreuz (→ Andreae) widmete.

Catharose de Petri aus Rotterdam, die 1930 zu den Rosenkreuzern und der Gruppe um R. gefunden hatte, bringt durch die Wahl ihres Pseudonyms zum Ausdruck, daß auch die Tradition der → Katharer zum Grundbestand der Bewegung des → Lectorium Rosicrucianum geworden ist. So wurde die Begegnung mit dem französischen Historiker und Katharer-Forscher Antonin Gadal (1877–1962) für beide und für die

Bewegung von großer Bedeutung. Diese Studien pflegte R. während des Zweiten Weltkriegs, als die rosenkreuzerischen Aktivitäten durch die deutsche Besatzungsmacht in Holland verboten waren. Auch die Vertiefung in die → Hermetik, in die von ihm als »Ägyptische Ur-Gnosis« herausgegebenen und erläuterten Schriften des Corpus Hermeticum, erfolgte während seiner letzten Lebenszeit.

Es entspricht dem Wesen einer solchen spirituellen Bewegung, daß historische Fragestellungen, etwa ob es Christian Rosenkreuz oder den Hermes Trismegistos als konkrete Menschen je gegeben habe, letztlich wesenlos sind. In Christian Rosenkreuz erblickte er so etwas wie ein geistiges Prinzip, etwa als einen Prototyp des geistig strebenden Menschen. Oder um es mit Lex van den Brul zusammenzufassen:

»Van R. schlägt die Brücke zwischen den Absichten der Brüder des Rosenkreuzes und dem Urbronn des Hermes. Er schrieb in seinen Erklärungen zur »Alchymischen Hochzeit«: ›Wer war, oder besser. Wer ist Hermes? Hermes ist der sich offenbarende Geist selbst, der Urbronn, der jeden Menschen laben will. Darum wollen wir auch von diesem Urbronn zeugen und studieren wir immer wieder aufs neue die alten hermetischen Bücher.‹ So ist Hermes ebenfalls eine mythische Figur, aber gleichzeitig auch das große Vorbild, das als eine universelle Weisheitskraft durch alle Zeiten hin nichts von seiner strahlenden Weisheit eingebüßt hat.« R.s Bestreben ging dahin, diese Traditionen zu vergegenwärtigen und in ihrer aktuellen Bedeutsamkeit von neuem bewußt zu machen.

Lit.: K. Dietzfelbinger: Die Geistesschule des Goldenen Rosenkreuzes. Andechs 1999; L. van den Brul: J. van Rijckenborgh, ein moderner Rosenkreuzer und hermetischer Gnostiker, in: Rosenkreuz als europäisches Phänomen im 17. Jahrhundert. Amsterdam 2002, S. 383 ff.; H. Lamprecht: Neue Rosenkreuzer. Ein Handbuch. Göttingen 2004, S. 260 ff.

Rosenberg, Alfons (München 1902 – Zürich 1985) Der einer jüdischen Kaufmannsfamilie entstammende R. ist als Schriftsteller und als ein spiritueller Lehrer zwar nur einem relativ kleinen Kreis von Menschen bekannt geworden, die sich für die → Esoterik des Christentums interessieren ließen, doch hat er als ein Ökumeniker des Geistes in Wort und Schrift viele Gleichgesinnte auf den → inneren Weg geführt. Das geschah in einer ausgedehnten Vortragsarbeit, in Meditations-Seminaren und in Arbeitsgruppen, in denen er sein umfassendes, östliche wie westliche Bereiche einbeziehendes Symbolwissen darbieten konnte. Ehe er als »Nichtarier« Deutschland verlassen und in die Schweiz emigrieren mußte, arbeitete er zurückgezogen auf einer Insel im oberbayrischen Wörthsee als Bauer und Handwerker, auch als Graphiker.

Zu seinen ersten literarischen Arbeiten gehörte sein Versuch einer Geistesgeschichte der Astrologie (»Zeichen am Himmel«, Zürich 1949; München 1984), in der er gnostische Symbolerkenntnis mit der Christusbotschaft versöhnen wollte. In ähnlicher Weise war er bestrebt, Traditionen des Mythos auf ihren Christusbezug hin neu zu erschließen. Jenseitserfahrungen beleuchtete er in seinem Oberlin-Buch »Der Christ und die Erde« (Olten 1953), sowie in »Seelenreise« (Bietigheim 1971). Die Kult- und Wirkungsgeschichte des Erzengels Michael beschrieb er in »Michael und der Drache« (Olten 1956), später ergänzt durch sein grundlegendes Buch über das Phänomen der → Engel in: »Engel und Dämonen« (München 1967). Zwischen 1953 und 1960 edierte er die zwölfteilige Buchreihe »Doku-

Rosenkreuzer

mente religiöser Erfahrung« mit Texten von → Joachim von Fiore und aus → Andreaes »Chymischer Hochzeit Christiani Rosenkreuz«.

Ein besonderer Zug seiner Sicht des Menschen und des Christentums war seine in die Zukunft gerichtete Schau. So wagte er als einer der Ersten im 20. Jahrhundert einen »Entwurf des künftigen Menschen« in: »Durchbruch zur Zukunft« (München 1958); sowie in »Das Experiment Christentum« (München 1969) zog er Umrisse einer künftigen Christenheit, indem er, in behutsamer, von Intuition geleiteter Analyse jeweils Ausgangspunkt und Möglichkeit einer Wegweisung für die Welt von morgen prüfte. Überzeugt, daß jetzt eine »enttheologisierte« Aneignung und Weitergabe des Evangeliums geboten sei, machte er auf das aufmerksam, das jetzt schon im Verborgenen nach Verwirklichung drängt: »Vieles Heutige muß als eine Vorwirkung des Künftigen verstanden werden. Denn das Künftige ist bereits unter uns wirksam. Davon zeugt auch das Evangelium, vor allem das des Johannes: die letzte Zeit, das Eschaton, ist bereits im Gegenwärtigen mitenthalten.«

Lit.: A. Rosenberg: Die Welt im Feuer. Wandlungen meines Lebens. Freiburg 1983; G. Wehr: A. Rosenberg. Religiöser Außenseiter und charismatischer Ökumeniker, in: Novalis. Büsingen. Nr. 1/2 2001, S. 22–26.

Rosenkreuzer Die im Zeichen von Kreuz und Rose angetretene neuzeitliche Geistesbewegung. Sie geht auf den schwäbischen Theologen Johann Valentin → Andreae (in der Anfangszeit des → Pietismus) zurück, der zwischen 1614 und 1616 drei anonyme Schriften, darunter → Chymische Hochzeit Christiani Rosenkreutz – Anno 1459« im Druck erscheinen ließ. Er erweckte darin den Ein-

Rosenkreuzer

druck, es existiere seit langem der bislang verborgen arbeitende Orden der R. Auch wenn man bedenkt, daß esoterische Tatbestände, Lehren und Bewegungen durch die → Arkandisziplin geschützt wurden, ist zu betonen, daß vor Veröffentlichung dieser rosenkreuzerischen Manifeste keine historischen Spuren dieser angeblichen Ordensbewegung nachzuweisen sind. Die Lebensumstände, auch Andreaes eigene Reaktionen – sein Familienwappen vereinigt das Andreaskreuz mit vier Rosen! – unterstreichen die Resultate der Forschung. Bemerkenswert ist andererseits die Faszination, die die drei Manifeste binnen kurzer Zeit ausübten. Auch eine heftige gegnerische Reaktion blieb nicht aus.

Die Geistesart der R. ist ein Musterbeispiel christlicher Esoterik, wobei der Zeitpunkt der Abfassung der Schriften als eine typische Wendezeit angesichts der heraufkommenden Naturwissenschaft im frühen 17. Jahrhundert und der kosmologischen Neuorientierung mitzuberücksichtigen ist. Das sich hier artikulierende rosenkreuzerische Christentum möchte die empirisch und quantitativ arbeitende Naturwissenschaft mit einer spirituell-qualitativ ausgerichteten Weltbetrachtung verbinden. Insofern sind die R. mit dem Geistesstreben Jakob → Böhmes eng verwandt. Zum Wesen rosenkreuzerischer Spiritualität gehört sodann der initiatische Aspekt (→ Initiation). Es geht den R. nicht allein um eine »Generalreformation der ganzen Welt« im Sinne einer nur äußeren Veränderung. Entscheidend liegt ihnen daran, einen → inneren Weg zu zeigen. Er findet sich knapp zusammengefaßt in dem R.-Mantram (→ Mantram), das bereits in → »Fama Fraternitatis« (1614) enthalten ist und das sich als eine Meditationsformel anbietet:

Aus Gott sind wir geboren,
In Jesu sterben wir,
Durch den (Hl.) Geist werden wir wiedergeboren.

Damit ist Wesen und Ziel der → Transformation des rosenkreuzerischen Esoterikers umrissen. Nach dem mystischen
Sterben, d. h. der Aufgabe des alten Menschen, hat eine
→ Wiedergeburt zu erfolgen. Wie die Biographie Andreaes
zeigt, war er selbst gewillt und bereit, praktische soziale
Folgerungen aus diesem neuen Sein zu ziehen und darüber
hinaus den Blick auf eine christliche Utopie (Zukunftsge-
sellschaft) zu richten, etwa in der Schrift »Christianopolis«,
der noch Ernst Bloch in »Prinzip Hoffnung« gebührende
Aufmerksamkeit geschenkt hat. Der dritte Gesichtspunkt,
der das Wesen der R. ausmacht, ist der Ordensgedanke.
Gedacht ist an eine brüderschaftliche Verbindung von
Menschen (d. h. Männern!), die durch die gemeinsame
Zielsetzung und durch ein geistliches Leben, u. a. durch
alljährliche Zusammenkünfte an Pfingsten, dem Fest der
Geistesausgießung, aneinander gewiesen sind, Erkenntnis-
arbeit leisten und sich um die Krankenpflege kümmern.
Alle diese Elemente lassen die Gemeinschaft des imaginären
Christian Rosenkreuz zunächst als eine Zielangabe erscheinen. Der angebliche Ordensstifter trägt selbst nach dem
Willen des Autors archetypische, jedoch keine historisch
faßbaren Züge. Und eben diese Archetypik ist es, die die
nachhaltige Wirkung der R.-Idee immer wieder verständlich macht. Hatte J. V. Andreae als Verfasser der
R.-Schriften große Mühe, seine Autorschaft bald zu leug-
nen, bald als belanglose Spielereien eines phantasievollen
jungen Mannes herunterzuschrauben, der R.-Gedanke als
solcher wurde und wird bis heute vielfach zu Gemein-
schafts- und Lehrbildungen in Anspruch genommen. So

Rosenkreuzer

bildete sich in der zweiten Hälfte des 18. Jahrhunderts der Orden der → Gold- und Rosenkreuzer aus, eine betont antiaufklärerische Bewegung mit nicht unbeträchtlichem politischen Einfluß in Deutschland. Im Laufe der Zeit haben sich mehrere miteinander konkurrierende R.-Gemeinschaften gebildet. Im 20. Jahrhundert waren dies die zur Zeit aktiven: der »Alte mystische Orden vom Rosenkreuz« (Antiquus mysticus ordo rosae crucis, Ancient order of the rosy cross − → AMORC), 1916 von H. Spencer Lewis (1883–1936) in New York gegründet, eine 16 Grade der Einweihung unterscheidende Gemeinschaft. Sie versteht sich als die »größte und älteste Bruderschaft der Welt«, weil sie einer altägyptischen → Mysterienschule des 2. vorchristlichen Jahrtausends (!) entstamme und im übrigen der übersinnlich vorgestellten »großen weißen Bruderschaft« unterstellt sei. − 1909 hatte der aus theosophischen Zusammenhängen kommende, in mancher Hinsicht an Rudolf → Steiner anknüpfende Max → Heindel die »Rosenkreuzer-Gemeinschaft« gegründet. − Begründer des → Lectorium Rosicrucianum ist Jan van → Rijckenborgh (d. i. Jan Leene, gest. 1968), eine weit verbreitete Mysterienschule mit Hauptsitz in Haarlem/Niederlande. − 1969 konstituierte sich unter dessen Sohn Henk Leene in Haarlem und Kassel die »Gemeinschaft Roseae Crucis«, die sich 1972 in »Esoterische Gemeinschaft Sivas« umbenannte. − Diese und eine Anzahl weiterer kleinerer, sich auf die geistige Kontinuität mit den alten R. berufenden Gruppen unterscheiden sich nach Lehre und Traditionsanspruch, auch hinsichtlich ihrer Einstellung zum Christentum, d. h. zur christlichen Esoterik. Dazu kommt, daß noch andere weltanschaulich-esoterische Bewegungen sich der rosenkreuzerischen Spiritualität verpflichtet fühlen, ohne sich als spezielle R.-Gemeinschaft zu begreifen. Das gilt vor allem für die

Rudolf II.

→ Anthroposophie R. Steiners, der sich in zahlreichen Vorträgen über die »Theosophie des R.« geäußert hat und sich auf die Inspiration des Christian Rosenkreuz berief.

Lit.: Die drei Grundschriften der Rosenkreuzer sind enthalten in: Die Bruderschaft der Rosenkreuzer. Hrsg. G. Wehr. Köln 1984; K. R. H. Frick: Weltanschauungen des modernen Illuminismus, in: Kursbuch der Weltanschauungen. Frankfurt–Berlin 1980; W. E. Peuckert: Das Rosenkreuz. Berlin ²1973; H. Reinalter (Hrsg.): Freimaurer und Geheimbünde. Frankfurt 1983; H. Schick: Die geheime Geschichte der Rosenkreuzer (1942). Schwarzenburg 1980; G. Wehr: Esoterisches Christentum. Stuttgart 1975; F. A. Yates: Aufklärung im Zeichen des Rosenkreuzes. Stuttgart 1975; R. Edighoffer: Die Rosenkreuzer. München 1995; Rosenkreuz als europäisches Phänomen im 17. Jahrhundert. Hrsg. Bibliotheca Philosophica Hermetica. Amsterdam 2002; H. Lamprecht: Neue Rosenkreuzer. Göttingen 2004.

Rudolf II. (Wien 1552–1612), seit 1576 deutscher Kaiser aus dem Hause Habsburg, ein Enkel Karls V., galt zeitlebens als ein um Erkenntnis der sichtbaren wie der unsichtbaren Welt bemühter Sucher; ein saturnischer, ein schwerblütiger Charakter. Geistesgeschichtlich stand er mit seinen Interessen an der Grenzscheide der Welt, in der das magische Denken und die naturwissenschaftliche, die Aufklärung vorbereitende Forschungsweise noch relativ nahe beieinander lagen. Um sein Wissen aus beiden Bereichen zu erweitern, rief er sowohl prominente Naturwissenschaftler wie Johannes Kepler (1571–1630) und Tycho Brahe (1546–1601) als auch allerlei Magier, Astrologen und Alchymisten an seinen Prager Hof (zwischen 1583 und 1589), unter ihnen der Engländer John → Dee und dessen als Medium begabten Alchymisten Edward Kelly. R. stellte ihn als Hofmagier an und erhob ihn in den Adelsstand. Unverzichtbar waren Kabbalisten, zumal es einen geistigen Austausch mit dem Prager Ghetto und dessen Kennern der »geheimen Künste« (→ Hermetik) gab. Auch der sagenumwobene »hohe« Rabbi Löw gehörte dazu. So sorgte R. dafür, daß auf dem Prager Hradschin ein Esoteriker-Zentrum entstand. Seiner Gunst erfreuten sich daher all jene, die andernorts ihrer Geisteshaltung oder Konfession wegen verfolgt wurden, Katholiken wie Protestanten. Der mit der neuen Geistesart sympathisierende Ex-Dominikaner Giordano Bruno, der im Frühjahr 1588 das rudolfinische Prag aufgesucht hatte und wenig später (1600) in Rom den Ketzertod erlitt, scheint jedoch nicht R.s besondere Sympathie empfangen zu haben.

Der »saturnische«, immer wieder von Schwermut geplagte Kaiser suchte der Belastung seines Gemüts dadurch Herr zu werden, daß er allerlei alchymistische Experimente zur Bereitung des »Steins der Weisen« anstellen ließ, um eines Tags auch die ebenso ersehnte wie unerreichbare Universalmedizin (Panazee) herstellen lassen zu können. Reichhaltig waren die Bestände seiner Schatzkammern, reich an exquisiten Kunstgegenständen, nicht zuletzt wundertätigen Steinen, exotischen Preziosen und Materialien, die für magische Praktiken erfordert wurden. Zu seinen Buchbeständen gehörte u. a. das in kirchlichen Kreisen als gefährlich eingeschätzte Zauberbuch → Picatrix. »Obwohl R. das berüchtigte Buch las, war er dennoch kein ›faustischer‹ Geistestypus. Das Willensmächtige des Magiers ging ihm völlig ab. Er war pathisch veranlagt und erlitt die kosmischen Einflüsse eher, als daß er sich ihnen gegenüber prometheisch behaupten wollte. Die dunkel geahnten Kräfte der Welt wurden ihm oft übermächtig: dann hielt er sich für verzaubert und unfähig, sich vom Bann der Dämonen zu befreien. Das war die Nachtseite seiner Beschäftigung mit der → Magie« (Gertrude von Schwarzenfeld).

Lit.: G. von Schwarzenfeld: R. II. Der saturnische Kaiser. München 1961; dies.: Prag als Esoterikerzentrum. Von R. II. bis Kafka, in: Antaios. Stuttgart IV. Nr. 4. Nov. 1962, S. 341–355; dies.: Magica aus der Zeit R. II., in: Antaios. Stuttgart IV. Nr. 5. Jan. 1963, S. 478–481; R. J. W. Evans: R. II. and his World. London 1997; J. Godwin in: Dictionary of Gnosis and Western Esotericism. Leiden 2005, S. 1021 f.

S

Saint-Germain, Le Comte de (Graf von) (gest. Eckernförde 1784) Ihm ist es gelungen, Orte und Zeiten seines offensichtlich bewegten Lebens hinter einem beinahe undurchdringlichen Schleier des Geheimnisses zu verbergen. Gelegentlich tauchte er als Musiker und Komponist in der Londoner Musikszene auf, 1756 am Hof Ludwig XV. in Paris, später an den Höfen in Ansbach und Dresden, bisweilen mit veränderten Namen und Identitäten, schließlich durch Vermittlung des Prinzen Karl von Hessen-Kassel, dem Freimaurer und Regenten von Schleswig, in Eckernförde. Da seine Biographie beträchtliche Lücken aufweist und er dem Vernehmen nach mit diversen Abkünften – z. B. als aus siebenbürgischem, auch aus spanischem Adel stammend – prunkte, konnten immer neue Legenden entstehen. Man unterstellte ihm ein weit über einhundert Jahre reichendes Alter, wenn nicht gar dessen ebenfalls gelegentlich angenommene Unsterblichkeit. Er selbst beanspruchte, im Besitz hoher freimaurerischer Grade zu sein. In der → anglo-indischen Theosophie wurden ihm enge Bezüge zum Rosenkreuzertum zugesprochen. Er sei der Begründer dieser Geistesströmung. In anthroposophischen Zusammenhängen gilt hinsichtlich S. und Christian Rosenkreuz: »Die geistige Identität dieser beiden Gestalten ist ein Forschungsergebnis Rudolf → Steiners« (Hella Wiesberger). Tatsächlich hat sich Steiner wiederholt in diesem Sinn geäußert: z. B. in Vorträgen vom 4. November 1904 und vom 27. September 1911. Auf eine historisch-kritische Betrachtungsweise ist demnach verzichtet, was die Zuverlässigkeit solcher Angaben nicht gerade erhöht. Im Boden der Nikolai-Kirche von Eckernförde zeigt man S.s Grabstätte.

Lit.: E. Hieronimus: Der Graf von Saint-Germain, in: Quatuor Coronati. (Freimaurerisches) Jahrbuch 1978, Nr. 15, S. 105–128; J. Overton Fuller in: Dictionary of Gnosis and Western Esotericism. Leiden 2005, S. 1022 ff.

Saint-Martin, Louis Claude de (Amboise 1743 − bei Paris 1803), eine der Hauptgestalten der französischen → Theosophie, die vor der Revolution von 1789 und in Abwehr der Einseitigkeiten des Rationalismus bestrebt waren, die spirituellen Gehalte des abendländischen Christentums zu bewahren und nach Möglichkeit neu zur Geltung zu bringen. Nach juristischen Studien diente er zunächst in der Armee, wo er in Bordeaux → Pasqually als seinen spirituellen Lehrer kennenlernte. Er wurde damit in die freimaurerischen und geheimgesellschaftlichen Zusammenhänge eingeführt. Kurze Zeit übernahm er die Stelle von Pasquallys Sekretär. S. wurde Mitglied der von ihm begründeten »Elus Coens«, der »auserwählten Priester«. Auch mit dem Ordensmitglied → Willermoz trat er in Lyon in Verbindung. Entscheidend wurde für ihn aber die Bekanntschaft mit Jakob → Böhme, dessen Schriften er 1788 in Straßburg kennenlernte. Um sie im Original lesen und seinen Landsleuten in Frankreich zugänglich machen zu können, lernte er eigens Deutsch. Einige dieser Übertragungen, allen voran Böhmes »Aurora«, kamen zustande. Sie werden bis heute von französischen Lesern benutzt. Doch schon bevor dies der Fall war, kamen eigene Schriften in Umlauf. Er signierte anstatt seines Namens mit »Philosophe Inconnue« (Unbekannter Philosoph).

In seinem Bemühen, sowohl das Erkennen als auch die zwischenmenschlichen Ordnungen wieder auf eine tragfähige religiöse Grundlage zu stellen und ein vertieftes Verständnis des Menschenwesens herbeizuführen, z. B. unter Hinweis auf die ursprüngliche → Androgynität, sowie den Ursprung der Sprache der Menschheit, verfolgte S. zwei konkrete Ziele: zum einen wollte er den herrschenden Tendenzen, von Rationalismus und Materialismus entgegentreten; auf der anderen Seite war er bestrebt, als theosophischer Schriftsteller den ernsthaft Suchenden und Fragenden adäquate Erkenntnishilfen zu vermitteln. Daß dies mit den ihm zu Verfügung stehenden, aus Theosophie und → Kabbala genommenen Mitteln nicht ohne Widerspruch geschah, kann nicht verwundern, am wenigsten bei einem Denker von der Mentalität eines Voltaire.

Für die deutsche Übersetzung seiner Bücher setzte sich Matthias Claudius (1740–1815) ein, der seinerseits in Logenzusammenhängen stand; er übertrug »Des erreurs et de la vérité« (Irrtümer und Wahrheit, Breslau 1782). Weitere Veröffentlichungen, die z. T. S.s Hochschätzung Böhmes zeigen, wurden durch Schüler Franz von → Baaders ins Deutsche übertragen, was auf Baaders Zuneigung hinweist. Das trifft auch für Rahel von Varnhagen, geborene Levin

(1771–1833), zu, die in ihren Kreisen für S. warb. Doch die Rezeption S.s. war schon zu seinen Lebzeiten in Deutschland geteilt. Der Claudius-Vertraute Johann Georg Hamann reagierte mit Skepsis; Mißtrauen bekundete auch → Goethe. Das hinderte Rudolf → Steiner nicht, nachhaltig für den »Unbekannten Philosophen« einzutreten und dessen deutsches Erstlingswerk 1925 nochmals herausgeben zu lassen. Selbst ein Vorwort hatte er kurz vor seinem Tod zugesagt, was aber nicht mehr möglich war.

Lit.: K. R. H. Frick: Die Erleuchteten, Bd. I. Graz 1973; P. Deghaye: Böhme and his Followers, in: Modern Esoteric Spirituality. Hrsg. A. Faivre, J. Needleman. New York 1992, S. 210–247; G. Wehr: L. C. de Saint-Martin, der Unbekannte Philosoph. Berlin 1995; W. Schmidt-Biggemann: Politische Theologie der Gegenaufklärung. Berlin 2004, S. 19–86; A. McCalla in: Dictionary of Gnosis and Western Esotericism. Leiden 2005, S. 1024–1031.

Satori (jap. »satoru«, erkennen), im → Zen-Buddhismus die Bezeichnung für die Bewußtseinsverfassung des Erwachtseins (→ Erleuchtung), bisweilen auch »Kensho« (Wesensschau) genannt, weil es sich nicht um ein rationales Erkennen handelt, das sich zudem wie jede intensive innere → Erfahrung einer Beschreibung entzieht. Daher D. T. Suzuki: »Jeder Versuch, diese Erfahrung mit Worten zu beschreiben oder gar zu analysieren, mißlingt mit Notwendigkeit, aber offenbar handelt es sich um die überwältigende, ja geradezu umstürzende reine Erfahrung des Weltzusammenhangs des letzten Seins« (Zen und die Kultur Japans). Vor allem darf S. nicht mit »Makyo« (etwa: Teufelsbereich) verwechselt werden, das bzw. der sich im Laufe der Zen-Meditation in Form von visionär-halluzinatorischen Erscheinungen oder von vermeintlichen Stimmen (Auditionen) manifestieren kann. Diese Phänomene verschwinden während der weiteren Übung, sofern man sich durch sie nicht irritieren läßt. Nach → Enomiya-Lassalle entspricht S. einer Intuition, bei der man nichts Neues, Einzelnes wahrnimmt, vielmehr eine Gesamtschau bzw. Selbstschau von überrationaler und unmittelbarer Eindrücklichkeit. Oder unter anderem Aspekt: »In der Erleuchtung oder Wesensschau, wie sie im Zen verstanden wird, muß nun zur Erfahrung des Absoluten oder des ursprünglichen → Selbst noch etwas hinzukommen, nämlich die Erkenntnis, daß auch die phänomenale Welt ebenso wirklich ist wie das absolute Sein, daß also beide ein und dasselbe sind. Das ist rational ein offenbarer Widerspruch, der nur durch ein Überschreiten des rationalen Denkens überwunden werden kann« (Enomiya-Lassalle: Zen und christliche Spiritualität).

Lit.: G. Ital: Auf dem Wege zu Satori. München 1971; H. M. Enomiya-Lassalle: Zen. Weg zur Erleuchtung. Wien–Freiburg 1960 ff.; ders.: Zen und christliche Spiritualität. München 1987; G. Schüttler: Die Erleuchtung im Zen-Buddhismus. Freiburg–München 1974; D. T. Suzuki: Satori. Der Zen-Weg zur Befreiung. München 1987.

Schechina Im → Sefiroth-Baum die 10., auch mit dem Namen → Malchuth bezeichnete unterste Sefira (von hebr. »schachan«, wohnen), somit die Einwohnung und Anwesenheit Gottes bei Israel. Die Kabbalisten verweisen auf die Fülle der Bedeutungen. Und da S. mit → Tifereth in → Heiliger Hochzeit verbunden ist, handelt es sich um ein Geschehen, dem der Gläubige in angemessener Weise zu entsprechen sucht: »Die heilige Hochzeit von Tifereth mit S. ist die wichtigste Aufgabe, die der Mystiker bei seiner Suche auf sich nimmt … Die Heirat zwischen Mann und Frau auf Erden gilt als eine der mystischen Techniken, um die heilige Hochzeit oben zu beeinflussen. Der richtige, hingebungsvolle Ehevollzug ist ein Mittel, um die männlichen und weiblichen Sefiroth zu vereinigen« (David S. Ariel). Über die S. überliefert → Buber ein Wort des → Baal-Schem-Tow: »Die einwohnende Herrlichkeit umfaßt alle Welten, alle Kreaturen, gute und böse. Und sie ist die wahre Einheit. Wie kann sie denn die Gegensätze des Guten und des Bösen in sich tragen? Aber in Wahrheit ist da kein Gegensatz, denn das Böse ist der Thronsitz des Guten.«

Lit.: M. Buber, in: Werke III. München–Heidelberg 1965, S. 64 f.; D. S. Ariel: Die Mystik des Judentums. München 1993, S. 141–165.

Scholem, (Gerhard) Gershom (Berlin 1897 – Jerusalem 1982) Als Religionshistoriker und Philosoph, speziell aber als Erforscher der → Kabbala hat sich S. internationale Anerkennung erworben. Neben seinen Studien in Berlin, Jena, Bern und München empfing er in jungen Jahren nachhaltige Eindrücke von Martin → Buber, dem er lebenslang insbesondere in kritischer Kollegialität verbunden blieb. Beide wurden gelegentlich als »Eckpfeiler des Judentums der Moderne« angesehen. »Was Buber und S. verband, ist das Streben, das ›Rätsel der jüdischen Geschichte zu verstehen‹ … Sie entwarfen auf ihre Weise das pluralistische Bild einer jüdischen Geschichte, in dem jede Strömung – ob irrational oder rational – ihren Platz hatte« (K. S. Davidowicz). In der Frage der → Chassidismus-Deutung betonte S. die Notwendigkeit, den historischen Quellen gegenüber Authentizität und Genauigkeit zur Geltung zu bringen. Bei Buber vermißte er diese.

Als Zionist ging S. bereits 1925 nach Palästina, wo er zunächst als Dozent, dann als Professor für jüdische Mystik und Kabbala an der Hebräischen Universität tätig war. Zu seinen Hauptwerken gehören »Die jüdische

Mystik in ihren Hauptströmungen« (1957) und seine ursprünglich hebräisch verfaßte Monographie über »Sabbatai Zwi« (1957). Ihr sind weitere Arbeiten an die Seite zu stellen, die zeigen, wie stark ihn der jüdische Messianismus als ein zentrales Problem des Judentums beschäftigt hat. Von 1968 bis 1974 stand er als Präsident der Israelischen Akademie der Wissenschaften vor. Aus freundschaftlicher Verbundenheit mit W. Benjamin (1892–1940) nahm er sich der Pflege von dessen Werks an. Wichtige Beiträge zur Kabbala-Forschung legte er anläßlich seiner mehrfachen Mitwirkung bei den jährlichen → Eranos-Vorträgen vor. Dabei handelt es sich naturgemäß nicht um die einzigen Studien, die belegen, in welch hohem Maß er seine Untersuchungen auf die Bereiche des Heterodoxen, Irrationalen, Mystischen und Magischen ausdehnte. »Daher besteht ein indirekter Gewinn seiner Arbeit darin, dem heutigen jüdischen Denken einen Weg ins Freie eröffnet zu haben ... S.s Beitrag zum Verständnis des Judentums in diesem (20.) Jahrhundert ist so einzigartig, daß wir noch weit davon entfernt sind, ihn vollständig zu erfassen und verbindlich rubrizieren zu können« (Gary Smith).

Werke: Die jüdische Mystik in ihren Hauptströmungen. Frankfurt 1957; Zur Kabbala und ihrer Symbolik. Zürich 1960; Vom Ursprung der Kabbala. Berlin 1962; Von der mystischen Gestalt der Gottheit. Studien zu Grundbegriffen der Kabbala. Zürich 1962; Judaica I/V. Frankfurt 1963 ff.; Über einige Grundbegriffe des Judentums. Frankfurt 1970; Sabbatai Zwi. Der mystische Messias. Frankfurt 1992; Von Berlin nach Jerusalem. Jugenderinnerungen. Erweiterte Fassung. Frankfurt 1994. – *Lit.:* G. Scholem: Zwischen den Disziplinen. Hrsg. P. Schäfer und G. Smith. Frankfurt 1989; K. S. Davidowicz: G. Scholem und M. Buber. Die Geschichte eines Mißverständnisses. Neukirchen–Vluyn 1995; E. Hamacher: G. Scholem und die allgemeine Religionsgeschichte. Berlin 1999.

Schubert, Gotthilf Heinrich von (Hohenstein/Sachsen 1780 – München 1860) Der Naturwissenschaftler im Sinne der romantischen Naturphilosophie ist verschiedenen Lebenskreisen zuzurechnen. Unverlierbare Eindrücke empfing er von Herder, dem er lebenslang verpflichtet blieb. Zum einen hatte er ähnlich wie → Novalis in Freiberg/Sachsen eine mineralogische Ausbildung absolviert; philosophisch war er ein Schüler Schellings und wirkte in seiner Münchner Zeit in der Nachbarschaft → Baaders und → Görres'. Religiös gehörte er in den Zusammenhang der → Erweckungsbewegung des 19. Jahrhunderts, in der sich die Geistesverwandten diverser Bestrebungen zusammenfanden, die wie er sich von → Eckhart, → Paracelsus und → Böhme inspirieren ließen, nicht weniger von deren Schülern → Oetinger und → Saint-Martin. Seelenkunde und Traumforschung gehörten gleicherweise in seinen speziellen Interessenbereich. Dessen Extrakt findet sich in seinen zahlreichen Schriften wie in seinen Vorlesungen als Hochschullehrer wieder. In »Ansichten von der Nachtseite der Naturwissenschaft« (1807/08) kommt dies in seinen Betrachtungen zu dem von → Mesmer betriebenen Magnetismus zum Ausdruck. So ist es kein Zufall, daß der mit ihm befreundete Justinus → Kerner ihm seine »Seherin von Prevorst« widmete.

Ähnlich wie andere Romantiker (H. Steffens oder C. G. Carus) widmete S. den Rätseln des → Unbewußten große Aufmerksamkeit. Zugrunde liegt bei ihm die traditionelle Anschauung der ursprünglichen Einheit von Natur und Mensch. Spricht die Bibel vom Sündenfall, die → Kabbala vom »Bruch der Gefäße«, die Schöpfung und Menschheit heilsbedürftig gemacht haben, so teilt S. die Vorstellungen der Theosophen, daß der

Mensch aus der ursprünglichen Harmonie herausgefallen sei und daß es letztlich um eine Reintegration gehe, eine Wiederherstellung, um Heil und Heilung des Universums. Wichtige Stationen seiner Lehrtätigkeit waren Professuren in Erlangen (1819–1827) und München (1827–1853). Auch gehörte er zu den Übersetzern eines Werks von Saint-Martin: »Über den Geist der Dinge« (»De l'esprit de choses«).

S. spricht nicht nur von Leib, Seele und Geist des Menschen, sondern davon, daß er vor allem unter einem dynamischen Aspekt zu betrachten sei: »Das Leben des Menschen ist eine von Metamorphosen; eine plötzliche Metamorphose tritt manchmal kurz vor dem Tode ein, oder nachdem der Mensch die Lebensmitte erreicht hat. Der Mensch ist also ein ›Doppelstern‹; er hat einen zweiten Mittelpunkt, sein ›Selbstbewußtsein‹, das allmählich in seiner Seele aufsteigt« (H. F. Ellenberger). Seine mehrfach überarbeitete und edierte »Symbolik des Traumes« (erstmals Bamberg 1814) und sein Hauptwerk »Geschichte der Seele« (Stuttgart, Tübingen 1830) enthalten neben einer Reihe weiterer Publikationen dieser Thematik Einsichten, die Belege dafür sind, daß er zu den Vorläufern der modernen Tiefenpsychologie bzw. → Transpersonalen Psychologie gehört, wenngleich bei ihm immer die spirituelle Dimension mitbedacht ist.

Lit.: C. Bernoulli, H. Kern (Hrsg.): Romantische Naturphilosophie. Jena 1926, S. 110–158; G. Sauder in: Schubert: Die Symbolik des Traumes. Heidelberg 1968, S. I–XXXI; H. F. Ellenberger: Die Entdeckung des Unbewußten. Bern 1973, S. 290 ff.; F. W. Kantzenbach: Theologie in Franken. Saarbrücken 1988, S. 336–374; U. Gäbler (Hrsg.): Geschichte des Pietismus, Bd. III. Göttingen 2000; P. Valette in: Dictionary of Gnosis and Western Esotericism. Leiden 2005, S. 1042 f.

Schuré, Edouard (Straßburg 1841– Paris 1929), französischer Schriftsteller und Dramatiker, der noch zu Lebzeiten von Madame → Blavatsky in die Theosophische Gesellschaft eintrat, sich dann aber von der → anglo-indischen Theosophie wieder zurückzog, um 1906 zur → Anthroposophie überzuwechseln. S., der sich zu einer begeisterten Wagnerverehrung bekannte, war es, der Marie von Sivers, die spätere Mitarbeiterin und zweite Ehefrau von Rudolf → Steiner, mit der Theosophie bekannt machte. Sie übersetzte S.s »Die großen Eingeweihten« ins Deutsche und sorgte für die erstmalige Aufführung von S.s Dramen »Das heilige Drama von Eleusis« sowie »Die Kinder Lucifers« im Rahmen der (theosophisch-) anthroposophischen Gesellschaft in München. Diese regten Steiner zu seinen eigenen Mysteriendramen an. Es kam zu engen freundschaftlichen Kontakten zwischen ihm und dem Ehepaar Steiner, das ihn vor dem Ersten Weltkrieg wiederholt im elsässischen Barr besuchte. Doch der angesichts der Kämpfe gegen Frankreich in beiden Nationen entbrannte Nationalismus führte zu einer zeitweisen Entfremdung zwischen S. und Steiner.

Lit.: C. Schneider: E. Schuré. Seine Lebensbegegnungen mit R. Steiner und R. Wagner. Freiburg 1971; M. Joseph in: Anthroposophie im 20. Jahrhundert. Ein Kulturimpuls in biographischen Porträts. Hrsg. B. von Plato. Dornach 2003, S. 736 ff.

Seele (griech. »psyche«; lat. »anima«), hat als Grundbegriff der Menschenkunde in Philosophie und Theologie, in der Psychologie, nicht zuletzt in der Esoterik sehr unterschiedliche Wesensbestimmungen erfahren. Je nach Bewußtseinsart und Wirklichkeitsverständnis differieren die Definitionen des S.-Begriffs. Bald faßt S. menschliche Fähigkeiten (Empfinden, Wahrnehmen, Fühlen, Denken

Seelenwanderung

u. ä.) zusammen, bald bezeichnet S. eine die menschlichen wie die nichtmenschlichen Körper durchdringende Lebenskraft. Im Unterschied zum Alten Testament, das auf die Einheit von »Leib und S.« achtet, trennt das vorwiegend dualistisch ausgerichtete griechische Denken die beiden Prinzipien. Demnach existiert die S. vor ihrer Einkörperung in den Leib (Präexistenz) und nach dem Tod, d. h. nach der Trennung vom Leib (Unsterblichkeit). Damit ist der Weg frei zur Vorstellung der → Reinkarnation (Wiederverkörperung).

Eine wichtige Station der neuzeitlichen S.-Vorstellung ist durch R. Descartes bezeichnet, der das Körperliche (res extensa) und das Denkende (res cogitans) dualistisch trennte. Die auf ihm basierende Psychologie verstand unter der S. in erster Linie das → Bewußtsein. Das lange vernachlässigte → Unbewußte wurde durch die Romantik wiederentdeckt, schließlich in der modernen Tiefenpsychologie wissenschaftlich erforscht und in seiner Bedeutung für die Psychotherapie bzw. Psychosomatik fruchtbar gemacht. In diesem Zusammenhang ist die qualitative Erweiterung des → Bewußtseins zu erwähnen, bei der es darauf ankommt, einen → inneren Weg zu betreten und zur Integration bislang unbewußter Inhalte zu gelangen. Damit sind Bereiche der → Esoterik betreten.

Lit.: A. Resch: Psyche und Geist. Innsbruck 1986; C. G. Jung: Wirklichkeit der Seele. Zürich 1934; ders.: Seelenprobleme der Gegenwart. Zürich 1931; R. Treichler: Die Entwicklung der Seele im Lebenslauf. Stuttgart 1981; B. Lievegoed: Der Mensch an der Schwelle. Stuttgart 1985; R. Steiner: Spirituelle Psychologie (Themen aus dem Gesamtwerk 11). Stuttgart 1984.

Seelenwanderung → Reinkarnation.

Sefiroth in der → Kabbala die Bezeichnung für die Gesamtheit der zehn mystischen Sphären, Emanationen oder Kräfte der an sich verborgenen Gottheit (→ En-Sof). Die Kabbalisten veranschaulichten sich diese urbildliche Zehnheit in der Gestalt des S.-Baumes bzw. unter dem anthropologischen Gleichnisbild des → Adam Kadmon. Die die einzelnen Aspekte oder Qualitäten bzw. Wirkweisen der Gottheit bezeichnenden Namen sind (nach G. → Scholem):

1. Kether Eljon, die ›höchste Krone‹ der Gottheit;
2. Chochma, die ›Weisheit‹ oder Uridee Gottes;
3. Bina, die sich entfaltende ›Intelligenz‹ Gottes;
4. Chessed, die ›Liebe‹ oder ›Gnade‹ Gottes;
5. Gebura oder Din, die ›Macht‹ Gottes, die sich vor allem als strafende Macht und richtende Gewalt darstellt;
6. → Rachamim, die zwischen den Gegensätzen der beiden vorigen S. ausgleichende ›Barmherzigkeit‹ Gottes. Die in den andern kabbalistischen Werken am meisten übliche Bezeichnung als → Tifereth wird im Sohar relativ selten gebraucht.
7. Nezach, die ›beständige Dauer‹ Gottes;
8. Hod, die ›Majestät‹ Gottes;
9. → Jessod, der ›Grund‹ aller wirkenden und zeugenden Kräfte Gottes;
10. Malchuth, das ›Reich‹ Gottes, im Sohar meistens als Knesseth Jisrael, das mystische Urbild der Gemeinde Israel, oder als → Schechina bezeichnet.

Noch eine Reihe anderer Umschreibungen sprechen z. B. von den zehn »mystischen Kronen des heiligen Königs«, d. h. Gottes, von den »Gesichtern des Königs«, vom »Antlitz Gottes« oder von den »Gewändern der Gottheit«. Gemeinhin gelten die S. als das aus der Gottheit herausstrahlende Licht (»Abglänze«).

Lit.: G. Scholem: Die jüdische Mystik in ihren Hauptströmungen. Frankfurt 1957; vgl. → Kabbala.

Selbst (→ a. Ich und Selbst) Jede spirituelle Menschenkunde oder esoterische Psychologie unterscheidet das empirische, in der gegenständlichen Welt und in den zwischenmenschlichen Beziehungen sich auslebende Ich von der eigentlichen menschlichen Wesensmitte, dem S. Psychologisch gesehen stellt es einen zentralen menschlichen → Archetypus dar. So betrachtet, umfaßt das S. → Bewußtsein und überpersönliches → Unbewußtes. Der Buddhist erstrebt dieses S. auf dem Weg zur Buddhaschaft; der Christ erlebt sich mystisch verbunden in Christus als seinem eigentlichen S.: »Ich lebe zwar, aber im Grunde lebe nicht ›ich‹, sondern Christus lebt in mir« (Gal 2, 20). Zentrale Aussagen christlicher Esoterik beziehen sich auf dieses verborgene, jedoch zur Offenbarung und Verwirklichung drängende S., etwa in den Ich-bin-Worten des Johannesevangeliums. Gleichzeitig ist klar: »Es ist noch nicht erschienen, was wir sein werden …« (1 Joh 3, 2); d. h. die volle S.-Verwirklichung ist nicht beliebig machbar, vor allem ist sie nicht weltimmanent. Jedes esoterisch sich darstellende Bemühen um S.-Verwirklichung ist daraufhin zu prüfen, ob nicht »Menschlich-Allzumenschliches« sich Geltung verschafft und pseudo-spiritueller Egoismus, »spiritueller Materialismus« (Chögyam Trungpa) das Haupt erhebt. Wesentlich für die S.-Werdung (bei C. G. → Jung: »Individuation«) ist es, daß in einem Prozeß der seelisch-geistigen Reifung unbewußte Projektionen (u. a. Feindbilder) zurückgenommen und die eigene Negativität (der »Schatten«) akzeptiert werden. Dazu kommen noch weitere Stationen, die auch im Blick auf einen Erkenntniszuwachs und auf eine qualitative Erweiterung des → Bewußtseins zu durchlaufen sind. Bedeutsam und aussagekräftig ist hierbei die → Symbolik des Weges, ob es sich um den Weg des Paulus nach Damaskus, um Parzivals Suche nach dem → Gral, um J. Bunyans Pilgerreise usw. handelt, immer tritt der an sich unanschauliche Archetypus des Selbst bzw. der S.-Werdung als eine spezielle Weise menschlicher Erfahrung ins Bild.

Lit.: C. G. Jung: Christus – ein Symbol des Selbst, in: Ges. Werke 9/II; J. Jacobi: Die Psychologie von C. G. Jung. Zürich 1959; E. Harding: Selbsterfahrung – Bunyans Pilgerreise. Zürich 1959; G. Wehr: Stichwort Damaskuserlebnis. Stuttgart 1982; ders.: C. G. Jung und Rudolf Steiner. Stuttgart 1972.

Silesius, Angelus → Angelus Silesius

Sohar (hebr. »Sefer ha-Sohar«, Buch des Glanzes bzw. des Strahlens), die wichtigste und gleichzeitig berühmteste Grundschrift der jüdischen Mystik des Mittelalters (→ Kabbala). »Sein Platz in der Geschichte der Kabbala kann daran ermessen werden, daß es in der nachtalmudischen rabbinischen Literatur ein kanonischer Text wurde, der während mehrerer Jahrhunderte sich neben der Bibel und dem Talmud behaupten konnte ...« (G. → Scholem). Folgt man dem teils hebräischen, teils aramäischen Text, dann sind die Lehrreden und die im Geist der → Mystik ausgeführten Bibelinterpretationen auf Rabbi Simon ben Jochai (Schimon bar Jochai) sowie dessen Sohn Eleasar zurückgeführt, die im 2. Jahrhundert in Palästina gelebt und gewirkt haben. Tatsächlich aber muß das umfangreiche Werk im Spanien (Kastilien) des 13. Jahrhunderts niedergeschrieben worden sein. Als Autor gilt für den größten

Teil des S. der spanische Kabbalist → Mose de Leon. In einer Anzahl verschiedener ineinander verarbeiteter Schriften, die sich mit Themen der Schöpfung, Geheimnissen der Seele und der Wiederverkörperung, der kommenden Welt, der mystischen Bedeutung der Gebote, mit Unterweisungen über den Urmenschen (→ Adam Kadmon) sowie mit der Besprechung der sieben himmlischen Paläste beschäftigen, sind die Lehren der Kabbala zusammengefaßt und weiterentwickelt. Danach gibt sich der in einem unzugänglichen Dunkel verharrende Gott, »En Sof« (der Unendliche), in den zehn → Sefirot zu erkennen. Wenngleich nicht unumstritten, so hat der S. erst im Laufe der Zeit die erwähnte hohe Einschätzung erfahren. Der → Baal-Schem-Tow, Rabbi Israel ben Elieser, der Begründer des ostjüdischen → Chassidismus, fällte das Urteil: »Wenn ich das Buch S. öffne, so schaue ich die ganze Welt.« Auf die Ambivalenz des Buches kommt Martin → Buber in seinen chassidischen Büchern zu sprechen: »Mitten unter rohen Anthropomorphismen, die durch allegorische Ausdeutung nicht erträglicher werden, mitten unter öden und farblosen Spekulationen, die in einer verdunkelten, gespreizten Sprache einherstelzen, leuchten wieder und wieder Blicke der verschwiegenen Seelentiefen auf.«

Die dreibändige Erstausgabe des S. erfolgte 1558–1560 in Mantua. Eine lateinische (Teil-) Übersetzung, »Cabbala Denudata« (1677–1684) besorgte Christian → Knorr von Rosenroth, ein wichtiger Vertreter der → christlichen Kabbala. Auf sie geht (lt. G. Scholem) offensichtlich das in H. P. → Blavatskys »Die Geheimlehre« enthaltene mysteriöse Buch → »Dzyan« zurück, das sich an die S.-Schrift »Sifra Di-Zeniutha« anlehnt. So gesehen läßt sich die Nachwirkung dieser Grundschrift der Kabbala bis ins

Schrifttum der → anglo-indischen Theosophie verfolgen. In deutscher Sprache liegen nur knappe Auswahleditionen des S. vor. Ersatzweise läßt sich die fünfbändige englische Übersetzung von Harry Sperling und Maurice Simon (London 1931–1934; revidiert 1956 bzw. 1973) verwenden.

Lit.: Der Sohar. Das heilige Buch der Kabbala. Hrsg. E. Müller. Wien 1932; Köln 1982; E. Müller: Der Sohar und seine Lehre. Einführung in die Kabbala. Zürich ³1959; G. Scholem: Die jüdische Mystik in ihren Hauptströmungen. Zürich 1957; G. Stemberger: Geschichte der jüdischen Literatur. München 1977; vgl. → Kabbala.

Sophia (hebr. »Chochma«, griech. »Sophia«, lat. »Sapientia«, Weisheit), ein Grundbegriff der christlichen → Esoterik, auch der → Mystik und der religiösen Überlieferung im allgemeinen. S. verweist auf ein ganzheitliches Gottes- und Menschenbild (→ Androgynität). Die göttliche S. spielt im Alten Testament die Rolle einer »Werkmeisterin« (so M. Luther) an der Seite des Schöpfers (vgl. u. a. Sprüche Salomonis 8, 30). Sie gilt sodann in der Christenheit als das geistig-geistliche Urbild der Maria. In der jüdischen Mystik (→ Kabbala) wird ihr ebenfalls zentrale Bedeutung zugesprochen, z. B. als eine Äußerungsform Gottes im → Sefiroth-Baum. Das geschieht in deutlichem Gegensatz zu der als orthodox anzusehenden rabbinischen Theologie. Nicht nur die Ostkirchen haben sodann eine Lehre von der »Heiligen Weisheit« (Hagia S.) ausgebildet. Dennoch vermied es die Theologie des östlichen wie des westlichen Christentums, die göttliche Trinität durch die S. zu einer göttlichen Vierheit (Quaternität) zu erweitern.

Reich bezeugt sind indes Erfahrungen mit der göttlichen S. Auffälligerweise geschah dies selbst im Protestan-

tismus. Insbesondere der lutherische Mystiker und Theosoph Jakob → Böhme spricht an zentralen Stellen seines
umfangreichen literarischen Werks von der göttlichen S.
Zum einen ist sie auch für ihn die Gottesweisheit (→ Theosophie), die ihm aus der Schöpfung entgegenleuchtet. Zum
anderen verweist er auf die ursprüngliche Ganzheit des
Menschen, der von androgyner Wesensgestalt gewesen sei,
ehe es zum tragischen Sündenfall kam und Eva aus der Seite
Adams geschaffen, d. h. die Zweiheit der Geschlechter entstanden war. Damit sei die Teilhabe an der S. verloren gegangen. Die Sehnsucht nach dem Wiedergewinn der verlorenen Wesensseite, die das Männliche und das Weibliche
von neuem vereint, sei erst durch Christus erfüllt worden,
indem er das verlorene ganzheitliche Menschenbild durch
seinen Opfertod erneuert habe.

Böhmes Schau hat nachhaltig gewirkt. Am bekanntesten sind seine Einflüsse auf → Novalis (»Christus und
Sophie«) und Franz von → Baader in der deutschen
Romantik, sodann auf die russischen Philosophen So-
lowjow und Berdjajew. Neben dem Beitrag, den die
Dichter und Denker der Romantik im Blick auf die
Reintegration des Menschen geleistet haben, ist die
archetypische Psychologie C. G. → Jungs zu nennen,
die ein vertieftes Verständnis des → Selbst bei Mann
und → Frau eröffnete. Auch wenn in letzter Zeit Stimmen laut wurden, wonach sich bei Jung typisch männliche Projektionsprozesse abgespielt hätten, die der
Eigenart der weiblichen Psyche nicht gerecht werden,
so hat er doch wesentliche Voraussetzungen für den
Prozeß der Selbstverwirklichung (→ Individuation)
aufgedeckt und bewußt gemacht, indem er die einzelnen Stationen auf dem Weg zu vollmenschlicher Reife
aufzeigte. Erstaunlich ist in diesem Zusammenhang die

hohe Einschätzung des letzten Mariendogmas (d. h. die Lehre von der Aufnahme Mariens »mit Leib und Seele« in den Himmel, 1950) durch den Protestanten Jung. Was man in einer mehrtausendjährigen Religionsgeschichte als → Heilige Hochzeit bzw. als die Hochzeit mit der Jungfrau S. in → Gnosis und Esoterik ersehnt, bedacht und gefeiert hat, das erfuhr durch die Jungsche Tiefenpsychologie eine erkenntnismäßige Beleuchtung. Darüber hinaus ist gerade heute zu bedenken, welche enge, bereits von J. Böhme gesehene Wechselbeziehung zwischen S. und der Natur besteht und welche Konsequenzen sich daraus ergeben, einerseits für eine neue Beziehung zur Schöpfung (Öko-Ethik; »Ehrfurcht vor dem Leben«), andererseits für eine vertiefte Wesensbestimmung der Frau.

Lit.: G. Arnold: Das Geheimnis der göttlichen Sophia (1700). Stuttgart 1963; E. Benz: Adam, der Mythos vom Urmenschen. München 1955; J. Böhme: Die Morgenröte bricht an. Hrsg. G. Wehr. Köln 2006; C. Mulack: Die Weiblichkeit Gottes. Stuttgart 1983; G. Wehr: Heilige Hochzeit. München 1986; S. Schaup: Sophia. Das Weibliche in Gott. München 1994; M. Frensch: Weisheit in Person. Das Dilemma der Philosophie und die Perspektive der Sophiologie. Schaffhausen 2000.

Spirituelle Interpretation → Interpretation

Steiner, Rudolf (Kraljevec/Kroatien 1861 – Dornach/Schweiz 1925) Der Begründer der → Anthroposophie begann nach seiner naturwissenschaftlichen Ausbildung (ab 1879) an der Technischen Hochschule Wien mit → Goethe-Studien. Verbunden mit der Herausgabe der naturwissenschaftlichen Schriften Goethes und einer über einige Jahre sich erstreckenden Tätigkeit als Hauslehrer in einer österreichischen Kaufmannsfamilie entwarf er »Grundlinien einer Erkenntnistheorie der Goetheschen Weltanschauung« (1886). Das Goethe- und Schiller-Archiv rief ihn (1890–1897) zur Mitarbeit an der Edition der gerade erscheinenden Sophien-Ausgabe der Werke Goethes nach Weimar. Parallel dazu betrieb er seine philosophische Promotion (1891) und die Abfassung seiner »Philosophie der Freiheit« (1893). Hinzu traten Nietzsche-Studien und literaturgeschichtliche Arbeiten sowie die Mitarbeit an der Berliner Arbeiterbildungsschule, begleitet von einer regen Vortragsarbeit; Auseinandersetzung mit dem Monismus des Ernst Haeckel, sowie herausgeberische Arbeiten (Magazin für Literatur).

In Berlin, wo S. ab 1897 lebte, kam er mit Vertretern der → anglo-indischen Theosophie unter Annie → Besant in Berührung. Er übernahm, unterstützt von Marie von Sivers (1867–1948), seiner späteren Frau, Leitung und Aufbau der deutschen Sektion dieser Gesellschaft. Zwar legte er in Absprache mit Besant, Wilhelm → Hübbe-Schleiden und anderen Wert darauf, von den Lehrtraditionen der → Adyar-Theosophie weitgehend unabhängig zu sein und statt deren orientalisierender Tendenz den christlich-rosenkreuzerischen Weg einzuschlagen. Doch zeigte sich spätestens mit Entstehen der → Krishnamurti-Affäre, die die ganze Gesellschaft spaltete, daß eine organisatorische Trennung unausweichlich geworden war. Diese erfolgte 1912 mit Begründung der Anthroposophischen Gesellschaft und 1913 mit dem Ausschluß S.s aus der Theosophical Society durch Annie Besant. Umfangreiche Vortrags- und Kursarbeit im europäischen Maßstab, daneben Veröffentlichung der für die Grundlegung der Anthroposophie dienenden Schriften, u. a. »Theosophie. Einführung in übersinnliche Welt- und

Menschenbestimmung« (1904); »Wie erlangt man Erkenntnis der höheren Welten?« (1904); »Die Geheimwissenschaft im Umriß« (1910); »Die geistige Führung des
Menschen und der Menschheit« (1911).

Frühzeitig war S. bestrebt, Anthroposophie auf kulturellem Feld als Alternative bzw. als Impulsgeber für eine
spirituelle Erweiterung anderer Disziplinen fruchtbar zu
machen, zunächst auf dem Gebiet der Pädagogik und der
Kunst. Es entstanden – angeregt durch Goethes »Märchen« und die Aufführung einiger Dramen von Edouard
→ Schuré – die vier eigenen Mysteriendramen, die er
unter Mithilfe von Marie von Sivers mit Laiendarstellern
zwischen 1910 und 1913 in München inszenierte. Die
Errichtung eines eigens dafür und für Vortragsveranstaltungen dienenden Gebäudes wurde zwar ebenfalls in
München geplant, konnte aber erst 1913 in Dornach/
Schweiz begonnen und zu Ende geführt werden: das →
Goetheanum.

Eine relativ kurzfristige Episode stellte S.s Eintritt 1905
in den freimaurerähnlichen → Memphis-Misraim-Orden
dar, in den schon H. P → Blavatsky durch John → Yarker
1877, mit einem hohen Adoptionsgrad versehen, aufgenommen worden war. S. hatte in seiner Autobiographie
Grund zu betonen: »Ich nahm nichts, aber auch wirklich
gar nichts aus dieser Gesellschaft mit als die rein formelle
Berechtigung, in historischer Anknüpfung selbst eine
symbolisch-kultische Betätigung einzurichten.« Es handelte sich um die sog. »erkenntnis-kultische« Sektion innerhalb der Anthroposophischen Gesellschaft, die ihres
internen Charakters wegen mit Kriegsausbruch 1914 ihre
Arbeit beendete.

Der Erste Weltkrieg und die daraus entstandenen, die
ganze Gesellschaft belastenden Probleme stellten für S.

und die Anthroposophische Gesellschaft eine große Herausforderung dar. Konkrete Beiträge, die sich zum größeren Teil bewährten und durchgetragen werden konnten, lieferte er auf dem sozialen Feld in Gestalt der »Dreigliederung des sozialen Organismus«, in Gestalt der »Waldorfpädagogik«, der bis heute weltweit Erfolg beschieden ist, ferner durch Beiträge zur Erweiterung der Medizin und die Initiierung der biologisch-dynamischen Landwirtschaft. Zu nennen ist auch die »Eurythmie«, die als sichtbar gemachte Sprache zur Darstellung kam. Unter seiner maßgeblichen Mitwirkung entstand die gemäß dem katholischen Meßkultus ausgerichtete → »Christengemeinschaft« als eine Bewegung für religiöse Erneuerung (1922). Das »Goetheanum« wurde in der Silvesternacht 1922/23 durch Brandstiftung zerstört. Tiefgehende interne Krisen in der Anthroposophischen Gesellschaft, die über S.s Lebenszeit hinaus bestanden, erforderten eine Neugründung in Gestalt der sog. »Weihnachtstagung« (1923). Zu diesem Zeitpunkt waren die Lebenskräfte S.s bereits in hohem Maße aufgezehrt. Der rasch gewachsenen, mit vielen Initiativen belasteten anthroposophischen Bewegung war die Anhängerschaft der Anthroposophischen Gesellschaft kaum gewachsen; gleichzeitig nahm die äußere Gegnerschaft von Seiten der Kirchen und auch der Wissenschaft zu.

Dennoch hat das geistige Erbe S.s überlebt, einerseits in Gestalt einer noch von Marie Steiner in Angriff genommenen umfangreichen »Gesamtausgabe« (GA) der geschriebenen Werke, der gegen 6000 Vortragsnachschriften sowie künstlerischer Resultate; andererseits haben der pädagogische Impuls, medizinisch-pharmazeutische Beiträge, die in Arztpraxen, Kliniken und in Pharma-Betrieben erbracht werden, und die biologisch ausgerichtete Bodenpflege und Nahrungsmittelproduktion an Aktualität und Bedarf in der Allgemeinheit zugenommen.

Ein besonderes Problem in der Einschätzung S.s stellt sein Selbstverständnis und die in hohem Maße dogmatisierende Deutung durch seine Anhänger dar, wonach er als »Geistesforscher«, gar als »Eingeweihter«, einer Korrekturbedürftigkeit seiner Aussagen enthoben zu sein beansprucht. So stellt sich nach wie vor die immer wieder erörterte Frage, wie ernst seine eigene, bislang kaum erfüllte Forderung genommen wird, nicht geglaubt, sondern verstanden und kritisch geprüft zu werden.

Lit.: E. Bock: R. Steiner. Studien zu seinem Lebensgang und Lebenswerk. Stuttgart 1961; 1990; G. Wachsmuth: R. Steiners Erdenleben und Wirken. Dornach 1964; G. Wehr: R. Steiner. Leben, Erkenntnis, Kulturimpuls (1982); München 1987; ders.: C. G. Jung und R. Steiner. Konfrontation und Synopse. Stuttgart 1972; 1998; Chr. Lindenberg: R. Steiner. Eine Chronik. Stuttgart 1988; ders.: R. Steiner in Selbstzeugnissen und Bilddokumenten. Reinbek 1992; ders.: R. Steiner. Eine Biographie. Stuttgart 1997; W. G. Vögele (Hrsg.): Der andere R. Steiner. Augenzeugenberichte, Interviews, Karikaturen. Dornach 2005.

Sufismus (arab. »Sufiya«, geläutert, auserwählt als Gottesfreund; etymologisch exakt: »suf«, Wolle, gemäß dem Wollgewand der ersten Sufis) Der S. ist Inbegriff der islamischen Mystik und Esoterik. Er basiert auf Islam, d. h. auf der totalen Hingabe an Allah, wie sie jedem Muslim obliegt. Er gipfelt in reiner, selbst ekstatischer Gottesliebe, in den Formen ihrer höchsten und intensivsten Steigerung. Eingeführt wurde sie von Rabi'a, einer Frau aus Basra, im 8. Jahrhundert. Von da entfaltete sich der S. als eine mystische Bewegung; anfangs war er betont asketisch und auf die Meditation des Koran konzentriert. In den

Swedenborg, Emanuel

muslimischen Verbreitungsgebieten fand der S. im Laufe der Jahrhunderte unterschiedlich geprägte Ausformungen. Dazu gehören die hymnischen Lobpreisungen des Schöpfers, der Wirbeltanz der Derwische, Techniken zur Herstellung eines erhöhten → Bewußtseins, die Entfaltung einer sublimen Licht-Mystik bis hin zu den großen Dichtungen, für die vor allem der in Persien entwickelte S. beispielhaft geworden ist. Immer kam und kommt es darauf an, zur Unmittelbarkeit der Gotteserfahrung zu gelangen, den inneren Pfad zu gehen, um nur ja nicht bei einer bloßen legalistischen Koran-Auslegung stehen zu bleiben. Mit der individuellen Erfahrung verbanden sich im S. schon früh Vorstellungen der neuplatonischen Philosophie, die Ursprung und Hinkehr zum Ureinen thematisiert hat. Noch wichtiger als das Eindringen in die schriftlich fixierte Lehre ist der Anschluß, den man zur lebendigen Tradition, d. h. zum »Wissen, das von Gott stammt«, bekommt. Erlangt wird es durch → Initiation, die ein spiritueller → Meister (Scheik bzw. Pir) vermittelt. An der Spitze der vielen Zeugen sufischer Spiritualität gehört Mansur al-Halladsch, der unverstanden 922 als Ketzer hingerichtet wurde. Von ihm wird überliefert: »Wahre Esoterik, deren Äußeres ist das Religionsgesetz, und wer die Wahrheit im Äußeren des Religionsgesetzes genau erforscht und verwirklicht, dem wird auch ihr Inneres enthüllt, und dieses Innere ist die Kenntnis Gottes.«

Lit.: T. Burckhardt: Vom Sufitum. München 1953; A. Schimmel: Mystische Dimensionen des Islam. Köln 1986; dies.: Al-Halladsch. Freiburg 1985; F. Schuon: Den Islam verstehen. München–Bern 1988.

Swedenborg, Emanuel (Stockholm 1688 – London 1772) Der »nordische Geisterseher«, Sohn eines Bischofs der lutherischen Staatskirche Schwedens, begann mit den Niederschriften der ihm eröffneten Geistesschau, nachdem er sich als Naturwissenschaftler bereits einen Namen gemacht hatte, also über ein nicht geringes Maß an Selbstkritik verfügte. Dies belegt auch die Tatsache, daß er geachtetes Mitglied internationaler wissenschaftlicher Institutionen war. Die entscheidende Vision, die für ihn zu einem Berufungserlebnis seiner Seherschaft wurde, empfing der Siebenundfünfzigjährige 1745 in London. Das Erlebnis schließt einen von ihm selbst berichteten Werdeprozeß ab, eingeleitet durch eine Art Reinigung, wie sie aus der → Mystik in vergleichbarer Weise bekannt ist. Die Begebenheit empfand er so einschneidend, daß er sein bisheriges Tun als Gelehrter spontan abbrach, um für den Rest seines Lebens für die Einsprachen und visionären Wahrnehmungen uneingeschränkt offen sein zu können. Von da an war seine Aufmerksamkeit auf die geistige Welt gerichtet. Er gewann Durchblicke durch den Kosmos, nicht am wenigsten durch die biblischen Berichte. Ähnlich wie nach ihm Jakob → Lorber, und dennoch deutlich von ihm unterschieden, leistete S. einen eigenständigen Beitrag zur → Neuoffenbarung, so groß die Klärungsbedürftigkeit seiner Aussagen von Fall zu Fall ist.

Wenn in seinen Texten von einer »neuen Kirche« gesprochen wird und nach seinem Tod eine bis heute existierende »Neue Kirche« als international agierende (kleine) kirchliche Gemeinschaft entstand, so hatte S. eine Bekenntnisbildung analog zu den Kirchen offenbar gar nicht im Sinn, sondern eher ein spirituelles Erwachen der Christenheit, ein neues religiöse Bewußtsein und damit die Grundlegung für ein neues, spirituelles Zeitalter. In diesem Sinn lassen sich auch seine zahlreichen Schriften lesen, die in vielen Editionen und Übersetzungen (aus dem Lateinischen, das S. schrieb) greifbar sind.

Im deutschen Sprachraum war es Friedrich Christoph → Oetinger, der trotz heftiger Widerstände seiner württembergischen Kirchenleitung für S. eintrat und auch kritisch zu ihm Stellung bezog. Er hat ihn erstmals in Deutschland bekannt gemacht. Es war der zeitgenössische Philosoph Immanuel Kant, der mit seinen Rückfragen ebenso wenig zurückhielt, der ihm aber das Zeugnis ausstellte: »S. ist ein vernünftiger, gefälliger und offenherziger Mann.« Und → Görres merkt an: »S. war kein phantastischer Mensch, noch weniger hat er je im Leben Zeichen von Verrücktheit blicken lassen ...« Hoch schätzte ihn → Goethe ein, indem er ihn genannt und ungenannt rühmte. Zu nennen wären in ähnlichem Sinn die Romantiker, in England William → Blake, der sich zumindest zeitweilig zu S. bekannte.

Sitz der mitteleuropäischen Sektion der Neuen Kirche ist Zürich, wo auch ein Zeitungsverlag für die Pflege des Schrifttums sorgt und der die Zeitschrift »Offene Tore« herausgibt.

Werke: Religiöse Grundlagen des neuen Zeitalters. Das Neue Jerusalem und seine himmlische Lehre. Zürich 1993; 2000. – *Lit.:* F. Chr. Oetinger: Swedenborgs und anderer irdische und himmlische Philosophie (1858). Stuttgart 1977; E. Benz: Swedenborg. Naturforscher und Seher. München 1948; G. Gollwitzer: Die durchsichtige Welt. Ein Swedenborg-Brevier. Zürich 1962; 2000.

Symbol(e) (griech. »symballein«, zusammenwerfen, zusammenfügen) Das S. gehört zum Grundbestand kulturellen Schaffens, speziell aller Religion und jeder sinnlich-spirituellen → Erfahrung. Wohl lassen sich durch Begriff und Definition Sachverhalte klären, Tatbestände auf Eindeutigkeit hin fixieren. Aber die mehrdimensionale Fülle und die Sinntiefe der Wirklichkeit wird erst durch das S. zum Ausdruck gebracht. Das geschieht u. a. durch einfache graphische Sinnzeichen (Strich, Kreis, Kreuz, Dreieck, Quadrat, Pentagramm, Hexagramm), durch Natur-S. (Baum, Weinstock, Ähre, Rose, Fisch, Lamm, Adler, Schlange), durch Gegenstände, die die Menschenhand schuf (Gefäß, Haus, Schiff, Anker, Rad), sodann durch die Farbe, die → Zahl, die ihrerseits Symbolisches ausdrücken, indem sie Wirklichkeit und Wirkung beschwören. Sie alle können einzeln oder in »symbolischer« Zusammenfügung der Vergegenwärtigung einer geistigen Botschaft dienen. So gesehen weisen echte S. über sich hinaus. Das Sinnenhafte an ihnen wird zum Sinnhaltigen. Das Konkrete am S., und sei es stark stilisiert, offenbart dem, der sich um dessen esoterische Bedeutsamkeit bemüht, die inspirierende und impulsierende Potenz, die von dem betreffenden S. ausstrahlt, und zwar bis hin zu den emotional aufgeladenen politisch gebrauchten bzw. mißbrauchten S.-Zeichen (Hakenkreuz, Davidstern, Hammer und Sichel usw.). »Das S. erweckt Ahnung, die Sprache kann nur erklären ... Bis in die geheimsten Tiefen der Seele treibt das S. seine Wurzel, die Sprache berührt wie ein leiser Windhauch die Oberfläche des Verständnisses ... Nur dem S. gelingt es, das Verschiedenste zu einem einheitlichen Gesamteindruck zu verbinden ... Worte machen das Unendliche endlich, S. entführen den Geist über die Grenzen des Endlichen, Werdenden, in das Reich der unendlich seienden Welt. Sie erregen Ahnung, sind Zeichen des Unsagbaren, unerschöpflich wie dieses«, betont der S.- und Mythenforscher J. J. Bachofen. In der Tradition dieses u. a. von → Goethe herkommenden S.-Verständnisses liegt auch die → Analytische Psychologie C. G. → Jungs. Demnach liegt dem S. die Wirkkraft des → Archetypus

Symbol(e)

zugrunde. Weil dies oft verkannt wird, indem man ein eindeutiges, somit nur eindimensionales Zeichen mit dem Sinnfülle bergenden S. verwechselt, betont Jung: »Ein Ausdruck, der für eine bekannte Sache gesetzt wird, bleibt immer ein bloßes Zeichen und ist niemals S. Es ist darum ganz unmöglich, ein lebendiges, d. h. bedeutungsschwangeres S. aus bekannten Zusammenhängen zu schaffen.« Wo die Sprache ihre Unzulänglichkeit erweist, nämlich angesichts des → Mysteriums, da kommt das S. zur Geltung. Es »spricht« in die durch strikte → Arkandisziplin erzwungene äußere wie innere Schweigsamkeit hinein. In den → Mysterien von Eleusis wurde den Mysten, d. h. dem durch die → Einweihung Vorbereiteten eine abgeschnittene Ähre, S. der Demeter, gezeigt. Und nur unter Zuhilfenahme des S. ist die mystische Erfahrung bezeugbar: Das Fünklein und die Burg (»Bürglein«) in den Predigten des Meisters → Eckhart; Kreuz und Rose kennzeichnen den Geistessucher, der sich zur → Chymischen Hochzeit auf den Weg macht; die Lilie und die »Morgenröte im Aufgang« (→ Aurora) gehören zum reichen S.-Bestand Jakob → Böhmes und der an ihn anknüpfenden christlichen → Theosophie. Mit bloßer Aneinanderreihung von S. kann es nicht getan sein; entscheidend ist einst wie heute das Erlebnis, durch das die innewohnenden Potenzen ins Bewußtsein gehoben und freigesetzt werden. Letztlich jedoch ist der Mensch selbst das S. aller Symbole; S.-Erkenntnis ist Selbst-Erkenntnis und Welterkenntnis in einem.

Lit.: W. Bauer, I. Dümotz u. a. (Hrsg.): Bildlexikon der Symbole. München 1980; G. Heinz-Mohr: Lexikon der Symbole. Köln 1971; J. Jacobi: Komplex, Archetypus, Symbol in der Psychologie C. G. Jungs. Zürich 1957; H. Keßler: Das offenbare Geheimnis. Das Symbol als Wegweiser in das Unerforschliche. Freiburg 1977;

P. Rech: Inbild des Kosmos. Eine Symbolik der Schöpfung I/II. Salzburg 1966; A. Rosenberg: Einführung in das Symbolverständnis. Freiburg 1984; J. Seibert: Lexikon christlicher Kunst. Freiburg 1980; E. Urech: Lexikon christlicher Symbole. Konstanz 1974; M. Lurker: Wörterbuch der Symbolik. Stuttgart 1985; D. de Chapeaurouge: Einführung in die Geschichte der christlichen Symbole. Darmstadt 1991.

Synkretismus (griech. »synkretismós«), ursprünglich bei dem antiken Autor Plutarch der Zusammenschluß von untereinander zerstrittenen Gemeinwesen auf Kreta, um gemeinsame äußere Feinde effektiver abwehren zu können, – bezeichnet der Begriff heute die Vermischung bzw. den Versuch der Verschmelzung nicht zusammengehöriger religiös-weltanschaulicher Lehren oder Gedankensysteme. Als geschichtliches Musterbeispiel für S. kann die hellenistische Kultur angeführt werden, in der die zahlreichen ägyptischen und vorderasiatischen Religionen, Kulte und → Mysterien u. a. mit griechischen Vorstellungen vermengt wurden. »Die Idee des Geheimkultes ließ zahlreiche Mysteriengemeinschaften im Dienst griechischer und orientalischer Gottheiten entstehen. Viele sich gegenseitig nicht ausschließender Mitgliederkreise bereiteten den Weg, daß die meisten im 3. nachchristlichen Jahrhundert in einer synkretistisch-pantheistischen Solarreligion aufgehen konnten. → Gnosis und → Hermetik wurden in mehreren Religionen gleichermaßen heimisch. Mit dem Manichäismus entstand eine Weltreligion als Produkt bewußter Götter- und Religionssynthese« (K. Hoheisel). Es liegt in der Natur mystischer sowie esoterischer Bestrebungen (z. B. in der anglo-indischen → Theosophie) synkretistische Tendenzen zu fördern. Wohl sollte es darum gehen, im Blick auf eine → Ökumene des Geistes innere Gemeinsamkeiten bei gegenübertretenden Religionen und Weltanschauungen zu ermitteln, um einen geistigen Brückenschlag zu ermöglichen. Von Fall zu Fall wird aber zu prüfen sein, wie weit die Annäherung gehen kann, berücksichtigt man Ursprung, Zielrichtung und Bewußtseinsstruktur der zur Begegnung bereiten Partner. Der aktuellen Notwendigkeit der Synopse (Zusammenschau) steht die im S. bisweil vorschnell praktizierte und somit problematische Synthese (Zusammenführung) gegenüber.

Lit.: G. Mensching, H. Kraemer in: Religion in Geschichte und Gegenwart (RGG, 3. Aufl.); J. Aagaard in: Ökumene-Lexikon. Frankfurt 1983; K. Hoheisel in: Lexikon der Religionen. Freiburg 1987.

T

Tabula Smaragdina (lat. »Smaragdene Tafel«), angeblich das geistige Vermächtnis des mythischen Hermes Trismegistos, auf den die → Hermetik zurückgeführt wird. Sie gilt als »das einzige absolut authentische Stück des ganzen → ›Corpus Hermeticum‹« (V. → Tomberg), d. h. der Grundschriften des antiken Hermetismus. Die aus 12 bzw. 13 Sätzen bestehende T. S. gipfelt in der Lehre von den Entsprechungen, die zwischen der (unteren) Erscheinungswelt und der (oberen) geistigen Welt besteht. Die älteste im Westen bekannt gewordene Fassung der T. S. geht in die Zeit und in den Umkreis des Albertus Magnus (gest. 1280) zurück, wenngleich ältere arabische bzw. syrische Fassungen entdeckt wurden. In der vollständigsten Ausgabe des von W. Scott (Hermetica I/IV, Oxford 1924) herausgegebenen Corpus fehlt die T. S. – Der lateinische Albertus- bzw. Pseudo-Albertus-Text lautet:

Tabula Smaragdina

1. Wahr, ohne Lüge, sicher und vollkommen wahrhaftig (ist):

2. Was unten ist, ist wie das, was oben ist, und was oben ist, ist wie das, was unten ist, um die Wunder des Einen zu vollbringen. (Quod est inferius, est sicut id quod est superius, et quod est superius, est sicut id quod est inferius, ad perpetranda miracula rei unius.)

3. Und wie alle Dinge aus Einem gewesen und gekommen sind durch die Meditation des Einen, so sind alle Dinge von diesem Einen durch Anpassung geboren.

4. Sein Vater ist die Sonne, seine Mutter ist der Mond; der Wind hat es in seinem Schoß getragen; seine Ernährerin ist die Erde.

5. Der Vater von allem Grundwillen der ganzen Welt ist hier.

6. Seine Kraft ist vollständig, wenn sie in die Erde umgewandelt sein wird.

7. Du wirst die Erde vom Feuer trennen, das Feine vom Groben, sanft, mit großer Geschicklichkeit.

8. (Der Grundwille) steigt von der Erde auf zum Himmel, und er steigt wieder herab zur Erde, und er empfängt die Kraft der oberen und unteren Dinge. Auf diese Weise wirst du den Ruhm der ganzen Welt erlangen. Darum wird alle Dunkelheit vor dir fliehen.

9. Dies ist die starke Kraft aller Kraft: denn sie wird alles Feine besiegen und alles Feste durchdringen.

10. So ist die Welt erschaffen worden.

11. Daher wird es wunderbare Angleichungen geben, deren Art und Weise sich hier findet.

12. Darum bin ich Hermes Trismegistos genannt worden, weil ich die drei Teile der Philosophie der ganzen Welt besitze.

13. Erfüllt ist, was ich von dem Wirken der Sonne gesagt habe.

Naturgemäß ist auch die T. S. mit Textvarianten überliefert. Wesentlich ist dagegen, daß das Prinzip der Entsprechungen, die Grundvorstellung aller Hermetik, der → Gnosis, → Astrologie, → Alchymie, → Magie usw. mitbestimmt. Philosophie und Theologie partizipieren auf ihre Weise an dieser Erkenntnis. »Und so ist offenbar, daß die ganze Welt wie ein einziger Spiegel ist, voll von Lichtern, die die göttliche Weisheit (→ Sophia) darstellen, und wie eine lichtsprühende Kohle« (Bonaventura). Dabei ist mit V. Tomberg zu bedenken, »daß die Methode der Analogie nicht unfehlbar ist, daß sie aber zur Entdeckung wesentlicher Wahrheiten führen kann. Ihre Brauchbarkeit und ihr Wert hängen von dem Umfang und der Exaktheit der Erfahrung ab, auf welcher sie beruht.«

Lit.: Anonymus d'outre Tombe (Hrsg. M. Kriele, R. Spaemann): Die Großen Arcana des Tarot, Bd. I, Kap. 1. Basel–Freiburg 1983; J. Ruska: Tabula Smaragdina. Ein Beitrag zur Geschichte der hermetischen Literatur. Heidelberg 1926; vgl. → Hermetik.

Tantra (sanskrit »Gewebe, Zusammenhang«), mehrdeutige Bezeichnung einerseits für Texte, andererseits für Vorstellungen und Praktiken, die im Buddhismus auf Erkenntnisgewinn, in hinduistischen Zusammenhängen auf Teilhabe an göttlicher Macht hinzielen. Von daher ergeben sich überaus kontroverse Anschauungen und Mißverständnisse. So kann die tantrische Esoterik geradezu als Musterbeispiel für die sensationelle Exoterisierung des ursprünglich Gemeinten angesehen werden. Dem leistet die betont sexuelle Metaphorik des T. Vorschub. – Aus buddhistischer Sicht bedeutet T. »das Verwobensein aller Dinge und Handlungen, die gegenseitige Abhängigkeit alles Bestehenden, die Kontinuität in der Wechselwirkung von Ursache und Folge, sowohl wie die Kontinuität in geistiger und traditioneller Entwicklung, die sich wie ein Faden durch das Gewebe geschichtlicher Ereignisse und individueller Leben zieht. T. steht daher auch für die Tradition, die geistige Nachfolge. Die Schriften, die im Buddhismus unter dem Namen von ›Tantras‹ gehen, sind vorwiegend mystischer Natur, d. h., sie suchen den *inneren* Zusammenhang der Dinge aufzuweisen: den Parallelismus von Mikrokosmos und Makrokosmos, Geist und Natur, Ritual und Wirklichkeit, Stofflichem und Geistigem« (Anagarika Govinda). Von daher gesehen tritt Govinda der Verwechslung und Vermischung des buddhistischen T. mit dem erotisierenden Shaktismus der Hindu-Tantras entgegen. Freilich ist da wie dort das Ziel aller Bemühungen die heilstiftende → Erleuchtung, die ebenfalls da wie dort durch das universelle Symbol der Vereinigung Liebender ausgedrückt wird. Bemerkenswert ist ferner, daß das buddhistische T. die historische wie die ideelle Priorität gegenüber dem publikumswirksameren hinduistischen beanspruchen kann. Hier wird versucht, den ganzen Menschen zur »Vollkommenheit« zu erheben, nämlich durch Meditation und durch eine Folge streng geregelter Riten, die ihrerseits strikter Geheimhaltung (→ Arkandisziplin) unterliegen, um Unvorbereitete fern zu halten, auch um die damit verbundenen Gefahren zu vermeiden. In kultischer Handlung genießen die Anhänger gewisser tantrischer Sekten die sog. »fünf M«: madya, Wein bzw. einen berauschenden Trank; mamsa, Fleisch; matsya, Fisch; mudra, geröstetes Korn und maithuna, die geschlechtliche Vereinigung. Angestrebt wird die Herstellung eines kosmischen Bewußtseins durch Entfesselung der spirituellen Kundalini-

Taoismus

Shakti. In keinem Fall handelt es sich um eine vordergründige »östliche Sexualpraktik«, wie so manche selbsternannten westlichen »Tantriker« glauben machen wollen. Richtungsweisend für die geistigen Grundlagen des Tantra sind insbesondere die tieflotenden Studien von A. → Avalon, A. Bharati und A. Govinda.

Lit.: A. Avalon: Shakti und Shakta. Lehre und Ritual der Tantras. Weilheim 1962; München 1987; A. Bharati: Die Tantra-Tradition. Freiburg 1977; A. Govinda: Grundlagen tibetischer Mystik. Zürich 1967; J. Hopkins (Hrsg.): Tantra in Tibet. Köln 1980; F. King: Tantra als Selbsterfahrung. München 1986; P. Rawson: Tantra. München 1974; H. Uhlig: Tantrische Kunst des Buddhismus. Berlin 1981.

Taoismus (chin. »tao«, Weg, Lehre), der im Westen übliche Sammelbegriff für die philosophischen und religiösen Anschauungen sowie Praktiken, die sich von dem Zusammenwirken von → Yin-Yang in Tao herleiten. Dabei ist Tao die Mutter allen Seins und Werdens; in Tao kehrt alles zurück. Zu den grundlegenden Schriften des T. gehören als älteste das → I Ging. Lao-tse, der zusammen mit Chuang-tse zu den berühmtesten Weisen des T. zählt, wird das »Buch vom Weg und seiner Kraft« (Tao-te-ching) zugesprochen. Es ist das aus 81 kurzen Kapiteln bestehende, dem Umfang nach kleine Weisheitsbuch. Man vermutete einst seine Entstehung – mit Rücksicht auf den angeblichen Autor – im 6. vorchristlichen Jahrhundert. Das älteste vorhandene Exemplar wurde um 200 v. Chr. abgefaßt. Nach dem Tao-te-ching »wird das Tao als das umfassende letzte Prinzip, das vor Himmel und Erde existierte, interpretiert. Es ist unnennbar und unbeschreibbar; es ist die Mutter aller Dinge; es läßt alles entstehen und handelt doch nicht. Seine Kraft, das Te, ist das, was die Erscheinungen vom Tao erhalten und sie zu dem macht, was

sie sind. Um die Einheit mit dem Tao, das Ziel der Anhänger des philosophischen T., zu verwirklichen, muß der ›Heilige‹ das allen Wesen gemeinsame Gesetz der Rückkehr zum
Ursprung (Fu) in sich realisieren. Dies kann er dadurch erreichen, daß er sich die Leerheit (Wu) und Einfachheit (P'u)
des Tao zu eigen macht und im absichtslosen Handeln
(Wu-wei) verweilt« (Ingrid Fischer-Schreiber: Lexikon der
östlichen Wahrheitslehren).

Lit.: J. C. Cooper: Der Weg des Tao. Bern–München 1977;
A. Watts: Der Lauf des Wassers. Eine Einführung in den Taoismus.
Bern–München 1976; ferner Lit. zu → Yin-Yang und → I Ging.

Tarot (ital. »Tarocchi«), gilt als das ursprünglichste tra-
ditionsreichste, zugleich als eines der geheimnisvollsten
europäischen Kartenspiele. Ein T.-Deck besteht aus ins-
gesamt 78 Karten, die 22 Großen Arkana (Geheimnisse)
und die 56 Kleinen Arkana. Ähnlich dem altchinesischen
→ I Ging dient es zunächst zu divinatorischen Operationen, d. h. als Orakel bzw. zur Befragung über zukünftige
Ereignisse. Die Großen Arkana mit ihren symbolträchti-
gen Bildern fordern zur → Meditation auf. Es geht
darum, die Vieldeutigkeit der Bildkomposition aus der
jeweils sich ergebenden Konstellation der einzelnen Karten aufzuschlüsseln. Dieser meditative Umgang dürfte
dem T. angemessener sein als eine vordergründige, mit
vielen Möglichkeiten der Selbsttäuschung behaftete
Wahrsagerei. Es liegt im Wesen echter → Symbole, daß
die T.-Karten seit alters große Faszination auf ihre Be-
nutzer auszuüben vermögen. Die Ursprünge des T.
meinte man bis in die Antike, namentlich in die spirituellen Zusammenhänge der → Hermetik → Ägyptens
zurückführen zu können. Dafür gibt es jedoch keinerlei
historische Handhabe. Bekannt ist nur, daß die ältesten

Tarot

erhaltenen bzw. belegten Karten dieser Art in Europa bis ins ausgehende 14. Jahrhundert zurückreichen. Doch in esoterischen Zusammenhängen ist nicht das tatsächliche Alter eines Phänomens von Belang. Es ist vielmehr das Prototypische, Urbildliche (→ Archetypen), das den einzelnen Bildern abzulesen ist (z. B. der »Magier« bzw. der »Gaukler«, die »Päpstin« bzw. die »Hohepriesterin«, die »Kaiserin«, der »Kaiser«, der »Papst«, die »Verliebte« usw.). Zahlreiche T.-Schöpfungen liegen inzwischen vor, neben dem weitverbreiteten klassischen »Ancien T. de Marceille« die Karten-Decks nach Entwürfen von E. A. Waite, A. → Crowley, Frieda Harris und vielen anderen. Auf den archetypischen Charakter verweist die Tatsache, daß sich zwischen dem T. und anderen esoterischen Gebieten Bezüge sowie Entsprechungen feststellen lassen, so zwischen den 22 Karten der Großen Arkana und dem hebräischen → Alphabet, wodurch ein Weg in die → Kabbala gebahnt ist. Andere Bezüge ergeben sich zur Symbolik des → Tantra. Das gilt für die Karten, die »Kraft«, »Sterne«, »Entscheidung« oder »Liebe« genannt werden. Aber auch die anderen Karten verweisen auf esoterisch-hermetische Analogien. Aus dem archetypischen Ursprung des T. ergibt sich, daß sich mit seiner Hilfe – einschließlich entsprechender Symbolkenntnis! – Gesichtspunkte für den Verlauf der → Individuation (→ Selbst-Werdung) gewinnen lassen, indem man es lernt, die einzelnen T.-Symbole als menschliche Grundsituationen bzw. als Wegmarken eines Erkenntnis- und Reifungswegs (→ innerer Weg) zu lesen. Welche außerordentliche spirituelle Tiefe und Universalität des Geistes aus den Großen Arkana des T. zu schöpfen ist, ergibt sich aus den gleichnamigen Meditationen, die Valentin → Tomberg (1900–1973) anonym erscheinen ließ. Hier ist westliche und östliche, vor- bzw. außerchristliche und christliche Spiritualität, anthroposophische Schau und persönliche religiöse Erfahrung zur Schmelze gelangt: »Ein christlicher Denker und Beter von bezwingender Lauterkeit breitet Symbole der christlichen Hermetik in ihren Stufen → Mystik, → Gnosis und → Magie, unter Heranziehung des Kabbalismus und gewisser Elemente der → Alchymie und → Astrologie vor uns aus, Symbole, die in den zweiundzwanzig sog. Großen Arcana des T.-Kartenspiels zusammengefaßt sind und die er meditierend in die tiefere, weil allumgreifende Weisheit des katholischen (d. h. christlich-universalen) → Mysteriums heimzuführen sucht« (H. U. von Balthasar).

Lit.: A. Douglas: Ursprung und Praxis des Tarot. Köln 1986; S. Golowin: Die Welt des Tarot. Basel 1975; H. D. Leuenberger: Schule des Tarot I/III. Freiburg 1981 ff.; S. Nichols: Die Psychologie des Tarot. Tarot als Weg zur Selbsterkenntnis nach C. G. Jung. Interlaken 1984; M. Steiner-Geringer: Tarot als Selbsterfahrung. Köln 1985; Anonymus d'outre Tombe (V. Tomberg): Die Großen Arcana des Tarot I/IV. Basel-Freiburg 1983.

Tersteegen, Gerhard (Moers/Niederrhein 1697 – Mülheim/Ruhr 1769), namhafter Vertreter der protestantisch-reformierten Mystik, Dichter und Schriftsteller. In Moers aufgewachsen, zunächst als Kaufmann ausgebildet, dann als Bandwirker bis 1728 tätig, wandte er sich schon in jungen Jahren einer frommen Innerlichkeit zu. Diese Spiritualität wurde vor allem durch Kreise des → Quietismus verstärkt, insbesondere durch das innere Gebet und durch Schriften aus dem französischen Bereich wie denen der Madame → Guyon. Um seinem von strenger Askese begleiteten Streben nach spiritueller Wandlung und Neugeburt einen sichtbaren Ausdruck zu geben, verband er sich auf leibhafte Weise mit Jesus, indem er sich mit seinem Blut am Gründonnerstag 1724 der Christusnachfolge verschrieb. In der Art pietistischer Zirkel (→ Pietismus) bildete er eine Reihe von Kreisen ebenfalls zurückgezogen lebender geistlicher Brüder und stand suchenden Gleichgesinnten als Seelenführer zur Verfügung. Das geschah gemäß seinem Appell: »Lebet eingekehrt im Grund des Herzens bei Gott!« Seine auch literarisch wirksame Geisteshaltung war ökumenisch geprägt. So fällt auf, daß seine Sammlung spiritueller Biographien (»Auserlesene Lebensbeschreibungen heiliger Seelen«) namentlich katholischen Christen gewidmet ist, die ebenfalls der mystischen Frömmigkeit hingegeben waren. Seine Jesus-Frömmigkeit gipfelt in dem Wissen um die individuelle wie universelle Gottesgegenwart. Beispielhaften Ausdruck fand sie in seinem in vielen kirchlichen Gesangbüchern enthaltenen Lied »Gott ist gegenwärtig«. Zahlreiche weitere religiöse Dichtungen versammelte er in seinem »Geistlichen Blumengärtlein«. Seine Kritik an der Aufklärung ist u. a. an seiner jede scharfe Polemik vermeidenden Studie über die Philosophie des Philosophen von Sanssouci, Friedrich des Großen, abzulesen.

Die Kirchengeschichtsschreibung hat den bis in die Gegenwart hinein wirksamen protestantischen Mystiker u. a. an die Seite von Gottfried → Arnold gestellt; auch Parallelen zum »Cherubinischen Wandersmann« des → Angelus Silesius lassen sich ziehen.

Werke: Hist.-krit. Ausgabe der Werke. Göttingen 1979 ff.; Geistliches Blumengärtlein inniger Seelen. Stuttgart 1964; Kleine Perlenschnur (1767). Uitikon-Waldegg o. J.; Auserlesene Lebensbeschreibung heiliger Seelen I–III (1784). Uitikon-Waldegg 1984; Weg der Wahrheit. Stuttgart 1968. – *Lit.:* A. Löschhorn: Ich bete an die Macht der Liebe. G. Tersteegens christliche Mystik. Basel 1948; W. Nigg: Große Heilige. Zürich 1959, S. 345–368; R. Deichgräber: Gott ist genug. Lied-

meditationen nach G. Tersteegen. Göttingen 1975; G. della Croce
(d. i. G. von Brockhusen): G. Tersteegen. Neubelebung der Mystik als
Ansatz einer kommenden Spiritualität. Bern 1979; G. Ruhbach:
G. Tersteegen, in: Große Mystiker. Hrsg. G. Ruhbach, J. Sudbrack.
München 1984, S. 251–266; G. Wolff: Solus Christus. Wurzeln der
Christusmystik bei G. Tersteegen. Giessen–Basel 1989.

Templer (»Pauperes comilitones Christi templique Salomonis«, Arme Gefährten Christi vom Tempel Salomons),
geistlicher Ritterorden, im Jahre 1118 von Hugo von
Payen (Hugo de Paganis) und Gottfried von Saint-Omer
zusammen mit sieben Kreuzfahrern (Rittern) in Jerusalem
gegründet. Ähnlich wie die 1100 ins Leben gerufene Ordensgemeinschaft der Hospitaliter bzw. Johanniter oblag
auch den T., ins Heilige Land ziehende Pilger gegen
Überfälle aller Art zu schützen. In dieser Funktion erlangten die in apostolischer Armut lebenden ersten T. allgemein ein hohes Ansehen. Kein geringerer als der Mystiker
Bernhard von Clairvaux lobte die Strenge und Konsequenz, mit der sie ihre Ordensregel erfüllten. Die Gemeinschaft setzte sich zusammen aus Rittern (fratres mili-
tes), Kaplänen (fratres capellani), dienenden Brüdern oder
Knappen (fratres servientes armigeri) sowie Handwerkern
und Knechten aller Art. Sie unterstanden dem Papst unmittelbar und unter Führung ihres Großmeisters, der sich
»Meister vom Tempel« nannte. Ihre Devise lautete: »Non
nobis, Domine, non nobis, sed nomine tuo da gloriam!«
(Nicht uns, o Herr, nicht uns, sondern allein deinem Namen gib die Ehre!). Ein eigener, von jeder fremden bi-
schöflichen Jurisdiktion und Bevormundung freier Klerus
betonte die geistig-geistliche Eigenständigkeit der Or-
densritter. Das rasche Wachstum und die damit verbundene Anhäufung großer wirtschaftlicher Macht ließ die T.
zu einem Wirtschaftsimperium eigener Prägung werden.

Templer

Intrigen, Verleumdungen und schwere Beschuldigungen angeblicher Ketzerei bzw. der Immoralität führten zur Auflösung des Ordens, zur Folterung und Tötung zahlreicher Mitglieder. Ihr letzter Großmeister Jakob von Molay wurde 1314 auf einer Seine-Insel in Paris verbrannt. Was den T. – abgesehen vom Reichtum des Ordens – zum Verhängnis werden sollte, das war ihre streng gehütete, daher mißverstandene Esoterik. Wenngleich der Hauptritus der T.-Einweihung strenger → Arkandisziplin unterlag, so ist der initiatische Charakter (→ Initiation), der den Ritterorden über vergleichbare Gemeinschaften hinaushob, kaum zu bezweifeln. Zu verweisen ist ferner auf das mehrfach bezeugte, jedoch unterschiedlich geschilderte T.-Idol namens »Baphomet«, dem eine androgyne Gestalt (→ Androgyn) zugeschrieben wird. Es ist mehrfachen Deutungen zugänglich; bald als »Taufe der Weisheit«, bald als Bezeichnung für Mohammed verstanden und mit Bemühungen um einen westlich-östlichen Brückenschlag in Zusammenhang gebracht. Denkmäler und Grabsteine der T. enthalten hermetische, astrologisch-alchymistische Sinnzeichen. Weitere geistige Verbindungslinien führen zur Tradition des → Grals. Sie erinnern an → Dantes hohe Einschätzung der T.-Esoterik. Zahlreiche Versuche wurden im Laufe der Geschichte unternommen, um das Geheimnis des erloschenen Ordens in diversen Geheimgesellschaften, okkultistischen Vereinigungen und in der → Freimaurerei aufleben zu lassen bzw. an die Tradition der T. anzuknüpfen. Zu unterscheiden ist wohl die historische Unableitbarkeit späterer Gründungen vom ursprünglichen T.-Orden und der Versuch, einen inneren Anschluß an dessen Ideale und Zielsetzungen zu finden.

Lit.: J. Charpentier : Die Templer. Stuttgart 1965; L. Charpentier: Macht und Geheimnis der Templer. Herrsching 1986; J. Evola: Das

Mysterium des Grals. München 1954; J. M. Krück von Poturzyn: Der Prozeß gegen die Templer. Stuttgart 1965; R. Maikowski: Auf der Suche nach dem lebendigen Geist. Freiburg 1971; A. Schult: Dantes Divina Commedia als Zeugnis der Tempelritter-Esoterik. Bietigheim 1979; G. de Sède: Die Templer sind unter uns oder das Rätsel von Gisors. Frankfurt–Berlin 1963; A. Demurger: Die Templer. Aufstieg und Untergang 118–1314. München 1991; P. Dinzelbacher: Die Templer. Freiburg 2002.

Temura Ähnlich wie → Gematria oder → Notarikon eine Interpretationsmethode. Hier besteht sie darin, daß man Buchstaben eines Wortes nach bestimmten Regeln gegen andere austauscht, um auf diese Weise eine zusätzliche, gegebenenfalls geheime Sinnhaltigkeit der Hebräischen Bibel zu erschließen.

Theologia Deutsch Diese Grundschrift der deutschen → Mystik – in Übersetzungen auch »Theologia Germanica« genannt – stammt aus dem Übergang vom 14. zum 15. Jahrhundert. Sie wird einem Frankfurter, genauer: Sachsenhausener Deutschherrn Kustos zugeschrieben; daher auch die Bezeichnung »Der Frankfurter«. Es war Martin Luther, der »das edle Büchlein« 1516 (erstmals in gekürzter) und 1518 (in vollständiger Fassung) herausgeben hat. Es will Anweisung geben, woran man die wahren → Gottesfreunde erkennen und wie ein Mensch auf den Weg der Vollkommenheit gelangen könne. Er betonte in seiner Einführung, daß er weder in lateinischer, hebräischer noch griechischer Sprache Vergleichbares gefunden habe. Dank dieser Rühmung durch den Reformator wurde die kleine Schrift in protestantischen Kreisen, insbesondere von Vertretern der protestantischen → Theosophie, unter ihnen Thomas Müntzer, → Weigel und → Böhme, bald auch darüber hinaus gelesen. Sie erlebte bis heute zahlreiche Nachdrucke.

Werke: Der Franckforter – Theologia Deutsch (kritische Ausgabe). Hrsg. W. von Hinten. München 1982; Theologia Deutsch. Hrsg. G. Wehr. Andechs 1989. – *Lit.:* A. M. Haas: Theologia deutsch. Meister Eckhart und M. Luther, in: Ders.: Gott leiden Gott lieben. Zur volkssprachlichen Mystik im Mittelalter. Frankfurt 1989, S. 295 ff.; G. Wehr: Die deutsche Mystik. Leben und Inspiration gottentflammter Menschen in Mittelalter und Neuzeit. Köln 2006.

Theosophie (griech. »theosophia«, Gottesweisheit), nach christlichem Verständnis die Weisheit, die Gott schenkt, die durch Christus repräsentiert wird, im übrigen aber als das »ausgesprochene Wort« (J. → Böhme) auf alle Kreaturen ausgebreitet ist. Die Schöpfung kann demnach als Widerspiegelung und Abbild der Weisheit Gottes, eben als leibhaft gewordene T. empfunden werden. Zum anderen sind Theosophen »von dem Verlangen erfüllt, die religiöse bzw. christliche Überzeugung nicht nur lebensmäßig zum Ausdruck zu bringen, sondern auch nach der Seite der Erkenntnis hin so weit wie möglich auszubauen. Die T. begnügt sich nicht mit dem, was Philosophie, Metaphysik und Theologie über Gott, Welt und Mensch auszusagen wagen, man will vom Glauben aus zu höheren Formen der Wahrheitsschau aufsteigen« (A. Köberle). Stärker als die auf die → Bibel und auf die kirchliche Tradition gestützte Theologie ist T. durch → Erfahrung bestimmt. Enge Wechselbezüge bestehen zu → Gnosis und → Mystik, sodann zu den Bereichen der → Esoterik im allgemeinen. Es handelt sich um Ideen- und Formenkreise, die einander großenteils überdecken, sich allenfalls berühren. Immer geht es darum, Weltall, Erde und Mensch aus einer theosophischen Schau heraus zu deuten, sodann gestaltend und umgestaltend zu erfassen. Wie Gnosis und Mystik, so ist auch T. nicht an eine bestimmte Geschichtsepoche gebunden. Es läßt sich vielmehr eine Traditionslinie aufzeichnen, die im Christentum von den Evangelien, von Paulus und Johannes über gewisse Repräsentanten der christlichen Gnosis bis in die Gegenwart zu verfolgen sind. Neben dem römischen Katholizismus mit seinen theosophisch zu nennenden Einschüben sind die christlichen Sophiologen (→ Sophia) der Ostkirche sowie die Vertreter einer nachreformatorischen T. eigens zu nennen. Es sind nicht zuletzt die Repräsentanten dieser so bezeichneten Frömmigkeits- und Erkenntnisrichtung selbst, die dieser Bezeichnung Inhalt und Kontur verliehen haben: im Protestantismus etwa Jakob Böhme, Friedrich Christoph → Oetinger, Michael Hahn; im Katholizismus u. a. Karl von → Eckartshausen oder Franz von → Baader. Bis in die → Goethe-Zeit hinein gehörten theosophische Spekulationen zu den festen Bestandteilen des allgemeinen Bewußtseins im Bildungsbürgertum wie in der Natur- und Geistesforschung. Erst die betont materialistisch-positivistisch ausgerichtete Wissenschaftsgesinnung schied die Elemente der T. radikal aus und beschränkte sich auf das Meßbare und Manipulierbare. Eine besondere Aus- und vor allem Umformung erfuhr die christliche T. in der sog. → anglo-indischen Theosophie im letzten Viertel des 19. Jahrhunderts, nämlich durch Nivellierung des Christlichen.

Lit.: A. Faivre, R. C. Zimmermann (Hrsg.): Epochen der Naturmystik. Hermetische Tradition im wissenschaftlichen Fortschritt. Berlin 1979; A. Köberle: Theosophie, in: Religion in Geschichte und Gegenwart, 3. Aufl., Bd. VI; G. Wehr: Die deutsche Mystik.

331

Leben und Inspiration gottentflammter Menschen in Mittelalter und Neuzeit. Köln 2006; R. Chr. Zimmermann: Das Weltbild des jungen Goethe I/II. München 1969 f.

Theosophische Gesellschaft → Anglo-indische Theosophie.

Tifereth Im → Sefiroth-Baum die 6. Sefira, die als »Schönheit« das männliche Prinzip verkörpert und → Malchuth, zugleich → Schechina als dem weiblichen Aspekt Gottes zugeordnet und zur innergöttlichen → Heiligen Hochzeit bestimmt ist. »In einem volkstümlicheren Verständnis konnte daher, wenn man die Bedeutungsfülle des Symbols der Schechina berücksichtigt, jene heilige Hochzeit auch auf die zwischen Gott überhaupt und Israel gedeutet werden, die für den Kabbalisten nichts anderes ist als der äußere Aspekt eines Vorgangs, der sich im Geheimnis der Gottheit selber vollzieht« (G. → Scholem).

Lit.: G. Scholem: Zur Kabbala und ihrer Symbolik. Zürich 1960, S. 184 ff.

Tomberg, Valentin (Sankt Petersburg 1900 – Mallorca 1973) Als christlicher Esoteriker gehört er zu den einerseits hoch geachteten, andererseits in bestimmten anthroposophischen Kreisen heftig umstrittenen Persönlichkeiten des spirituellen Lebens. Das Urteil über ihn muß naturgemäß nach Kriterien gefällt werden, die in seinem Werk, namentlich in seinem Spätwerk, das erst postum zu wirken begann, zu finden sind.

Ursprünglich im zaristischen Rußland evangelisch erzogen und schon in jungen Jahren mit der theosophisch-hermetischen Spiritualität in Kontakt gekommen, schloß er sich der → Anthroposophie an. Zur Zeit der rus-

sischen Revolution war er genötigt, nach Estland zu emigrieren und nach einem unabgeschlossenen Studium der
Religionswissenschaften und alten Sprachen verschiedene
Brotberufe anzunehmen. Die intensive Beschäftigung mit
dem Werk Rudolf → Steiners setzte ihn instand, in der
kleinen estnischen Anthroposophengruppe führend tätig
zu sein. Um 1930 begann er in anthroposophischen Zeit-
schriften zu publizieren. Es entstanden seine Betrachtungen zum Alten und zum Neuen Testament.

Als sich zeigte, daß er nicht nur gewillt war, aus den
vorhandenen literarischen Quellen, namentlich aus
dem Werk Steiners zu schöpfen, sondern auch eigenes
Erkennen einfließen zu lassen, kam es zu ersten Kontro-
versen mit der Leitung der Anthroposophischen Gesellschaft, an ihrer Spitze mit Marie Steiner. Eine engere
Zusammenarbeit, für die er bereit und offensichtlich
auch qualifiziert erschien, war demnach ausgeschlossen.
Damit ist eine Problematik berührt, die auf ein dogma-
tisches (Miß-)Verständnis der Rolle Steiners zurückzuführen sein dürfte. Die Übersiedelung nach Holland
brachte keine wirkliche Verbesserung der wechselseitigen Beziehungen. T. sah sich veranlaßt, in der Nach-
kriegszeit in Köln seine Studien in den Fächern Jura
und Rechtsphilosophie von neuem aufzunehmen. Die
prinzipielle Ablehnung durch führende Persönlichkeiten der Anthroposophenschaft einerseits und das gleich
gebliebene Bedürfnis, sein Leben der Esoterik der
Christenheit zu widmen, erleichterte seine Entscheidung zur Konversion in die römisch-katholische Kirche. Diese Tatsache, verbunden mit seiner Einschätzung des Papsttums als einer richtungweisenden spirituellen Instanz, ließ T. als eine »schillernde«, bisweilen
übel verleumdete Persönlichkeit erscheinen.

Unbeirrt von derlei Machenschaften setzte er seine spirituellen Studien fort. In der Gestalt der Meditationen über die vom Autor zunächst in französischer Sprache abgefaßten, zuerst auf Deutsch anonym edierten »Großen Arcana des → Tarot« (1972; 1983), sowie in einer Reihe weiterer Essays legte er die Ergebnisse seiner Erkenntnisbemühungen nieder, die letztlich einem vertieften Christusverständnis dienen wollen. Das Werk ist ein beeindruckender Beleg für sein Wissen von den richtungweisenden Strömungen der abendländischen Esoterik. Kaum einer der großen Namen bleibt darin ungenannt. Seinen jeweiligen Leser spricht er in diesen nach den Arcana geordneten »Briefen« als einen »Unbekannten Freund« an, an dessen meditative Herangehensweise er appelliert. In seiner Vorbemerkung führt er das Gemeinte näher aus:

»Es sind Beschwörungen der Meister der Tradition, damit diese mit ihren das Streben weckenden Impulsen und mit ihrem Gedankenlicht gegenwärtig seien in dem Strom des meditativen Denkens, den diese Briefe über die 22 Großen Arcana des Tarot darstellen. Denn im Grunde sind es zweiundzwanzig geistige Übungen, mittels deren Sie, lieber Unbekannter Freund, in den Strom der lebendigen Tradition hineintauchen und damit in jene Gemeinschaft der Geister eintreten, die ihr gedient haben und ihr dienen ... Die Glieder der Kette der Tradition sind nicht allein Gedanken und Bemühungen, sondern vor allem die lebenden Wesen, die diese Gedanken gedacht und diese Anstrengungen unternommen haben. Das Wesen der Tradition ist keine Lehre, sondern eine Gemeinschaft der Geister von Zeitalter zu Zeitalter.«

Traditionales Denken

Werke: Sieben Vorträge über die innere Entwicklung des Menschen (1938). Schönach 1993; Die Großen Arcana des Tarot. Hrsg. M. Kriele, R. Spaemann. Basel–Freiburg 1983; Lazarus komm heraus. Vier Schriften. Hrsg. M. Kriele. Basel 1985. – *Lit.:* S. Prokofieff, S. O. Lazarides: Der Fall Tomberg. Dornach 1995; G. Wehr: Spirituelle Meister des Westens. München 1995, S. 235–258; J. Darvas in: Anthroposophie im 20. Jahrhundert. Hrsg. B. von Plato. Dornach 2003, S. 836 ff.; V. Tomberg. Leben, Werk, Wirkung. Hrsg. L. Heckmann, M. Frensch. 3 Bde. Schaffhausen 2001–2005; A. Faivre in: Dictionary of Gnosis and Western Esotericism. Leiden 2005, S. 1123 ff.

Traditionales Denken Offenbarung, Mythos, Ritus, Zyklus, Symbol, Integral, → Philosophia perennis – eine Wortprägung von F. W. Leibniz – bezeichnen Elemente des T., in dem es darauf ankommt, das Geistige hauptsächlich in der Überlieferung zu sehen, die die Menschheit in ihrer Gesamtheit empfangen hat, die aber in und mit der Moderne weitgehend aus dem allgemeinen Bewußtsein geraten ist. Danach ist ein hypertrophes Fortschrittsdenken eher Ausdruck eines Abstiegs und eines Wesensverlustes als eines Fortschritts. T. ist andererseits – in Parallele zu → Plotin – die Suche nach dem ewigen Einen, nach dem Verlorenen, das zumindest in den Einzelüberlieferungen der Völker und Kulturen, nicht zuletzt in ihren esoterisch-religiösen Traditionen, bruchstückhaft überliefert ist und das einer Wiedergewinnung, einer Wiederverlebendigung bedarf. Traditionale Symbole wurzeln in der Welt des Geistes; sie haben einen archetypischen Charakter.

»Das Unbehagen mit unserer gegenwärtigen Kultur ist eine weit verbreitete Tatsache ... Und indem westliche Gesittung, westliche Weisen zu sehen, zu denken und zu handeln, global wurden, verloren sie den Charakter der

Traditionales Denken

›Kultur‹ im herkömmlichen Sinne und wurden ›Zivilisation‹ …« (M. Vereno, 1999)

Wie zu beobachten ist, haben die maßgeblichen Vertreter dieser Suche des 20. Jahrhunderts meist nur geringe Beachtung gefunden. »Ganz wie → Guénon, dessen Schriften Leopold → Ziegler, in vielerlei Hinsicht als epochal bewertet sehen möchte, und → Evola ist auch für ihn der strenge Zusammenhang zwischen dem Mythos und den Vorgängen sub specie interioritatis (etwa: aus einer Innenschau heraus) gegeben, weil mythische Bilder wesenhaft immer auch verauswärtigte Seelenvorgänge sind« (W. Heinrich). Ziegler gehört zu den wenigen deutschsprachigen Denkern, die auf Guénons Wort der »integralen Tradition« gehört haben, jedoch ohne das christliche Traditionsgut auf die Seite zu schieben. Ihn leitete die Überzeugung: »Je bälder sich der Christ zu dem Entschlusse durchkämpft, die einzelnen Überlieferungen des Orients als in sich gleichwertige Spielarten einer einzigen, uns freilich nicht mehr zugänglichen Uroffenbarung zu nehmen, desto besser wird er in der Zukunft selbst fahren« (in: Überlieferung, S. 442).

Der Kreis der Vertreter traditionalen Denkens ist nicht eben groß. Zu den bereits genannten gehören noch die beiden Österreicher, der Philosoph Othmar Spann (1878–1950), der als Schöpfer einer ganzheitlichen Gesellschaftslehre angesehen wird, und der Wirtschaftswissenschaftler Walter Heinrich (1902–1984), die der islamischen Mystik zugetanen Frithjof Schuon und Titus Burckhardt (1908–1984), dessen Studien zur → Alchymie, zum Wesen heiliger Kunst und zur traditionalen Erkenntnisweise Beachtung gefunden haben, ferner Leo Schaya (1916–1986), u. a. als Interpret der sefirotischen Lehre.

Lit.: J. Evola: Erhebung wider die moderne Welt. Stuttgart 1935; A. Huxley: Die ewige Philosophie (The Perennial Philosophy, 1944). München 1987; L. Ziegler: Überlieferung (1949), Sankt Augustin 1999 (Vorwort von M. Vereno); W. Heinrich: Der Sonnenweg. Interlaken 1985; Seyyed Hossein Nasr: Die Erkenntnis und das Heilige. München 1990; Raido. Die Welt der Tradition. Hrsg. M. Schwarz. Dresden 2000.

Transformation Ein Zielbegriff u. a. der → New Age-Bewegung. Danach entspricht T. einer »Wandlung von Tiefenstrukturen« (K. Wilber) als praktische Konsequenz, die sich aus einer qualitativen Erweiterung des → Bewußtseins ergibt. T. ist demnach nicht eine im Vordergründigen, Oberflächlichen bleibenden »Veränderung«, sondern Umschwung von innen her. Sie muß den Einzelnen ergreifen, sodann die zwischenmenschlich-gesellschaftlichen Beziehungen erneuern und schließlich bzw. zugleich einen neuen Umgang mit der Weltwirklichkeit zur Folge haben. Gemeint ist somit eine »innere T., die sich in jedem Menschen wie auch im Rahmen der Gesamtgesellschaft vollzieht« (F. Capra).

Lit.: M. Ferguson: Die sanfte Verschwörung. Basel 1982; F. Capra: Wendezeit. Bern 1983; ders.: Das Tao der Physik. Bern 1984; K. Wilber: Halbzeit der Evolution. Bern 1984.

Transpersonale Psychologie (heißt wörtlich: »die Person überschreitend«), die auf spirituell-esoterischen Erfahrungen und Theorien fußende Richtung der modernen Seelenforschung. Sie vereinigt Methoden und Resultate der zeitgenössischen Tiefenpsychologie mit solchen der westlichen und östlichen → Esoterik aus Geschichte und Gegenwart. Insbesondere wendet sie sich jenen Zuständen des → Bewußtseins zu, die oberhalb des gewöhnlichen Wachbewußtseins liegen. Es handelt sich z. B. um

Transpersonale Psychologie

→ Erfahrungen der Kreativität, um solche der → Mystik, außersinnliche Wahrnehmungen, die gemeinhin dem Bereich des → Okkultismus bzw. der → Parapsychologie zugeordnet werden und für die Grenzerfahrungen, sog. »Gipfelerlebnisse« (H. A. Maslow: peak experiences) bedeutsam sind, sei es, daß sie sich ohne besondere Vorbereitung spontan einstellen, sei es, daß sie auf einem → inneren Weg geistig-seelischer Übung (→ Meditation) gesucht werden. Sieht man einmal von den positivistisch eingestellten, physiologische Reaktionsdaten (Herzschlag, Pulsfrequenz, Hautwiderstand) messenden Schulrichtungen, etwa des Behaviorismus ab, dann läßt sich die T. P. historisch so einordnen: Die *Psychoanalyse* S. Freuds erweiterte die moderne Seelenforschung dadurch, daß sie einen wissenschaftlichen Zugang zum → Unbewußten erschließen half. Aus ihr heraus entwickelten sich immer neue Schulrichtungen, die je nach dem speziellen Erfahrungshintergrund ihrer Initiatoren neben der therapeutischen Zielsetzung die Entfaltung und Reifung der Persönlichkeit als ihre Aufgabe erkannten. Dazu gehören die Gestalt- und Ganzheitstherapie, daseinsanalytische Entwürfe, die auf Sinnfindung hin ausgerichtete Logotherapie V. Frankls, die → Psychosynthese R. Assagiolis, die → Analytische Psychologie C. G. → Jungs und jene Richtungen, die u. a. durch die Namen C. R. Rogers, W. Reich, K. Horney, E. Fromm, O. Rank, A. Maslow usw. bestimmt sind. Eine Fülle von psychotherapeutischen Techniken wurden in diesen Zusammenhängen entwickelt. Als Sammelbezeichnung für diese zweite große tiefenpsychologisch-psychotherapeutische Strömung hat sich der Name *Humanistische Psychologie* eingebürgert. Es waren z. T. dieselben Forscher, die in Weiterentwicklung ihrer eigenen Methoden zur T. P. geführt wurden. Als Zeitraum (nicht

Transpersonale Psychologie

Zeitpunkt) der Entstehung können hier die sechziger Jahre genannt werden. An der Ausbildung dieser Forschungsrichtung waren u. a. die in den USA wirkenden A. J Sutich, A. H. Maslow, V. Frankl, St. Grof, J. Fadiman maßgeblich beteiligt, wenngleich Voraussetzungen und Grundelemente für die neue Sichtweise längst bekannt waren. So definierte R. M. Bucke (um 1900) die in seinem Buch geschilderten »Erfahrungen des kosmischen Bewußtseins«: »Das kosmische Bewußtsein ist das Ergebnis einer Erfahrung, die man als das plötzliche Erwachen eines neuen, nämlich des kosmischen Sinnes bezeichnen kann. In diesem Erwachen erfährt der Mensch eine geistige Erleuchtung, die an sich schon genügt, ihn auf eine neue Daseinsebene zu heben, fast als würde er einer neuen Spezies angehören ...« Und W. James beschrieb etwa gleichzeitig in seinem epochemachenden Werk »Die religiöse Erfahrung in ihrer Mannigfaltigkeit«. Mit der Erforschung der → Archetypen stellte C. G. Jung die klassische Psychoanalyse vor jenen Horizont, vor dem die T. P. weiterarbeitet. In diesem Kontext sind sodann die diversen Geisteslehren und Schulungswege zu sehen, teils westlich, teils östlich ausgerichtet, teils nach einem geistigen Brückenschlag (→ Ökumene des Geistes) suchend, um der Zeitforderung zu entsprechen: zeitlich zuerst die → anglo-indische Theosophie, danach die → Anthroposophie R. → Steiners, unter einem anderen, z. B. → Zen einbeziehenden Aspekt die → Initiatische Therapie von K. Graf → Dürckheim. Im Zeichen der T. P. arbeiten Angehörige verschiedener Disziplinen zusammen. Die geistige Fundierung und Orientierung der einzelnen Forscher ist naturgemäß sehr unterschiedlich. Und doch gibt es eine Gemeinsamkeit. Sie besteht darin, die andere, die lange ausgesparte transzendente bzw. spirituelle Dimension mit gleicher Selbstverständlichkeit einzubeziehen, mit der einst S. Freud die Sexualität ernst nahm.

Lit.: R. Assagioli: Handbuch der Psychosynthesis. Angewandte Transpersonale Psychologie. Freiburg 1978; St. Grof: Geburt, Tod und Transzendenz. München 1985; B. Lievegoed: Der Mensch an der Schwelle. Stuttgart 1985; R. N. Walsh, F. Vaughan (Hrsg.): Psychologie in der Wende. Grundlagen, Methoden und Ziele der Transpersonalen Psychologie. Bern–München 1985; K. Wilber: Wege zum Selbst. Östliche und westliche Ansätze zum persönlichen Wachstum. München 1984; ders.: Die drei Augen der Erkenntnis. München 1988; K. Wilber, J. Engler, D. P. Brown (Hrsg.): Psychologie der Befreiung. Die östliche und westliche Sicht des menschlichen Reifungsprozesses. Bern–München 1988; C. Tart (Hrsg.): Transpersonale Psychologie. Olten–Freiburg 1978; E. Zundel, B. Fittkau (Hrsg.): Spirituelle Wege und Transpersonale Psychotherapie. Paderborn 1989.

Trithemius von Sponheim (Trittenheim/Mosel 1462 – Würzburg 1516) Der Sohn des Moselwinzers Heidenberg war frühzeitig an Büchern aller Art interessiert, insbesondere an solchen, die sich mit den hintergründigen Aspekten der Wirklichkeit beschäftigen. Es gibt nur wenige gesicherte Daten seiner Biographie. Als fahrender Scholar bereiste er Holland und hielt sich kurze Zeit in Trier auf. Er studierte in Heidelberg, auch lernte er Johannes → Reuchlin kennen, von dem er Anregungen für die Erlernung des Hebräischen erhielt. Ein anderer Förderer war der Humanist Jakob Wimpfeling. Anfang 1482 trat er in das Benediktinerkloster Sponheim bei Kreuznach ein, dessen Abt er schon nach kurzem Aufenthalt wurde. Seine besondere Aufmerksamkeit schenkte er der Bibliothek und der Sammlung von Büchern seines Interesses, d. h. der → Magie in ihren verschiedenen Spielarten. Als Buchautor trat er ebenfalls hervor. Seine mehrfach aufgelegten »Polygraphia« und »Steganographia«

dienten dazu, Geheimschriften zu entwerfen und für Beschwörungsformeln zu benutzen. Dies erfolgte in Anlehnung an die → Kabbala, soweit diese zu magischen Operationen ge- bzw. mißbraucht wurde, um die im Hebräischen möglichen Beziehungen zwischen Buchstaben und Zahlen anzuwenden. So hoffte man, sich unter Nutzung bestimmter Namen Intelligenzen und Kräfte der oberen Welten dienstbar zu machen. Das erinnert an → Agrippa von Nettesheims »okkulte Philosophie«, wobei der Nettesheimer ein Freund und Schüler des T. war. Eine Reihe weiterer Schriften waren kirchenhistorischen und mystischen Themen gewidmet. Daß T. nicht immer zuverlässige Daten mitteilte, stößt auf berechtigte Kritik. In seiner »Großen Wundarznei« teilt → Paracelsus mit, daß er mit einem »Abt aus Spanheim« in Verbindung gewesen sei, womit T. gemeint sein wird, was wiederum mit ähnlichen inhaltlichen Angaben zusammenstimmen dürfte. In Sponheim sei der Teufel Abt, so munkelte man, um anzudeuten, daß dessen magische Praktiken den Zeitgenossen nicht ganz geheuer erschienen. 1506 wechselte T. ins Würzburger Schottenkloster St. Jakob über. Sein Grabdenkmal ist heute in der Neumünsterkirche aufgestellt.

Lit.: W.-E. Peuckert: Pansophie. Berlin 1976; N. L. Brann: The Abbot Trithemius. The Renaissance of Monastic Humanism. Leiden 1981; K. Arnold: Johannes Trithemius. Würzburg 1991; M. Kupper: Johannes Trithemius. Der schwarze Abt. Berlin 1998.

U

Unbewußtes Jener Bereich der Forschung und der Therapie, dem sich die Tiefenpsychologie zuwendet, sei es aus der Sicht der Psychoanalyse S. Freuds, der → Analytischen Psychologie C. G. → Jungs, der → Transpersonalen Psychologie oder verwandter Schulrichtungen. Es handelt sich um Dimensionen der menschlichen → Seele, die das als normal angesehene → Bewußtsein übersteigen. Es ist jene »Nachtseite der Seele«, von der wir seit Heraklit wissen. Ihre Hervorbringungen in Gestalt von Träumen, Phantasien, Visionen, Spontaneinfällen und -ereignissen (synchronistische Phänomene = Zufälle), wurden u. a. in der Zeit der Romantik stark beachtet. Die ursprüngliche Psychoanalyse nahm die wissenschaftliche Erforschung in Angriff, beschränkte sich aber im wesentlichen auf das persönliche U., d. h. auf selbstgemachte Erfahrungen, die vergessen oder ihres unangenehmen Charakters wegen verdrängt wurden. Die für die Esoterik bedeutsamen Aspekte ergeben sich aus der Erforschung des kollektiven bzw. überpersönlichen U., für die die Jung-Schule beispielhaft ist. Dabei ist es nach Jung nicht abzuschätzen, wie groß und wie umfassend die Reichweite dieses U. ist, deren konstituierende Faktoren die → Archetypen darstellen, durch die wiederum Religion, → Mythos und → Symbol Inhalt und Bedeutung bekommen. Für Jung ist daher das kollektive U. eine »gewaltige geistige Erbmasse der Menschheitsentwicklung, wiedergeboren in jeder individuellen Struktur.« Nach seinen Erfahrungen, die sowohl von gesunden wie von psychisch gestörten Klienten, aus Eigenbeobachtung und aufgrund eines nahezu unerschöpflichen Traditionsgutes gewonnen sind, könne das Bewußtsein im Kontext des U. »nur eine relative Mittel-

lage beanspruchen«. Angesichts dieser Mittellage innerhalb der seelischen Totalität sei es gleichsam auf allen Seiten von der unbewußten Psyche überragt und umgeben.
Das Bewußtsein »ist durch unbewußte Inhalte rückwärts
verbunden mit physiologischen Bedingungen einerseits
und archetypischen Voraussetzungen andererseits. Es ist
aber auch nach vorwärts antizipiert durch → Intuitionen«
(Psychologie und Alchemie, S. 193 f.). Dieser prospek-
tive, finale und somit auf ein Ziel gerichtete Aspekt macht
geistig-seelische Reifung verständlich und eröffnet die
→ Selbst-Werdung, und zwar in Analogie zu Prozessen
der → Initiation, wie sie seit alters u. a. in den → Mysterien vollzogen worden sind. Weil das so ist, empfiehlt es
sich, das U. nicht etwa mit dem älteren, bisweilen noch da
und dort gebräuchlichen Begriff des »Unterbewußten«
gleichzusetzen. Dieser suggeriert die Vorstellung einer
Dämpfung des Bewußtseins unterhalb des Niveaus der
Tageswachheit. In esoterischen Zusammenhängen sehr
viel wichtiger ist der Aspekt eines »Überbewußtseins«, das
durch die verschiedenen Methoden der → Meditation
und des → inneren Wegs angestrebt wird.

Lit.: W. Arnold u. a. (Hrsg.): Lexikon der Psychologie, Bd. 3 (1972).
Freiburg 1987; C. G. Jung: Über die Psychologie des Unbewußten
(1943/1966) und: Die Struktur des Unbewußten (1916), in: Ges.
Werke 7; ders.: Die Dynamik des Unbewußten (1967), in: Ges.
Werke 8; C. A. Meier: Die Empirie des Unbewußten (= Lehrbuch
der Komplexen Psychologie C. G. Jungs, Bd. 1). Zürich 1968;
D. Wyss: Die tiefenpsychologischen Schulen von den Anfängen bis
zur Gegenwart. Göttingen [5]1977; L. und A. Müller in: Wörterbuch
der Analytischen Psychologie. Düsseldorf 2003, S. 439 ff.

Unio mystica   (lat. »mystische Vereinigung«), entspricht
dem letzten und höchsten Ziel aller → Mystik. Das Verlangen geht dahin, die Hindernisse des Irdischen zu

Unio mystica

überwinden, die Fesseln des Vorläufigen aufzusprengen
und mit dem Unbedingten, Absoluten, letztlich mit der
Gottheit vereinigt zu werden. Es umschließt zugleich ein
großes → Mysterium. Weil auf dem Weg zur U. m. der
Bereich des Irdischen bewußtseinsmäßig zu verlassen ist,
entzieht sich das damit Gemeinte – wie alle Mystik – jeglicher Beschreibung. Zum einen ist dieses Überschreiten
als ein Versuch des Menschen anzusehen, der einen
→ inneren Weg beschreitet und die mystischen Stufen
der Reinigung und der Erleuchtung erreicht, bevor die
Aussicht auf die U. m. frei wird. Daß dieses Hochziel
vom Menschen her je doch gar nicht zu erreichen ist, bestätigen alle Erfahrenen, so sehr sie sich bemüht haben,
auf ihrem »Weg« voranzukommen. Zum anderen gibt es
die mystische Erfahrung des spontanen Durchbruchs.
Mit diesem Erlebnis verbindet sich die Vorstellung, nicht
durch eigenes Bemühen, sondern »von oben her« be-
schenkt worden zu sein, religiös gesprochen: »allein aus
Gnaden«. Unter den → Symbolen, die die Erfahrungs-
berichte wie die großen religiösen Dichtungen und
Liturgien der Menschheit enthalten, kommt der → Heiligen (bzw. mystischen) Hochzeit besondere Bedeutung zu. Dieses als Mysterium der Gegensatz-Vereinigung (mysterium coniunctionis) zu verstehende Geschehen bringt auch zum Ausdruck, daß es sich bei diesem mystischen Höhenerlebnis der U. m. nicht im
strengen Sinn des Wortes um eine »unio« (Verschmelzung und Aufhebung der eigenen Ichheit), sondern um
eine »communio« handelt. D. h. die personale Identität
bleibt gewahrt, die Fülle und Tiefe der Ich-Du-Bezie-
hung rückt erst jetzt in den Horizont der menschlichen
Erfahrung. Vor allem wird der Illusion der Aufhebung
des → Selbst gewehrt.

Lit.: G. Wehr: Die deutsche Mystik. Leben und Inspiration gottentflammter Menschen in Mittelalter und Neuzeit. Köln 2006; ders.:
Heilige Hochzeit. München 1986; vgl. → Mystik.

V

Viktoriner Sammelbezeichnung für die Angehörigen
der Augustiner-Chorherrn-Abtei St. Viktor in Paris, zugleich wichtige Vertreter der mittelalterlichen → Mystik,
etwa neben Bernhard von Clairvaux. Der Bretone Adam
von St. Viktor (gest. 1185) gilt als einer der bedeutendsten
geistlichen Sänger des Mittelalters; Hugo von St. Viktor
(gest. 1142), ein Sachse, begründete als mystischer Schriftsteller und Theologe den Ruhm der Abtei, neben ihm der
Schotte Richard von St. Viktor. Hugo und Richard sind
als scholastisch durchgebildete Philosophen insbesondere
Lehrer der → Meditation und der → Kontemplation.
Nach ihnen beginnt der → innere Weg beim Denken (co-
gitatio); er geht weiter über die Betrachtung (meditatio)
zur inneren Anschauung (contemplatio). Das Denken
kommt von der Vorstellung (imaginatio) her; die Betrachtung stammt aus der erleuchteten Vernunft (ratio), das
Schauen, das die → Unio mystica zum Ziel hat, erlangt
man durch eine Einsicht (intelligentia), die das allgemeine
Menschenmaß zur göttlich-geistigen Welt hin überschrei-
tet. Das eigentliche Ziel aber ist die von Mystikern immer
wieder gerühmte, in den Bildern eines geistlichen
→ Eros geschilderte Liebe. Sie allein vermag die dunkle
→ Wolke des Nichtwissens zu durchdringen: »Beachte
auch dies, daß von der Größe göttlicher Liebe das Maß
göttlicher Enthüllung abhängt: ›Esset, ihr Freunde, und

345

trinket, berauscht euch, Ihr Lieben!‹ (Hoheslied 5).
Siehe, die Freunde und Lieben essen, die aber Gelieb-
teste sind, trinken, ja sie werden nicht nur getränkt, sondern berauschen sich ... Wenn wir darum begehren,
überzuströmen von dieser Trunkenheit um diese schau-
ende Entrückung des Geistes häufig zu erfahren, so ringen wir darum, unseren Gott auf das innigste und höchste zu lieben und zu jeder Stunde der Freude göttlichen
Schauens in höchstem Verlangen entgegenzuharren ...«
(Richard v. St. Viktor: Benjamin Major IV, 16). – »Hier
gib acht, welch große Vorsicht beim guten Werke zu
üben ist. Zu Beginn aller deiner Werke sieh zu, daß du
das Licht in dir habest, auf daß alle deine Werke dem
Lichte und nicht der Finsternis angehören. Darauf sollst
du sorgfältig zusehen, ob dein Licht rein sei und nicht
geschwärzt. Und wenn du gefunden hast, daß es gut ist,
dann erst recht scheide es von der Finsternis, und nenne
das Licht Tag und die Finsternis Nacht ...« (Hugo v.
St. Viktor: Summe über die Mysterien).

Lit.: Die Viktoriner. Mystische Schriften. Hrsg. P. Wolff. Wien
1936; vgl. → Mystik.

Vivekananda (1863–1902) Eigentlich als Narendranath
Datta in Kalkutta geboren, verkörpert Swami V. denjenigen unter den vielen namhaften hinduistischen Guru-
Gestalten, der die »Mutter der Religionen«, wie er den
Hinduismus verstand, als Erster in den Westen getragen
hat. Anläßlich des zeichenhaften Weltkongresses der Religionen 1893 in Chicago hat er, obwohl er entgegen der
Regel nicht eigens eingeladen war, den Hinduismus für
viele in beeindruckender Weise in mehreren Vorträgen
dargestellt. Er kam als eifriger Schüler seines Meisters
Ramakrishna (1836–1886) nach Amerika, nachdem er

nach dessen Tod 1887 zusammen mit einigen anderen Mönchsschülern den Ramakrishna-Orden (auch Rama-krishna-Math) gegründet hatte. Nach dem Kongreß setzte er seine Vortragstätigkeit in den USA fort. Auch England, Frankreich und die Schweiz bereiste er, um Vedanta, die Lehre von der Nicht-Zweiheit (advaita) Gottes, zu verkünden. Gleichzeitig bemühte er sich, Menschen des Westens einen Zugang zum Hinduismus zu vermitteln. Im Vergleich zur damaligen kirchlichen Missionstheologie, der es vor und auch noch nach 1900 ausschließlich um die Gewinnung asiatischer Nicht-christen ging, betonte V. die wechselseitige Gewährung religiöser Toleranz. Das war immerhin ein erster Schritt auf dem Weg zur konstruktiven Koexistenz und zum Dialog der Religionen, lange bevor Gestalten wie Bede Griffiths oder Pater Le Saux (Abhishiktananda) auch christlicherseits die eingeschlagene Richtung in Indien weitergingen. Seine nachhaltigste Wirkung hinterließ er offensichtlich in den Vereinigten Staaten, wo man ihm seine Kritik an einem veräußerlichten Christentum am ehesten abnahm.

Lit.: S. Nikhilananda: Der Hinduismus. Frankfurt 1958; S. Lemaitre: Ramakrishna in Selbstzeugnissen und Bilddokumenten. Reinbek 1963; S. Nikhilananda: Vivekananda. Leben und Werk. München 1972; M. und U. Tworuschka: Denkerinnen und Denker der Welt-religionen im 20. Jahrhundert. Gütersloh 1994, S. 137–142.

W

Wassermann-Zeitalter (lat. »aquarius«) Nach der Lehre der esoterischen → Astrologie ist das elfte der zwölf Le-

bensfelder im Horoskopschema dem Wassermann zugeordnet. Dieser beherrscht analogerweise das elfte der aus
zwölf Weltmonaten bestehende große oder platonische
Weltjahr, das einen Zeitraum von 25 200 Sonnenjahren
umfaßt. Somit verbleiben 2100 Sonnenjahre für je einen
Weltmonat. Dies ergibt sich aus der Tatsache, daß sich –
astrologisch gesehen – der Frühlingspunkt als Schnitt-
punkt von Äquator und Ekliptik (Sonnenbahn) während
dieser Zeit um 30 Grad verschiebt (Präzession), d. h. in
ein neues Feld des Tierkreises eintritt. Dem Weltenmo-
nat, der im Zeichen der Fische (pisces) steht, folgt somit
der des W.-Z. »Weil Kosmos, Erde und Mensch in Entsprechung zueinander stehen, wirkt sich das Weltjahr, das
große wie das kleine, in den Geschichtsperioden der Erde
und des Menschen aus. Die Mentalität und Gestaltkraft
der einzelnen Perioden entsprechen dem jeweiligen Stand
des Frühlingspunktes im Tierkreis, der Symbolik und Prägekraft der jeweiligen Tierkreiszeiten. Dies ist der Grund,
warum die Lehre von der Abfolge der Weltalter sich nicht
mit zahlenmäßigen Angaben und Abgrenzungen begnü-
gen muß, sondern es vermag, über die dem Präzessions-
rhythmus entsprechenden Geschichtsepochen wesenhafte
und charakteristische Aussagen zu vermitteln« (Alfons
→ Rosenberg). Der Eintritt ins W.-Z. bedeutet eine
Wende, eben die Heraufkunft eines neuen Zeitalters
(→ New Age), in dem das menschliche Bewußtsein sich
zum Spirituellen hin verändert. Doch damit ist nur *ein*
Aspekt genannt. C. G. → Jung hat insbesondere auf den
Krisen- und problemreichen Wandlungscharakter aufmerksam gemacht, der auch das im Zeichen der Fische
angetretene Christentum vor einen neuen geistigen Hori-
zont stellt. Vergleicht man die verschiedenen spirituellen
Zeitalter-Lehren, so stellt man nicht nur Konvergenzen

fest. Es differieren vor allem die als Annäherungswerte ge-
dachten Zeitangaben. Während A. Rosenberg als Beginn
des W.-Z. das Jahr 1950 angibt, liegen die Zeitangaben
anderer, z. B. C. G. Jungs, später, etwa zwischen den Jahren 2000 und 2200. Von Bedeutung dürften letztlich die
Geschichtsereignisse und Zeitphänomene selbst sein, die
als Indizien eines Bewußtseinswandels angesehen werden
können, sei es in Gestalt eines Paradigmenwechsels im
naturwissenschaftlichen Denken, sei es im seelisch-geistigen Bereich ungezählter Zeitgenossen, die nicht länger
mit dem schmerzlich empfundenen spirituellen Defizit
der Vergangenheit leben wollen und nach einer qualitativen Erweiterung ihres → Bewußtseins verlangen.

Lit.: C. G. Jung: Aion. Untersuchungen zur Symbolgeschichte. Zürich 1951, jetzt in Ges. Werke 9/II; A. Rosenberg: Durchbruch zur
Zukunft. Der Mensch im Wassermannzeitalter. München 1958;
ders.: Zeichen am Himmel (1949). München 1984; H. J. Ruppert:
New Age. Wiesbaden 1985; G. Trevelyan: Eine Vision des Wasser-
mannzeitalters. München 1980.

Weigel, Valentin (1533–1588) bed. lutherischer Theologe, der nach mehrjährigen Studien in Leipzig und Wit-
tenberg zum Pfarrer von Zschopau im Erzgebirge bestellt wurde. Aufgrund seiner Zuneigung zur → Mystik
und seiner naturwissenschaftlichen Interessen machte er
sich mit den Schriften des → Paracelsus vertraut. Ähnlich
wie dieser übte er Kritik an der »Mauerkirche« und an
dem oft unspirituellen Gebaren seiner eigenen Zunft.
Ihn leitete die Überzeugung: »Wir dürfen Christus oder
den Himmel nicht außer uns, sondern in uns suchen.
Darum, wenn wir beten: ›Dein Reich komme‹ wird
nicht gemeinet, daß es soll in uns kommen, denn es ist
zuvor in uns. Sondern das will das Gebet, daß wir lernen

in uns zu finden, zu fühlen und zu schmecken das Reich Gottes und nicht des Schatzes unachtsam sind mit der undankbaren Welt.« So ist der Gegensatz der lutherischen Orthodoxie erklärlich und daß seine zahlreichen Schriften erst postum im Druck erscheinen konnten, unter ihnen eine Reihe von Texten, die nicht von ihm stammen, aber in seinem Geist gehalten sind. W.s Wirkung in Bereichen der protestantischen Mystik und → Theosophie war nachhaltig. Einerseits schöpfte er selbst aus Texten wie der → Theologia Deutsch, andererseits erreichten seine Gedanken → Böhme, → Angelus Silesius, → Arnold u. a. Die W.-Forschung hat sich mit dem Problem der Originalität der z. T. immer noch unter seinem Namen verbreiteten Schriften auseinanderzusetzen. Aufgrund neuerer Studien, speziell durch Horst Pfefferl und seine Dissertation über die Überlieferung der Schriften W.s, waren vorausgegangene Texteditionen einer Korrektur zu unterziehen. Einige bislang ihm zugeschriebene Schriften mußten als unecht erwiesen werden.

»In Weigels und Böhmes Schriften entwickelte sich diese mystisch-theosophische Richtung der Zeit zu ihrer schönsten Blüte, aber auch schon bei diesen hatte sie einen starken Zusatz von paracelsischer Alchymie ...« (Ferdinand Christian Baur: Geschichte der christlichen Kirche, Tübingen 1853, IV, S. 350).

Werke: Ausgewählte Werke. Hrsg. S. Wollgast. Berlin 1977; Sämtliche Schriften. Neue Edition, ca. 15 Bde. Hrsg. H. Pfefferl u. a. Stuttgart–Bad Cannstatt 1996 ff. – *Lit.:* Der Protestantismus des 17. Jahrhunderts. Hrsg. W. Zeller. Bremen 1962; W. Zeller: Naturmystik und spiritualistische Theologie bei V. Weigel, in: A. Faivre, R. Chr. Zimmermann (Hrsg.): Epochen der Naturmystik. Berlin 1979, S. 105–124; S. Wollgast: Philosophie in Deutschland zwischen Reformation und Aufklärung 1550–1650. Berlin 1988, S. 499–676;

W. Nigg: Heimliche Weisheit. Zürich 1987, S. 400 ff.; H. Pfefferl: Die Überlieferung der Schriften V. Weigels (Phil. Diss.) Marburg 1991; G. Wehr: Die deutsche Mystik. Leben und Inspiration gottentflammter Menschen in Mittelalter und Neuzeit. Köln 2006.

Wiedergeburt Als Geburt des »neuen bzw. des inneren Menschen«, des »zweiten Adam« u. ä. ist mit W. im Sinne von → Reinkarnation nicht zu verwechseln. Die → Esoterik der verschiedenen Religionen und Wege der → Einweihung kennen W. als die besondere Chance, zu einer spirituellen Erneuerung zu kommen, sei es im Rahmen der antiken → Mysterien, durch das »Bad der W.«, d. h. der Taufe im Christentum, sodann in der Tiefenpsychologie C. G. → Jungs (→ Individuation). Wenn sich der Tiefenpsychologe hierbei auch auf die Handhabung seiner spezifischen Betrachtungsweise beschränkt, so fällt doch auch ein Licht auf den besonderen esoterischen Aspekt, denn Jung zählt W. zu den »Uraussagen der Menschheit überhaupt ... Alle das Übersinnliche betreffende Aussagen sind im tiefsten Grund stets vom → Archetypus bestimmt, so daß es kein Wunder ist, wenn übereinstimmende Aussagen über die W. bei den verschiedensten Völkern angetroffen werden. Diesen Aussagen muß ein psychisches Geschehen zugrunde liegen« (C. G. Jung), das die hohe Bedeutsamkeit für die Wandlungs- und Erneuerungsfähigkeit des Menschen vom Transzendenten her unterstreicht. Der »Sieg des Christentums« setzte den Mysterien der Alten und den Initiationslehren nur scheinbar ein Ende, insofern die verschiedenen Sakramente, oft in einer exoterisch-veräußerlichten Form deren Stelle einnahmen. Doch traten immer wieder Erneuerungsbewegungen auf den Plan, die wie der → Pietismus, die → Rosenkreuzer u. ä. in protestantischen Kirchen das Bedürfnis nach W.

artikulierten und bis zu einem gewissen Grade befriedigten. Zugrunde liegt offenbar das Streben, Prüfungen der Initiation zu durchlaufen, in den mystischen Tod einzugehen und in der W. zu einem neuen Leben herausgerufen zu werden.

Lit.: C. G. Jung: Über Wiedergeburt, in: Gestaltungen des Unbewußten. Zürich 1950; M. Eliade: Das Mysterium der Wiedergeburt. Zürich 1961.

Wilhelm, Richard (1873–1930) Der einflußreiche Sinologe und Übersetzer wichtiger Dokumente der chinesischen Tradition war ursprünglich evangelischer Theologe, der als Vikar in dem württembergischen Dorf Boll, heute Bad Boll, bei dem Pfarrer Christoph Blumhardt (1842–1919) begann. Vom Allgemeinen Evang.-Protestantischen Missionsverein entsandt, ging er 1899 als Missionar nach China, wo er in der damaligen deutschen Kolonie Tsingtau erstmals mit der uralten Kultur bekannt wurde. Er vertauschte diese Geisteswelt mit seinem missionarischen Auftrag. Seine Studien an Ort und Stelle befähigten ihn, nach der Rückkehr die Direktion des China-Instituts in Frankfurt zu übernehmen. Zu seinen wichtigsten Übersetzungen taoistischer Literatur gehört das → I Ging, das in erster Auflage 1924 bei Eugen Diederichs in Jena erschien und später auch internationale Editionen erlebte. In der »Schule der Weisheit« von Graf → Keyserling in Darmstadt traf er mit C. G. → Jung zusammen. Binnen weniger Jahre entwickelte sich zwischen beiden eine enge Arbeitsgemeinschaft, angeregt durch das ebenfalls von W. übertragene esoterische Werk »Das Geheimnis der Goldenen Blüte«, das er gemeinsam mit Jung 1929 herausgab. Mit dieser Schrift und den darin publizierten archetypischen Mandala-Bildern trat Jung erstmals

mit seinen eigenen, schon seit langem betriebenen Untersuchungen zur Mandala-Symbolik hervor. Von W. erfuhr
er einen bedeutsamen Schaffensimpuls, weil er durch die
Begegnung mit ihm vieles erklärt und bestätigt fand, was
er als Tiefenpsychologe erstrebte. »Sie sind mir für unsere
Westwelt wichtig«, schrieb Jung am 26.4.1929 an den elf
Monate später verstorbenen W. Er gilt allgemein als ein
wichtiger geistiger Vermittler zwischen dem alten China
und Europa.

Lit.: C. G. Jung: Nachruf auf R. Wilhelm, in C. G. Jung: Erinnerungen, Träume, Gedanken. Appendix. Olten–Freiburg 1962; Briefe I.
1906–1945. Olten–Freiburg 1972; W. Jackh: Blumhardt. Vater und
Sohn und ihre Welt. Stuttgart 1977, S. 140 ff.; Erfahrungen mit dem
I Ging. Hrsg. U. Diederichs. Köln 1984.

Willermoz, Jean-Baptiste (Lyon 1730 – Lyon 1824)
Begründer von freimaurerischen Orden, nach Frick einer der »interessantesten Gestalten im 18. Jahrhundert
der mystischen Maurerei« war jüdischer Abstammung
und trat als Kaufmann aus dem Bereich der Seidenindu-
strie bereits etwa 20jährig in eine Lyoner Loge ein. Er
tendierte dahin, sich von dem zeitüblichen, aufkläreri-
schen Denken, wie es in der englischen → Freimaurerei
dominierte, abzuwenden. Ihn interessierte um so mehr
der mystisch-esoterische Ansatz. Darin stand er → Pasqually und seiner Ordensverbindung nahe. Schon 1763
bekleidete er das Amt eines Großmeisters einiger Logen
in Lyon, von dem aus er weiterreichende Einflüsse aus-
üben konnte, z. B. im Zusammenhang mit den Maurern
von Metz. In eigens errichteten Hochgrad-Kapiteln ging
man im Zeichen der → Sophia (la Sagesse) okkulten bzw.
alchymistischen Praktiken nach, diesbezüglich von seinem Bruder Pierre-Jacques, einem Arzt, assistiert. Eine

weitere Entwicklung bahnte sich durch die Zusammenarbeit mit Pasqually an, der wiederum mit → Saint-
Martin in Verbindung stand. Erstmals erhielt W. 1777
die Erlaubnis, auch Frauen in die Logenarbeit einzubeziehen.

Auf dem Freimaurer-Konvent von Wilhelmsbad bei
Hanau 1782, auf dem es um die Reformierung der Logen
und ihrer Ordnungen ging, war er richtungweisend, als
man ältere Ordensbezeichnungen, etwa die der »Tempel-
herrn«, aufgab und den Namen »Chevaliers bienfaisants de
la Sainte-Cité« (Wohltätige Ritter der Heiligen Stadt)
wählte. Antoine Faivre bescheinigte W. einen hohen
Grad an spiritueller Erleuchtung, wodurch ihm in der
Freimaurerei eine entsprechend hervorgehobene und
dominante Position zuzuerkennen sei. Doch die Französische Revolution von 1789 mußte sich für seine Bestrebungen überaus nachteilig erweisen.

Geistesgeschichtlich bedeutsam sollte der freimaurerische Zirkel mit Friedrich Rudolf Salzmann, einem
Advokaten in Straßburg, werden. Denn hier vertiefte
man sich in die christliche → Theosophie und in die
Schriften → Böhmes. Hier wurde auch Saint-Martin,
der Salzmann wiederholt aufsuchte, mit den Schriften
des Görlitzer Meisters bekannt, was wiederum Rück-
wirkungen auf das französische wie das deutsche Geistesleben hatte.

Lit.: K. R. H. Frick: Die Erleuchteten. Bd. I. Gnostisch-theosophi-
sche und freimaurerisch-okkulte Geheimgesellschaften. Graz 1973,
S. 540 ff.; J.-F. Var in: Dictionary of Gnosis and Western Esotericism.
Leiden 2006, S. 1170 ff.

Wolke des Nichtwissens   (engl. »The cloud of unknowing«), anonyme Schrift christlicher → Mystik und See-

lenführung (→ geistliche Führung) in englischer Sprache aus der zweiten Hälfte des 14. Jahrhunderts. Die seit
ihrer Wiederauffindung (im 17. Jahrhundert) hochge-
schätzte Schrift gehört hinein in die Tradition, die sich
von der frühchristlichen Mystik des → Dionysius Areopagita über die → Viktoriner zu den großen Repräsentanten mystischer Erfahrung in England (Richard
Rolle, Walter Hilton, Juliane von Norwich) erstreckt.
Sie ist eine praxisbezogene Anleitung für das kontemplative Beten (→ Kontemplation), ausdrücklich Menschen gewidmet, die hierzu eine deutliche Berufung
verspüren. Die Metapher der Wolke, die bereits in der
Gotteserfahrung Israels eine Rolle spielt (Gottesbegegnung des Mose in der Wolke auf dem Berg), drückt das
Element des Verbergenden aus, das zwischen Gott und
dem kontemplierenden Menschen steht, denn dem
menschlichen Erkenntnisstreben, so sublim und so intensiv es sich gebärden mag, bleibt die volle Gottesbegegnung versagt. Sie ist aber der innigen und totalen
Gottesliebe zugänglich. Wie ein Speer durchdringt sie
die W. d. N. In dieser Grundhaltung kann der Mensch
nur dann verharren, wenn er auf alles spekulative Denken verzichtet und selbst auf den Willen verzichtet,
Gott »haben« oder genießen zu wollen. Gleichzeitig
dringt der unbekannte Autor auf die Wichtigkeit der
Erfahrung, auch wenn das Erfahrbare unbeschreiblich
bleibt. Mit Recht wird die W. d. N. den großen Zeugnissen der christlichen Mystik an die Seite gestellt. Ver-
gleiche legen sich u. a. mit Johannes vom Kreuz nahe.
Sodann gehört das Buch zu jener Literatur, die für den
geistigen Brückenschlag zwischen West und Ost Hilfen
bietet. So bemerkenswert die Vergleichspunkte etwa zu
→ Zen sein mögen: Die Offenheit für die → Ökumene

des Geistes kann die Verankerung der W. d. N. im christlichen Gottesglauben nicht außer acht lassen.

Lit.: Die Wolke des Nichtwissens. Hrsg. W. Riehle. Einsiedeln 1980; D. Knowles: Englische Mystik. Düsseldorf 1967; W. Riehle in: Große Mystiker. Hrsg. G. Ruhbach, J. Sudbrack. München 1984. W. Jäger (Hrsg.): Gebet des Schweigens. Eine Schule des Schweigens nach der »Wolke des Nichtwissens«. Salzburg 1984; W. Johnston, W. Massa (Hrsg.): Der Weg des Schweigens – Christliches Zen. Kevelaer 1974.

Y

Yarker, John (1833–1913) Der englische → Freimaurer, nach Frick »der wohl bedeutendste Gründer von irregulären Hochgradriten«, der bereits 21jährig in Manchester in eine Loge eintrat, gilt im englisch-amerikanischen wie im deutschen Bereich der in der Regel sog. mystischen Freimaurer als ein überaus aktiver Agent derartiger Bestrebungen. Zu seinen Initiativen gehörte u. a. die Wiederbelebung der bereits seit dem 19. Jahrhundert bestehenden »ägyptischen Maurerei« in Gestalt des → Memphis-Misraim-Ordens. Er agierte ferner bei den Anfängen der → anglo-indischen Theosophie unter Madame → Blavatsky (1875 ff.), die ihrerseits Y. zum Ehrenmitglied der Theosophical Society erhob. Die in diesen Kreisen praktizierte → Arkandisziplin bedingt, daß die Offenlegung der geschichtlichen Zusammenhänge derartiger Verbindungen einschließlich der nur schwer einsehbaren, auch internationalen Verzweigungen zu wünschen übrig läßt – nicht zuletzt weil gelegentlich auch Charaktere mit fragwürdigen Absichten involviert waren, mit denen man nicht in Zusammenhang gebracht werden wollte. Nachdem Y. 1902 einen Freibrief für die Einführung der ägyptischen Maurerei in Deutschland gegeben hatte, war die Voraussetzung gegeben, daß auch Rudolf → Steiner dem Memphis-Misraim-Orden näher trat und zeitweilig einen hohen Grad bekleidete. Zuvor (1902) hatte bereits Annie → Besant Aufnahme gefunden, wodurch die Übernahme und Verbreitung der betreffenden Riten im englischsprachigen Bereich geebnet war.

Lit.: K. R. H. Frick: Licht und Finsternis. Gnostisch-theosophische und freimaurerisch-okkulte Geheimgesellschaften bis an die Wende zum 20. Jahrhundert. Graz 1978; H. Möller, E. Howe: Merlin Peregrinus. Vom Untergrund des Abendlandes. Würzburg 1986; R. Steiner: Zur Geschichte und den Inhalten der erkenntnis-kultischen Abteilung der Esoterischen Schule 1904–1914. Hrsg. H. Wiesberger. Dornach 1987 (GA 265); H. Wiesberger: R. Steiners esoterische Tätigkeit. Dornach 1997, S. 168 ff., S. 279 ff.

Yin-Yang Symbolisiert die beiden einander polar gegenüberstehenden, miteinander schöpferisch zusammenwirkenden, aber auch einander abwechselnden Kräfte im Kosmos. Im Zusammenwirken bringen sie Tao, die Grundwirklichkeit des → Taoismus, zur Darstellung. Ursprünglich bezeichnete Yin die beschattete, Yang die besonnte Seite eines Berges. Demnach steht Yin für das Dunkle, Weibliche, Empfangende, Weiche, das Mondhafte und das Schwarze, das Wasser. Yang vertritt das Aktive, Männliche, Schöpferische, Helle, Harte, sodann das Sonnenhafte, das Feuer, das Rote. Hinzu kommen noch eine Reihe anderer Entsprechungen. Im Buch der Wandlungen (→ I Ging) wird das Zusammenspiel von Yin-Yang sowie die Wandlungsmöglichkeit innerhalb der Befragungsoperationen offenkundig.

Lit.: Lexikon der östlichen Weisheitslehren. Bern–München 1986; vgl. → I Ging.

Yoga (sanskrit »Joch«, im Sinne von »Anjochung«, Vereinigung mit Gott), allgemeine Bezeichnung für einen Weg, der zur Gotteserkenntnis führt. Auf dieser Basis sind zahlreiche nähere Bestimmungen bzw. Differenzierungen üblich, in Disziplin und in Technik. Sie reichen von bestimmten Körperhaltungen und Atemübungen im Hatha-Y. bis hin zum Raja-Y. mit seinen spirituellen Zielsetzungen, vom Karma-Y., der dem Tätigsein große Aufmerksamkeit schenkt, bis hin zum Bhakti-Y., einem Weg liebender Hingabe an die Gottheit, die jedoch nicht mit christlicher Gottes- und Nächstenliebe gleichzusetzen ist. Im Laya-Y., dem »Y. der Auflösung«, gehen die Anschauungen und Praktiken in den Tantrismus (→ Tantra) über. Hier, wie schon im Kundalini-Y., kommt es darauf an, die spirituelle Kraft (Kundalini; Prana) im untersten der menschlichen Energiezentren (→ Chakra) zu erwekken und den Zustand der → Erleuchtung (Samadhi) vorzubereiten, wenn nicht herbeizuführen. Die Philosophie des klassischen Y. faßte Patanjali (ca. 2. Jh. v. Chr., oder später) in ein theoretisch-praktisches System der Kontrolle und Beherrschung körperlich-geistiger Fähigkeiten. Sie lassen sich in acht Stufen entfalten, angefangen beim Prinzip der Selbstbeherrschung (Yama). Es folgen Prinzipien der inneren wie äußeren Reinigung (Niyama), geregelte Körperhaltung (Asana), Atemkontrolle (Pranayama), Abwendung von äußeren Sinneseindrücken (Pratyahara), Konzentration (Dharana), → Meditation (Dhyana); schließlich bildet Samadhi den Höhepunkt des meditativen Prozesses, auf der Stufe der → Kontemplation, ja selbst in der totalen Preisgabe des Objekt- bzw.

des Ich-Bewußtseins. Es handelt sich um einen überbewußten Zustand.

Die Tatsache, daß Y. – genauer: was man so nennt –
seit langem in der westlichen Welt weite Verbreitung
gefunden hat, kann nicht darüber hinwegtäuschen, daß
es sich hierbei um einen betont östlichen Weg rigoroser
Selbstdisziplinierung handelt. »Alle yogistischen Techniken fordern zu ein und demselben auf, nämlich genau
das Gegenteil von dem zu tun, wozu die menschliche
Natur uns zwingt« (M. → Eliade). Die wenigsten »westlichen Yogis« werden daher bereit und in der Lage sein,
diesen Weg der Isolierung und Entsagung mit letzter
Konsequenz zu gehen. Warum nennt man dann »Yoga«,
was sachgemäßer auch Hausfrauengymnastik heißen
könnte?

Lit.: M. Eliade: Yoga. Zürich 1960; J. W. Hauer: Der Yoga. Stuttgart
1958; H. U. Rieker: Die zwölf Tempel des Geistes. Weisheit und
Technik der Yogasysteme. Zürich 1955; Lexikon der östlichen
Weisheitslehren. Bern 1986; F. König, H. Waldenfels (Hrsg.): Lexikon der Religionen. Freiburg 1987. H. Dumoulin: Östliche Meditation und christliche Mystik. Freiburg 1966.

Z

Zaddik (Plural: Zaddikim) Gerecht(e), im → Sefiroth-
Baum durch → Jesod ausgedrückt, im → Chassidismus die
Bezeichnung spiritueller Meister und Gemeindeleiter, die
sich nicht durch rabbinische Gelehrsamkeit hervortun
müssen, sondern – wie z. B. Martin → Buber in seinen
Chassidischen Erzählungen gezeigt hat – durch ihr exem-
plarisches Leben beispielgebend, beratend und tröstend

Zahl

unter den Menschen wirken. So heißt es etwa einmal:
Nicht um Tora zu lernen, geht man zum Z., sondern um
zu sehen, wie er seine Schuhe schnürt.

Zahl (ahdt. »zala«, Einkerbung in einem »Zahlstock«)
Wie Buchstabe und Alphabet, so gehört die Z. zum
Grundbestand der menschheitlichen Überlieferung. Während nun in den Bereichen des heutigen Zweckdenkens
u. a. in der Wirtschaft und Wissenschaft mit der *quantitati-*
ven Seite der Zahl »gerechnet«, in den Computern »hoch-
gerechnet« wird, während man Raum und Zeit der gegenständlichen Welt »mißt«, signalisiert die Z. im geistigen Leben *Qualität.* Daher ist z. B. in mythisch-religiösen
Schilderungen zu klären, ob die vorkommenden Zahlenangaben nur eine Menge nennen, oder ob sie als Siegel-
abdruck des Geistigen angesehen werden müssen. Das
hieße, die Z. nach ihrem → Symbol-Gehalt befragen.
Und der ist im Sinne echter Symbolik von Fall zu Fall
mehrdeutig, weil mehrdimensional. So umfaßt die Eins
allumfassende Totalität; alles ist aus der Einheit hervorgegangen. Dagegen beherrschen die Sieben bzw. die Zwölf
die Zeit und den Raum, die Umlaufzeiten des Mondes,
sodann die der Wandelsterne und Tierkreisbilder ... Nach
tiefenpsychologischer Deutung ist die Z. der »gemeinsame
Anordner von Psyche und Materie« (M. L. von Franz).
Von daher kommt ein geistiger Brückenschlag in Sicht,
durch den zwei voneinander so sehr getrennt erscheinende Erkenntnisgebiete wie Seelenforschung und Physik
miteinander zu verbinden sind. Hinter dem Dualismus
von Psyche und Materie läßt sich eine »Einheitswirklich-
keit« im Sinne C. G. → Jungs, der »Unus mundus« der
→ Alchymie, als die eine, zugleich einende Welt erahnen.
Es eröffnet sich die erstaunliche Perspektive, gemäß der

sich westliches Denken (Jungs Verständnis von »Synchronizität«, Gleichzeitigkeit) mit den uralten Wahrsagepraktiken, etwa mit dem → I Ging, in Zusammenhang bringen lassen. Zahlenmystik und Zahlensymbolik bekommen von neuem Bedeutung. Andererseits gilt seit alters: »Das in Raum und Zeit erscheinende → Heilige wird festgehalten in der Z.« (F. Heiler).

Lit.: E. Bindel: Die geistigen Grundlagen der Zahlen. Stuttgart 1958; F. C. Endres: A. Schimmel: Das Mysterium der Zahl. Köln 1984; M. E. von Franz: Zahl und Zeit. Stuttgart 1970; F. Heiler: Erscheinungsformen und Wesen der Religion. Stuttgart 1961, S. 161 ff.

Zauberflöte Wolfgang Amadeus Mozart (1756–1791), der 28jährig 1784 in die Wiener Loge »Zur Wohltätigkeit« aufgenommen wurde, hat sich nachweislich für die humanitären Ideale der → Freimaurerei, für allgemeine, die Standesgrenzen überschreitende Menschen- und Bruderliebe, Toleranz und für friedlichen Ausgleich zwischen den Gegensätzen in Mensch und Welt eingesetzt. Deutlich wird dies neben anderen für die Bruderschaft geschaffenen Kompositionen mit seiner letzten Oper »Die Z.«, zu der sein Logenbruder, der Schauspieler Emanuel (eigentlich Johann Joseph) Schickaneder (1751–1812) das Textbuch geschrieben hat. Dem Werk war erst im Todesjahr des Komponisten die Erstaufführung beschieden. Die Quellen, die für die Freimaurerei jener Tage zugänglich und geläufig waren, sind als vielfältig zu bezeichnen. Wichtiger Anknüpfungspunkt war die auf die Tempel- und Mysterienwelt → Ägyptens zurückweisende Symbolik mit dem Götterpaar Isis und Osiris. Der ebenfalls als Freimaurer und Meister vom Stuhl hervorgetretene Mineraloge Ignaz von Born, hatte neben einigen anderen zeitgenössischen Texten in einem

Zauberflöte

Aufsatz über die Mysterien der Ägypter entsprechende Anregungen gegeben.

Die polare Symbolik von Nacht und Tag, von Gut und Böse tritt in verschiedenen Brechungen in Erscheinung; in den Gestalten des Prinzen Tamino und seiner ersehnten Geliebten Pamina ist es die Ergänzungsbedürftigkeit des Männlichen und des Weiblichen. Dem Ernst, verkörpert durch den machtvollen Sarastro, auch durch den feierlichen Marsch der Priester, steht die von Possen begleitete Heiterkeit zwischen Papageno und seiner Papagena gegenüber. Es fällt auf, daß die Dreizahl mehrfach wiederkehrt, etwa in der freimaurerischen Dreiheit von Lehrling, Geselle und Meister, von den für die Logenarbeit erforderlichen Symbolen Bibel (bzw. Buch), Winkelmaß und Zirkel, die wiederum Entsprechungen zu den Idealen Weisheit, Stärke und Schönheit darstellen. Und was die Zauberflöte als Instrument anlangt, so kann man mit Alfons → Rosenberg in ihr die männlich-phallische Gestaltung sehen und an die ihr zu entlockenden weiblich anmutenden Töne denken. Erst beider Zusammenwirken ergibt den Zauber der Musik, von der ihrerseits wieder eine versöhnende und belebende Stimmung erzeugt wird. Weitere Motive kommen hinzu, etwa alchymistische und rosenkreuzerische: »Die Z. ist darum gleichsam das Bild eines an den Himmel wie auf die Erde projizierten alchymistischen Prozesses, in dessen Verlauf aus dem ›tumpen‹ Blei über sieben Wandlungsstufen das ›Gold‹ des lauteren, göttlichen Menschentums hervorgeht … So besitzen wir in der Z. gleichsam monumentale Variationen über ein Thema: über die Traditionen der → Alchymie, der → Rosenkreuzer und Freimaurer« (A. Rosenberg).

Lit.: Kindlers Literaturlexikon, Bd. VII. Zürich 1964, Sp. 1393 ff.; A. Rosenberg: Die Zauberflöte. Geschichte und Deutung von Mozarts Oper. München 1972; M. Lurker: Wörterbuch der Symbolik. Stuttgart 1985, S. 457 f.; J. Assmann: Die Zauberflöte. Oper und Mysterium. Darmstadt 2005.

Zen, Zen-Buddhismus (jap. »zenna«, chin. »ch'an«, sanskrit »dhyana«, Meditation, Versenkung), ein aus fernöstlicher Spiritualität herausentwickelter Erkenntnisweg (→ innerer Weg). Religionsgeschichtlich gesehen stellt Z. eine Schulrichtung des Mahayana-Buddhismus dar, die sich im China des 6. und 7. Jahrhunderts entwickelt und in Japan weiter entfaltet hat. Dieser eher exoterischen, an religiöse und weltanschauliche Voraussetzungen geknüpfte Auffassung des Z. steht eine esoterische gegenüber. Danach ist Z. »keine Religion, sondern die nicht definierbare, nicht vermittelbare, von jedem einzelnen nur für sich selbst erfahrbare Wurzel (→ Erfahrung), frei von jeglichen Namen, Bezeichnungen und Begriffen, aus der als Ausdrucksform dieser Erfahrung alle Religionen erst entspringen. In diesem Sinne ist Z. an keine religiöse Tradition, auch nicht an die buddhistische, gebunden« (Lexikon der östlichen Weisheitslehren, 472). Unter diesem Aspekt ist Z. nahezu unbegrenzt assimilierbar, ohne daß die Gefahr eines oberflächlichen → Synkretismus befürchtet werden müßte. Von daher ergibt sich die Z.-Rezeption im Westen und durch Christen (z. B. E. Herrigel, K. Graf → Dürckheim, H. M. → Enomiya-Lassalle). Die Z.-Meditation, »Za-Zen«, ist, so gesehen, nicht nur gegenstandslos, sondern auch voraussetzungslos, weil dieses Z.-Sitzen nicht etwa als die Methode für die Aneignung einer östlichen Religiosität oder Weltanschauung anzusehen ist. Sofern ein Ziel angegeben werden kann, handelt es sich um eine Wesensschau, ein neues bewußtes Sehen der einen Wirklichkeit, ein Wachwerden durch → Satori (→ Erleuchtung). »Z. führt uns in die Wahrheit des Lebens. Es tut dies zwar in Gestalt einer Blüte am östlichen Zweige des menschlichen Lebensbaumes, meint aber eine im Grunde allen Menschen zugängliche Erfahrung, Weisheit und Übung«, betont Karlfried Graf Dürckheim.

Lit.: K. Graf Dürckheim: Zen und wir (1961). Frankfurt 1974; E. Herrigel: Zen in der Kunst des Bogenschießens (1948). München 1954; P. Kapleau: Die drei Pfeiler des Zen. Zürich–Stuttgart 1969; D. T. Suzuki: Leben aus Zen. Eine Einführung in den Zen-Buddhismus (1955). München 1987; A. W. Watts: Zen-Buddhismus. Tradition und westliche Gegenwart. Hamburg 1961; H. M. Enomiya-Lassalle: Zen und christliche Mystik. Freiburg 1986; G. Wehr: Karlfried Graf Dürckheim. Ein Leben im Zeichen der Wandlung. München 1988.

Ziegler, Leopold (Karlsruhe 1881 – Überlingen/Bodensee 1958). Er gehört zu den Denkern, denen – bei ihm war es verursacht durch ein frühzeitig einsetzendes Hüftleiden – die universitäre Laufbahn verschlossen blieb. Das kam in gewisser Weise seiner an der → Esoterik orientierten, d. h. einer nach innen gewandten Geisteshaltung entgegen, der er als Autor eines gestaltreichen literarischen Werks entsprach. Mit Religionsgeschichte, Tiefenpsychologie und Völkerkunde vertraut, richtete er seinen Blick auf das Wesen des Traditionalen im Sinne des → traditionalen Denkens. Er nannte es gelegentlich das »vormals weltgültige Denken in mythischen Bildern, → Symbolen und Hieroglyphen«. Er diagnostizierte einen stetigen Abfall von dem Ganzheitlichen, Gottverbundenen, etwa in einer fernen Geistesverwandtschaft mit → Guénon oder → Evola, jedoch unverwandt nach überkonfessionellem Verständnis an Christus und der abendländischen → Theosophie orientiert. Er greift auf die außerchristliche Überlieferung zurück, ordnet sie ein und erblickt in ihr eine Folge von Variationen einer einzigen Uroffenbarung. Bei diesem Durchgang durch die Überlieferungen und in der Zusammenschau der Traditionen gelangt er zu dem Schluß:

»Überall von einer rein verstandes- und zweckmäßig verfahrenden Wissenschaftlichkeit gesteuert, büßt die Gegenwart unaufhaltsam jede Fähigkeit ein, die ewige Symbolik der alten Kulte und Riten sinngerecht jeweils neu zu deuten, in der Wandlung zu bewahren und derart die eigene Vergangenheit in sich aufzuheben und zu sich hinüberzuretten« (1948).

Wenn Z.s Werk einmal als die Krönung der traditionalen Methode angesehen wurde, dann sind als Belege hierfür vor allem drei Veröffentlichungen zu nennen: »Überlieferung« (1936), eine Schrift, die zeigt, wie diese Zusammenschau gedacht ist, in der sowohl die fernöstliche, die jüdisch-kabbalistische und die christlich-theosophische mit Jakob → Böhme als einem seiner Gewährleute ihren Platz haben. In der zweibändigen »Menschwerdung« (1948) holt Z. im Fortgang des Begonnenen weiter aus und gibt in einer nichttheologischen Paraphrase dem Vaterunser der Christenheit mit seinen sieben Bitten Raum. Im Blick bleibt dabei stets der »Allgemeine Mensch«, dessen Sein und Bestimmung er in dem dialogisch strukturierten Spätwerk »Das Lehrgespräch vom allgemeinen Menschen« (1956) zu bestimmen sucht. Dazu ergänzend Erwin Stein, der sich des geistigen Nachlasses des zu Unrecht schon lange Vergessenen, u. a. der Herausgabe seiner Briefe, angenommen hat:

»Zu diesen Urbildern oder Symbolen, die im Mittelpunkt des Denkens Leopold Z.s stehen, gehören außer dem Allgemeinen, dem Ewigen Menschen, der Kreis, der Kreislauf, die Zyklen, das Reich, die Mutter-Gottheit oder die verchristlichte Große Mutter, das Brot, die Hand, das Licht, die Schlange, der Gral und das Kreuz als Achsenkreuz und als Kreuz von Golgatha.«

Lit.: M. Schneider-Fassaender: L. Ziegler: Leben und Werk. Pfullingen 1978; E. Benz u. a.: L. Ziegler. Denker des erinnernden Urwissens. Freiburg 1981; G. Wehr: Spirituelle Meister des Westens. München 1995, S. 181–196; L. Ziegler: Weltzerfall und Menschwerdung. Hrsg. P. Wall. Würzburg 2001.

Zierde der geistlichen Hochzeit, die (niederl. »Chierheit der gheesteleker brulocht«), Hauptwerk des flämisch-niederländischen Mystikers Jan van Ruusbroec (Ruysbroeck, 1293–1381). Es basiert auf der urbildlichen Vorstellung der → Heiligen Hochzeit, die in erotischen Bildern, aber in eindeutiger spirituell-religiöser Sinngebung auf die Vereinigung mit Gott, hier: mit dem »Bräutigam Christus« geschaut wird (→ Unio mystica). Darauf deuten schon die Eingangsworte hin: »Siehe, der Bräutigam kommt; geht aus, ihm entgegen!« Wie der Autor bereits in seinem Vorwort mitteilt, beabsichtigt er, den Appell des Evangelisten Matthäus in einer dreifachen Weise zu entfalten, nämlich im Blick auf das äußere tätige Leben eines jeden Menschen; sodann im Blick auf das innere Leben und schließlich im Aufblick zur Gnade Gottes, von der letztlich das Entscheidende zu erwarten ist, auch wenn es dem suchenden, wartenden Menschen obliegt, den → inneren Weg entschlossen zu beschreiten. Damit ist eine Bewegungsrichtung angedeutet, die in den einzelnen Betrachtungen der Z. zum Tragen kommen. Diese

Bewegung verläuft zunächst von außen nach innen und von unten nach oben, vom natürlichen Bereich der Wirklichkeit in den übernatürlichen, das heißt zu Gott. Noch wichtiger ist dem Mystiker aber: »Christus kommt von oben (entgegen) ... Und das Kommen Christi geht *in uns* von innen her auswärts. Unser Auf-ihn-Zukommen indes geht von außen her einwärts. Deswegen muß denn hier eine geistliche Begegnung stattfinden.« Ähnlich der späteren → Christosophia Jakob → Böhmes will die Z. als ein spiritueller Übungs- und Schulungsweg verstanden werden, auf dem der Mensch sein wahres → Selbst, d. i. Christus, findet bzw. von ihm gerufen wird. – Mit diesem und mit seinen anderen Schriften hat Ruusbroec auf die → Devotio moderna ebenso gewirkt wie auf die Kreise der → Gottesfreunde. Diese Wirkung hält an, die Neueditionen seiner Werke zeigen.

Lit.: J. van Ruusbroec: Die Zierde der geistlichen Hochzeit. Einsiedeln 1987; G. Wehr: Die deutsche Mystik. Leben und Inspiration gottentflammter Menschen in Mittelalter und Neuzeit. Köln 2006; vgl. → Mystik.

Zimzum Selbstkontraktion Gottes (En-Sof) aus seiner eigenen Mitte. Nach der Lehre des Isaak → Luria, die dessen Schüler Chaim Vital schriftlich niedergelegt hat, ist damit der Gedanke verbunden, daß Gott sich in der Weise selbst beschränkte, indem er sich zurückzog, um gleichsam Raum zu schaffen, damit Schöpfung von Mensch und Welt überhaupt erst möglich wurden. Vorher habe es »keinen freien Raum im Sinne eines leeren, hohlen Raums« gegeben, sondern »alles war von jenem einfachen Licht des En-Sof erfüllt«. Dieser Rückzug habe erst einen Dunkelaspekt, »Din« (das Gericht), zugelassen, der jedoch immer im Kontakt mit der übergeordneten Lichtwelt zu

Zimzum

sehen sei. Vereinfacht ausgedrückt, gehört dieser Aspekt zum Gottesbild hinzu, um einerseits Gottes Universalität zu betonen, andererseits aber durch Z. dem Nichtgöttlichen Raum zu schaffen. Die damit zusammenhängenden Schilderungen lassen sich (nach → Scholem) als ein gnostischer Mythos betrachten.

Lit.: G. Scholem: Die Mystik in ihren Hauptströmungen. Frankfurt 1957; K. E. Grözinger: Jüdisches Denken, Bd. II. Darmstadt 2005, S. 623 ff.